전후 일본 패러다임의 연속과 단절

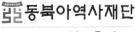동북아역사재단

연구총서72

전후 일본
패러다임의
연속과 단절

| 전진호 편 |

청아출판사

　일본에서는 2000년대에 접어들어 이른바 전후세대가 정치권의 전면에 등장하기 시작하였다. 전후세대로는 처음으로 총리가 된 아베 신조安倍晋三 내각 이후, 일본의 외교, 안보, 경제 및 역사 관련 정책 등이 크게 변화하고 있다. 일본의 보수·우경화를 주도하고 있는 아베 총리 및 전후세대 보수 정치인들의 최종 목표가 '전후체제로부터의 탈각'이라는 것은 주지의 사실이다.

　아베 총리를 정점으로 하는 전후세대 정치인들은 군대 보유와 개전권開戰權을 금지한 평화헌법을 개정하여, 자위대를 국방군으로 바꾸고 집단적 자위권 행사 및 국방력 강화를 실현할 수 있는 토대를 강화하고 있다. 이러한 평화헌법 개정과 집단적 자위권 행사 및 국방력 강화 등의 '강한 일본' 건설은 미일동맹을 비대칭관계에서 대칭관계로 전환할 수 있는 힘이 되고 있으며, 이를 통해 '전후체제로부터의 탈각'을 이루는 것이다.

　강한 일본의 물적 토대는 이를 수용할 국민의 국가의식이 있어야 비로소 실현될 수 있다. 따라서 아베 총리는 자학사관의 극복, 애국주의 교육, 확고한 영토 수호 의지 등을 통해 국민의 국가의식을 제고하려 하고 있다. 2006년 도덕 교육 및 애국 교육을 강조하는 교육 기본법 개정에 열을 올렸던 것도 이 때문이었다. 자학사관을 대표한다는 고노 담화와 무라야마 담화 및 근린제국 조항의 수정 혹은 약화를 통해 과거사 재해석을 추구하는 것도 이 때문이다. 야스쿠니 신사 참배 또한 국가를 위해 헌신한 영령에 대한 숭배를 국가의식으로 직결시키고 있다. 또한 독도와 센카쿠 제도 및 북방 영토 문제에 대한 강경한 대응도 국민국가의 토대를 이루는 영토의식을 제고시키기 위함이다.

전후세대가 전면에 등장한 2000년대 이후, 특히 아베 내각 수립 이후에는 대담한 정책 전환이 이루어지고 있다. 역사수정주의, 적극적 평화주의, 아베노믹스 등은 이 점을 여실히 보여 주고 있다. 그러나 자세히 들여다보면 전후체제에서 완전히 벗어난 것도 아니다. 즉 전후체제가 강력한 유산이 되어 아베 총리의 정책을 제한하고 있다는 것도 확인할 수 있다.

일본의 전후세대는 '전후체제로부터의 탈각'을 끊임없이 추진하고 있지만 전후체제가 이러한 정책 전환을 거부하고 있는 측면도 있다. 즉 2000년대 이후 전후세대에 의한 정책 전환이 이루어지면서 동시에 '전후 패러다임'이 그대로 유지되고 있는 측면이 있기 때문이다.

아베 총리를 정점으로 하는 전후세대의 정책은 중국의 대국화로 인한 동아시아 권력 지형의 변화를 의식한 결과이기도 하다. 하지만 전후체제에서 탈피하고자 하는 동력이 더 크게 작동하고 있다고 할 수 있다.

예를 들면 아베 총리는 고노 담화 및 무라야마 담화 계승을 언명하면서도 도쿄재판 재검증, 일본군 '위안부' 문제 전면 부정 등 역사 인식 전환을 적극적으로 추진하고 있다. 경제면에서는 아베노믹스라는 새로운 경제정책을 추진하면서도 전후 일본 경제정책의 핵심이라고 할 수 있는 재분배를 강조하고 있다. 외교·안보정책에서는 미일동맹이라는 전통적 가치를 유지하면서도 평화주의라는 전통적 패러다임을 '적극적 평화주의'라는 새로운 패러다임으로 전환시키고 있다.

이처럼 전후 70년을 맞은 일본은 '전후 패러다임'의 연속과 단절이라는 두 측면을 동시에 보이고 있다. 따라서 2000년대 이후 일본을 이해하기 위해서는 '전후 패러다임'의 연속과 단절을 정책별, 영역별로 조사하여 분석할 필요가 있다.

이 책은 '전후 패러다임의 연속과 단절'이라는 문제의식 위에서 '전후체제로부터의 탈각'이 전면화된 아베 내각을 국제·국내의 환경 변화에 따른 정책 패러다임의 전환이 일어나는 과도기 상황으로 규정하고, 전후체제로 불리는 '전후 패러다임'의 변화와 '전후 패러다임'이 잔존하는 현재의 일본을 정책별, 분야별로 분석하고 있다. 즉 1945년 전후 일본체제를 '전후 패러다임'으로 정의하고, 2000년대 이후에 나타나는 일본의 변화 상황을 연속과 단절 측면에서 분석한다.

일본의 '전후 70년'을 '전후 패러다임의 형성과 변화'라는 거시적 관점에서 분석한 접근 방법을 취한 것은 이 책의 장점이다. 이러한 지적 작업은 일본의 정치, 경제, 사회 등이 급변하는 2010년대 이후의 상황 변화가 얼마나 중대한지, 아니면 단순한 시대적 부침에 불과한지를 분석하는 작업이다. 이는 현재의 일본을 정확히 이해하게 할 뿐만 아니라 일본의 미래를 예측하는 데 필수불가결한 작업으로 실천적인 측면이 강하다.

아울러 이 책은 다양한 분야의 분석을 통해 2000년대 이후의 일본을 설명하는 새로운 패러다임을 제시하고자 한다. 현재의 일본은 전후체제의 연속만으로 설명되지 않으며, 동시에 전후체제의 단절로도 설명되지 않는 복합적인 구조를 띠고 있다. 따라서 일본의 국내정치는 물론, 영토 및 역사 문제, 경제 및 사회 영역 그리고 국제정치를 '전후 패러다임'의 연속과 단절이라는 키워드로 분석한다. 이 책의 저자들은 각각의 연구 주제에서 '전후 패러다임의 연속과 단절'이라는 키워드를 중심으로 오늘의 일본을 분석하며, 이러한 개별 연구의 종합을 통해 현재 일본의 특성을 도출하였다.

마지막으로 이 책의 발간은 2016년 동북아역사재단의 지원을 받아 실시한 용역과제(책임자 전진호) 결과이다. 공동 연구와 출간에 기꺼이 참여해 주신 학회 회원들께 감사드리며, 특히 연구 사업 및 출판에 지원을 아끼지 않은 동북아역사재단과 청아출판사의 관계자에게 감사의 말씀을 전한다.

2017년 12월 20일
현대일본학회(2016년도) 회장 전진호

◆ 목차

전후 일본의 정당정치:
55년 체제 붕괴와 1990년대 이후의 변화

| 한의석(성신여자대학교) |

* 이 논문은 동북아역사재단의 지원을 받아 수행된 연구로(동북아 2016-한일-기획-3-1), 〈일본연구논총〉 제45호에 게재된 논문을 일부 수정·재구성하였다.

전후 일본에서 수십 년간 이루어진 정당정치의 구조적 특징과 변화를 논의하기 위해 먼저 해야 할 일은 시기 구분이다. 일본의 다른 모든 정치 · 경제 · 사회 현상들과 마찬가지로 정당정치에 나타나는 특징들도 변화와 지속, 연속과 단절이라는 측면에서 관찰할 수 있다. 특히 대다수의 일본 연구에서 동의하고 있듯이 '55년 체제'가 붕괴되고 선거제도 개혁 및 행정 개혁이 있었던 1990년대는 일본 정당정치 양상을 이전 시대와 구분하는 분기점이 되었다.

  전후 일본의 정당정치를 좀 더 세분화하여 구별하면 첫째, 1945년 패전과 함께 성립된 '점령' 시기, 둘째, 1955년 자유민주당自由民主党 성립으로 출발한 55년 체제, 셋째, 1990년대 중반 정당 재편성과 선거제도 개혁 이후의 시기, 마지막으로 민주당民主党 등장과 집권, 자민당 재집권으로 이어지는 네 시기로 나눌 수 있다.

  점령 시기의 특징은 사회당社会党, 공산당共産党 등을 포함한 혁신 세력의 성장, 관료 출신 중심의 보수 정당 성립을 꼽을 수 있다. 민주화를 목표로 한 점령당국의 정책을 배경으로 비록 역코스reverse course 이후 제한되기는 했지만 혁신 정당의 성장이 두드러졌다.

  55년 체제는 자민당과 사회당을 중심으로 이념 갈등을 벌이는 보혁保革 대립 구도와 자민당의 일당우위체제가 지속되는 특징을 보인다. 자민당의 경우 파벌정치, 후원회 정치, 재계와 같은 사회집단과 긴밀한 연계 등이 두드러진다. 하지만 55년 체제하의 자민당 우위는 정치 부패와 경기 침체 등 다양한 문제들이 겹치며 자민당 일부 의원들의 탈당과 1993년 중의원 선거를 통해 붕괴되었다.

1990년대 중반 이후의 정당정치는 소선거구비례대표병립제 개혁을 실시하며 큰 변화를 맞았다. 1993년 성립한 비자민非自民연립정권의 개혁 목표는 파벌정치, 정책 중심의 선거, 양당제 실현 등이었다. 한편 자민당은 집권당의 위치를 되찾기 위해 1994년 사회당과 연립정권을 수립하는데, 이 과정에서 사회당은 자신들의 이념적 정체성을 포기한다. 이때부터 자민당은 일부 야당과 연립을 형성하는 것이 일반식인 찡긴 유지 방식이 되었다.

이 시기 가장 큰 변화로 무당파층의 증가를 꼽을 수 있다. 1990년대 중반 정치인들의 잦은 이합집산과 사회당의 정체성 혼란으로 자민당이나 사회당을 지지하던 다수의 유권자들이 무당파층이 되었다. 아울러 탈냉전과 사회당의 정체성 포기로 혁신 세력에 대한 지지가 약화되기 시작했다. 한편 농촌 선거구 감소와 농촌 표의 과대過大 대표성 완화로 도시 유권자들이 더욱 부각되었다.

1990년대 중반 이후의 가장 큰 변화 중 하나는 중도보수 성향의 민주당이 제1야당으로 등장한 것이다. 민주당은 매니페스토Manifesto 선거를 내세우면서 자민당과 양당 구도를 강화하였다. 그 결과 2000년대 선거와 정당정치를 통해 1994년 선거제도 개혁이 의도했던 긍정적 현상들이 나타났다는 평가를 받는다.

55년 체제가 헌법 개정이나 미일동맹을 둘러싼 자민당과 사회당의 이념 경쟁 중심이었다면, 2000년대는 신자유주의적 개혁, 생활정치와 복지 등을 쟁점으로 자민당과 민주당이 경쟁하는 시대였다. 2006년 자민당의 아베 총리 이후 1년 총리one-year prime minister 현상이 나타나며, 1990년대부터 증가한 세습 의원들에 대한 비판이 이어졌다. 2009년 민주당의 집권은 1993년과 달리 자민당의 내분보다는 야당의 힘에 의해 이루어졌다는 점에서 실질적인 정권교체로 인식되었다.

하지만 민주당은 내부 분열, 국정 운영과 동일본 대지진 사후 처리 미숙으로 민심이 등을 돌려 자신들이 내세웠던 생활정치 실현에 실패하였다. 자민당에 대한 여전한 실망감과 민주당에 대한 기대가 좌절되던 시기에 지역정당地域政党 · 수장정당首長政党이 활발하게 결성되었다. 오사카 지역에 기반을 둔 오사카유신회大阪維新会와 당대표인 하시모토 도루橋本徹가 전국적인 주목을 받았다. 민주당에 대한 유권자들의 지지가 하락하는 가운데, 2012년 12월 중의원 선거에서 자민당이 압승을 거두며 아베가 재집권하였다.

위와 같은 2000년대의 두드러진 현상은 선거 유동성 증가와 보수적 정당체제의 등장이다. 선거 유동성 증가는 무당파층 증가와 연관된 현상으로 유권자들이 정권의 성과에 대한 단기적 평가나 정책 등을 중시하고 있음을 보여 준다. 이는 55년 체제 속에서, 특히 자민당과 유권자 사이에 작동하던 후견주의적 연계clientelistic linkage가 약화되었음을 의미한다. 또한 사회당의 몰락과 보수적 정당체제 형성은 1990년대 등장한 신보수주의 정치인들이 일본 정당정치의 주역이 되었음을 보여 주고 있다.

이 장에서는 전후 70여 년 동안, 특히 55년 체제 전후로 일본의 정당정치가 사회적 · 경제적 환경 변화 속에서 어떻게 변화하였는지 정당의 경쟁 방식, 유권자와 연계 방식, 이념적 · 정책적 대립 구도, 정당 리더십 등을 중심으로 살펴보겠다.

I. 전후 일본 정당체제의 성립과 전개

1. 자민당의 성립과 55년 체제

일본의 정당정치는 1868년 메이지 정부 수립 이후 민권운동에서 시작되었다고 할 수 있다(이신일 2003, 404). 특히 1889년 메이지 헌법 성립 이후 이른바 다이쇼 데모크라시大正民主義 시기에 정당정치가 활발하게 전개되었다. 하지만 1930년대 군국주의가 강화되면서 정당들의 활동에 많은 제약이 가해졌다.

1945년 8월 일본의 패전 이후 점령당국의 주요 목표는 민주화였다. 이를 배경으로 자유당 같은 보수 정당은 물론 사회당이나 공산당 같은 혁신 세력의 활동이 활발하게 전개되었다. 이에 따라 다수의 정당이 창당되었지만 실제로는 전전戰前의 주요 정당들이 재건되고 재창당된 것이라고 할 수 있다(이신일 2003, 411).

1946년 4월 대선거구제로 실시된 전후 최초의 총선에서 자유당이 141석을 차지하며 진보당을 포함한 보수계열이 득세했다. 혁신계열인 사회당과 공산당에서도 각각 92명, 5명이 당선되었다. 한편 자유당 총재였던 하토야마鳩山一郎가 공직에서 추방당하며 활동을 못하게 되자 관료 출신인 요시다吉田茂가 자유당의 주도권을 장악하였다.

자유당과 진보당 등으로 구성된 연립여당은 사회당과 공산당을 견제하고 정권을 안정시키고자 중선거제를 도입하였지만(이기완 2006, 3), 1947년 4월 선거에서 전체 466석 중 143석을 차지한 사회당이 131석의 자유당에 앞서 제1당이 되었다. 사회당과 민주당, 국민협동당은 연합하여 가타야마片山哲를 총리로 하는 연립정부를 구성하였다. 그러다가 연립 참여에 불만을 가진 민주당 의원 일부가 탈당하여 자유당과 함께 민주자유당을 결성하였다. 민주자유당은 1949년 총선에서 264석을 얻어 집권당이 되었다.

한편, 1950년부터 공직 추방이 해제되며 다수의 정치인들이 정계에 복귀하였다. 그러면서 샌프란시스코 조약과 미일 안보조약 등의 문제를 중심으로 요시다파와 반요시다파의 갈등과 사회당 내 노선 투쟁이 격화되었다. 결국 샌프란시스코 조약과 미일 안보조약에 대한 논쟁은 일본 정당정치의 재편과 보혁 대립의 분기점이 되었다(이기완 2006, 4).

이후 보수와 진보 세력 모두 정당 간 또는 정당 내부의 갈등을 겪으며 이합집산을 계속하였다. 보수 진영은 1954년 하토야마가 민주당을 결성하면서 분열된 반면, 좌파와 우파로 분열되었던 사회당은 1955년 1월 각각 당 대회를 열어 통합을 결의하였다. 그러자 위협을 느낀 일본 재계는 보수 통합을 촉구하였다. 사회당의 통합에 자극을 받은 자유당과 민주당이 1955년 11월 자유민주당을 결성하였다(이신일 2003, 414; 이기완 2006, 5). 이후 헌법 개정과 재군비, 미일 안보조약 등을 둘러싼 보혁 갈등이 본격화되었다.

1960년대에는 산업화와 도시화가 가속화되면서 자민당에 대한 지지는 하락하고 사회당에 대한 지지가 높아질 것이라는 예측이 가득했다(박철희 2011, 115~116). 하지만 사회당이 내부 갈등을 겪으며 1960년 1월 민주사회당民主社会党[1]이 창당함으로써 분열되자 대중의 지지를 잃어갔다. 반면 자민당은 이케다池田勇人의 소득배증계획所得倍增計画에서 잘 나타나듯이 이념보다는 경제를 강조하는 정책 노선을 통해 지지를 확대하였다. 이로써 1960년대 중반 이후 일본의 정당체제는 자민당, 사회당, 공명당, 민사당, 공산당 등 5대 정당 중심의 다당제로 재편되었다. 이들 중 중도 정당이라고 할 수 있는 민사당과 공명당은 혁신세력에 가까운 모습을 보임으로써 보수와 혁신이 대등한 대결구도를 형성하였다.(박철희 2011, 143~144).

자민당의 파벌정치는 이념적 · 정책적 갈등과 복수 후보자가 출마할 수 있는 중선거구제 등을 배경으로 더욱 확대되었다. 아울러 후원회 정치가 활성화되었으며, 자민당이 포괄정당화하면서 다양한 이익집단과 유권자들에게 정책적 · 물질적 보상을 제공하는 후견주의적 연계를 통해 지지를 확보하였다.(한의석 2014, 81).

2. 자민당 일당우위체제 붕괴와 1990년대 이후의 정당정치

안정적으로 지속되던 55년 체제의 변화는 자민당 정치인들의 부패로 시작되었다. 장기간 안정적으로 집권하던 자민당은 1988년 리쿠르트 사건을 통해 위기를 맞았다. 이 사건으로 자민당의 이익유도정치와 후원회 정치에 대한 비판이 고조되며 정치개혁에 대한 논의가 본격적으로 제기되었다(박철희 2011, 221~222). 자민당은 소비세와 리쿠르트 사건 등이 쟁점이 된 1989년 참의원 선거에서 참패하며 과반수 확보에 실패하였다.

1980년대 중후반, 공공 부문 민영화와 노조원 감소, 냉전 종식 등과 같은 국내외 환경 변화는 사회당의 지지 기반을 무너뜨렸다. 이와 함께 1990년대 초 버블경제의 붕괴로 경제적 성과를 통해 지지를 얻어 온 자민당의 기반도 약화되었다. 자민당의 실력자였던 가네마루金丸信가 연루된 1992년 사가와규빈 사건과 정치개혁을 둘러싼 내부 갈등의 결과로 1993년에 총선이 실시되었다. 자민당은 223석을 차지하며 제1당을 유지했지만, 8월 6일 호소가와細川護熙의 일본신당을 중심으로 한 비자민연립정권이 수립됨으로써 1955년 이후 처음으로 야당이 되었다. 하지만 자민당은 1994년 6월에 사회당 및 사기가케와 연립정부를 구성하여, 비록 사회당의 무라야마村山富市가 총리로 취임했지만 여당의 지위를 회복하였다. 한편, 정치개혁 논의가 더욱 구체화되어 중의원 선거에서 소선거구제와 비례대표제를 혼합한 제도가 도입되었고, 정치자금법 등의 개정이 이루어졌다.

55년 체제 붕괴로 정당들의 이합집산이 빈번한 가운데 1994년 8월 신진당新進党이라는 거대 야당이 창당되었다. 이는 소선거구제 도입으로 군소 정당들의 통합이 불가피한 측면으로 나타난 결과였다(이이범 2006, 7). 이후에도 야당의 이합집산은 계속되어 1996년에 하토야마鳩山由紀夫와 간 나오토菅直人가 민주당을 창당하였다. 1998년에는 민정당, 신당우애, 민주개혁연합이 합류하였고, 2003년에는 자유당이 합당하여 정권교체에 앞장섰다. 당시 민주당은 매니페스토 선거를 강조하였고 반反자민당과 정권교체를 주장하며 지지를 확대해 나갔다. 반면 사회당은 1996년 사회민주당社会民主党으로 당명을 변경하며 변화를 꾀하였으나 지지 기반을 잃으며 군소 정당으로 전락하고 말았다.

중도보수 성향의 민주당은 고이즈미 정부의 신자유주의 정책으로 나타난 사회적·경제적 불평등을 비판하였고, 생활정치, 복지정책을 강조하여 2007년 참의원 선거와 2009년 8월 중의원 선거에서 승리하였다. 하지만 각기 다른 이념과 정책을 지향하는 다양한 세력들로 구성되었던 민주당은 국민의 기대에 부응하지 못하고 당내 갈등이 심화되어 2012년 12월 선거에서 참패하며 자민당의 아베 정부에게 자리를 넘겼다.

3. 선거제도 개혁과 정당정치

1946년 전후 처음으로 시행된 중의원 선거는 대선거구제로 치러졌다. 이후 1947년 선거부터는 중선거구제가 재도입되었으며, 1994년부터 소선거구비례대표병립제가 도입되었다. 1994년 이뤄진 선거법 개정은 정치자금법 및 정당 조직법을 포함한 정치개혁으로서 금권정치와 파벌정치의 폐해를 억제하고 정책 중심의 양당제를 유도하기 위한 목적으로 실시되었다(경제희 2011, 76~80).

1996년의 선거에서는 소선거구에서 300명, 11개 지역에서 비례대표 의원 200명을 선출하였으며, 2000년 선거부터는 각각 300명, 180명을 선출하고 있다(2014년 중의원 선거의 소선거구는 275석이었다). 참의원 선거제 도는 1947년 지방구에서 150석, 전국구에서 100석을 선출하는 것으로 시작하여 현재는 지방구와 비례대표로 구분하여 선출한다. 지방구의 경우 도도부현都道府県별 인구 규모에 따라 1~6인을 선출하며 비례대표 는 전국을 하나의 선거구로 하여 선출한다. 의석은 총 242석이며 3년 마다 절반인 121명의 의원을 선출한다.

일본의 정당정치에 있어서 가장 중요한 변화는 선거제도 개혁이다. 중선거구제로 치러지던 중의원 선거는 시간이 흐를수록 부정적인 측 면을 드러냈다. 한 선거구에서 2~5인을 선출하는 중선거구제가 금권 정치, 후원회 중심의 이익유도정치라는 문제점을 야기했으며, 당내에 서는 파벌정치를 양산하는 원인으로 지적되었다. 특히 파벌정치의 결 과로 총리의 리더십이 제한되면서 국내외의 변화에 대처 능력이 떨어 진다는 비판이 고조되었다. 이를 극복하기 위한 방안으로 양당제와 정 책 경쟁 강화를 목표로 하는 소선거구제(비례대표 병립제)의 도입과 정치 자금법 개정이 이어졌다.

선거제도 개혁의 효과 중 하나는 지방(농촌) 선거구의 과대대표성 축 소이다. 1985년 최대 4.4배, 1990년 최대 3.18배 차이를 보였던 최대- 최소 선거구의 인구 격차가 개혁 이후 2:1 정도로 줄어들었다(Curtis 1988, 50; Hrebenar 2000, 46; Krauss and Pekkanen 2008, 21). 이러한 변화는 농촌을 강력한 지지 기반으로 하던 자민당에 위협이 되었다(한의석 2011). 또한 정당 중심의 투표 경향이 강화되었다. 1985년부터 2010년까지 중 · 참 의원 의원의 선거구 활동 분석에 따르면 개인 후보자 중심의 선거 전략 의 유효성이 감소되었음을 알 수 있다(濱本真輔 · 根元邦朗 2011).

<〈그림 1〉 중의원 선거에서 정당 지지 투표와 후보자 지지 투표 비율(퍼센트)[2]

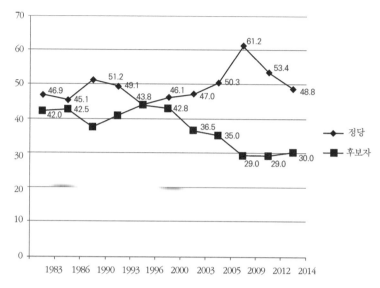

* 1993년까지는 중선거구제, 1996년부터 소선거구비례대표병립제

위 표에서 나타나는 바와 같이, 비록 최근의 선거에서 정당 기반 투표 행태가 조금 약화되긴 했지만 선거제도 개혁 이후의 투표에서는 정당의 영향력이 상대적으로 커졌음을 알 수 있다.

개혁된 선거제도는 목표한 것처럼 정당 경쟁의 양당제 경향이 강화되는 것으로 나타났다. 하지만 자민당-민주당 간의 정권교체기를 거치며 정당정치의 유동성은 더욱 확대되었으며, 자민당 우위의 다당제가 계속되었다. 2000년 이후에는 대체로 5개 정당이 국정정당으로 지속하고 있음을 볼 수 있다.[3]

〈표 1〉 2000년 이후 일본 중의원 선거 5석 이상 획득 정당(괄호 안은 의석수)

	제1당	제2당	제3당	제4당	제5당	제6당
2000[4]	자민당 (233)	민주당 (127)	공명당 (31)	자유당 (22)	공산당 (20)	사민당 (19)
2003	자민당 (237)	민주당 (177)	공명당 (34)	공산당 (9)	사민당 (6)	-
2005	자민당 (296)	민주당 (113)	공명당 (31)	공산당 (9)	사민당 (7)	-
2009	민주당 (308)	자민당 (119)	공명당 (21)	공산당 (9)	사민당 (7)	민나노당 (5)
2012[5]	자민당 (294)	민주당 (57)	일본유신회 (54)	공명당 (31)	민나노당 (18)	일본미래당 (9)
2014[6]	자민당 (291)	민주당 (73)	유신당 (41)	공명당 (35)	공산당 (21)	-
2017	자민당 (284)	입헌민주당 (55)	희망의당 (50)	공명당 (29)	공산당 (12)	일본유신회 (11)

II. 일본 정당정치의 변화

1. 자민당 단독 정권에서 연립을 통한 집권

자민당은 55년 체제하에서 자력으로 단독 정권을 유지할 수 있었기 때문에 다른 당과 연립할 동기가 없었다. 1983년 제2차 나카소네 내각에서 신자유클럽新自由クラブ과 연립을 구성하기는 했지만 당시 자민당은 511석 중 250석이었고, 8석에 불과한 신자유클럽과 연립이 결정적으로 필요했다고 보기는 어렵다. 하지만 1989년 참의원 선거에서 패배

하며 의석 과반수 획득에 실패하자 연정의 필요성이 대두되었다.

자민당은 55년 체제하에서 40퍼센트 이상의 높은 지지율을 유지하며 집권당의 지위를 유지했지만 1993년 선거부터 득표율 하락이 두드러졌다. 이후 2000년대에 들어서며 다시 높은 지지를 확보하였지만 단독 정권 수립이 가능한 상황에서도 연립을 통해 정부를 구성하는 특징을 보였다.

〈표 2〉 역대 총선에서 자민당의 득표율과 의석수 비율(1976~2014, 단위 : %)

중선거구제	1976	1979	1980	1983	1986	1990	1993
득표율	41.8	44.6	47.9	45.8	49.4	46.1	36.6
의석수 비율	48.7	48.5	55.6	48.9	58.6	53.7	43.6
소선거구비례대표병립제	1996	2000	2003	2005	2009	2012	2014
소선거구	38.6	41.0	43.9	47.8	38.7	43.0	48.1
비례구	32.8	28.3	35.0	38.2	26.7	27.6	33.1
의석수 비율(합계)	47.8	56.5	49.4	61.7	24.8	61.3	61.3

일본에서 본격적인 연립정권이 등장한 것은 1993년 일본신당日本新党과 신생당新生党 등이 비자민연립정권을 수립하면서부터였다.

자민당은 1994년 사회당, 신당사키가케新党さきがけ와 협력하여 집권여당의 지위를 되찾았으며, 오부치小渕恵三 집권 초기를 제외하고는 계속해서 연립을 통해 정부를 구성하였다. 1999년 10월 자유당自由党과 공명당을 포함한 연립정권에서는 오부치가 자유당보다 공명당을 중시하자 오자와小沢一郎가 이끌던 자유당이 연립을 이탈하였다(김용복 2015, 262). 2000년 6월 중의원 선거부터는 자민당과 공명당의 선거연합이 이루어졌으며, 2003년부터 자민당은 (민주당 연립정부 시기를 제외하

고) 공명당과 2당 연립을 통해 집권하였다. 이 과정에서 공명당은 중도 성향에서 보수성을 강화하는 방향으로 변화하였다(박철희 2011, 294).

〈표 3〉 1955년 이후 일본의 연립정부

	시기	참여 정당
2차 나카소네 내각	1983.12-1984.11	자민당, 신자유클럽
호소카와 내각	1993.8-1994.4	일본신당, 사회당, 신생당, 공명당, 민사당, 신당사키가케 등
하타 내각	1994.4-1994.6	신생당, 공명당, 일본신당, 자유당, 민사당, 사회민주연합 등
무라야마 내각	1994.6-1996.1	사회당, 자민당, 신당사키가케
하시모토 내각	1996.1-1998.7	자민당, 사회민주당, 신당사키가케 (각외협력 포함)
오부치 1차 개조내각	1999.1-1999.10	자유민주당, 자유당
오부치 2차 개조내각	1999.10-2000.4	자민당, 자유당, 공명당
모리 내각	2000.4-2001.4	자민당, 공명당, 보수신당
1차 고이즈미 내각	2001.4-2003.11	자민당, 공명당, 보수신당
2차·3차 고이즈미 내각	2003.11-2006.9	자민당, 공명당
아베 내각	2006.9-2007.9	자민당, 공명당
후쿠다 내각	2007.9-2008.9	자민당, 공명당
아소 내각	2008.9-2009.9	자민당, 공명당
하토야마 내각	2009.9-2010.6	민주당, 사회민주당, 국민신당
간 내각	2010.6-2011.9	민주당, 국민신당
노다 내각	2011.9-2012.12	민주당, 국민신당
아베 내각	2012.12-현재	자민당, 공명당

자민당이 공명당과 연립을 지속하는 이유는 중의원은 물론 참의원에서 안정적인 과반수를 확보하려는 목적 때문이었다(김용복 263~264). 자민당은 집표 능력이 저하되면서 중의원 소선거구 및 참의원 선거에서 공명당의 조직표가 필요했으며, 공명당의 입장에서는 소선거구제에서 후보 단일화를 통한 승리와 비례대표에서 자민당의 지원, 그리고

공직公職 배분 등의 노림수를 가지고 있었다(김용복 2015, 266~267).

2009년 집권한 민주당도 사회민주당 및 국민신당國民新党과 연립 형태로 정부를 운영하였다.[7] 이처럼 1993년 이후 현재까지 연립 형태의 정부가 지속되고 있으며, 특히 중의원과 참의원에서 과반을 넘어 단독 정권을 수립할 수 있는 경우에도 연립을 유지한다는 점에서 연립정권이 일반적인 정부 구성방식이 되었다고 할 수 있다.

2. 이념 대결의 약화와 보수화

일본의 정당정치는 자민당과 사회당으로 대표되는 55년 체제의 보수와 혁신의 대립 구도에서 1990년대 중반 이후 보수 정당 간의 경쟁 구도로 변화하였다. 자민당이 미일 안보동맹을 기초로 경제성장을 강조하는 정당이었다면, 사회당은 헌법 수호와 평화를 강조하였으며 좌파 노동운동을 대표하는 일본노동조합총평의회(日本労働組合総評議会, 이하 총평) 등의 지지를 바탕으로 수십 년간 제1야당으로 기능하였다(이기완 2003, 276).

하지만 사회당은 냉전의 종식과 55년 체제 붕괴 이후 1990년대 정계 개편 과정에서 급격하게 쇠퇴하였다. 사회당은 1986년 '신선언', 1993년 '정권에 도전', 1994년 '무라야마 선언' 등을 통해 정치·사회 변화에 적응을 시도하였지만 결국 군소 정당으로 몰락하고 말았다. 사회당의 쇠퇴는 전후 일본 정당정치에서 유권자들의 혁신 세력에 대한 지지 약화를 보여 주고 있다.

1) 사회당의 약화

사회당은 1945년 비非공산계열 사회주의 세력들이 모여 결성하였다. 하지만 창당 초기부터 좌파와 우파의 대립이 계속되다가 점차 재군비를 반대하고 비무장 중립론을 강조한 좌파가 우위를 점하게 되었다. 1960년에는 안보투쟁을 둘러싼 대립으로 분열되어 민주사회당(민사당)이 결성되었으며 이후에도 좌우파 갈등이 계속되었다. 하지만 혁신계열 유권자들의 강력한 지지 속에 55년 체제하의 제1야당 지위를 유지할 수 있었다.

사회당은 주로 총평의 지지를 바탕으로 유지되었다. 하지만 노조운동의 약화와 사회주의권의 변화 등으로 지지 기반이 약화되자 이를 타개하기 위한 노력에 착수하며, 1985년 12월 서구 사민주의 노선을 추구하는 '일본사회당 신선언'을 공표하였다. 이후 당내 좌파의 저항으로 1986년 1월 당 대회에서는 '일본사회당의 신선언에 관한 결의'라는 완화된 형태로 결정되었다(이기완 2003, 283). 이러한 노력에도 불구하고 1986년 총선에서 85석 획득에 그치며 참패하였다. 하지만 도이다카코土井多賀子가 일본 최초의 여성 정당 당수로 선출되며 새 지평을 열었다.

힘을 잃어 가던 사회당은 1989년 참의원 선거에서 대승을 거두고 1990년 중의원 선거에서도 상당한 성과를 거두었지만, 1991년 통일 지방선거에서는 참패하였다. 이후 당을 개혁하려는 움직임이 지속되며 점차 우파 세력이 주도권을 장악하였다. 우파는 기존 정책에 대한 전환을 시도하여 이른바 '정권에 도전'을 통해 사민주의에 기초한 국민정당으로 변신하고 반자민당 세력을 결집하여 연립정권을 수립하려는 목표를 제시하였다(이기완 2003, 284). 하지만 1993년 7월 중의원 선거에서 이전의 136석에 비해 절반가량 줄어든 70석 획득에 그치며 참패하고 말았다.

사회당은 비자민연립정권에서 소외되자 자민당과 연립정부를 구성하기로 결정하였다. 무라야마村山富市 총리는 1994년 7월의 임시국회 연설을 통해 미일 안보조약의 견지, 자위대 합헌, 일본의 국기·국가 존중 등을 공식적으로 표명하였다(이기완 2003, 285). 무라야마 선언은 기존의 사회당 노선을 변경하는 것으로 이에 비판적인 사회당 지지자들이 무당파가 되었으며 의원 일부도 탈당하였다. 1996년 1월에는 당명을 사회민주당으로 바꾸었다. 사회당의 노선 전환은 1990년내 일본 정당체제의 유동성이 높아지게 된 중요한 이유라고 할 수 있다(이기완 2003, 289).

<그림 2> 중의원 선거에서 자민당과 사회당의 의석 비율(1963~2003, 단위 : %)

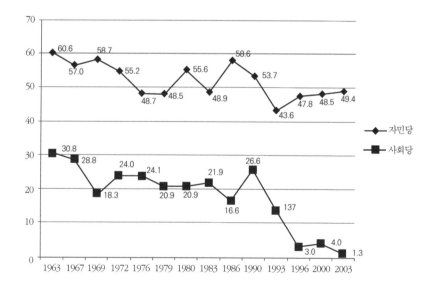

사회당은 당명 변경 등의 노력에도 불구하고 과거 수준의 지지를 회복할 수 없었다. 오다케大嶽秀夫는 1990년대 일본 정치의 문제가 55년 체제 붕괴 이후 보혁 대립에 필적할 정책 대립축이 등장하지 않은 데 있다고 주장하였다(大嶽 1999).[8] 이처럼 사회당은 1990년대 정치 변화 속에서 자기 정체성을 상실하고 지지 기반을 잃고 말았다.

2) 정당 · 정치인들의 보수화

앞서 언급한 바와 같이 55년 체제의 일본 정당정치는 자민당 일당 우위의 1.5정당체제라고 할 수 있지만 보수 정당인 자민당과 혁신 정당인 사회당을 중심으로 하는 보혁 대립 구도가 성립되었다. 하지만 1960년 안보투쟁의 여파로 민사당과 공명당 같은 중도 정당이 설립되었고, 1970년대 후반 이후에는 온건보수 성향의 신자유클럽과 혁신계인 사회시민연합, 혁신자치연합, 사민련 등이 등장하기도 하였다(박철희 2014, 77: 다나카 아이지 2003, 191). 이처럼 분열과 이합집산이 계속되는 가운데, 혁신 정당은 탈냉전 이후 이념 정체성을 상실하며 현저하게 쇠퇴한 반면 보수 이념에 기반을 둔 정당들은 폭넓은 지지를 받으며 확대되었다.

먼저 유권자들의 자기 인식에 기초한 이념 성향 조사 결과에 따르면, 유권자들의 이념 성향 구성 비율에는 큰 변화가 없는 것으로 보인다(표 4). 하지만 지지 정당 분포에서는 유권자들의 이념 성향과는 다른 결과가 나타났다. 이는 투표에서 이념 기반의 행태가 약화되었음을 보여 준다.

이념과 지지 정당의 상관관계에 대한 밝은선거추진협회明るい選挙推

<표 4> 일본 유권자의 이념 성향 변화

연도	보수적	약간 보수적	중도·모름	약간 혁신적	혁신적
1990	19.5	22.7	38.4	15.2	4.1
1993	16.8	24.0	41.7	13.6	4.0
1996	14.5	21.3	49.0	11.8	3.4
2005	13.2	21.8	49.2	12.8	3.1
2009	15.0	21.1	46.9	13.3	3.6
2012	10.3	22.7	46.1	14.6	4.6
2014	9.7	27.1	47.7	12.4	2.8

출처: 明るい選挙推進協会(2006, p. 60; 2015, p. 55)[9]

進協会의 조사에 따르면 1972년의 경우 상관계수가 0.76이었던 반면, 1987년은 0.46, 1996년은 0.36으로 이념에 기초한 정당 지지 성향이 약화되었음을 보여 주고 있다(다나카 아이지 2003, 210~211). 즉 이념 연계의 약화와 소선거구제 도입을 배경으로 혁신 세력을 대표하는 사회당과 공산당이 전체 중의원 의석에서 차지하는 비율이 1990년대 중반 이후 현저하게 줄어든 것을 볼 수 있다.

<표 5> 사회당과 공산당의 중의원 의석수[10]

연도	사회당	공산당	총 의석수	비율
1960	145	3	467	31.7%
1967	140	5	486	29.8%
1972	118	38	491	31.8%
1980	107	29	511	26.6%
1986	85	26	512	21.7%
1990	136	16	512	29.7%
1996	15	26	500	8.2%
2003	6	9	480	3.1%
2009	9	7	480	3.3%
2014	2	21	475	4.8%

의석 비율뿐 아니라 각 정당에 대한 유권자들의 투표율도 혁신계열 정당의 쇠퇴를 잘 보여 주고 있다. 중선거구제로 치러진 1972년 중의원 선거의 경우 사회당과 공산당은 각각 21.90퍼센트, 10.49퍼센트(합계 32.39퍼센트), 1986년 선거에서는 각각 17.23퍼센트, 8.79퍼센트(합계 26.02퍼센트)의 지지를 받았다. 선거제도 개혁 이후 치러진 1996년 첫 선거에서 사민당(사회당)은 소선거구에서 2.19퍼센트, 비례구에서 6.38퍼센트를 얻는 데 그쳤으며, 공산당도 소선거구에서는 12.55퍼센트, 비례구에서는 13.08퍼센트만 획득했다. 최근 치러진 2014년 선거에서는 사민당이 소선거구와 비례구에서 각각 0.79퍼센트, 2.46퍼센트를 얻었으며, 공산당은 각각 13.0퍼센트, 11.37퍼센트를 획득하였다.

이러한 변화는 유권자들의 혁신계열 정당에 대한 지지가 현격하게 줄어들었음을 보여 준다. 특히 2012년 중의원 선거는 일본 정당정치의 보수화를 더욱 잘 보여 주고 있다. 보수 우익을 대표하는 정치인이라고 할 수 있는 이시하라石原慎太郎와 하시모토橋本徹가 공동 대표를 맡았던 일본유신회가 54석을 차지하며, 293석을 차지한 자민당과 57석을 차지한 민주당에 이어 제3당이 되었다. 이처럼 1990년대 이후 정당 간의 경쟁은 보수 정당들이 혁신 정당을 밀어내며 보수화되는 모습을 보이고 있다(박철희 2014, 80~81).

개별 정치인들의 보수화도 두드러진다. 자민당 내의 젊은 보수 우파 정치인들은 사회당과 연립정권을 유지하던 시기에 사회당 출신 무라야마 총리의 '무라야마 담화', '아시아 여성 기금' 등 과거사 사죄 움직임에 반발하며 결속을 강화하였다(박철희 2014, 83). 1990년대 중반 이후에는 다수의 보수 성향 신인들이 당선되었으며 2001년 집권한 고이즈미 총리를 비롯하여 아베, 아소 총리 등은 자민당 내의 우파 정치인들로서 당내 다수가 보수 성향임을 보여 줬다고 하겠다. 고이즈미 정권 이후에는 더욱 보수적인 세력이 주류로 등장하였다(고선규 2014, 321). 자민당의 젊은 의원들을 중심으로 결성된 보수 우파 의원연맹의 활성화는 이러한 현상을 잘 보여 준다. 대표적인 보수 의원연맹을 몇 가지 나열하면 다음과 같다.

〈표 6〉 1980년대 중반 이후 설립된 보수 의원연맹

설립 시기	명칭
1985.10	교과서 문제를 생각하는 의원연맹
1997.2	일본의 앞날과 역사 교육을 생각하는 젊은 의원 모임
2001.6	역사교과서 문제를 생각하는 모임
2005.6	평화를 바라며 진정한 국익을 생각해 야스쿠니 참배를 지지하는 젊은 국회의원 모임
2006.4	올바른 일본을 만드는 모임
2007.3	위안부 문제와 난징 사건의 진실을 검증하는 모임
2007.7	위안부 문제의 역사적 진실을 요구하는 모임
2011.6	헌법 96조 개정을 추구하는 의원연맹

출처: 박철희(2014, 91~93)[11]

보수 우파 연맹에 참여하고 있는 의원들은 침략 전쟁과 위안부 강제 동원 부정, 야스쿠니 신사 참배 지지 등의 특성을 보이며, 반反아시아적 외교 노선을 지지한다는 공통점이 있다(박철희 2014, 94~95).

한편 민주당의 경우 상대적으로 온건한 보수 정당이라고 할 수 있지만 당내 유력 정치인들 상당수가 보수 정치인을 양성하려는 목적으로 설립된 마쯔시타 정경숙松下政経塾 출신이라는 점도 1990년대 중반 이후 보수화 경향을 잘 나타낸다고 하겠다. 2009년과 2012년 선거에서

당선된 중의원 의원들을 대상으로 한 조사에 따르면 집단적 자위권 허용과 헌법 개정에 찬성하는 비율이 각각 37퍼센트에서 78퍼센트, 34퍼센트에서 72퍼센트로 증가하였다(고선규 2014, 318).

3. 무당파 등장과 유동성 증가

1955년 자민당 설립 이후 일본의 정당체제는 1.5정당체제로도 불리는 자민당의 일당 우위 속에서 상당 기간 안정적으로 지속되었다. 이 시기에는 다수의 유권자들이 후견주의clientelism와 이념 성향에 기초하여 자민당 또는 사회당에 견고한 지지를 보여 주었다(한의석 2014, 80~82). 하지만 무당파층의 비율은 점차 증가하여 〈요미우리신문読売新聞〉의 여론조사에 따르면 1960년대 약 10퍼센트에서 1970년대에는 20퍼센트대, 1990년대 초중반을 지나며 30~40퍼센트를 상회할 정도로 증가하였다(다나카 아이지 2003, 196~197).

여기서 한 가지 유의해야 할 것은 무당파층의 개념이 연구자에 따라 조금씩 다르게 사용될 수 있기 때문에 무당파층 비율도 측정 방식에 따라 차이가 있다는 점이다. 무당파는 대체로 '어느 정당을 지지하는가?'에 대한 질문에 '지지하는 정당이 없음'이라고 답하는 응답자를 의미한다고 할 수 있다(이이범 2016, 536). 다나카는 무당파층을 정치적 무관심층, 정당 거부층, 탈정당층으로 구분하기도 하였다(다나카 아이지 2003, 203~204).

무당파층의 증가는 사회적 · 경제적 변화를 반영하는 것으로, 1980

년대 들어 일본 사회가 후기 산업사회로 전환되면서 정치적 무관심층이 증가한 것으로 나타난다(이이범 2006, 29). 이와 함께 정치적 변화도 중요한 요인으로 작동하였다. 예를 들어, 1980년대 중반의 신자유주의적 흐름과 1990년대 초 자민당의 농업 자유화 정책은 자민당을 지지하던 농민층의 이탈과 무당파층의 증가로 이어졌다(한의석 2011, 273). 리쿠르트 사건이나 사가와규빈 사건 같은 정치 부패 문제도 무당파층의 증가를 야기했다. 특히 1993년 총선을 전후로 나타난 자민당의 분열과 1994년 자민당·사회당 연립정권 수립 이후 자민당이나 사회당 지지층의 상당수가 무당파층이 되었나(김범+ 2009). 또한 자민당의 장기집권을 끝내며 등장한 비자민연립정권이 1년도 유지되지 못하고 붕괴하자 그 지지자들 중 상당수가 무당파가 되었다(이이범 2006, 30). 이처럼 1990년에 35퍼센트 정도였던 무당파 비율은 1990년대 중반 이후

〈표 7〉 무당파의 특징

		1983년 1월	2003년 1월
연령	20대	51.3	74.0
	30대	39.0	62.4
	40대	26.3	58.5
	50대	23.9	42.8
	60대	23.6	39.5
	70대 이상	18.5	38.9
직업	자영업	22.3	38.5
	급여소득자	33.7	57.8
지역	대도시	42.8	53.3
	중도시	33.3	54.1
	소도시	27.1	52.5
	농촌(町·村)	27.1	44.7

출처: 이이범(2006, 31)[12]

50~60퍼센트로 증가하였다(中北浩爾 2012, 116). 특히 젊은 연령층 유권자들과 급여 소득자, 대도시권에서 높은 비율을 보였다(표 7).

무당파층은 대체로 정치에 대한 신뢰도가 낮은 편이다. 이들은 2000년대 민주당 지지 성향이 강했다. 2003년 총선에서는 무당파 비율이 18퍼센트 정도였으며, 그중 55퍼센트가 비례선거구에서 민주당을 지지하였고, 23퍼센트는 자민당에 투표했다(이이범 2016, 537). 고이즈미가 압승을 거둔 2005년 중의원 선거에서도 민주당에 더 많은 지지를 보냈는데, 이들의 지지는 2000년대 민주당의 성장에 밑거름이 되었다. 2009년 선거에서는 30퍼센트 정도가 무당파였다. 이들 중 54퍼센트가 민주당을 지지하여(자민당 16.4퍼센트) 민주당은 크게 승리할 수 있었다. 반면 2012년 총선에서는 32.9퍼센트 정도의 무당파 투표자 중 16.3퍼센트가 민주당을, 20.7퍼센트가 자민당을 지지했다(이이범 2016, 537~538).

〈표 8〉 2000년대 중의원 선거 출구조사에서 나타난 무당파 비율(단위 : %)

	2005	2009	2012	2014
무당파 비율	21.0	29.9	32.9	31.0

출처: 이이범 외 (2015)[13]

〈표 9〉 밝은선거추진협회 조사에서 나타난 무당파 비율(단위 : %)[14]

	2005	2009	2012	2014
무당파 비율	35.4	26.3	33.0	29.8

출처: 明るい選挙推進協会(2008, 2010, 2013, 2015)

증가하는 무당파층의 지지 확대를 위해 정책을 개발하고 공약을 홍보하는 매니페스토 선거가 유용할 수 있다(이이범 2016, 553). 유권자들과 후견주의적 관계를 유지하던 자민당보다 인적 · 물적 자원이 부족한 민주당은 매니페스토를 통해 대안 정당의 모습을 제시하여(上神貴佳 · 堤英敬 2011, 22~26), 상대적으로 정책 지향적인 무당파층의 지지를 얻었다. 하지만 무당파층의 증가는 정당과 유권자의 연계 약화를 의미하는 것으로 선거 유동성 증가와 정당정치의 불안정성 증가로 이어질 수 있다(한의석 2014, 85~86). 또한 정책 선거보다는 정치 지도자에 대한 인기투표적 요소가 강해짐에 따라 카리스마적이고 선동적인 지지자의 등장 가능성을 높인다(井田正道 2007, 55).

〈표 10〉 최근 중의원 선거에서 주요 정당에 대한 동일 정당 지지 비율의 변화(단위 : %)

	2005	2009	2012
자민당	71.0	37.6	70.5
민주당	64.0	78.8	24.7
공명당	75.3	69.7	76.4
공산당	62.2	67.0	67.2
사민당	50.0	41.7	42.9

출처: 고선규 (2013)

위 표는 지난 선거에서 특정 정당에 투표한 전체 유권자 중 몇 퍼센트가 다음 선거(해당 연도 선거)에서도 같은 정당에 투표했는지를 측정한 것이다. 양대 정당인 자민당과 민주당의 경우 다른 군소 정당에 비해 유권자들의 유동성이 높다는 점을 알 수 있다.

4. 정당 리더십과 지지 동원 방식의 변화

사회당은 보수와 혁신의 대립 구도로 정착된 55년 체제에서 이념에 기반하여 지지자를 확보한 반면, 자민당은 유권자들에게 물질적·정책적 혜택을 제공함으로써 지지를 얻었다. 즉 자민당은 공공재원을 활용하여 농업이나 건설업 부문에 많은 지원을 제공하였으며, 특히 지방(농촌)에 중점을 둔 재분배 정책을 통해 지지를 얻었다(이주경 2015, 44; 한의석 2011, 269). 이와 같은 후견주의는 자민당이 상대적으로 비경쟁적이고 비효율적인 부문에서 지지 또는 정치자금을 얻을 수 있었던 작동 기제였다.

하지만 이러한 후견주의는 1980년대 후반부터 도시 지역 유권자들이나 수출 중심의 대기업들, 야당 등의 반대(Scheiner 2007, 277)와 전 세계의 신자유주의적 흐름과 일본 경제의 어려움으로 급속히 약화되었다. 1990년대 초반 버블경제의 붕괴와 경기 침체는 이익 배분에 필요한 자원 부족을 초래했으며(砂原庸介 2012, 61), 자민당식 후견주의의 지속을 어렵게 하였다.

후견주의의 약화는 자민당의 집표 능력 약화로 이어졌다. 예를 들면 특별우편국장의 조직인 다이쥬(大樹の会)는 1980년 참의원 선거에서 103만 표를 동원했으나 2001년에는 47만 표를 동원하는 데 그쳤다. 일본 건설업단체연합회는 1980년 174만 표를 동원했으나 2001년에는 27만 표를 얻었다. 또한 일본치과의사연맹은 83만 표에서 22만 표로, 농협은 1천 120만 표에서 160만 표로 줄어드는 등 조직표의 수가 대폭 감소하였다(《日経新聞》 2001. 8. 1.).[16] 1990년대 이후 자민당의 후견주의적 지

지 동원 방식에 대한 비판이 더욱 심화되는 가운데 고이즈미의 등장으로 그 방식이 크게 변화하였다(Scheiner 2007, 295~296).

한편 민주당은 매니페스토 선거를 통해 유권자들의 지지를 얻고자 하였다. 2003년 지방선거에서 도입된 매니페스토 선거운동 이후, 각 선거에서 이를 적극 수용하였다(소네 야스노리 2006, 70~71). 2003년 중의원 선거에서는 '탈관료'를 강조한 매니페스토를 제시하면서 자민당에 매니페스토 선거를 제안하였다. 당시 여당인 자민당의 고이즈미 총리는 부정적인 반응을 보였지만 2003년 자민당 총재 선거에서 자신의 공약이 '정권 공약'이 될 것이라며 사실상 매니페스토를 이용한 신기 경쟁에 참여했다(박명희 · 최은봉 2013, 116). 이후 매니페스토 선거는 일반적인 경쟁 방식이 되었다. 매니페스토 선거가 도입된 2003년 이후에는 일본의 선거가 정책 중심, 정당 중심으로 전환되었다는 평가를 받는다(고선규 2006, 7~8).

일본의 정당, 특히 자민당의 경우에는 55년 체제에서 파벌정치로 인해 당 총재 및 총리가 제대로 된 리더십을 발휘하지 못한다는 비판을 받았다. 또한 관료 우위의 체제하에서 변화에 적극적으로 대응하지 못한다는 지적이 계속되었다.

그러자 이를 극복하기 위한 논의로 '정치주도론'이 제기되었다. 1994년 소선거구제 도입과 선거자금법 개정은 당 총재의 권한 강화로 이어졌다(한의석 2014, 84). 1990년대 중반 하시모토 정권에서 본격화된 성청 개혁은 관저 주도, 정치 주도를 목표로 한 것이었다(진창수 2006). 즉 선거제도 개혁과 성청 개혁은 모두 관료 우위를 탈피하기 위한 노력의 일환으로 이는 내각과 여당의 일체적 운영, 총리 리더십과 내각 주도의 정책 결정 체제를 구축하려는 시도였다(이상훈 2005, 257). 이러한 변화에 힘입어 고이즈미 총리는 강력한 리더십을 발휘할 수 있었다. 그럼에도 불구하고 고이즈미 이후의 총리들이 상대적으로 약화된 리더십을 발휘했던 것은 단순히 제도적 요인보다 개인적 요인의 결과라는 지적도 있다(한의석 2012, 129~131). 이후 민주당 정권에서도 '정치주도'가 강조되면서 2000년대 들어 총리의 기능과 권한이 상당히 강화되었다. 2012년 재집권에 성공한 자민당의 아베 총리는 12월에 열린 제1회 차관연락회의次官連絡会議에서 '진실한 정치주도의 추진'과 '내각이 명확한 방침을 제시하고 각 대신이 지휘 · 감독하는' 정부 운영을 강조하였다.[17]

앞서 언급했듯이 2000년대 정당 경쟁 방식에서는 이념은 물론 후견주의적 방식의 유권자 동원이 점차 약화되었고 정책 경쟁을 통한 지지 획득이 강화되었다. 또한 정당 경쟁의 중요한 변화는 총리나 당 총재의 중요성이 증가하고 있다는 점이다. 이른바 수상지배首相支配나 수상정치首相政治 개념의 등장과 의회정치의 대통령제화presidentialization에 대한 논의는 이러한 변화를 잘 보여 주고 있다(竹中治堅 2006; 待鳥聡史 2012).

선거 득표에 있어서 당 총재나 총리의 중요성은 중의원 선거는 물론 참의원 선거에서도 잘 나타나고 있는데(이이범 2008), 무당파층 증가는 이러한 경향을 강화하는 배경 요소라고 할 수 있다(井田正道 2007, 11).

Ⅲ. 맺음말

전후 일본의 정당정치 체제는 변화하였는가?

일본의 정당정치 체제는 2012년 자민당이 재집권하고 제1야당이었던 민주당이 약화된 이후 55년 체제와 유사하게 자민당 일당 우위의 다당제 양상을 보이고 있다. 하지만 과거 보수·혁신 대립의 구도처럼 강력한 혁신 야당이 존재하지 않으며 다수의 보수 정당들이 난립하는 다당제 모습을 띠고 있다. 1990년대 중반 이후 일본의 정당세세가 2.5 정당제적 모습을 보인다거나(박철희 2006, 281), 양당제적 경향이 강화되고 있다는 주장들이 있었지만 자민당 우위의 정당체제는 1990년대 중반과 민주당 집권기를 제외하고는 여전히 계속되고 있다.

전후 일본의 정당정치는 자민당의 일당 우위가 장기간 계속되고 있기 때문에 지난 수십 년간 큰 변화가 없었을 것이라는 추론도 가능하다. 하지만 다수의 연구 성과에서 나타나듯이 정당정치를 둘러싼 환경 변화와 정당정치 행태의 변화가 계속되고 있음을 볼 수 있다. 무엇보다도 사회적·경제적 변화는 정당정치 변화의 기저로 작용한다. 산업화와 도시화를 통해 도시 인구가 급증하였으며, 농촌 인구는 대폭 감소하였다. 또한 도시 유권자들의 상당수는 정치에 관심이 없거나 지지 정당이 없는 무당파로 변모하였다. 이는 선거에서 정책의 중요성을 높이고, 유동성이 증가하는 주된 이유가 되었다. 정당과 유권자의 지지-동원 관계에서 가장 큰 변화는 이념의 중요성이 약화되고, 후견주의적 관계도 쇠퇴하였다는 점이다. 특히 신자유주의적 흐름과 경기 침체, 탈냉전이라는 변화 속에서 혁신 세력에 대한 지지가 급격히 줄어들었다.

일본의 정당정치 변화에 영향을 미친 중요한 사건 중 하나는 1994년 소선거구비례대표병립제 도입이다. 파벌정치 해체, 정책 중심 선거, 양당제 실현 등을 목표로 하는 선거제도 개혁은 일부 목적을 달성하였으나 비례대표제 병립이라는 제도적 한계와 더불어 다당제 구조의 지속을 불가피하게 만들었다. 선거제도의 개혁과 더불어 행정 개혁의 결과로 정당, 특히 자민당 내부의 권력 집중화 현상이 나타났고, 정당 지도부 및 총리의 권한 강화로 이어졌다(박철희 2006, 281).

55년 체제 붕괴 이후 나타난 특징으로 연립정권의 등장을 꼽을 수 있다. 특히 자민당과 공명당은 선거연합은 물론 연립정권을 구성하여 긴밀한 협력 관계를 유지하고 있다. 한편 혁신 세력의 약화로 정당 경쟁이 주로 보수 정당 간에 이루어진다는 점, 정치인들이 과거보다 더욱 보수화되고 있다는 점, 선거에서 정당 리더십의 중요성이 증가하는 점 등은 55년 체제와 구별되는 커다란 변화라고 하겠다.

1) 민주사회당은 1969년 민사당으로 개칭하였다.

2) 明るい選擧推進協会. 第47回衆議院議員総選擧全国意識調査. p. 49.
   http://www.akaruisenkyo.or.jp/wp/wp-content/uploads/2011/10/47syuishikicyosa-1.pdf
   (검색일: 2016. 10. 15).

3) 일본의 정당 조성법에 따르면 '정당'으로 성립되기 위한 조건 중 하나는 중의원 또는 참의
   원 선거에서 5석 이상을 획득하거나 직전의 국정 선거에서 2퍼센트 이상 득표해야 한다.

4) 2000년 선거에서 보수당은 7석을 얻었다.

5) 표에 포함되지는 않았지만 공산당도 8석을 획득하였다.

6) 민주당은 2016년 3월 유신당 및 일부 의원들의 합류와 함께 민진당(民進党)을 결성하였다.

7) 사회민주당은 2010년 5월 이후 연립에서 탈퇴하였다.

8) 박철희 2004, p. 302에서 재인용.

9) http://www.akaruisenkyo.or.jp/

10) 1960년(29회 총선)부터 2014년(47회 총선)까지 19번의 중의원 선거가 있었음. 민사당은
    1994년 해산하였다.

11) 박철희의 〈표 3〉 보수 의원연맹 리스트를 저자가 수정함.

12) 이이범의 표, 〈무당파층의 속성〉을 저자가 일부 수정함. 대도시는 인구 50만 이상의 정령
    지정 도시 및 도쿄 23구, 중도시는 인구 10만 이상의 시(市), 소도시는 인구 10만 이상의
    시를 지칭함.

13) 김용복 2016, p. 57에서 재인용.

14) '당신은 평소 어떤 정당을 지지하고 있습니까?'에 '지지 정당 없음'으로 답한 비율.

15) 고선규(2013, 282), 〈그림 4〉를 저자가 수정 · 재구성 하였다.

16) 비록 후견주의적 연계가 약화되었지만 여전히 자민당의 집표 전략으로서 유효하다는 주
    장이 있다(이주경 2015).

17) 平成 2 4 年 1 2 月 2 8 日. 第 1 回 次官連絡会議.
    http://www.kantei.go.jp/jp/96_abe/actions/201212/28jikankaigi.html(검색일: 2017. 2. 17.).

✚ 참고문헌 ✚

• 고선규. 2006. 〈2005년 일본 총선거와 정당체계의 변화〉.《한국정당학회보》5권 1호, 5~40.
• 고선규. 2013. 〈2013년 일본 참의원 선거와 정당 체계 분석〉.《21세기정치학회보》23집 3호, 269~286.
• 고선규. 2014. 〈일본 아베정권의 보수 우경화 경향과 향후 전망〉.《독도연구》16호, 311~336.
• 김범수. 2009. 〈일본 무당파층 연구: 최근의 추이와 사회경제적 · 이념적 특성 분석을 중심으로〉.《세계지역연구논총》27집 3호, 147~180.
• 김용복. 2015. 〈일본의 연합정치와 자민당-공명당 선거연합〉.《다문화사회연구》8권 1호, 255~289.
• 김용복. 2016. 〈일본 정당정치의 유동성과 무당파: 최근 선거 결과의 비교 분석〉.《한국정당학회보》15권 2호, 39~68.
• 다나카 아이지. 2003. 〈일본 정당체제의 변용: 1980~1990년대의 변화와 무당파층의 확대〉.《한일공동연구총서》서울: 고려대 아세아문제연구소.
• 박경미. 2011. 〈정치개혁의 목적과 선거제도의 정치적 결과〉.《동서연구》23권 1호, 125~157.
• 박명희 · 최은봉. 2013. 〈일본 민주당 집권(2009년)과 매니페스토-담론, 아이디어, 프레이밍〉.《담론 201》16집 2호, 103~134.
• 박철희. 2004. 〈일본의 체제 전환과 자민당의 불안정한 우위〉.《한국정치학회보》38집 3호, 297~317.
• 박철희. 2006. 〈일본 야당 세력의 재편과 정당 경쟁체제〉.《한국정치학회보》40집 5호, 279~299.
• 박철희. 2011.《자민당 정권과 전후체제의 변용》. 서울: 서울대출판문화원.
• 박철희. 2014. 〈일본 정치 보수화의 삼중 구조〉.《일본비평》10호, 71~97.
• 소네 야스노리. 2006. 〈일본 지방선거에서의 매니페스토 도입과 정치 변화〉. 김영래 · 이현출 편.《매니페스토와 지방선거: 일본의 경험과 한국의 실험》, 66~100. 서울: 논형.
• 이기완. 2003. 〈1990년대 일본 정치의 변동과 사회당: 사회당 노선 전환을 중심으로〉.《국제정치논총》43집 3호, 275~293.
• 이기완. 2006. 〈일본 정당정치와 정당 체계의 변화-55년 체제에서 2와 2분의 1 정당제로의 전환-〉.《대한정치학회보》14집 2호, 1~19.
• 이상훈. 2005. 〈일본 정치의 변화와 정관관계론의 새로운 모색〉.《일어일문학연구》52집 2호, 245~262.

- 이신일. 2003. 〈일본의 정당 발생 과정에 관한 연구〉.《국제정치논총》 43집 4호, 401~420.
- 이이범. 2006. 〈1990년대 이후 일본 정당시스템의 변화에 관한 이론적 검증〉.《평화연구》 14권 2호, 5~39.
- 이이범. 2008. 〈일본의 참의원 선거와 수상의 역할〉.《일본연구논총》 28호, 57~82.
- 이이범. 2016. 〈일본 무당파 투표자의 정당 선택-2009년과 2012년 총선 비교〉.《일본어문학연구》 96집, 532~555.
- 이주경. 2015. 〈일본 참의원 선거와 정당의 집표 전략: 자민당 사례를 중심으로〉.《현대정치연구》 8권 1호, 39~72.
- 진창수. 2006. 〈일본 정당정치의 변동과 정책 변화: 2001년 성청 개혁을 중심으로〉.《일본연구논총》 24호, 39~80.
- 한의석. 2011. 〈고이즈미의 등장과 자민당의 정책 변화: 도시 유권자와 선거정치〉.《한국정치학회보》 45집 4호, 265~292.
- 한의석. 2012. 〈일본의 정치 리더십 위기와 고이즈미 재평가; 탈자민당 정치와 개혁의 리더십〉.《세계지역연구논총》 30집 3호, 119~147.
- 한의석. 2014. 〈일본 정치의 변화와 정당-유권자 연계: 2000년대의 정당정치를 중심으로〉.《한국정치학회보》 48집 4호, 75~95.

- Curtis, Gerald L. 1971. *Election Campaigning Japanese Style*. New York: Columbia University Press.
- Hrebenar, Ronald J. 2000. *Japan's New Party System*. Boulder, CO: Westview Press.
- Krauss, Ellis S. and Robert Pekkanen. 2008. 〈Reforming the Liberal Democratic Party〉. Sherry L. Martin and Gill Steel, eds. *Democratic Reforming in Japan: Assessing the Impact*. Boulder, CO: Lynne Rienner Publishers.
- Scheiner, Ethan. 2007. 〈Clientelism in Japan〉. Herbert Kitschelt and Steven I. Wilkinson, eds. *Patrons, Clients, and Policies*. New York: Cambridge University Press. pp. 276~297.

- 中北浩爾. 2012.《現代日本の政党デモクラシー》. 東京: 岩波書店.
- 竹中治堅. 2006.《首相支配-日本政治の変貌》. 東京: 中央公論新社.
- 待鳥聡史. 2012.《首相政治の制度分析- 現代日本政治の権力基盤形成》. 東京: 千倉書房.
- 砂原庸介. 2012. 〈政権交代と利益誘導政治〉. 御厨貴(編).《〈政治主導〉の教訓: 政権交代は何をもたらしたのか》, 55~79. 東京: 勁草書房.
- 上神貴佳 · 堤英敬(編). 2011.《民主党の組織と政策》. 東京: 東洋経済新報社.
- 井田正道. 2007.《日本政治の潮流: 大統領制化 · 二大政党化 · 脱政党》. 東京: 北樹出版.
- 濱本真輔 · 根元邦朗. 2011. 〈個人中心の再選戦略とその有効性: 選挙区活動は得票に結び付くのか?〉.《年報政治学》 2011-II, 70~97.

웹사이트

• 明るい選挙推進協会. http://www.akaruisenkyo.or.jp/
• 総務省 選挙関連資料. http://www.soumu.go.jp/senkyo/senkyo_s/data/index.html/

자민당 파벌과 주요 내각 포스트 관점에서 본 일본 정치의 연속과 단절

| 경제희(경남대학교) |

* 본 연구는 《글로벌정치연구》 제10권 제1호에 게재된 논문을 수정 · 보완한 연구이다.

Ⅰ. 서론

현재 대부분의 민주국가는 간접민주주의representative democracy를 택하고 있다. 유권자의 권한을 위임받은 정치가, 즉 대의자들representatives이 시민citizen을 대신하여 각종 정책을 결정하는 것이다. 이론적으로 유권자는 투표voting를 통해 자신의 의사를 전달할 대의자를 선택하는 것이기 때문에 이들이 정하는 각종 정책은 유권자의 뜻대로 성립되어야 한다. 하지만 실제로는 그렇지 않은 경우가 많아 여러 국가에서 '민주주의의 기능 부전Democracy does not work'에 대한 논의가 종종 이루어지고 있다. 이러한 민주주의 기능 부전의 원인 중 하나는 유권자의 선택과 대의자의 정책 결정 과정 사이에 직간접적 영향을 미치는 다른 여러 행위자actor의 개입 측면에서 설명될 수 있다. 유권자와 대의자 사이의 대표적인 다른 행위자는 바로 정당party이다.

정당은 단 하나의 개체로 움직이지 않는다. 정당에는 다양한 구성원과 내부의 여러 조직들이 존재하고 이들의 영향력power은 균등하지 않다. 가령 정당의 공천을 희망하는 수요demand가 공천 가능한 공급supply보다 많을 경우 정당 구성원들은 정당 조직의 영향력에서 벗어나기 어렵다. 더욱이 정당 내 조직은 공식적official 조직과 비공식적unofficial 조직이 존재하고 이들의 상호작용으로 정책 결정이 진행되는 경우가 많다. 따라서 정당의 영향력을 살펴보기 위해서는 표면에 나타나는 공식 조직 외에 비공식 조직을 파악할 필요가 있다(김상준 외 2014).

일본 자유민주당(自由民主党, Liberal Democratic Party of Japan, 이하 자민당)의

파벌(派閥, faction)은 비공식 조직으로 정책 결정에 지대한 영향을 미쳐 왔다는 점은 잘 알려진 사실이다(福井 1965).[1] 더욱이 1955년 창당 이후 2017년 현재까지-호소카와細川 내각이었던 1993년 8월~1994년 4월 까지 약 9개월, 민주당民主党 정권기였던 2009년 9월~2012년 12월까지 약 3년 3개월을 합한 약 4년을 제외하고-줄곧 여당ruling party의 위치에 있었기 때문에 현대 일본 정치사는 곧 자민당의 역사라 해도 과언이 아 니다. 이는 자민당의 파벌이 일본 정치에 얼마나 중요한 존재인지를 의 미하기도 한다.

일본 정치의 파벌 연구는 자민당이 창당된 1955년부터 정권을 처음 상실한 1993년까지를 의미하는 '55년 체제'하의 연구가 많다(渡辺 1958, 2014; 福井 1965; 어수영 1982; 石川·広瀬 1989; 居安 1996; 조석제 2001; 김상준 외 2014; 中北 2014). 당시 중의원 선거제도인 중선거구제가 자민당 파벌과 맞물 려 정치 부패를 일으키는 원인으로 주목되면서 파벌을 매개로 한 중의 원 선거와 정치 부패 관련 연구도 다수 진행되었다(増山 2003, 52~55). 그 뒤 1994년 정치개혁(이하 '94년 정치개혁')[2]을 통해 중의원 선거제도가 소선 거구비례대표병립제로 개정되고 정당조성법 등이 제정되면서 자민당 총재의 영향력 강화와 파벌이 약화되며 이에 대한 연구도 감소하는 경 향이 보인다. 중의원 선거제도가 소선거구비례대표병립제로 이행되면 서 정당체제가 양당제로 변화할 것이고, 이에 따라 자민당 지도부의 영 향력이 강화되어 점차 파벌이 사라질 것으로 예상되기도 하였다. 하지 만 실질적으로 파벌은 여전히 유지되고 있다.

파벌의 영향력은 94년 정치개혁 전과 비교하면 상대적으로 약화되 었지만(Cox et al. 1999; 이이범 2007, 115; 이기완 2008, 78; 〈読売新聞〉 2009. 9. 1.) 흥미롭게도 주요 파벌 수는 오히려 증가하였다. 특히 파벌 수가 5개로 수렴된 이유가 중선거구제로 인해 각 선거구의 의석수가 4개인 경우가 많기 때문에 M+1원칙에 의하여 5개의 파벌로 수렴되었다는 주장이 제기된 바 있다. 한 선거구에서 M(Member, 의석수)명의 의원이 선출될 경우 후보자 수가 M+1로 수렴한다는 듀베르제 법칙Duverger's Law에 따라 각 파벌별로 후보자를 내기 때문에 자민당 파벌이 M+1개로 수렴한다는 주장이다(Reed 1991; 平野 2011, 212). 이들의 주장에 따른다면 현재 중의원 선거제도가 소선거구비례대표병립제로 개정되었기 때문에, 즉 선거구 의석수가 1개이기 때문에 파벌 수는 2개로 감소해야 한다. 물론 비례대표 의석이 현재 475개 중 180개로 약 38%를 차지하는 점을 감안하면 파벌 수가 2개보다는 많을 수 있지만 적어도 현재의 파벌 수가 중선거구제 시기보다는 줄어야 한다.

하지만 현재 자민당 주요 파벌의 수는 8개로 과거에 비해 전혀 줄어들지 않았고 오히려 증가한 부분도 있다. 또한 파벌 기능이 약화되었다면 사라지는 파벌이 발생해야 하는데 실제로는 그러한 예상과 다른 결과를 보이고 있다. 물론 파벌에 속하지 않은 무無파벌 의원 수가 증가하였다는 점도 인정되지만 파벌의 수가 감소하지 않았다는 점은 비록 파벌의 기능이 약화되었어도 파벌이 소속 의원들에게 작용하는 순기능이 있을 것으로 생각된다.

본 연구에서는 자민당 파벌의 기능이 기존에 비해 약화된 반면 그 수가 감소하지 않는 원인을 일본 내각의 주요 포스트post인 대신大臣,[3] 부副대신, 대신정무관(大臣政務官, 이하 정무관)을 중심으로 알아보고자 한다. 일본의 정치체제는 의원내각제를 채택하고 있어 수상은 물론 내각 대신도 대부분 국회의원(중의원과 참의원) 가운데에서 선출된다. 일반적으로 일본의 국회의원들은 단순한 국회의원 당선을 넘어 내각 진출이 중요한 목표이다. 특히 수상이 될 수 있는 자민당 총재는 자민당 및 내각의 주요 요직을 두루 거치며 능력과 인품이 검증되고 당원들로부터 인정받아 선택되기 때문에 내각의 대신, 부대신, 정무관의 위치는 중요한 의미를 갖는다.

본 연구는 다음 Ⅱ절에서 자민당 파벌에 관한 특징을 검토하고 Ⅲ절에서는 자민당 파벌과 일본 내각 주요 포스트의 관계를 실증적으로 분석한다. 구체적으로는 파벌의 변천 및 구성 분포와 함께 내각의 대신, 부대신, 정무관의 파벌을 분석하고 이를 바탕으로 내각의 주요 포스트와 파벌의 관계를 살펴본다. 분석 대상이 되는 내각은 2012년 이후 제2차 아베 내각부터 제3차 아베 내각(제2차 개조)까지 다섯 내각이다.

2012년 중의원 선거 이후 부활한 아베 수상은 이전의 제1차 내각[4] 때와는 달리 강력한 권력을 행사하는 것으로 평가되고 있다.[5] 강력하게 권력을 표출하고 있는 제2차 아베 내각 이후에도 자민당 파벌의 수는 여전히 유지되고 있다. 94년 정치개혁 이후 파벌이 사라질 것으로 예상된 이유 중 하나는 수상의 영향력 증대였다. 이에 대한 자세한 설명은 후술한다. 본 연구에서는 어느 때보다 강한 권력을 행사하고 있는 수상의 임기 중에도 파벌의 수가 감소하지 않는 원인을 파벌별 내각의 주요 포스트 분포를 기준으로 고찰한다. 마지막 Ⅳ절에서는 이상의 내용을 바탕으로 정치개혁 전후 자민당 파벌의 연속과 변화에 대해 논의한다.

본 연구의 시각은 합리적 선택이론rational choice theory에 근거한다. 민주국가에서 정치가의 1차 목적은 선거 당선으로 간주한다. 아무리 훌륭한 공약을 제시한다 해도 유권자의 대의자로 인정받지 못하면 공약을 실현시킬 수 있는 근거를 마련하기 어렵기 때문이다. 대의자로 인정받은 후에도 자신의 정책을 실현시키기 위해서는 재선하는 것이 중요하다. 더욱이 정당 및 내각보다 강력한 권한을 행사할 수 있는 지위에 오를 경우 자신이 원하는 방향으로 정책을 이끌 수 있는 이른바 강한 권력을 얻을 수 있기 때문에 본 연구에서는 정치가의 모든 행동을 강한 권력을 얻기 위한 행동으로 간주한다.

본 연구의 대상은 이미 국회의원으로 인정된 대의자들로 이들이 시간 및 노력 등의 비용cost을 들여 파벌 활동을 하는 이유가 자신들이 생각하는 이익benefit을 얻을 수 있기 때문이라고 전제한다. 대의자들의 이익에는 재선, 정치적 지위, 의정 활동 등 다양한 것들이 있으나 본 연구에서는 내각 대신, 부대신, 정무관이라는 정치적 지위에 초점을 맞췄다.

이와 관련된 연구로 박철희(Park 2001) 연구와 고바야시 · 츠키야마(Kobayashi and Tsukiyama 2016) 연구 등이 있다. 두 연구 역시 94년 정치개혁 이후 파벌의 영향력이 약화되었으나 그럼에도 파벌이 유지되는 원인을 내각 및 당내 주요 포스트 분포 등을 통해 고찰하였다.

박철희 연구는 2001년 고이즈미 내각의 부대신, 부간사장 등 내각 주요 포스트와 당내 주요 포스트를 바탕으로 파벌 유지 배경을 설명하고 있다. 하지만 2001년까지 94년 정치개혁으로 방식이 바뀌어 실시된 중의원 선거는 1996년과 2000년 2번에 불과하기 때문에 정치개혁의 핵심인 중의원 선거제도 변경에 따른 파벌의 지속적인 유지 이유에 대한 설명에 한계가 있다.

한편 고바야시 · 츠키야마 연구는 1972년부터 2009년까지 데이터를 바탕으로 중선거구제 하의 파벌과 소선거구비례대표병립제하의 파벌의 영향력에 대해 비교하였다. 선거구제 특성상 파벌 영향력이 변하였지만 여전히 존재하는 이유를 의원내각제라는 특성으로 보고 정책 결정 등의 주요 결정에 미약하더라도 다른 파벌의 필요성이 인정되기 때문이라고 주장한다.

이 결과는 2009년 중의원 선거 전의 결과로 자민당 파벌 유지에 대한 검토는 2012년 이후가 중요하다고 판단된다. 자민당은 2009년 중의원 선거로 야당으로 밀려났다가 약 3년 후인 2012년 다시 십권 니빙 자리를 탈환했다. 야당이었던 3년간 자민당에는 내각 포스트를 임명할 수 있는 권한이 없었다. 하지만 이러한 권한이 사라진 기간을 거친 후에도 자민당 파벌이 유지되고 있는 것은 시사하는 의미가 크다. 따라서 본 연구는 장기 집권을 하고 있는 아베 내각의 2012년부터 2017년까지의 데이터를 바탕으로 파벌의 의미를 고찰하는 것에 기존 연구와의 차별성을 둔다.

II. 자민당 파벌의 특징

민주주의의 기능 부전의 여러 문제가 정당에서 비롯되기는 하지만 정당의 존재는 민주주의의 핵심이다. 정당은 유권자와 원활한 소통을 통해 정책을 결정하고 사회 각층의 요구와 이익 생산의 연결고리 역할을 한다(최한수 1993).

정당party의 어원은 라틴어 'partire'으로 '나누다' 또는 '분리하다'라는 의미이다. 한편 파벌faction은 라틴어 'facere'라는 동사에 어원을 두고 있는데 이는 '~을 (행)하다'라는 뜻이다. 정당은 형성 초기부터 특정한 무리가 자신들의 이익을 위해 움직이는 부정적인 이미지로 인식되었다. 그 가운데에서도 파벌은 해로운 행위를 하는 자들의 모임을 표현하는 용어로 시작되었다. 정당과 파벌 개념이 처음부터 구별 지어진 것은 아니었다. 17세기경에는 정당과 파벌이 유사한 개념으로 인식되기도 하였다. 정당이 정치조직이 아닌 단순히 부정적인 이미지의 파벌로 간주되기도 하였다(Calhoun 1947, Duverger 1954, Ladd 1970, Fenno 1973, Sartori 1976, Schlcsinger 1986, 최한수 1993, 김윤철 2012). 근대적 형태를 갖춘 정당의 등장은 1832년 영국의 선거법 개정 이후로 이전까지 파벌 형태에 머물렀던 정당들이 대의정부 탄생과 참정권 확대를 계기로 근대적 정당의 모습을 갖추게 되었다(Huntington 1968). 이와 같은 정당의 발전 과정을 살펴보면 정당에 앞서 파벌이 성립한 것으로 파벌은 정당의 기원적 성격에 해당하기 때문에 정당 내 파벌의 영향력을 무시할 수 없다는 점을 알 수 있다. 정당 내에는 공식 조직과 비공식 조직을 포함한 다양한 조직들이 존재한다. 하지만 이들 모두를 파벌이라 칭하지 않는다. 이들 가운데에서도 파벌이라 분류되는 조직은 정당 내 권력을 획득하기 위한 목적으로 구성된 조직을 말한다(김상준 외 2014).

비공식 조직인 파벌을 칭하는 용어는 정당마다 다르다. 자민당은 파

벌派閥이라는 명칭을 사용하지만 민진당(民進党, the Democratic Party)은 그룹 グループ이라 부른다. 한국의 정당들은 계파라 칭하는 경우가 많다. 또한 이들의 성격 및 기능은 정당마다 차이를 보이기도 한다. 한 예로 자민당 의원들은 하나의 파벌에만 속할 수 있는 데 반해 민진당 전신인 민주당의 경우 복수複数의 그룹에 속할 수 있었다. 자민당의 파벌정치를 비판했던 당시 민주당은 2009년 정권 획득 전에 의원들이 여러 그룹에 자유롭게 속할 수 있게 했지만 정권을 획득한 후에는 정당 내 권력투쟁이 심화되어 그룹 활동의 방향을 개선하였다. 그 결과 의원들은 표면적으로 복수의 그룹에 속할 수는 있었지만 모든 그룹이 한날한시에 깅회를 열어 실질적으로 하나의 그룹에만 속할 수 있는 정책을 취하기도 하였다(경제희 2014). 본 연구에서는 이 가운데 자민당의 파벌에 초점을 맞추기로 한다.

1. 94년 정치개혁 이전

자민당은 1955년 창당 당시 보수계 정당이었던 자유당自由党과 일본 민주당日本民主党의 보수합동保守合同으로 설립된 정당이다. 자유당은 1950년에 민주자유당과 민주당 연립파가 합류하여 새롭게 붙인 명칭이고 민주자유당은 1948년에 이전의 자유당과 민주클럽의 합당으로 창당되었다. 따라서 자민당의 원천은 경력, 신조, 정책 등이 다른 여러 정당의 복잡한 관계에 기반을 두었기 때문에 각 출신을 중심으로 한 파벌이 자연스럽게 형성되었다(조석제 2001, 85~86).

자민당이 성립된 1955년부터 집권에 실패한 1993년까지 자민당 중심의 일본 정치는 파벌의 영향력이 강했다. 이러한 파벌에 대한 평가는 부정적인 면이 크지만 이면에는 긍정적으로 평가되는 부분도 있다. 이하에서는 파벌에 대한 부정적 평가와 긍정적 평가를 중심으로 자민당 파벌정치의 특징을 살펴본다.

1) 부패 정치의 중심

94년 정치개혁 이전 자민당 파벌은 긍정적인 측면보다 부정적인 측면이 강했다. 특히 94년 정치개혁의 원인이 된 부패 정치가 파벌에서 비롯되었다는 지적이 있다.

1993년은 자민당 정권의 55년 체제가 무너진 일본 정치사의 역사적인 해이다. 1993년 총선거[6]에서 자민당이 비非자민연립정권에 여당의 자리를 내 준 원인은 자민당의 지속된 부패에 대한 국민들의 저항에 기인한다. 당시 일본의 부패 정치는 중선거구제中選擧区制와 자민당 파벌의 연계가 정치적으로 이용된 결과라는 인식이 팽배하였다.

일본의 중의원 선거는 1947년 총선거부터 94년 정치개혁으로 인한 선거법 개정 전인 1993년 총선거까지 중선거구제로 실시되었다.[7] 일본의 중선거구제는 단기비이양식투표(単記非移議式投票 Single Non-Transferable vote, SNTV) 방식을 취하였다. 중선거구제는 이론적으로 한 선거구에서 2~5명의 의원을 선출하는 방식으로 의석수에 해당하는 수만큼 투표권을 행사할 수 있다. 가령 한 선거구에서 5명의 의원을 선출한다고 가정할 때 해당 선거구의 유권자들은 최대 5표를 행사할 수 있다. 하지만 일본의 중선거구제는 한 선거구에 배정된 의석수와 상관없이 모든 선거구의 유권자는 단 한 표만 행사하는 독특한 방식을 채택하였다. 이와 같은 단기비이양식 제도하에서는 적은 득표로도 당선이 가능한 상황이 발생한다.

가령 중선거구제도하의 한 선거구 의석이 5개인데 〈그림 1〉과 같이 A~J까지 10명의 후보가 출마하고 A~J의 후보가 각각 17, 15, 14, 13, 12, 11, 8, 7, 2, 1%(합계 100%)의 득표율을 기록했다고 가정해 보자. 1위부터 5위까지 득표를 한 A, B, C, D, E 5명의 후보자가 중의원 당선자가 된다. 여기에 해당 선거구 투표율이 70%라고 가정하면 A후보는 해당 선거구 전체 유권자의 11.9%(0.7×0.17×100=11.9%) 득표를 하고 당선되게 된다.[8] 최하위 당선자인 E후보는 8.4%(0.7×0.12×100=8.4%)의 득표로 중의원이 되는 것이다.

일본에서는 너무 적은 득표를 한 후보의 당선을 제한하는 법정득표

〈그림 1〉 중선거구제 하의 후보별 득표율

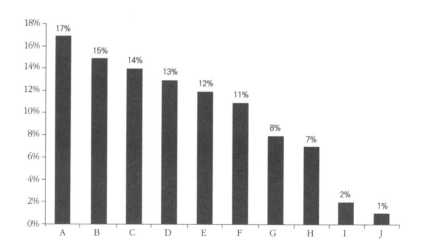

法廷得票라는 기준을 두고 있다. 현재 중의원 소선거구의 경우 유효득표 총수÷6 이상을, 참의원 선거구의 경우 유효득표총수÷해당 선거구 의원 정수÷6 이상을, 지방단체장의 경우 유효득표총수÷4 이상을, 지방의원의 경우 유효득표총수÷해당 선거구 의원 정수÷4 이상을 득표해야 당선으로 인정된다. 중의원 및 참의원 비례대표의 경우 법정득표의 제한이 없다.[9] 중선거구제의 중의원 법정득표는 현재 지방의원과 같은 기준이었다. 〈그림 1〉과 같은 사례의 경우 법정득표수는 유효득표 총수÷해당 선거구 의원 정수÷4이기 때문에 유효득표총수÷5(해당 선거구 의원 정수)÷4=유효득표총수÷20으로 실질적으로 유효득표총수의 20분의 1, 즉 5%의 득표율에 해당된다.[10] 〈그림 1〉과 같은 환경에서 만일 5%의 득표자가 5위권 내에 들 경우 실제 득표율은 3.5%(0.7×0.05×100=3.5%)에 불과하다. 법정득표는 최소한의 제한은 될 수 있을지 몰라도 과거 중선거구제의 선거 환경상 실질적인 대표성 제고에는 큰 역할을 하지 못한 것으로 보인다.

선거구는 크게 소선거구, 중선거구, 대선거구로 구분되는데 소선거구에서 대선거구로 갈수록 선거구 규모가 크기 때문에 선거 기간 중 각 후보가 선거구의 일부 유권자만 접촉하게 되므로 유권자들과 직접 접촉하는 방식보다는 의정 활동을 통한 홍보 활동에 힘을 기울이는 선거 운동을 전개하게 된다(김재한 1999, 154). 하지만 일본의 중선거구제와 같이 단기비이양식투표를 실시할 경우 〈그림 1〉의 사례와 같이 적은 득표수로도 당선이 가능하기 때문에 중선거구제의 이론적 특성과 다른 선거운동 전략을 세울 수 있다.

또한 중선거구제에서는 한 선거구에 다수의 동일 정당 후보가 출마하기 때문에 소속 정당 조건만으로 다른 후보보다 자신이 더 매력적인 후보라는 것을 강조하기 어렵다. 따라서 차별된 개인적 요건을 갖추어야 유권자들에게 자신을 특화시킬 수 있다. 더욱이 가령 일본 중선거구제의 5인 선거구에서는 5위 안에만 들면 당선될 수 있고 1위부터 5위 사이에는 아무런 차별이 없다. 따라서 단기비이양식 중선거구제하의 중의원 선거 후보자가 최소 비용cost으로 최대 혜택benefit을 얻을 수 있는 합리적 선택이론에 근거한 방법은 당선 순위권에 해당하는 특정 유권자를 확실한 지지자로 만드는 것이다.

실제로 중의원 선거 각 선거구에 출마한 복수의 사민당 후보자들은 같은 선거구에 각기 다른 유권자들의 집합과 특별한 관계를 맺는 경우가 많았다. 주로 특정 직업군 유권자들과 후원회 형식의 관계를 형성하여 해당 집단으로부터 물적·인적 지원을 받고 당선되는 경우가 다수였다. 하지만 당선 후에는 지지자들에 대한 보답을 해야 했기 때문에 이들에게 유리한 정책 기반을 마련해 주는 일종의 유착관계가 형성되었다(川上 2006).

여기에서 중요한 점은 같은 선거구 내 복수의 후보자들이 대부분 다른 파벌에 속했다는 점이다. 다시 말해 자민당의 각 파벌은 한 선거구에서 각기 다른 영향력을 행사할 수 있었기 때문에 실제로는 작은 정당과 같은 기능을 수행했다고 볼 수 있다. 자민당 내 파벌을 앞세운 각 후보의 후원회 중심의 선거 활동은 55년 체제 이후 점차 고착화되면서 특정 유권자 집합으로부터 물적·인적 지원과 정책 교환 관계가 부패 정치로 이어졌다. 그 중심에는 파벌이 자리하고 있었기 때문에 일본 자민당 파벌은 부정적인 이미지가 강했다.

2) 강력한 파벌 영수

중선거구제를 실시하던 때는 후보 공천이 파벌에 의해 결정되었기 때문에 실질적인 영향력은 중앙 지도부보다 공천권을 쥐고 있는 파벌 영수가 더 강했다. 당선 후에도 지지자들이 요구하는 각종 정책을 통과시키기 위해서는 파벌의 도움이 절대적으로 필요했기 때문에 이들의 결속력은 강해질 수밖에 없는 구조였다.

의원내각제에서는 수상 및 내각 대신이 의원들(중의원, 참의원) 중에서 임명되기 때문에 의원으로 진출한 이후 주요 요직에 오르는 것은 큰 바람이기도 하다. 정치 입문자들의 목적은 자신의 정책 실현이기 때문에 이를 위해서는 정당 및 내각의 주요 요직에 오르는 것이 중요하다. 자민당 정권이 지속되는 가운데 자민당 및 내각 요직의 배분에도 파벌이 관계되었다(福井 1965; Baerwald 1974; 佐藤・松崎 1986; 野中 2008). 또한 주요 요직은 파벌 간 균형적으로 배분되기 때문에 파벌 내에서 인정받는 것은 곧 요직으로 임명될 수 있는 기회이기도 했다. 이러한 주요 요직 결정권 역시 파벌 영수의 권한이었다.

파벌 영수는 총재의 지위에 오를 수 있다는 점에서도 강력한 영향력을 갖는다. 의원내각제에서 제1정당의 대표는 대부분 해당 국가의 수상으로 임명된다. 특히 1955년 이후 일본 제1정당의 위치는 대부분 자민당이 차지해 왔기 때문에 자민당 총재 선거에서 당선한다는 것은 곧 일본 수상으로 임명된다는 것과 크게 다르지 않았다. 자민당 총재는 1955년 창당 당시부터 1972년까지 2년마다 선출하였으나 1972년부터 1978년까지는 3년으로 연장되었다. 이 사이 1974년에는 연속 3선을 금지하는 조항이 만들어졌다.[11] 1978년부터 2003년까지는 다시 임기가 2년으로 축소되었으나 2003년에 다시 당규가 개정되면서 또다시 3년으로 연장되었다. 2016년에는 연속 3기期가 가능하도록 당규가 완화되어 실질적으로 3년씩 3회, 즉 총재 임기는 9년까지 가능해졌다(⟨読売新聞⟩ 2016. 10. 29.).[12] 2년 또는 3년마다 행해지는 자민당 총재 선거는 각 파벌의 경쟁을 통해 이루어진다. 총재가 되기 위해서는 자민당 내 다수의 지지를 얻어야 하기 때문에 파벌 간 협상과 흥정도 빈번하게 이루어졌다(Richardson 1997; 加藤 2003; 이기완 2008, 71-72; 石川 · 山口 2010). 또한 다수의 파벌이 존재하고 한 파벌의 구성원이 과반수를 차지하는 경우가 없었기 때문에 총재를 선택하는 과정에는 여러 파벌의 이합집산이 촉진되기도 하였다.

이처럼 일본 정당의 파벌은 각 선거구의 의석, 자민당 및 내각의 주요 요직, 총재 등의 지위를 균형적으로 배분하는 기능을 하며 자민당 내 견제와 균형을 유지한 것으로 보인다. 자민당의 잦은 총재 교체는 곧 빈번한 일본 수상의 교체로 이어졌고 타국의 외교 담당자들은 외교의 연속성이 저하된다는 점을 들어 불만을 토로하기도 하였다(김상준 · 박호성 2013, 108). 이러한 현상은 정치가의 최우선 목표가 권력 획득 및 유지에 있기 때문에 합리적 선택이론의 관점에서 보면 각 파벌의 권력 유지가 더욱 중요하기 때문에 발생한 것으로 볼 수 있다.

3) 밀실 정치

일본의 독특한 제도인 단기비이양식 중선거구제는 상기한 바와 같이 소수이지만 확실한 지지자들을 확보하는 것이 중요하다. 따라서 이러한 지지자들을 확보하지 못한 정치 신인에게는 파벌이 지원하는 물적·인적 지원은 당선에 필수 요소일 수밖에 없으며 이를 결정하는 파벌 영수의 영향력은 막대할 수밖에 없다. 당선 후에도 어느 정도 경력이 쌓이기 전에는 최장 4년에 한 번씩 돌아오는 선거에서 다시 공천을 받아야 하기 때문에 재선을 하기 위해서는 이들의 의견에 반대하기 어렵다.

이러한 구조하에서 파벌 영수들을 중심으로 원로급 정치가들이 밀실에 모여 자민당의 각종 인사 및 정책을 자신들의 뜻대로 결정하여 기반이 약한 정치인들은 순종하는 구조가 형성되었다. 밀실 정치는 유권자의 민의가 공정한 정책 발현으로 이어지지 않기 때문에 민주정치에 반하는 정치 과정으로 비판받았다.

4) 여당 속 야당

이와 같이 파벌은 비판적으로 인식되는 경향이 강하지만 긍정적으로 평가되는 부분도 있다. 일본 정치에서 자민당의 장기 집권이 가능했던 배경 중 하나는 상대적이긴 해도 자민당이 이데올로기적으로 좌부터 우까지 다양한 성향의 의원들이 골고루 분포하여 다양한 정책을 담당하는 포괄정당catch all party이라는 점을 들 수 있다. 보수합동으로 탄생한 자민당이 초반에 보수적인 정책을 실시하는 동안 사회당을 중심으로 한 혁신 정당들은 지방에 파고들어 복지정책, 환경정책 등을 구현하였다. 그러자 자민당의 혁신 세력들도 점차 지방 정치에서의 복지 및 환경정책 등을 정부 차원에서 진행하여 혁신적인 유권자들의 요구needs에 부응했다. 가령 기업 대상의 정책에는 기업을 위한 정책뿐 아니라 근로자를 위한 정책도 마련하여 포괄적이고 대중적인 인기도 얻었다(大嶽 1999).

이처럼 자민당 내에서 좌부터 우까지 다양한 정책이 마련될 수 있었던 배경에는 다양한 파벌이 자리하고 있었기 때문이다. 다양한 정책을 지향하는 파벌 간의 견제와 균형check and balance이 다양한 정책 실현을 가능하게 하였고 동시에 여당 내 야당으로서 감시자 역할을 수행하기도 하였다(渡辺 2014, 58~62). 결과적으로 일본에서 자민당 중심의 일당우위체제가 장기간 유지되었음에도 불구하고 다양한 정책이 실시될 수 있었던 것은 다양한 파벌이 존재했기 때문이다. 자민당 내 이데올로기 성향 및 정책 지향점이 다른 총재의 교체는 표면적으로는 자민낭의 정권 유지로 나타나지만 실질적으로는 정책 내용에 변화가 발생하거나 각 요직의 담당자가 바뀌는 등 정권교체와 유사한 모습을 보이기도 하였다.

5) 정치 신인 충원

55년 체제하에서 자민당 의원의 당선은 대부분 파벌에 의해 이루어졌다. 특히 정치 신인의 경우 지지 기반과 정치자금이 부족하기 때문에 모든 것을 홀로 준비하기에는 한계가 있다. 실제로 55년 체제하에서는 파벌에서 능력 있는 정치 신인을 발굴하여 이들의 당선을 돕고 당선 후에는 해당 파벌의 구성원으로 파벌정치에 협조하도록 하는 윈윈win-win 관계가 성립되었다. 94년 정치개혁 전에는 정치자금에 대한 국고 보조가 없었으며 정당의 도움을 받거나 개인적으로 조달해야 했다. 이 때문에 후원회의 영향력이 커지기도 했지만 정치 신인의 경우 이러한 후원회를 조직할 역량이 부족하였다. 파벌은 정치자금 지원은 물론 후원회 조직 등에도 힘을 실어 주었다. 결과적으로 94년 정치개혁 이전의 자민당 정치 신인을 충원하는 역할은 파벌의 주요 기능 중 하나였다.

2. 94년 정치개혁 이후

일본 자민당의 파벌정치는 긍정적인 기능을 수행한 면도 있지만 그보다는 부정적인 인식이 강했다. 특히 중선거구제와 연계된 파벌정치는 특정 세력으로부터 물적·인적 지원을 받으며 이에 상응하는 대가로 이들을 위한 정책을 추진하여 부패 정치를 유발하였다는 지적이 강하게 제기되었다. 실제로 강력한 파벌을 유지하기 위해 막대한 정치자금을 불공정한 방식으로 조달한 거물급 정치인들이 굵직한 게이트에 연관되자 정치개혁에 대한 목소리가 한껏 높아졌다. 그 결과, 1993년 총선거에서 자민당의 부패 정치에 실망한 유권자들이 등을 돌리며 자민당은 야당의 자리로 물러나게 되었다. 1993년 총선거로 성립된 호소카와細川 내각의 비非자민연립정권의 정치개혁 움직임은 1994년 공직선거법 개정과 정당조성법 등 정치개혁4법으로 구체화되었다.

일본에서 중의원 선거제도를 중선거구제에서 소선거구비례대표병립제로 전환한 목적은 소선거구제도가 양당제two party system를 가져와 정책 중심의 경쟁으로 정권교체를 원활하게 할 것이라는 기대를 바탕으로 한다. 또한 부정한 정치자금을 매개로 한 유착을 방지하기 위해 국가가 공정한 정치자금을 제공하는 정당조성법도 마련하였다. 정치개혁4법을 도입한 후 한동안 일본의 정당체제가 양당제로 되는 듯하였으나 2012년 자민당이 재집권에 성공한 이후 자민당을 중심으로 한 일당우위제로 회귀하는 경향이 나타나고 있다. 중의원 선거제도의 변화로 정당체제에 변화가 생겼다는 것은 단언할 수 없으나 자민당 내 파벌의 기능에는 확연한 변화가 나타났다. 이하에서는 94년 정치개혁 이후에 나타난 자민당 파벌의 몇 가지 특징에 대해 논의하기로 한다.

과거 자민당 내 파벌의 영향력이 강력했던 것은 공선권이 실질적으로 파벌에 있었고 각 파벌별로 특정 유권자 집단과 네트워크를 통한 인적 지원 및 정치자금 제공이 가능했기 때문이다. 하지만 정치개혁4법이 실행된 이후 파벌이 이를 제공하기 어려워지면서 영향력이 감소하게 되었다. 먼저 선거구 획정을 중선거구에서 소선거구로 전환하면서 각 선거구에 공천할 수 있는 후보가 단 한 명으로 축소되었기 때문에 여러 파벌이 공천권을 나누어 행사할 수 없게 되었다. 따라서 공천권은 자민당 지도부 산하에 놓이게 되었다(片岡·山田 1997). 또한 각 선거구의 자민당 공천 후보자는 단 한 명이기 때문에 자민당 공천 후보자라는 자체가 차별성을 가지게 되었다. 즉, 중선거구제보다 소선거구제에서 자민당이라는 가치name value가 증대되는 효과가 발생한 셈이다. 더욱이 소선거구제에서는 단 한 명의 후보만 당선되기 때문에 당선하려면 다른 어떤 후보보다 많은 표를 얻어야 한다. 중선거구제 같이 2~5위를 해서는 당선될 수 없기 때문에 당 지도부에서는 엄격한 심사를 통해 반드시 1위가 예상되는 유능한 후보를 선택하는 방침을 세울 수밖에 없다. 이러한 배경으로 공천을 원하는 후보는 더 이상 파벌에 의존할 이유가 없게 되었다.

선거구제가 바뀌어도 선거에 비용이 드는 것은 변함이 없었다. 1994년 정당조성법이 도입된 이후 각 정당이 일정 기준에 따라 보조금을 받게 되면서 선거운동에 필요한 비용을 후보에게 지원할 수 있게 되었다. 따라서 각 후보가 사용하는 선거 비용에 개인차는 있을 수 있으나 기본적으로 선거를 치를 수 있을 정도의 비용은 정당으로부터 보조받을 수 있기 때문에 과거와 같이 정치자금을 이유로 파벌에 의존하는 경향은 상당 부분 감소하였다(고선규 2010, 201).

소선거구가 중선거구나 대선거구에 비해 선거구의 규모가 작다고는 하지만 해당 선거구의 모든 유권자와 개별적으로 접촉하는 것은 사실상 불가능하다. 또한 1위 득표자만 당선되기 때문에 특정 유권자군의 지지만으로는 확실한 1위를 장담할 수 없다. 이러한 상황에서 자신을 알릴 수 있는 방법은 간접적이라도 자신과 관련된 내용을 유권자에게 홍보하는 것이다. 이를 위해서는 언론을 이용하는 방법이 매우 효율적이다(大嶽 1999). 특히 전자매체의 발전이 가속화되고 언론매체를 통한 정치가의 이미지가 투표 결과에 상당한 영향력을 미치게 되면서 정치가의 언론 활동이 매우 활발해졌다.

더욱이 소선거구제에서는 정당별 후보가 1명이기 때문에 정당 이미지도 선거 결과에 지대한 영향을 미친다. 해당 후보에 대해 잘 모를 경우 소속 정당의 이미지와 해당 후보의 성향을 일치시켜 판단하는 경우가 많기 때문에 정당 요인의 영향력은 중선거구제와 비교해 강화되었다. 정당 이미지는 정당 대표의 활동, 행동, 메시지 등을 통해 형성되는 부분이 많기 때문에 소선거구제에서는 정당 대표, 즉 자민당 총재의 영향력이 과거보다 훨씬 중요해졌다(竹中 2006). 다시 말해 과거에는 각 후보의 인적 지원 역할을 파벌이 담당했다면 소선거구제가 도입된 이후에는 자민당 총재의 인기 등이 인적 지원의 역할을 하는 것으로 보인다.

　이와 같이 94년 정치개혁 이후 파벌의 영향력은 감소하였고 자민당 총재를 중심으로 한 지도부의 영향력은 강화되었다. 공천권, 정치자금, 선거 시 인적 지원의 관점에서 볼 때 파벌 영수들은 과거와 같이 파벌 구성원들을 구속하기 어렵다(Krauss and Pekkanen 2010, 140~141). 94년 정치개혁 이전과 비교하여 파벌의 존재 이유가 약해진 것이 사실이다. 이를 반영하듯 어느 파벌에도 속하지 않은 무당파 의원들이 증가한 것은 분명하다. 하지만 파벌은 여전히 존재하고 그 수 역시 감소하지 않았다. 파벌의 변화가 전후 일본 정치의 변화된 부분에서 유지되고 있는 측면은 파벌의 존재 및 그 수가 일정 정도 이상 유지되고 있는 면이라 할 수 있다. 본 연구에서는 일본 내각의 주요 요직의 측면에서 파벌의 존재 및 그 수가 유지되는 이유를 찾아보기로 한다.

Ⅲ. 자민당 파벌과 내각의 주요 포스트

 본 절에서는 먼저 전후 일본 정당의 변천 가운데 특히 자민당이 어떠한 과정을 거쳐 현재에 이르게 되었는지, 그 안의 파벌에는 어떠한 변화가 나타났는지에 대해 간략히 살펴본다. 다음으로 2017년 현재 자민당 파벌의 구성을 살펴보고 마지막으로 2012년부터 2017년 2월 현재까지 아베 내각의 대신, 부대신, 정무관들의 파벌을 살펴 파벌에 따른 내각 주요 포스트의 분포를 분석한다.

1. 전후 일본 정당과 자민당 파벌의 변천

 1945년 8월 포츠담 선언 이후 GHQ에 의한 간접통치가 시작되면서 1945년 10월에 중선거구제였던 중의원 선거제도가 대선거구·제한연기제로 개정되었다. 이를 바탕으로 1946년 4월 중의원 선거가 실시되었다. 이 선거를 앞두고 정당들의 결성 및 재편이 상당 부분 진행되었다. 1946년 제1차 요시다吉田 내각 발족 이후 1947년 3월에 선거법이 개정되어 중의원 선거제도가 다시 중선거구제로 회귀하였다. 1947년 총선거는 전후 중선거구제로 실시한 최초의 중의원 선거였다. 1948년 3월에는 자유당과 민주클럽이 합당하여 민주자유당이 창당되었다. 이후 1950년 민주당 연립파가 합류하면서 자유당이라는 새로운 명칭의 정당으로 발족하였다. 1948년 말 GHQ는 '일본 경제 안정과 부흥을 목적으로 하는 9원칙(경제 안정 9원칙)'을 발표하는데 이는 훗날 공산당 세력으로부터 방벽을 삼으려는 동기에서 비롯된 것으로 파악되었다. 이러한 조치는 결과적으로 일본 내 혁신 세력을 약화시키고 보수 세력을 강화시키는 요인으로 작용하였다. 1949년 1월 총선거에서 민자당은 압도적 승리를 거두었고 사회당 의석은 급감하였다(石川 · 山口 2010).

GHQ에 의한 점령이 막을 내린 후 처음 실시된 1952년 10월 총선거에서는 자유당이 제1당이 되었다. 하지만 의석수는 이전보다 급감하여 결과적으로 야당 세력과 큰 차이가 없었다. 1954년에는 개진당, 일본자유당, 자유당의 하토야마鳩山파를 중심으로 일본 민주당이 결성되었다. 1954년 12월 민주당과 좌우 사회당이 내각불신임안을 제출하며 의회가 해산되자 요시다 내각에서 하토야마 내각으로 전환되었다. 1955년 2월 총선거에서는 민주당이 제1당이 되었고 자유당은 해산 전과 비교해 1/3 이상이 감소하였다. 보수파인 하토야마 붐에도 불구하고 보수 의석은 감소하였고 혁신 세력의 의석은 증가하였다. 1955년 10월 분열되어 있던 사회당이 통합하자 이에 대한 반동으로 1955년 11월의 보수합동 즉 민주당과 자유당이 합당한 자유민주당이 탄생하며 이른바 55년 체제가 시작되었다.

1958년 5월, 보수합동 이후 첫 총선거에서 자민당은 전체 467석 가운데 287석, 사회당은 166석을 차지하였다. 1956년 참의원 선거, 그리고 1958년 중의원 선거 결과로 양당제가 구축되었지만 실질적으로는 1과 1/2 정당제가 정착된 것이라 볼 수 있다. 사회당은 이전보다 6석증가한 셈이지만 기대했던 과반수에 미치지 못하며 사실상 패배하였다고 판단하였다. 그러면서 다시 사회당 통일에 대하여 논의하게 되었다. 이후 실질적인 자민당 일당 우위체제가 지속되었고 사회당은 쇠퇴의 길로 접어들었다(石川·山口 2010).

　1955년 형성된 자민당은 구舊자유당과 구舊민주당에 의한 보수합동으로 탄생한 정당이기 때문에 구성원들 간의 경력, 신조, 정책 등이 다양하였고 이들 간에 거리가 가까운 의원들이 당내 유력 의원 아래 모이는 경향이 나타났다. 이것이 자민당 파벌의 뿌리라 할 수 있다. 1956년 12월, 총재 선거를 계기로 8개 파벌이 형성되었지만 점차 5대 파벌(十日会系, 木曜研究会系, 宏池会系, 春秋会系, 策懇談会系)로 수렴되었다. 이 가운데에서도 매파인 주니치회계十日会系와 비둘기파인 모쿠요연구회계木曜研究会系가 양대 세력을 형성하였다.

　자민당 파벌의 기능이 크게 변화하게 된 것은 94년 정치개혁 이후이다. 1990년대는 어느 때보다도 반反파벌 분위기가 고조되었다. 1997년 3월 후쿠다福田내각과 1994년 고노河野총재하에서도 파벌 해체가 진행되어 파벌들이 간판을 내리고 언론에서 '구旧○○파'라는 통칭으로 불리기도 했다. 하지만 파벌은 오랫동안 이어져 온 관계였기 때문에 파벌 해체 시기에도 총재 선거가 가까워지면 공공연히 나타나기도 했다. 한 예로 고이즈미小泉 자민당 전前 총재는 탈파벌을 주장했지만 자신이 속했었던 세이와회淸和会에는 우호적이었던 반면 대립 관계에 있었던 헤이세이연구회平成研究会에는 냉담한 반응을 보였다. 이러한 태도에 비추어 볼 때 탈파벌을 주장했던 고이즈미 역시 일종의 파벌 활동을 행한 것으로 비추어진다.

　소선거구비례대표병립제 실시 이후 약 13년 만인 2009년 중의원 선거에서 자민당이 대패하면서 파벌 쇠퇴의 가능성이 지적되었다. 실제로 각 파벌에서 탈퇴자가 이어졌고 파벌이 점심 모임으로 전락하였다는 비판도 제기되었다. 2010년에는 신당 결성 및 참의원 공천 쟁탈 등으로 탈당자가 증가하면서 탈파벌자 역시 증가하는 추세를 보였다. 당시 무파벌 의원수가 33명으로 자민당 내 제2의 세력으로 등극하였다. 더욱이 2011년에는 무파벌 의원의 수가 48명으로 확대되어 당내 최대세력이 되기도 하였다. 2017년 2월 현재 무파벌 의원이 86명(중의원 61명, 참의원 21명)까지 증가하기도 하였다(国会便覧141版 2017. 2.).

제2차 아베 내각에서는 초당파 보수계 의원연맹인 창생 〈일본〉(創生〈日本〉, 회장: 아베 신조)에 속한 의원들이 다수 등용되었다(〈読売新聞〉 2013. 12. 20.). 이 외에 자민당 내에서 청년국 중심으로 무파벌 의원 초년생 대상의 연구회 등을 실시하는 등 과거 파벌이 담당했던 기능을 당이 수행하는 경우가 생겼다. 자민당이 실시하는 정책연구회와 의견간담회 등에는 파벌과 중복하여 참가하는 의원들도 존재한다.

하지만 이와 같은 파벌 기능의 변화에도 불구하고 자민당 내 파벌은 여전히 존재하며 주요 파벌의 수는 〈표 1〉과 같이 2017년 2월 현재 8개로 알려져 있다. 이는 과거 주요 파벌이 5개였던 시절보다 오히려 더 증가한 수치이다.

2. 자민당 파벌 분포의 현황

2017년 2월 현재 자민당 소속 파벌별 명단(무소속 포함)에는 중의원 290명과 참의원 120명을 포함한 410명이 있다(〈표 1〉). 290명과 120명을 합하면 410명이지만 실제로는 이보다 많다. 관례상 자민당 총재는 임기 중에 파벌을 취하지 않는다. 또한 중의원 정부正副의장과 참의원 정부의장도 임기 중에 해당 정파에서 물러나 무소속으로 활동하다가 임기 후에 다시 돌아가기 때문에 일반적으로 이들을 포함시키지 않는다. 따라서 2017년 2월 현재 자민당 실제 의원수는 자민당 총재이자 수상인 아베 신조安倍晋三와 중·참의원 의장인 오모리 타다모리大島理森 중의원과 다테 츄이치伊達忠一 참의원을 포함한 413명이라 볼 수 있다. 본 연구에서는《국회편람国会便覧》등에 기초하여 2017년 2월 현재 자민당 전체 의원수를 410명으로 보고 분석을 전개한다. 자민당 전체 의원 410명 중 파벌에 속한 의원은 324명, 즉 약 79%에 해당한다. 파벌의 영향력이 강했던 시기에 비하면 파벌에 속한 의원들의 비중이 낮은 편이지만 대략 5명 중 4명이 파벌에 속해 있다는 점을 감안하면 파벌의 무게를 간과할 수 없다.

자민당 내 주요 파벌은 〈표 1〉과 같이 알려져 있다.[13] 소속 인원이 96명으로 가장 많은 세이와清和정책연구회는 자민당 주니치회계의 파벌로 1979년 후쿠다 다케오福田赳夫가 설립하였다. 통칭 후쿠다福田파, 아베安倍파, 미츠즈카三塚파, 모리森파, 타무라田村파를 거쳐 현재의 호소다細田파에 이르고 있다.[14] 현 총리인 아베 수상은 현재 파벌에 속해 있지 않지만 총재가 되기 전에는 세이와정책연구회 소속이었다.[15]

세이와정책연구회는 1998년 모리森가 파벌 영수이던 시절에 붙여진 이름으로 이전에는 미츠즈카파로 통용되었다. 이 파벌은 후쿠다 수상 이후 비주류에 속해 있었으나 1998년 파벌 영수가 된 모리가 2000년에 자민당 총재로 임명되며 주류로 합류하게 되었다. 이후 2000년에 고이즈미가 영수가 되었고 2001년에는 총재의 지위에 올랐다. 2001년 총선부터 2005년 총선까지 고이즈미의 인기로 자민당이 대승하자 의원수가 급증하면서 초선 의원들 가운데 다수가 세이와정책연구회에 속하며 최대 파벌로 성장하였다. 고이즈미 이후에도 이 파벌 소속인 아베 신조와 후쿠다 야스오福田康夫가 자민당 총재에 당선되면서 주요 파벌의 위치를 공고히 하였다.

〈표 1〉 자민당 내 파벌의 분포(2017년 2월 현재 / 단위: 명)

정식명	통칭	링수	의원수	주의원	참의원
세이와淸和정책연구회	호소다파細田派	호소다 히로유키細田博之	96	62	34
헤이세이平成연구회	누카가파額賀派	누카가 후쿠시로額賀福志郎	55	34	21
이코為公회	아소파麻生派	아소 타로麻生太郎	45	34	11
코치宏池회	키시다파岸田派	키시다 후미오岸田文雄	43	28	15
시수이志帥회	니카이파二階派	니카이 토시히로二階俊博	40	32	8
수이게츠水月회	이시바파石破派	이시바 시게루石破茂	20	19	1
킨미라이近未来정치연구회	이시하라파石原派	이시하라 노부테루石原伸晃	15	14	1
반쵸番町정책연구소	산도파山東派	산도 아키코山東昭子	10	6	4
소계			324	229	95
무파벌			86	61	25
합계			410	290	120

* 자료:《国会便覧141版》(2017. 2.), 420~423 데이터를 바탕으로 저자가 구성함. 단《국회편람》에 누락된 코치회의 키하라 세이지木原誠二, 이노 토시히로井野俊郎 중의원 추가함.

다음으로 소속 의원수가 많은 헤이세이平成연구회(55명)는 모쿠요연구회계木曜研究会系의 파벌로 과거에는 케이세이経世회였다. 이 파벌은 1987년 타케시타 노보루竹下登가 설립한 것으로 타케시타竹下파, 오부치小渕파, 하시모토橋本파, 츠시마津島파를 거쳐 현재의 누카가額賀파에 이르고 있다. 과거에는 자민당 내 최대 파벌이었으나 1992년 파벌 내 권력투쟁으로 오부치가 승리하며 영수에 오르자 패배한 오자와小沢 그룹과 하타羽田 그룹이 이탈하며 소수 파벌로 전락하였다. 이들의 이탈로 인해 1993년 총선에서 자민당이 야당으로 밀려나는 수모를 겪기도 하였다. 이 시기에 파벌 명칭을 케이세이회 대신 헤이세이연구회로 변경하였다. 이후 무라야마 내각 때 다시 세력을 회복하였고 무라야마 총리 사임 이후 오부치파의 하시모토와 오부치가 총재에 오르며 총리 파벌로 복귀하였다. 그러다가 2000년 7월 갑작스러운 오부치의 사망으로 모리 내각이 성립한 후 세이와정책연구회에 제1파벌의 자리를 내주게 되었다.

45명의 의원이 속한 이코회爲公会는 1999년에 시작된 자민당 이코회계爲公会系 파벌이다. 현재의 영수는 현 재무대신인 아소 타로로 이코회는 통칭 아소파로 불린다. 2006년 이후 영수를 맡고 있는 아소는 2008년 총재로 임명되었으나 이듬해 총선에서 자민당의 패배로 총재직을 사임하였다. 2012년 총선에서는 자민당이 대승하며 입성한 초선 의원들이 대거 가입하여 세력이 확대되었다.

43명이 속한 코치회宏池会는 1957년에 설립된 파벌로 가장 오래된 역사를 자랑한다. 2000년 11월, 당시 코치회 회장이었던 카토加藤 의원이 야당이 제출한 모리 내각불신임안에 동조하며 권좌를 노렸으나 코치회 소속 의원들을 찬성으로 이끌지 못해 카토의 난加藤の乱으로 끝나고 말았다. 이 사건을 계기로 카토를 지지하는 파(코치회 타나가키谷垣파)와 카토를 지지하지 않는 파(코치회 코가古賀파)로 분열되었다. 하지만 2001년 4월부터 2006년 9월까지 이어진 고이즈미 내각 당시 탈파벌을 주장한 고이즈미가 실질적으로는 자신이 속했던 세이와정책연구회 출신 의원들을 부상시키자 이에 대항하며 2008년 5월 코치회로 결합되어 현재에 이르고 있다. 현재 코치회의 영수인 전 외무대신 키시다 후미오에 따라 키시다파로 불린다.[16]

40명으로 구성된 시스이志帥회는 1999년 무라카미 마사쿠니村上正邦와 카메이 시즈카亀井静香가 설립한 슌쥬회계春秋会系 파벌로 1998년 나카소네中曽根파인 정책과학연구소의 권력투쟁 끝에 남은 나카소네 중심의 구성원과 세이와정책연구회를 이탈한 카메이 그룹이 통합된 파벌이다. 시스이회는 고이즈미 내각 시절 고이즈미 개혁의 비판 세력으로 분류되기도 한다. 2005년 우정민영화법안 심립 과징에서 반대표를 행사한 시스이회 의원들이 다음 선거에서 공천을 받지 못하자 카메이가 회장직을 사임하고 자민당을 탈당한 후 이부키 분메이伊吹文明가 이끌었다. 이후 2012년 이부키가 중의원 의장에 선출되면서 관례에 따라 파벌에 속할 수 없게 되자 후임인 니카이 토시히로가 영수직을 맡았다(통칭: 니카이파).

2015년에 성립한 최연소 파벌인 수이게츠회水月会에는 현재 20명의 의원이 속해 있으며 설립자이자 현재 영수인 이시바 시게루의 수상 취임을 목적으로 만들어졌다.

이 외에 각각 15명의 의원으로 구성된 킨미라이정치연구회(近未来政治研究会, 영수: 이시하라 노부테루, 통칭: 이시하라파)와 10명의 의원으로 구성된 반쵸정책연구소番町政策研究所도 자민당 내 주요 파벌에 해당한다. 반쵸정책연구소의 현 회장은 산토 아키코로 자민당 최초의 여성 회장이다(통칭: 산토파).

앞서 서술한 것처럼 파벌의 기능 및 영향력이 94년 정치개혁 이전에 비해 상당 부분 약화되었음에도 불구하고 자민당 내 최소한 324명 이상의 의원들은 8개의 주요 파벌을 중심으로 파벌 활동을 전개하고 있고 파벌의 역사는 여전히 유지되고 있다. 합리적 선택이론의 기준으로 볼 때 의원들은 투자하는 비용에 비해 얻을 수 있는 혜택에 손해가 생길 경우 해당 행동에 대한 비용을 지불하지 않는다. 즉, 현재의 파벌 활동이 유지되고 있는 것은 의원들이 파벌 활동에 지불하는 비용을 능가하는 혜택을 기대하고 있기 때문으로 파악된다.[17] 기존 연구에서는 파벌의 기능 축소에 대해 다양한 논의가 전개되었지만 파벌이 유지되는 원인 분석에 대해서는 소극적이었다. 본 연구에서는 파벌 기능의 축소에도 불구하고 여전히 파벌이 유지되는 원인을 내각 대신, 부대신, 정무관의 파벌별 분포를 통해 알아본다.

3. 아베 내각의 대신 · 부대신 · 정무관의 파벌 분포

본 연구에서 분석할 대상은 2012년 이후의 아베 내각이다. 2012년 12월에 출범한 제2차 아베 내각은 이후 2014년 9월의 제2차 개조 내각, 2014년 12월의 제3차 내각, 2015년 10월의 제3차 1차 개조 내각, 2016년 8월의 제3차 2차 개조 내각까지 5번의 개각[18]이 있었다.

제1차 내각(2006년 9월~2007년 9월)도 있었지만 연구 대상을 제2차 내각부터 삼은 이유는 아베 수상의 강력한 리더십 때문이다. 제1차 내각은 2009년 민주당에 정권을 내주기 바로 직전으로 당시 아베 수상에 대해 강력하다는 평가가 많지 않았다. 이후 2012년 자민당이 중의원 및 참의원 선거에서 승리하자 주요 원인을 아베 수상의 대중적 인기로 파악하였다. 그는 역대 수상들보다도 강력한 리더십을 행사하며 마치 대통령제의 수장과 비슷한 면모를 보이기도 했다. 자민당 총재의 영향력, 다시 말해 당 지도부의 영향력이 강하면 파벌의 영향력은 상대적으로 약해지기 마련이다. 하지만 총재의 강력한 영향력이 행사되고 있음에도 파벌은 여전히 유지되고 있다.

본 연구에서는 그 원인을 내각의 포스트인 대신, 부대신, 정무관의 파벌 분포에서 찾고자 한다. 먼저 〈표 2〉는 아베 내각의 내각부[19] 및 각 성省의 국무대신과 파벌을 정리한 것이다.

〈표 2〉 아베 내각의 대신 및 소속 파벌(2012~2017년 2월 현재)[20] [21]

	2012년 12월 2차 내각	2014년 9월 2차 개조내각	2014년 12월 3차 내각	2015년 10월 3차 제1차 개조내각	2016년 8월 3차 제2차 개조내각
내각 총리대신	아베 신조	아베 신조	아베 신조	아베 신조	아베 신조
부총리 재무대신 내각부 특명담당 대신(금융·대신)	아소 타로 〈이코회〉	아소 타로 〈이코회〉	아소 타로 〈이코회〉	아소 타로 〈이코회〉	아소 타로 〈이코회〉
총무대신	신도 요시타카 新藤義孝 〈헤이세이회〉	다카이치 사나에 高市早苗 〈무파벌〉	다카이치 사나에 〈무파벌〉	다카이치 사나에 〈무파벌〉	다카이치 사나에 〈무파벌〉 내각부특명담당 대신겸임(마이넘 버제도 추가)
내각관방장관	수가 요시히데 菅義偉 〈무파벌〉	수가 요시히데 〈무파벌〉	수가 요시히데 〈무파벌〉	수가 요시히데 〈무파벌〉	수가 요시히데 〈무파벌〉
법무대신	타니가키 사다카즈 谷垣禎一 〈코치회〉	마츠시마 미도리 松島みどり 〈세이와회〉	카미카와 요우코 〈코치회〉	이와키 미츠히데 岩城光英 〈세이와회〉	카네다 카츠토시 金田勝年 〈헤이세이회〉
내각부 특명대신 (경제재정정책)	아마리 아키라 甘利明 〈이코회〉	야마다 에리코 山谷えり子 : 임시대리 〈세이와회〉	아마리 아키라 〈이코회〉	아마리 아키라 〈이코회〉 이시하라 노부테루 〈킨미라이회〉	이시하라 노부테루 〈킨미라이회〉
환경대신	이시하라 노부테루 〈킨미라이회〉	카미카와 요우코 上川陽子 〈코치회〉	모치즈키 요시오 〈코치회〉	마루카와 타마요 丸川珠代 〈세이와회〉	야마모토 코이치 山本公一 〈코치회〉

직책					
충무대신 내각부 특명대신 (지방분권개혁) (국가 전략특별구역)	신도 요시타카 〈헤이세이회〉	이시바 시게루 〈무파벌〉 (내각부 특명대신만)	이시바 시게루 〈무파벌〉 (내각부 특명대신만)	이시바 시게루 〈수이게츠회〉 (내각부 특명대신: 지방창생만)	-
외무대신	키시다 후미오 〈코치회〉	키시다 후미오 〈코치회〉	키시다 후미오 〈코치회〉	키시다 후미오 〈코치회〉	키시다 후미오 〈코치회〉
방위대신	오노데라이츠노리 小野寺五典 〈코치회〉	에토 아키노리 江渡聡徳 〈반쵸소〉	나카타니 겐 中谷元 〈코치회〉	나카타니 겐 〈코치회〉	이나다 토모미 稲田朋美 〈세이와회〉
문부과학대신	시모무라 하쿠분 下村博文 〈세이와회〉	시모무라 하쿠분 〈세이와회〉	시모무라 하쿠분 〈세이와회〉	하세 히로시 馳浩 〈세이와회〉	마츠노 히로카즈 松野博一 〈세이와회〉
후생노동대신	타무라 노리히사 田村憲久 〈헤이세이회〉	시오자키 야스히사 塩崎恭久 〈무파벌〉	시오자키 야스히사 〈무파벌〉	시오자키 야스히사 〈무파벌〉	시오자키 야스히사 〈무파벌〉
농림수산대신	하야시 요시마사 林芳正 〈코치회〉	니시카와 코야 西川公也 〈시스이회〉	니시카와 코야 〈시스이회〉 하야시 요시마사 〈코치회〉	모리야마 히로시 森山裕 〈킨미라이회〉	야마모토 유지 山本有二 〈수이게츠회〉
경제산업 대신· 내각부 특명 담당대신(원자력 손해배상지원기구)	모테기 토시미츠 茂木敏充 〈헤이세이회〉	오부치 유코 小渕優子 〈헤이세이회〉 다카이치 사나에 (임시대리) 〈무파벌〉 미야자와 요이치 宮澤洋一 〈코치회〉	미야자와 요이치 〈코치회〉	하야시 모토오 林幹雄 〈시스이회〉	세코 히로시게 世耕弘成 〈세이와회〉 (원자력손해배상, 폐로등지원 기구)
국토교통대신	오타 아키히로 太田昭宏 〈공명당〉	오타 아키히로 〈공명당〉	오타 아키히로 〈공명당〉	이시이 케이치 石井啓一 〈공명당〉	이시이 케이치 〈공명당〉
복흥(復興)대신	네모토 타쿠미 根本匠 〈코치회〉	타케시타 와타루 竹下亘 〈헤이세이회〉	타케시타 와타루 〈헤이세이회〉	타카기 츠요시 高木毅 〈세이와회〉	이마무라 마사히로 今村雅弘 〈시스이회〉
국가공안위원회 위원장, 내각부 특 별담당대신(방재)	후루야 케이지 古屋圭司 〈무파벌〉	야마타니 에리코 山谷えり子 〈세이와회〉	야마타니 에리코 〈세이와회〉	코노 타로 河野太郎 〈이코회〉	마츠모토 준 松本純 〈이코회〉
내각부 특별담당 대신(오키나와 및 북방영토정책)(과학 기술정책)(우주정책)	야마모토 이치다 山本一太 〈무파벌〉	야마구치 준이치 山口俊一 〈이코회〉	야마구치 준이치 〈이코회〉	시마지리 아이코 島尻安伊子 〈헤이세이회〉	츠루호 요수케 鶴保庸介 〈시스이회〉 (쿨재팬 전략, 지 적재산전략 추가)
내각부 특별담당 대신(소비자 및 식 품안전)(소자화 대 책)(남녀공동참획)	모리 마사코 森まさこ 〈세이와회〉	아리무라 하루코 有村治子 〈반쵸소〉	아리무라 하루코 〈반쵸소〉	카토 카츠노부 加藤勝信 〈헤이세이회〉 (소비자 및 식품 안전 제외)	카토 카츠노부 〈헤이세이회〉 (소비자 및 식품 안전 제외)
내각부 특별담당 대신(규제개혁)	이나다 토모미 〈세이와회〉	-	-	-	야마모토 코조 山本幸三 〈코치회〉
국무대신 (도쿄올림픽)	-	-	엔도 토시아키 遠藤利明 〈무파벌〉	엔도 토시아키 〈무파벌〉	마루카와 타마요 〈세이와회〉

* 자료:《国会便覧》132~141版 데이터를 바탕으로 저자 작성함.
* 세이와정책연구회=세이와회, 헤이세이연구회=헤이세이회, 킨미라이정치연구회=킨미라이회, 반쵸정책
연구소=반쵸소(이하 표 동일)

2014년 9월 30일, 제2차 개조 내각의 법무대신으로 임명된 마츠시마 미도리는 공직선거법 위반 의혹으로, 경제산업대신으로 임명된 오부치 유코는 정치자금규정법 위반으로 각각 2014년 10월 20일 사임하였다. 이후 야마다 에리코와 다카이치 사나에가 임시로 자리에 올랐다가 하루 만인 10월 21일 카미카와 요우코와 미야자와 요이치가 새로운 법무대신과 경제산업대신으로 임명되었다.

후술할 〈표 5〉에서 국무대신의 파벌 분포에서 임시 대신은 제외하고 두 성의 전후 대신 모두를 포함시키기로 한다. 또한 제3차 내각 농림수산대신의 니시카와 코야와 제3차 1차 개조 내각 내각부특명내신(경제재정정책 담당) 아마리 아키라 역시 정치자금 및 금전수수로 임기 중 사임하였다. 이들과 이들의 후임은 모두 파벌별 분포 산정에 포함한다.

〈표 3〉은 아베 내각의 부대신을 내각부 및 각 성별로 구분하고 해당 파벌을 정리한 것이다. 부대신은 내각부 및 각 성의 대신을 도와 정무를 담당하는 지위로 대신 부재 시 직무를 대행하게 된다.[22] 정식 부대신은 내각부 및 각 성별로 1~3명의 정수가 정해져 있지만 2012년 이후 정식 부대신 외에 다른 성과의 겸임 부대신을 임명할 수 있어 실제로는 정수 이상의 부대신이 존재한다. 부대신과 정무관의 시기별 분류에는 대신의 시기와 함께 2013년 9월 30일 기준 시기를 추가한다. 2013년 9월 30일은 아베 제2차 내각 중으로 내각을 개조한 것은 아니지만 상당수의 부대신과 정무관이 교체되어 시기를 따로 구분한다.

〈표 3〉 아베 내각의 부대신 및 소속 파벌(2012~2017년 2월 현재)

	2012년 12월 2차 내각	2차 내각 중 (2013/09/30)	2014년 9월 2차 개조 내각	2014년 12월 3차 내각	2015년 10월 3차 제1차 개조 내각	2016년 8월 3차 제2차 개조 내각
내각부	니시무라 야스토시 西村康稔 〈세이와회〉 다테 츄이치 〈세이와회〉 테라다 미노루 寺田稔 〈이코회〉 사카모토 테츠시 坂本哲志 〈킨미라이회〉 아카바 카즈요시 赤羽一嘉 〈공명당〉 이노우에 신지 井上信治 〈이코회〉	고토다 마사즈미 後藤田正純 〈무파벌〉 니시무라 야스토시 〈세이와회〉 오카다 히로시 岡田広 〈무파벌〉 세키구치 마사카즈 関口昌一 〈헤이세이회〉 아카바 카즈요시 〈공명당〉 이노우에 신지 〈이코회〉	아카자와 료세 赤沢亮正 〈무파벌〉 타이라 마사아키 平将明 〈무파벌〉 니시무라 야스토시 〈세이와회〉 하나시 야스히로 葉梨康弘 〈코치회〉 타카기 요스케 高木陽介 〈공명당〉 니시무라아키히로 西村明宏 〈세이와회〉 오자토 야스히로 小里泰弘 〈무파벌〉 사토 아키라 左藤章 〈코치회〉	아카자와 료세 〈무파벌〉 타이라 마사아키 〈무파벌〉 니시무라 야스토시 〈세이와회〉 하나시 야스히로 〈코치회〉 타카기 요스케 〈공명당〉 니시무라아키히로 〈세이와회〉 오자토 야스히로 〈무파벌〉 사토 아키라 〈코치회〉	타카토리 슈이치 高鳥修一 〈세이와회〉 마츠모토 후미아키 松本文明 〈세이와회〉 후쿠오카타카마로 福岡資麿 〈헤이세이회〉 마츠시타 신페이 松下新平 〈무파벌〉 모리야마 마사히토 盛山正仁 〈코치회〉 후쿠오카 츠토무 冨岡勉 〈킨미라이회〉 타카기 요스케 〈공명당〉 야마모토 준조 山本順三 〈세이와회〉 이노우에 신지 〈이코회〉 와카미야 켄지 若宮健嗣 〈헤이세이회〉	이시하라 히로타카 石原宏高 〈킨미라이회〉 오치 타카오 越智隆雄 〈세이와회〉 마츠모토 요헤이 松本洋平 〈시스이회〉 아카마 지로 赤間二郎 〈이코회〉 모리야마 마사히토 〈코치회〉 미즈오치 토시에 水落敏栄 〈코치회〉 타카기 요스케 〈공명당〉 수에마츠 신스케 末松信介 〈세이와회〉 이토 타다히코 伊藤忠彦 〈시스이회〉 와카미야 켄지 〈헤이세이회〉
복흥청	타니 코이치 谷公一 〈시스이회〉 하마다 마사요시 浜田昌良 〈공명당〉 테라다 미노루 〈이코회〉 아키바 켄야 秋葉賢也 〈무파벌〉	타니 코이치 〈시스이회〉 하마다 마사요시 〈공명당〉 오카다 히로시 〈무파벌〉 아이치 지로 愛知治郎 〈무파벌〉	나가시마타다요시 長島忠美 〈시스이회〉 하마다 마사요시 〈공명당〉 니시무라아키히로 〈세이와회〉	나가시마타다요시 〈시스이회〉 하마다 마사요시 〈공명당〉 니시무라아키히로 〈세이와회〉	나가시마타다요시 〈시스이회〉 와카마츠 카네시게 若松謙維 〈공명당〉 야마모토 준조 〈세이와회〉	타치바나 케이치로 橘慶一郎 〈무파벌〉 나가자와 히로아키 長沢広明 〈공명당〉 수에마츠 신스케 〈세이와회〉
총무성	시바야마 마사히코 柴山昌彦 〈세이와회〉 사카모토 테츠시 坂本哲志 〈킨미라이회〉	카미카와 요우코 〈코치회〉 세키구치 마사카즈 〈헤이세이회〉	니시메 코사부로 西銘恒三郎 〈헤이세이회〉 니노유 사토시 二之湯智 〈헤이세이회〉	니시메 코사부로 〈헤이세이회〉 니노유 사토시 〈헤이세이회〉	츠치야 마사타다 土屋正忠 〈무파벌〉 마츠시타 신페이 〈무파벌〉	하라다 켄지 原田憲治 〈헤이세이회〉 아카마 지로 〈이코회〉
법무성	고토 시게유키 後藤茂之 〈무파벌〉	오쿠노 신스케 奥野信亮 〈세이와회〉	하나시 야스히로 〈코치회〉	하나시 야스히로 〈코치회〉	모리야마 마사히토 〈코치회〉	모리야마 마사히토 〈코치회〉

외무성	스즈키 준이치 鈴木俊一 〈코치회〉	키시 노부오 岸信夫 〈세이와회〉	키우치 미노루 城内実 〈무파벌〉	키우치 미노루 〈무파벌〉	키하라 세이지 木原誠二 〈코치회〉	키시 노부오 〈세이와회〉
	마츠야마 마사지 松山政司 〈코치회〉	미츠야 노리오 三ツ矢憲生 〈코치회〉	나카야마야스히데 中山泰秀 〈세이와회〉	나카야마야스히데 〈세이와회〉	무토 요지 武藤容治 〈이코회〉	소노우라 켄타로 薗浦健太郎 〈이코회〉
재무성	오부치 유코 〈헤이세이회〉	후루카와 요시히사 古川禎久 〈무파벌〉	미노리카와 노부 히데御法川信英 〈무파벌〉	수가와라 잇슈 菅原一秀 〈무파벌〉	사카이 마나부 坂井学 〈무파벌〉	오츠카 타쿠 大塚拓 〈세이와회〉
	야마구치 준이치 〈이코회〉	아이치 지로 〈무파벌〉	미야시타 이치로 宮下一郎 〈세이와회〉	미야시타 이치로 〈세이와회〉	오카다 나오키 岡田直樹 〈세이와회〉	키하라 미노루 木原稔 〈헤이세이회〉
문부과학성	타니가와 야이치 谷川弥一 〈세이와회〉	사쿠라다 요시타카 櫻田義孝 〈헤이세이회〉	니와 히데키 丹羽秀樹 〈반쵸소〉	니와 히데키 〈반쵸소〉	요시이에 히로유키 義家弘介 〈세이와회〉	요시이에 히로유키 〈세이와회〉
	후쿠이 테루 福井照 〈시스이회〉	니시카와 쿄우코 西川京子 〈이코회〉	후지이 모토유키 藤井基之 〈코치회〉	후지이 모토유키 〈코치회〉	토미오카 츠토무 冨岡勉 〈킨미라이회〉	미즈오치 토시에 〈코치회〉
후생노동성	마스야 케이고 桝屋敬悟 〈공명당〉	사토 시게키 佐藤茂樹 〈공명당〉	나가오카 케이코 小間仕了 〈이코회〉	나가오카 케이코 〈이코회〉	타케우치 유즈르 竹内讓 〈공명당〉	하시모토 가쿠 橋本岳 〈헤이세이회〉
	아키바 켄야 秋葉賢也 〈무파벌〉	츠치야 시나코 土屋品子 〈무파벌〉	야마모토 카나에 山本香苗 〈공명당〉	야마모토 카나에 〈공명당〉	토카시키 나오미 渡嘉敷奈緒美 〈헤이세이회〉	후루야 노리코 古屋範子 〈공명당〉
농림수산성	에토 타쿠 江藤拓 〈무파벌〉	에토 타쿠 〈무파벌〉	아베 토시코 阿部俊子 〈무파벌〉	아베 토시코 〈무파벌〉	이토 요시타카 伊東良孝 〈시스이회〉	사이토 켄 〈수이게츠회〉
	카지야 요시토 加治屋義人 〈코치회〉	요시카와 타카모리 吉川貴盛 〈헤이세이회〉	코이즈미 아키오 小泉昭男 〈무파벌〉	코이즈미 아키오 〈무파벌〉	사이토 켄 齋藤健 〈수이게츠회〉	이소자키 요스케 礒崎陽輔 〈세이와회〉
경제산업성	수가와라 잇슈 〈무파벌〉	마츠시마 미도리 〈세이와회〉	야마기와 다이시로 山際大志郎 〈킨미라이회〉	야마기와 다이시로 〈킨미라이회〉	스즈키 준지 鈴木淳司 〈세이와회〉	마츠무라 아시후미 松村祥史 〈헤이세이회〉
	아카바 카즈요시 〈공명당〉	아카바 카즈요시 〈공명당〉	타카기 요스케 〈공명당〉	타카기 요스케 〈공명당〉	타카기 요스케 〈공명당〉	타카기 요스케 〈공명당〉
국토교통청	카지야마 히로시 梶山弘志 〈시스이회〉	타카기 츠요시 〈세이와회〉	키타가와 잇세 北川イッセイ 〈세이와회〉	키타가와 잇세 〈세이와회〉	도이 토오루 土井亨 〈세이와회〉	타나카 료세 田中良生 〈무파벌〉
	츠루호 요수케 〈시스이회〉	노가미 코타로 野上浩太郎 〈세이와회〉	니시무라아키히로 〈세이와회〉	니시무라아키히로 〈세이와회〉	야마모토 준조 〈세이와회〉	수에마츠 신스케 〈세이와회〉
환경청	타나카 카즈노리 田中和德 〈이코회〉	키타가와 토모카츠 北川知克 〈반쵸소〉	키타무라 시게오 北村茂男 〈세이와회〉	키타무라 시게오 〈세이와회〉	히라구치 히로시 平口洋 〈헤이세이회〉	세키 요시히로 関芳弘 〈세이와회〉
	이노우에 신지 〈이코회〉	이노우에 신지 〈이코회〉	오자토 야스히로 〈무파벌〉	오자토 야스히로 〈무파벌〉	이노우에 신지 〈이코회〉	이토 타다히코 〈시스이회〉
방위성	에토 아키노리 〈반쵸소〉	타케다 료타 武田良太 〈무파벌〉	사토 아키라 〈코치회〉	사토 아키라 〈코치회〉	와카미야 켄지 〈헤이세이회〉	와카미야 켄지 〈헤이세이회〉
내각관방부장관	카토 카츠노부 〈헤이세이회〉	카토 카츠노부 〈헤이세이회〉	카토 카츠노부 〈헤이세이회〉	카토 카츠노부 〈헤이세이회〉	하기우다 코이치 萩生田光一 〈세이와회〉	하기우다 코이치 〈세이와회〉
	세코 히로시게 〈세이와회〉	세코 히로시게 〈세이와회〉	세코 히로시게 〈세이와회〉	세코 히로시게 〈세이와회〉	세코 히로시게 〈세이와회〉	노가미 코타로 〈세이와회〉
	수기타 카즈노리 杉田和博 〈경찰〉	수기타 카즈노리 〈경찰〉	수기타 카즈노리 〈경찰〉	수기타 카즈노리 〈경찰〉	수기타 카즈노리 〈경찰〉	수기타 카즈노리 〈경찰〉

〈표 4〉는 〈표 3〉과 같은 방식으로 정무관의 파벌별 분포를 정리한 것이다. 정무관은 해당 부성府省 등의 대신을 도와 특정 정책 및 기획에 참여하여 정무를 처리하는 지위이다. 부대신이 해당 부성 등 전반적인 정책에 관여하는 반면 정무관은 특정 정책 및 기획에만 관여한다. 정무관은 대신이 임명하는 직으로 천황이 임명하는 대신 또는 부대신과 차이가 있다. 또한 국가공무원법상 특별직으로 내각이 총사퇴할 경우 지위를 자동 상실하게 되고 관례로 국회의원이 정무관을 맡게 된다. 정무관의 지위는 부대신 다음이며 내각의 주요 3 포스트 중 하나이다.

〈표 4〉 아베 내각의 정무관 및 소속 파벌(2012~2017년 2월 현재)

	2012년 12월 2차 내각	2차 내각 중 (2013/09/30)	2014년 9월 2차 개조 내각	2014년 12월 3차 내각	2015년 10월 3차 제1차 개조 내각	2016년 8월 3차 제2차 개조 내각
내각부	야마기와 다이시로 〈킨미라이회〉	카메오카 요시타미 〈세이와회〉	오치 타카오 〈세이와회〉	오치 타카오 〈세이와회〉	마키시마 카렌 牧島かれん 〈이코회〉	타케무라 노부히데 武村展英 〈무파벌〉
	카메오카 요시타미 龜岡偉民 〈세이와회〉	코이즈미 신지로 小泉進次郎 〈무파벌〉	마츠모토 요헤이 〈시스이회〉	마츠모토 요헤이 〈시스이회〉	사카이 야스유키 酒井庸行 〈세이와회〉	토요다 토시로 豊田俊郎 〈이코회〉
	시마지리 아이코 〈헤이세이회〉	후쿠오카 타카마로 〈헤이세이회〉	코이즈미 신지로 〈무파벌〉	코이즈미 신지로 〈무파벌〉	타카기 히로히사 髙木宏壽 〈시스이회〉	무타이 슌스케 務台俊介 〈이코회〉
	키타무라 시게오 〈세이와회〉	이토 타다히코 〈시스이회〉	오츠카 타쿠 〈세이와회〉	오츠카 타쿠 〈세이와회〉	코가 아츠시 古賀篤 〈코치회〉	시마다 사부로 島田三郎 〈무파벌〉
	타이라 마사아키 〈무파벌〉	마츠모토 후미아키 〈세이와회〉	이와이 시게키 岩井 茂樹 〈헤이세이회〉	이와이 시게키 〈헤이세이회〉	타도코로 요시노리 田所嘉徳 〈수이게츠회〉	이노 토시로 井野俊郎 〈헤이세이회〉
	아키노 코조 秋野公造 〈공명당〉	이소자키 요시히코 礒崎仁彦 〈코치회〉	오츠카 타카시 大塚高司 〈헤이세이회〉	스즈키 케이스케 鈴木馨祐 〈이코회〉	토요타 마유코 豊田真由子 〈세이와회〉	타노세 타도 田野瀨太道 〈킨미라이회〉
		우키시마 토모코 浮島智子 〈공명당〉	후쿠야마 마모루 福山守 〈무파벌〉	후쿠야마 마모루 〈무파벌〉	호시노 츠요시 星野剛士 〈무파벌〉	이하라 타쿠미 井原巧 〈세이와회〉
			이시카와 히로타카 石川博崇 〈공명당〉	이시카와 히로타카 〈공명당〉	츠시마 준 津島淳 〈헤이세이회〉	네모토 유키노리 根本幸典 〈세이와회〉
					시라이시 토오루 白石徹 〈이코회〉	이바야시 타츠노리 井林辰憲 〈이코회〉
					후지마루 사토시 藤丸敏 〈코치회〉	미야자와 히로유키 宮澤博行 〈세이와회〉

복흥청	카메오카 요시타미 〈세이와회〉 시마지리 아이코 〈헤이세이회〉 나가시마 타다요시 〈시스이회〉 토쿠다 다케시 德田毅 〈무파벌〉	카메오카 요시타미 〈세이와회〉 코이즈미 신지로 〈무파벌〉 후쿠오카 타카마로 〈헤이세이회〉 사카이 마나부 〈무파벌〉	코이즈미 신지로 〈무파벌〉 야마모토 토모히로 山本朋広 〈무파벌〉 이와이 시게키	코이즈미 신지로 〈무파벌〉 야마모토 토모히로 〈무파벌〉 이와이 시게키 〈헤이세이회〉	타카기 히로히사 〈시스이회〉 토요타 마유코 〈세이와회〉 호시노 츠요시 〈무파벌〉	무타이 슌스케 〈이코회〉 타노세 타도 〈킨미라이회〉 이하라 타쿠미 〈세이와회〉
총무성	타치바나 케이치로 〈무파벌〉 카타야마 사츠키 片山さつき 〈시스이회〉 키타무라 시게오 〈세이와회〉	후지카와 마사히토 藤川政人 〈이코회〉 이토 타다히코 〈시스이회〉 마츠모토 후미아키 〈세이와회〉	무토 요지 〈이코회〉 아카마 지로 〈이코회〉 하세가와 가쿠 長谷川岳 〈세이와회〉	아카마 지로 〈이코회〉 무토 요지 〈이코회〉 하세가와 가쿠 〈세이와회〉	코시미즈 케이치 興水恵一 〈공명당〉 모리야 히로시 森屋宏 〈코치회〉 코가 아츠시 〈코치회〉	카네코 메구미 金子恵美 〈시스이회〉 토가시 히로유키 冨樫博之 〈수이게츠회〉 시마다 사부로 〈무파벌〉
법무성	모리야마 마사히토 〈코치회〉	히라구치 히로시 〈헤이세이회〉	오츠카 타쿠 〈세이와회〉	오츠카 타쿠 〈세이와회〉	타도코로 요시노리 〈수이게츠회〉	이노 토시로 〈헤이세이회〉
외무성	아베 토시코 〈무파벌〉 키우치 미노루 〈무파벌〉 와카바야시 켄타 若林健太 〈세이와회〉	이시하라 히로타카 〈킨미라이회〉 키하라 세이지 〈코치회〉 마키노 타카오 牧野京夫 〈헤이세이회〉	소노우라 켄타로 〈이코회〉 나카네 카즈유키 中根一幸 〈세이와회〉 우토 타카시 宇都隆史 〈헤이세이회〉	소노우라 켄타로 〈이코회〉 나카네 카즈유키 〈세이와회〉 우토 타카시 〈헤이세이회〉	키카와다 히토시 黄川田仁志 〈무파벌〉 하마치 마사카즈 濱地雅一 〈공명당〉 야마다 미키 山田美樹 〈세이와회〉	오다와라 키요시 小田原潔 〈세이와회〉 타케이 슌스케 武井俊輔 〈코치회〉 타키자와 모토메 滝沢求 〈반쵸소〉
재무성	이토 요시타카 〈시스이회〉 타케우치 유즈루 〈공명당〉	하나시 야스히로 〈코치회〉 야마모토 히로시 山本博司 〈공명당〉	오이에 사토시 大家敏志 〈이코회〉 타케야 토시코 竹谷とし子 〈공명당〉	오이에 사토시 〈이코회〉 타케야 토시코 〈공명당〉	오오카 토시타카 大岡敏孝 〈시스이회〉 나카니시 유스케 中西祐介 〈이코회〉	수기 히사타케 杉久武 〈공명당〉 미키 토오루 三木亨 〈시스이회〉
문부과학성	니와 히데키 〈반쵸소〉 요시이에 히로유키 〈세이와회〉	토미오카 츠토무 〈킨미라이회〉 우에노 미치코 上野通子 〈무파벌〉	아카이케 마사아키 赤池誠章 〈세이와회〉 야마모토 토모히로 〈무파벌〉	아카이케 마사아키 〈세이와회〉 야마모토 토모히로 〈무파벌〉	도우코 시게루 堂故茂 〈헤이세이회〉 토요타 마유코 〈세이와회〉	히구치 나오야 樋口尚也 〈공명당〉 타노세 타도 〈킨미라이회〉
후생노동성	토카시키 나오미 〈헤이세이회〉 마루카와 타마요 〈세이와회〉	타카토리 슈이치 〈세이와회〉 아카이시 키요미 赤石清美 〈세이와회〉	하시모토 가쿠 〈헤이세이회〉 타카가이 에미코 高階恵美子 〈세이와회〉	하시모토 가쿠 〈헤이세이회〉 타카가이 에미코 〈세이와회〉	미츠바야시 히로미 三ッ林裕巳 〈세이와회〉 오타 후사에 太田房江 〈세이와회〉	호리우치 노리코 堀內詔子 〈코치회〉 바바 세이시 馬場成志 〈코치회〉
농림수산성	이나츠 히사시 稲津久 〈공명당〉 나가시마 타다요시 〈시스이회〉	오자토 야스히로 〈무파벌〉 요코야마 신이치 横山信一 〈공명당〉	사토 히데미치 佐藤英道 〈공명당〉 나카가와 유코 中川郁子 〈시스이회〉	사토 히데미치 〈공명당〉 나카가와 유코 〈시스이회〉	카토 칸지 加藤寛治 〈세이와회〉 사토 히데미치 〈공명당〉	호소다 켄이치 細田健一 〈세이와회〉 야쿠라 카츠오 矢倉克夫 〈공명당〉

경제산업성	사토 유카리 佐藤ゆかり 〈무파벌〉 타이라 마사아키 〈무파벌〉	타나카 료세 〈무파벌〉 이소자키 요시히코 〈코치회〉	세키 요시히로 〈세이와회〉 이와이 시게키 〈헤이세이회〉	세키 요시히로 〈세이와회〉 이와이 시게키 〈헤이세이회〉	카타무라 츠네오 北村経夫 〈세이와회〉 호시노 츠요시 〈무파벌〉	나카가와 슌지 中川俊直 〈세이와회〉 이하라 타쿠미 〈세이와회〉
국토교통성	아카자와 료세 〈무파벌〉 마츠시타 신페이 〈무파벌〉 토쿠다 다케시 〈무파벌〉	도이 토오루 〈세이와회〉 나카하라 야이치 中原八一 〈시스이회〉 사카이 마나부 〈무파벌〉	우에노 켄이치 上野賢一郎 〈킨미라이회〉 오츠카 타카시 〈헤이세이회〉 아오키 카즈히코 青木一彦 〈헤이세이회〉	우에노 켄이치 〈킨미라이회〉 오츠카 타카시 〈헤이세이회〉 스즈키 케이스케 〈이코회〉	미야우치 히데키 宮内秀樹 〈시스이회〉 에지마 키요시 江島潔 〈세이와회〉 츠시마 준 〈헤이세이회〉	후지이 히사유키 藤井比早之 〈무파벌〉 오노 야스타다 大野泰正 〈세이와회〉 네모토 유키노리 〈세이와회〉
환경성	사이토 켄 〈무파벌〉 아키노 코조 〈공명당〉	마키하라 히데키 牧原秀樹 〈무파벌〉 우키시마 토모코 〈공명당〉	타카하시 히나코 高橋比奈子 〈반쵸소〉 후쿠야마 마모루 〈무파벌〉	타카하시 히나코 〈반쵸소〉 후쿠야마 마모루 〈무파벌〉	오니키 마코토 鬼木誠 〈킨미라이회〉 시라이시 토오루 〈이코회〉	히가 나츠미 比嘉奈津美 〈헤이세이회〉 이바야시 타츠노리 〈이코회〉
방위성	사토 아키라 〈코치회〉 사토 마사히사 佐藤正久 〈헤이세이회〉	키하라 미노루 〈헤이세이회〉 와카미야 켄지 〈헤이세이회〉	하라다 켄지 〈헤이세이회〉 이시카와 히로타카 〈공명당〉	하라다 켄지 〈헤이세이회〉 이시카와 히로타카 〈공명당〉	쿠마다 히로미치 熊田裕通 〈반쵸소〉 후지마루 사토시 〈코치회〉	코바야시 타카유 小林鷹之 〈시스이회〉 미야자와 히로유키 〈세이와회〉

〈표 5〉는 〈표 2〉, 〈표 3〉, 〈표 4〉를 바탕으로 주요 8개 파벌별 내각 대신, 부대신, 정무관 수를 정리한 것이다. 겸직인 경우 한 사람으로 산정하였다. 가령 해당 포스트의 수가 16개라 하더라도 3명이 겸직이면 13명으로 계산된다. 2013년 9월은 상기한 대로 내각을 개조한 것은 아니지만 부대신과 정무관 교체가 많아 추가하였다. 따라서 이때 대신의 수는 분류되지 않는다. 또한 내각 구성원에는 공명당 의원과 비非국회의원도 포함되어 있지만 본 연구의 분석 대상은 자민당 파벌이기 때문에 자민당 외 구성원은 제외하기로 한다. 〈표 5〉의 파벌 순서는 〈표 1〉과 같이 2017년 2월 현재 파벌 인원이 많은 순으로 위에서 아래로 배열하였다.

〈표 5〉 아베 내각의 주요 8 파벌별 대신 · 부대신 · 정무관 수

파벌명	2012년 12월 2차 내각			2013년 9월			2014년 9월 2차 개조 내각			2014년 12월 3차 내각			2015년 10월 3차 제1차 개조 내각			2016년 8월 3차 제2차 개조 내각		
	대신	부대신	정무관	대신	부대신	정무관	대신	부대신	정무관	대신	부대신	정무관	대신	부대신	정무관	대신	부대신	정무관
세이와회	3	5	5	-	7	5	3	7	7	2	7	7	4	9	8	4	9	7
헤이세이회	3	2	3	-	4	5	2	3	6	1	3	5	2	4	2	2	5	2
이코회	2	4	0	-	2	1	3	1	4	3	1	5	3	2	3	2	2	3
코치회	5	3	2	-	2	3	4	3	0	6	3	0	2	2	3	3	2	3
시수이회	0	3	4	-	1	2	1	1	2	1	1	2	1	2	3	2	2	3
수이게츠회	-			-			-			-			1	1	1	1	1	1
킨미라이회	1	2	1	-	0	2	0	1	1	0	1	1	2	2	1	1	1	1
반쵸소	0	1	1	-	1	0	2	1	1	1	1	1	0	0	1	0	0	1
무파벌	3	6	9	-	7	6	4	7	3	5	7	3	4	3	2	3	2	3

〈표 5〉를 살펴보면 내각에 따라 특정 파벌 소속의 의원 다수가 대신으로 발탁된 경우가 있으나 전반적으로 각 파벌 소속의 의원이 골고루 진출했음을 알 수 있다. 파벌 인원과 내각 구성원의 수가 완전히 비례하는 것은 아니지만 대체로 파벌 구성원이 많은 파벌이 내각에 다수 진출한 것을 볼 때 어느 정도 구성비를 고려한 것으로 추측된다. 또한 94년 정치개혁 이후 파벌 기능이 약화되었기 때문에 무파벌 대신의 수가 증가할 것으로 예상했지만 실제로는 아베 내각 후반으로 갈수록 무소속의원의 내각 등용이 감소하였다. 이러한 결과를 볼 때 아베 수상의 강력한 권한으로 시사되는 당 지도부의 인사 결정에는 각 파벌의 적절한 배분이 고려된 것으로 파악된다. 의원내각제 특성상 수상의 권한이 아무리 강력하다 해도 여당 의원들의 도움 없이는 정책 실현에 무리가

따른다. 따라서 수상은 여당 내 각 파벌의 요구를 무시하기 어렵다.

더욱이 과거 아베 수상의 파벌이었던 세이와회 의원들의 내각 진출이 2012년부터 2017년으로 갈수록 증가하는 경향을 보인다. 이를 통해 특정 파벌의 의원이 총리가 될 경우 해당 파벌 의원들에게도 유리한 결과가 따를 수 있다는 점을 유추해 볼 수 있다.[23] 이러한 상황에서 각 파벌 소속의 의원들은 내각 진출을 위해서 파벌 활동이라는 비용cost을 투자할 것이다. 또한 파벌 구분 없이 수백 명의 의원들과 경쟁하기보다는 비록 예정된 자리 수는 적지만 파벌 내에서 경쟁하는 것이 확률이 높기 때문이다. 아울러 소속 파벌의 대표가 당대표에 오를 수 있도록 돕는 것이 결과적으로 이익이 되기 때문에 자민당 내 의원들의 파벌 활동은 여전히 유지되고 있고 앞으로도 지속될 것으로 보인다.

IV. 일본 정치의 연속과 단절: 자민당 파벌과 주요 내각 포스트

지금까지 94년 정치개혁 전후 자민당 파벌의 연속과 변화의 측면을 살펴보았다. 자민당의 파벌은 정치 신인을 발굴하는 정치 충원의 주요 루트route였다. 하지만 특별한 외부 견제 세력이 없는 자민당이 스스로를 견제하는 긍정적인 측면에도 불구하고 밀실 정치의 대명사라는 부정적인 평가를 받아 왔다. 55년 체제 이후 장기간 파벌 중심의 정치를 펼친 자민당은 결국 94년 정치개혁을 통해 정치개혁4법이 성립되며 파벌의 영향력은 크게 감소되었다.

하지만 94년 정치개혁 이후, 특히 2012년 제2차 아베 내각 이후 아베 수상을 중심으로 한 자민당 지도부의 영향력이 어느 때보다 강하다고 평가받았지만 파벌의 수는 줄어들지 않았다. 전후 자민당 파벌이 유지되고 있으나 그 기능이 변화하였다는 점은 전후 일본 정치의 연속과 변화의 모습으로 파악할 수 있다. 하지만 여기서 궁금한 점은 파벌의 기능이 약화되었음에도 불구하고 왜 파벌의 수가 유지되는가이다. 본 연구에서는 일본 의원내각제 하의 주요 포스트인 내각 대신, 부대신, 성부관에 초점을 맞추고 파벌 분포를 조사해 이에 대한 원인을 분석하였다.

2012년 이후 아베 내각의 수상은 어느 때보다 강력한 권한을 행사하고 있는 것으로 평가된다. 내각 대신 결정에도 그의 의견이 상당 부분 작용하는 것으로 보인다. 또한 최근 일본 정치가, 특히 자민당 내 의원들의 이데올로기 조사에 따르면 대부분의 의원들이 보수적인 성격을 지니고 있어 정책 지향점만 놓고 본다면 많은 의원들이 아베 수상과 방향성을 같이하는 것으로 나타난다(국민대 일본학연구소편 2016). 아베 수상과 정책 지향점이 유사한 의원들이 다수이고, 아베 수상의 임명 권한이 강하며, 파벌 영향력이 예전과 같지 않은 상황임에도 불구하고 내각 대신, 부대신, 정무관은 비교적 파벌별로 고르게 등용되고 있다.[24]

과거 실질적인 공천권, 정치자금, 선거운동 시의 인적 지원을 중심으로 형성된 파벌의 강력했던 영향력은 선거제도 등의 변화로 인해 상당 부분 감소되었다. 하지만 의원내각제의 특성상 지도부의 정책 결정 과정과 내각 주요 요직의 교환 관계로 인해 파벌 유지는 의원들에게 상당 부분 유리하게 작용하는 것으로 보인다. 선거제도 변화로 유권자와 정당의 직접적인 접점에 대한 파벌의 역할에는 변화가 생겼다. 이로 인해 파벌의 영향력이 축소되기는 하였으나 의원내각제라는 변함없는 틀 안에서 유권자와 직접적인 접점이 아닌 정당 내부의 정책 결정 과정에는 내각의 포스트와 정책 결정이라는 이익의 교환관계가 여전히 유지되고 있다. 비록 과거와 같은 파벌의 강력한 영수는 사라졌어도 의원들에게는 내각 또는 당내의 주요 포스트 획득을 위해서는 파벌 유지가 유리하기 때문에 파벌이 여전히 존재하는 것으로 판단된다.

자민당 내 파벌 규모는 계속 변화했지만 최대 규모라 하더라도 총 의원의 과반수를 넘는 경우는 없었다. 가령 총재 선거와 같이 자민당 내에서 단 하나의 결정을 내려야 할 때 각 파벌들은 다른 파벌과 연합을 도모해야 하는 경우가 발생한다. 이러한 경우 여러 정당들이 연립정권을 구성할 때 나타나는 최소승리연합minimal winning coalition의 특징이 나타난다(Leiserson 1968). 여러 파벌로 구성된 최소승리연합은 단 하나의 파벌이라도 이탈하게 되면 연립구성 자체가 흔들리게 된다. 따라서 과거 아무리 적대적인 관계라 하더라도 세력의 변화로 인한 만일의 사태를 대비하기 위해 해당 파벌에도 주요 요직을 배정하는 경우가 많다. 언제, 어떤 파벌이 캐스팅 보트casting vote를 쥐는 상황이 벌어질지 알 수 없기 때문에 각 파벌의 요구를 최소한이라도 반영해야 한다. 현재 아베 수상을 비롯한 당 지도부의 영향력이 강하다 하더라도 어느 때 작은 파벌이 핵심적인 영향력을 행사할지 모르기 때문에 내각의 주요 포스트를 매개로 하는 교환관계가 유지되는 것이다. 일본 의원내각제의 특성상 이러한 경향은 지속될 것으로 예상된다.

1) 본 연구에서 일본의 고유 명칭에 대한 한자는 일본식 한자로, 그 외는 우리식 한자로 표기한다.

2) 당시 정치개혁 논의가 본격적으로 진행된 것은 1993년이고 이 시기의 논의를 바탕으로 관련 정치개혁4법이 통과된 것은 1994년이다. 학자에 따라 이를 '(19)93년 정치개혁'으로 부르기도 한다.

3) 각료에 해당하는 의미로 한국의 장관 역할로 볼 수 있다.

4) 2006년 9월 26일부터 2007년 9월 26일까지

5) 2016년 10월 아베 수상의 사민넹 총재 임기 연장에 결정되었다. 강한 수상의 권력은 해당 내각에서의 자민당 총재 임기 연장 논의 측면에서도 나타난다. 자민당 총재 논의가 제기된 내각은 주로 장기 안정 정권을 유지한 내각으로 이전의 나카소네 내각 및 코이즈미 내각과 같이 국민의 지지율이 높고 선거에서 좋은 성적이 유지되는 경우가 많다(〈朝日新聞〉 2016. 10. 20.).

6) 일본의 총선거는 중의원의원(衆議院議員)선거를 말한다. 참의원 선거의 다른 명칭은 통상 선거이다.

7) 일본의 중의원 선거가 최초 진행된 것은 1890년이다. 1898년까지는 소선거구제가 사용되었으나 이후 대선거구제와 중선거구제가 반복되다가 1947년 이후부터는 중선거구제가 사용되어 1993년 중의원 선거까지 이어졌다. 일본의 선거제도에 대한 자세한 내용은 경제회(2011) 참조.

8) 일본 중의원 선거의 투표율은 1993년 중의원 선거까지는 70%를 상회하였으나 이후 점차 감소하여 최근의 중의원 선거인 2014년 총선거에서는 약 52.7%까지 하락하였다("총무성" http://www.soumu.go.jp/senkyo/senkyo_s/news/sonota/nendaibetu(검색일: 2017. 04. 11)).

9) "일본 공직선거법(公職選擧法)"http://law.e-goV.go.jp/htmldata/S25/S25HO100.html(검색일: 2017. 04. 07).

10) 4인 선거구의 경우 법정득표는 6.25% 이상, 3인 선거구의 경우 법정득표는 약 8.3% 이상

11) 이전에는 당선 횟수의 제한이 없었다.

12) 아베 자민당 현(現) 총재가 2018년 당총재 선거에서 3선에 성공할 경우 임기는 2021년 9월까지 연장된다.

13) 의원수 및 파벌 구성원의 수가 항상 정확하게 〈표 1〉과 같이 유지되는 것은 아니지만 2012년 아베 제2차 내각 이후 약간의 증감은 있어도 큰 변화는 없다. 본 연구에서는 전체 파벌 구성원의 분포를 편의상 2017년 2월 기준에 한정하여 분석하기로 한다.

14) 일본에서는 자민당 내 파벌을 정식 명칭이 아닌 호소다파, 누카가파, 아소파 등 현(現) 영수명을 중심으로 칭하는 경우가 일반적이다.

15) 일본 자민당 파벌에 관한 정책 및 이념 등에 대한 내용은 국민대 일본학연구소편(2016) 참조.

16) 코치회와 같은 뿌리를 두는 타니가키그룹(谷垣グループ)을 하나의 파벌로 구분하는 경우도 있지만 《国会便覧》에서는 파벌로 간주하지 않기 때문에 본 연구에서 타니가키그룹은 파벌에서 제외한다.

17) 거래 비용의 절감을 통한 파벌 활동의 혜택에 대한 논의는 김형준(1997) 참조.

18) 한국에서는 내각 개편의 의미로 '개각'이라는 표현을 사용하지만 일본에서는 '개조'라는 표현이 일반적이다. 본 연구에서는 '개각'과 '개조'를 유사한 의미로 사용한다.

19) 일본의 내각 구성은 내각부와 각 성으로 이루어진다. 수상은 내각부의 대신으로 정식명은 내각총리대신이다.

20) 일본에서는 일반적으로 자민당 내 파벌을 호소다파, 누카가파, 아소파 등 현(現) 영수명을 중심으로 칭하는 경우가 많지만 본 연구에서는 이해를 돕기 위해 정식 파벌 명칭을 사용한다.

21) 시기에 따라 소속 파벌이 다른 의원의 경우 임명 시의 소속 파벌을 기재하였다.

22) 내각부 부대신의 경우는 예외이다. 내각총리대신, 즉 수상 부재 시 내각부 부대신이 직무를 대행하는 것이 아니라 국무대신이 수행하게 된다. 그 직위에 대한 정식명은 없다. 단, 부총리(현재: 아소 타로)가 국무대신을 맡을 수 있는 1순위로 지정되어 있다.

23) 자민당 대표와 소속 파벌 구성원의 내각 등용에 관한 자세한 연구는 코바야시 · 츠키야마(Kobayashi and Tsukiyama 2016) 참조.

24) 내각 개조에 대한 회견 중 파벌을 전혀 고려하지 않았다고 주장하기도 하지만 실제로는 포스트 배분이 각 파벌의 세력별로 균등하게 이루어지는 경향을 보인다(〈産経新聞〉 2016. 8. 6.).

✦ 참고문헌 ✦

- 경제희. 2011. 〈일본 선거제도의 현황과 변천〉. 《미래정치연구》1(1), 59~92.
- 경제희. 2014. 〈민주당의 조직과 지지 기반, 그리고 정치자금〉. 진창수 · 신정화 편. 《일본 민주당 정권의 탄생과 붕괴: 대내외정책 분석을 중심으로》. 오름.
- 고선규. 2010. 〈日本의 政黨造成金制度와 政黨政治의 變化〉. 《일본학보》82, 189~202.
- 국민대 일본학연구소편. 2016. 《일본 파워엘리트의 대한 정책》. (도서출판) 선인.
- 김상준 · 박호성. 2013. 〈일본 정치 변화가 총리의 임기에 미친 영향: 파벌에서 지지율로〉. 《일본연구논총》38, 105~132.
- 김상준 · 조진만 · 성세희. 2014. 《한일 정당 내 비공식적 조직에 관한 비교 연구》. 한국의회 발전연구회.
- 김윤철. 2012. 〈파벌을 논하는 이유〉. 《의정연구》18(1), 213~219.
- 김재한. 1999. 〈지역구형 의정과 지역 할거형 정당에 대한 제도적 처방: 선거구 크기와 전국구의석 배분 방식〉. 《한국정치학회보》32(4), 151~166.
- 김형준. 1997. 〈파벌의 정치경제학〉. 《국제정치논총》36(3), 407~428.
- 어수영. 1982. 〈선거와 파벌을 통해 본 자민당의 장기 집권〉. 《일본연구논총》3, 93~134.
- 이기완. 2008. 〈일본 정당 구도의 재편과 전망〉. 《평화연구》16(1), 60~83.
- 이이범. 2007. 〈아베 내각의 국내정치〉. 《한일군사문화연구》5, 99~127.
- 조석제. 2001. 〈일본 자민당의 파벌정치와 정책 리더십〉. 《국가정책연구》15(2), 81~100.
- 최한수. 1993. 《현대정당론》. 을유문화사.

- Baerwald, Hans H. 1974. *Japan's Parliament: an Introduction*. Cambridge University Press.
- Calhoun, John C. 1947. *A Disquisition of Government*. New York: Political Science Classics.
- Cox, Gary W., Frances McCall Rosenbluth, and Michael F. Thies. 1999. 〈Electoral Reform and the Fate of Factions: The Case of Japan's Liberal Democratic Party〉. *British Journal of Political Science* 29(1), 33~56.
- Duverger, Maurice. 1954. *Political Parties: Their Organization and Activity in the Modern State*. London: Methuen.
- Kohno, Masaru. 1997. *Japan's Postwar Party Politics*. New Jersey: Princeton University Press.
- Kobayashi, Yoshiaki and Hiroki Tsukiyama. 2016. 〈LDP Factions under SNTV and MMM〉. Batto, Nathan F. et al. ed. *Mixed-Member Electoral Systems in Constitutional Context*. University of Michigan Press, 73~101.

- Krauss, Ellis S., and Robert Pekkanen. 2010. *The Rise and Fall of Japan's LDP: Political Party Organizations as Historical Institutions*. Ithaca: Cornell University Press.
- Ladd, Everette Carll. 1970. *American Political Parties*. New York: W. W. Norton & Company.
- Leiserson, M. 1968. 〈Factions Coalitions in One-party Japan: An Interpretation Based on the Theory of Games〉. *American Political Science Review* 62, 770~787.
- Park, Cheol Hee. 2001. 〈Factional Dynamics in Japan's LDP since Political Reform〉. *Asian Survey* 41, 428~461.
- Reed, Steven R., 1991. 〈Structure and Behavior: Extending Duverger's Law to the Japanese Case〉. *British Journal of Political Science* 20, 335~356.
- Richardson. Bradley. 1997. *Japanese Democracy: Power, Coordination, and Performance*. New Haven and London. Yale University Press.
- Sartori, Giovanni. 1976. Parties and Party Systems. Cambridge: Cambridge University Press.
- Schlcsinger, Arthur M. 1986. *The Cycle of American History*. New York: Houghton Mifflin Company.

- 石川真澄・広瀬道貞. 1989.《自民党: 長期支配の構造》. 岩波書店.
- 石川真澄・山口二郎. 2010.《戦後政治史(第3版)》. 岩波新書.
- 居安正. 1996.〈自民党の派閥〉. 西川知一・河田潤一編.《政党派閥》. ミネルヴァ書房' 133~217 .
- 大嶽秀夫. 1999.《日本政治の対立軸》. 中公新書.
- 加藤秀治郎. 2003.《日本の選挙》. 東京: 中公新書.
- 片岡正昭・山田眞裕. 1997.〈売買選挙班へのアンケート調査〉. 大嶽秀夫編.《政界財編の研究》. 有斐閣.
- 川上和久. 2006.《2大政党制は何をもたらすか》. ソフトバンク新書.
- 上神貴佳・堤英敬 著編. 2011.《民主党の組織と政策-結党から政権交代まで》. 東洋経済新報社.
- 国会便覧 132版. 2013. 02. 日本政経新聞社.
- 国会便覧 133版. 2013. 08. 廣済堂.
- 国会便覧 134版. 2014. 02. 廣済堂.
- 国会便覧 135版. 2014. 08. 廣済堂.
- 国会便覧 136版. 2014. 10. 廣済堂.
- 国会便覧 137版. 2015. 03. 廣済堂.
- 国会便覧 138版. 2015. 08. シュハリ・イニシアティブ.
- 国会便覧 139版. 2016. 02. シュハリ・イニシアティブ.
- 国会便覧 140版. 2016. 08. シュハリ・イニシアティブ.
- 国会便覧 141版. 2017. 02. シュハリ・イニシアティブ.

- 佐藤誠三郎・松崎哲久. 1986.《自民党政権》. 中央公論社.
- 竹中治堅. 2006.《首相支配 – 日本政治の変貌》. 東京: 中公新書.
- 増山幹高. 2003. 〈政治家・政党〉. 平野浩・河野勝編.《アクセス日本政治論》. 日本経済評論社, 49~72.
- 中北浩爾. 2014.《自民党政治の変容》. NHKブックス.
- 野中尚人. 2008.《自民党政治の終わり》. ちくま新書.
- 平野浩. 2011. 〈選挙〉平野浩・河野勝 編.《アクセス日本政治論(新版)》. 日本経済評論社, 208~229.
- 福井治弘. 1965.《自由民主党と政策決定》. 福村出版.
- 渡辺恒雄. 1958.《派閥(初版)》. 弘文堂.
- 渡辺恒雄. 2014.《派閥(復刊)》. 弘文堂.
- 朝日新聞 2016/10/20
- 産経新聞 2016/08/06
- 読売新聞 2009/09/01, 2013/12/20, 2016/10/29

전후 일본 참의원 선거 분석: 연속과 단절

| 이이범(강릉원주대학교) |

* 본 논문은 2017년《일본연구논총》제45호에 투고된 〈일본 참의원선거의 변화〉를 일부 수정한 것임.

Ⅰ. 서론 : 일본 정치에서 참의원의 의미

일본의 참의원제도는 1947년 현행 헌법이 시행되고 첫 선거가 실시되면서 시작되었다. 일본 국회는 중의원과 참의원의 양원제이다. 참의원과 중의원은 동일하게 유권자들의 보통선거로 이루어져 의원의 구성에서 양원 간의 차별성은 없다. 중의원에서 선출되는 수상이 집권 내각을 구성한다는 점을 제외하고는 양원 간의 역할과 기능에도 큰 차이가 없다. 그렇기 때문에 유권자 입장에서 보았을 때 양원 국회의원의 정치적 대표성에 본질적인 차이를 느끼기 어렵다.

그럼에도 일본인들이 참의원을 군이 설립하려 했던 이유는 1차적으로 메이지 헌법체제에서 유래했던 귀족원을 계승시키기 위함이었다. 또 하나 중요한 배경은 참의원을 통해 중의원을 견제하려는 의도가 있었다. 일본인들의 기억 속에는 메이지 시대 중의원에 대한 부정적인 측면이 강했던 것 같다. 왜냐하면 중의원은 다수당이 지배하면서 정파 간의 대립과 갈등이 잦아 국민 다수의 이익을 훼손시키기 쉬운 국회로 인식되었던 것 같다. 실제로 참의원을 설계했던 당시 일본 정부와 지식인들에게는 중의원을 견제하기 위한 참의원의 설립이 더욱 중요했던 것으로 보인다. 참의원이 중의원을 견제하기 위해서는 무엇보다도 참의원 의원들이 정파 간의 대립과 소속 정당의 구속에서 벗어나 독립적이고 자율적인 의정 활동을 해야 했다. 또한 지배 정당의 이해관계가 우선되어 국민 다수의 이익을 침해하기 쉬운 중의원과 달리, 참의원은 국민의 다양한 의견이 숙고되고, 공평한 정책 심의가 이뤄지는 것이 중요했다. 이를 실현하기 위해 선거제도와 국회 운영에서 중의원과 다른 방식이 시도되었다. 또한 참의원 의원들의 전문 지식 수준과 직능 대표성이 특별히 강조되었다.

이처럼 일본의 참의원은 정치적 대표성과 존재 명분은 약했지만, 의원들의 구성과 의정 활동의 차별성을 통해 중의원을 견제한다는 명분으로 도입되었다. 따라서 참의원 의원들의 구성과 의정 활동 등이 중의원 의원들과 차별화되지 않는다면 존재 가치에 대한 의구심은 언제든지 표출될 위험을 내포하고 있었다. 여기에 일본 정당정치와 국회의원들의 의정 활동에 대한 유권자들의 정치 불신이 깊어진다면 참의원의 필요성에 대한 의구심은 커질 수밖에 없었다.

실제로 참의원제도가 도입되고 참의원 선거가 거듭될수록 이러한 우려는 점차 현실로 나타났다. 1970년대~1980년대에 양원 의원들의 구성과 의정 활동의 차이는 더욱 엷어졌다. 참의원 의원 대부분이 보수-혁신 정파에 속하면서 의원들에 대한 당의 구속력은 심화되었다. 정당 간의 대립 구도는 참의원 의원들의 심의 및 의결 과정에서도 그대로 재현되었다. 참의원에서는 다양한 의견이 논의되고 공평한 정책 심의가 실현될 것이라는 기대는 차츰 사라졌다. 그리고 중의원을 견제한다는 설립 취지도 크게 약화되었다. 이처럼 참의원 설립 취지가 퇴색된 배경에는 일본 정당정치가 안고 있는 보수-혁신의 치열한 대결 구도, 정당 내의 뿌리 깊은 파벌 경쟁 구도가 숨어 있었다.

본 연구의 목적은 다음의 2가지이다. 첫째, 1947년 시작된 참의원 선거 결과 나타난 정파 간의 대립 구도가 시기적으로 어떻게 변화했는가를 규명하는 것이다. 이러한 규명은 일본 정치가 안고 온 정당정치의 폐해와 문제점을 다른 각도에서 이해하는 데 큰 도움이 된다. 둘째, 참의원 선거 결과가 갖는 정치적 중요성이 어떻게 변화했는가를 시기별로 설명하여, 참의원 존재 가치가 어떻게 변화해 왔는지를 규명한다. 참의원 선거의 정치적 중요성은 그 결과가 총선 결과와 다르게 나타날 때 크게 나타난다. 즉 총선과 참의원 선거가 동일한 보통선거로 실시되는 만큼, 총선과 참의원 선거의 결과가 동일하게 나타난다면 참의원 선거의 가치는 퇴색될 수밖에 없다. 그리고 참의원 지배 정파가 중의원과 다르게 된다면, 집권정당은 참의원의 원만한 운영과 안정적인 정권 운영을 위해 연립정권을 구성할 것이다. 그러므로 연립정권 시기에는 참의원 선거 결과가 정치적으로 매우 중요해진다. 이런 점에서 일본 참의원 선거 역사는 연립정권 역사와 밀접하게 연동된다. 그러나 이러한 중요성이 높아질수록 아이러니하게도 참의원 본래의 설립 취지는 퇴색된다.

이러한 분석을 위해 먼저 참의원 선거 변화 과정을 3기로 구분했다. 구분 기준은 참의원 의원 구성과 의원들의 의정 활동에 대한 당의 구속성 변화로 삼았다.

제1기는 1947년 제1회 선거로 참의원이 최초로 구성된 이후부터 1956년 제4회 선거까지이다. 이 시기는 참의원은 지식과 경험, 직능 대표성, 전국적인 명망가들을 중심으로 중의원과 중복되지 않게 구성되어야 한다는 설립 취지가 고려된 시기이다. 참의원 운영은 무소속 의원들이 중심이 되어 탈정파적으로 운영되었다. 또한 이 시기에는 참의원의 과반 의석을 차지하는 지배 정당이 나타나지 않았다. 그리고 각 정당들도 복잡한 내부 사정으로 소속 참의원 의원들에 대한 영향력이 강하지 않았다.

제2기는 1959년 제5회 선거부터 1986년 제14회 선거까지이다. 이 시기에는 일본의 정당시스템이 보수-혁신의 대립 구도로 통합된 1955년 체제가 성립되어, 보수-혁신의 대결 구도가 참의원 의원들의 의정 활동에 크게 영향을 주었다. 특히 집권 자민당이 참의원에서 과반을 차지하고 장기 집권을 지속하면서 소속 참의원 의원들에 대한 구속력은 더욱 커졌다. 이 시기는 참의원 선거의 결과가 갖는 정치적 중요도, 참의원 의원들에게 요구되었던 지식과 경험, 직능 대표성이 크게 약화되었다.

제3기는 참의원 원내 과반 의석을 차지하는 정당이 사라진 1989년 제18회 선거부터 2016년 제24회 선거까지이다. 이 시기에는 중의원을 장악한 집권정당이 참의원의 과반 의석에 실패하며 연립정권이 구성되었다. 참의원 선거 결과가 연립정권의 향방을 좌우하거나 집권내각의 운명에 큰 영향을 주면서 선거 결과가 갖는 정치적 중요성이 크게 높아졌다. 그러면서 참의원 의원들의 당내 영향력이 크게 증가하였다.

여기서 일본 참의원 선거의 역사나 변화 과정을 체계적으로 분석한 기존 연구가 일본 국내에서도 거의 부재하다는 점을 밝히고 싶다. 그 원인은 집권 세력을 결정하는 중의원 선거와 달리 참의원 선거는 의원을 선출한다는 의미 외에 다른 정치적 의미가 약했기 때문이다. 참의원 선거의 정치적 의미가 약해진 배경은 선거 결과가 집권 구도에 거의 영향을 주지 않기 때문이다. 그러자 참의원의 역할과 운영에 대한 개혁 논의가 1980년대부터 참의원 내부에서부터 본격화되었다. 이후 참의원 역할에 대한 학술적인 관심이 대두된 것은 중의원의 지배 정당이 참

의원의 지배권을 상실하여 참의원이 여소야대 상태로 지속된 1990년
대부터이다. 아직까지 참의원 선거 변화를 시기별로 분석한 기존 연구
사례는 거의 찾기 어렵다.

본 연구의 구성은 다음과 같다. 다음의 제2장에서는 참의원 선거 결
과를 앞서 기술한 3기로 구분하여 개설한다. 시기별로 참의원 의원 구
성과 선거 결과가 어떻게 변화하였는지를 정리하였다. 참의원 선거 역
사는 전후 일본 정치 변화를 간략하게 이해하는 데 큰 도움이 된다. 제
3장에서는 참의원 선거를 일본의 연립정권 전개 과정과 연계하여 선거
결과가 갖는 정치적 중요성에 어떠한 변화가 따랐는지를 분석한다. 제
4장에서는 참의원제도 개혁 논의의 전개 과정을 설명하여, 참의원 설
립 취지와 존재 가치를 규명하고, 일본 정당정치의 문제점이 참의원 구
성과 선거 변화에 어떻게 연계되는지를 분석한다.

Ⅱ. 전후 참의원 선거의 역사

1947년 평화헌법이 제정되기 전 GHQ의 헌법 초안에는 일원제의 국
회였다. 당시 일본 헌법 초안을 작성했던 시데하라幣原喜重郎 내각(1945.
10. 9.~1946. 5. 22.)은 전전의 귀족원을 대신할 제2원을 모색했다. 새 헌법
제정에 관여했던 학자와 정치인들은 제2원으로서 중의원과 중복되지
않으며, 사회 각 부문과 각 직역의 지식과 경험을 지닌 대표로 참의원

을 구성할 것을 강하게 희망했다(吉田 2007, 166; 柵 1986, 226). 보통선거로 선출되는 중의원만으로 정치를 주도하게 되면 사리사욕에 눈먼 정치인과 정당에 의해 의회가 지배되어 '선거를 통한 다수의 독재'와 중우 정치 가능성이 높다고 예상했다. 그래서 중의원을 견제하고 민주주의를 실현하는 방안의 하나로서 참의원을 구상했다.

참의원 구상에서 중요했던 것은 선거제도와 참의원 운영 방향이었다. 먼저 참의원 의원 선거제도에서는 탈정파적인 의원들이 다수 선출되도록 설계되었다. 참의원은 정치인들보다는 정파색이 약한 지식인, 전문가, 직능 대표 등이 다수를 이루어 '양식의 부良識의 府'를 이루노녹했다. 이를 위해 지역구제와 함께 중의원 선거제도에는 없는 전국구제가 도입되었다. 전국구제를 통해 전국적인 명망가, 유명인, 직능 대표 등이 다수 당선될 것이라 기대되었다(吉田 2007, 171-172; 浅野 2003, 231). 참의원 의원 정수를 250명으로 결정하고 단일 전국구에서 100명을 선출하는 참의원 의원 선거법을 제정한 것에서도 이러한 의도를 확인할 수 있다.

또한 참의원 운영에서는 국민의 다양한 이익을 대변하고 신중하고 충실한 심의가 안정적으로 확보되어 '숙의熟議 민주주의'가 달성될 수 있도록 여러 방안이 강구되었다. 앞서 기술한 지식인, 전문가, 직능 대표들이 심의를 주도하도록 설계한 것과 함께, 의원 임기를 6년으로 보장해 안정적인 의정 활동을 보장했다. 이것은 4년 임기의 중의원이 내각 운영과 연계되어 임기 만료 이전에 해산되는 것과 달랐다. 참의원은 이러한 제도 장치를 통해 정파 간 대립에서 벗어나 국정 현안을 다양하고 신중하게 논의하여 정책의 연속성과 안정된 국회 운영을 유지해 갈 것으로 기대되었다.

이렇게 출발한 참의원은 1947년 제1회 선거에서 지방구 150명, 전국구 100명, 모두 250명이 선출되었다.[1] 헌법 제102조에 따라 250명 당선자 가운데 전국구 및 지방 선거구에서 각각 득표수 상위 50퍼센트인 125명은 임기 6년이 되어 1953년 제3회 선거에서 재선되었다. 득표수 하위 50퍼센트는 임기 3년이 되어 1950년 제2회 선거에 나가야 했다.

제1회 선거의 당선자 가운데 111명이 무소속이었다. 무소속 의원 가운데 92명은 기존 정당정치와 거리를 둔다는 의미에서 중립적인 원내 교섭단체인 녹풍회綠風會를 결성하며, 원내 최대 정파가 되었다(堀江·笠原 1995, 160~161). 녹풍회는 보수 성향이 강한 단체였지만 참의원에서만 활동했고 당리당략과 정쟁을 지양하며 중의원 선거에는 참여하지 않았다. 1950년 제2회 선거 결과 녹풍회 의원들이 대거 낙선하여 무소속 의원들이 크게 감소하면서 참의원 내에서 정파 대결 양상은 크게 확대되었다(中村·上条 1973, 119-122). 그러나 1953년 제3회 선거 후 일본의 보수와 혁신 정파들이 내부 분열하여 참의원 내 제1당이었던 자유당도 파벌 경쟁이 극심해져 정작 참의원 의원들에 대한 직접적인 정파 영향은 크지 않았다. 또한 '55년 체제'가 성립하고 처음 실시된 1956년 제4회 선거에서도 집권당의 참의원 의석수는 과반에 이르지 못했다. 이 기간 동안 집권당의 참의원 대책은 같은 정치 성향의 정당과 연합하든지 신풍회 같은 무소속 정파를 설득하는 데 초점이 모아졌다(竹中 2010, 72~80).

<표 1> 제1기 참의원 선거 결과(1947~1956년)

실시 시기	내각	의원수 (전체)	정당별 당선 의석수	선거 후 정당별 의석수	비고
1회	1947. 5. 20.	第1次 吉田	250	자유 38, 민주 28, 사회 47, 공산 4, 국민협동 9, 무소속 111, 기타 13		무소속 의원들 가운데 92명이 녹풍회 결성
2회	1950. 6. 4.	第3次 吉田	132 (250)	자유 52, 국민민주 9, 사회 36, 녹풍회 9, 공산 2, 기타 5, 무소속 1 9	자유 76, 국민민주 29, 사회 61, 녹풍회 50, 무소속 22, 공산4 , 기타 8	
3회	1953. 4. 24.	第4次 吉田	128 (250)	자유 46, 사회당좌파 18, 녹풍회 16, 사회당우파 10, 개진 8, 무소속 29, 기타 1	자유 93, 개진 15, 사회당좌파 40, 사회당우파 26, 녹풍회 34, 무소속 36, 공산 1	
4회	1956. 7. 0.	第3次 鳩山	127 (250)	자민 61, 사회 49, 녹풍회 5, 공산 2, 무소속 9, 기타 1	자민 122, 사회 80, 녹풍회 31, 공산 2, 무소속 14 기타 1	55년 체제 후 첫 선거, 하토야마 내각 개헌 공약 제시, 자민 과반 의석에 실패, 창가학회 계열 3명 당선

그러나 55년 체제에 따른 보수-혁신 정파 간 대립이 본격화되면서 참의원의 정파 대립 구도는 선명해졌다. 탈정파성을 지향했던 녹풍회 의원들 가운데 보수성이 강한 의원들은 대거 자민당에 흡수되었다. 나머지 의원들은 1960년 참의원 동지회로 명칭을 바꾸고, 1962년에는 소속 의원수가 격감하여 원내 교섭단체 자격(의원수 10명 이상)을 유지하기 위해 무소속 의원들과 함께 무소속 클럽으로 재차 명칭을 바꿔야만 했다. 그러나 이마저도 1962년 선거에서 당선자를 내지 못하며 해산되고 말았다. 이처럼 55년 체제 출발은 녹풍회가 소멸하는 계기가 되었고, 이로 인해 참의원의 독자성과 탈정파성은 크게 퇴보하고 말았다.

55년 체제가 성립한 이후 참의원과 중의원 간의 국회 운영 차별화도 점차 약화되었다. 참의원의 주요 정책 및 법률안 심의 결과는 중의원과 별다르지 않았다. 일례로 1955년부터 1993년 자민당의 장기 집권이 붕괴하기까지 중의원을 통과한 법률안이 참의원에서 부결된 사례는 전무했다. 1956년, 1971년, 1974년 선거에서 집권 자민당의 참의원 의석수가 과반수에 미달하기도 했다. 그러나 그때마다 자민당은 보수 성향의 무소속 의원들을 어렵지 않게 영입해 과반 의석을 만들어 참의원을 운영했다.

1980년대는 혁신 세력인 일본사회당에 대한 유권자의 지지가 정체되고, 자민당의 일당 우위 지배 구조가 성숙화되었던 시기이다. 자민당의 평시 지지율이 50퍼센트를 초과할 정도로 자민당 지지는 전 계층에서 압도적이었다(石川·広瀬 1989, 109~120). 또한 이 시기는 자민당 총재 선거를 둘러싼 파벌 간의 경쟁이 치열하여, 자민당 소속 참의원 의원들도 파벌 경쟁의 영향을 크게 받았다. 그 결과 참의원 의원에 대한 당의 구속력은 더욱 심화되었다.

〈표 2〉 제2기 참의원 선거 결과(1959~1986년)

실시 시기	내각	의원수 (전체)	정당별 당선 의석수	선거 후 정당별 의석수	비고
5회	1959. 6. 2.	第2次 岸	127 (250)	자민 71, 사회 38, 녹풍회 6, 공산 1, 무소속 10, 기타 1	자민 132, 사회 85, 녹풍회 11, 공산 3, 무소속 18, 기타 1	자민 과반 의석 확보, 창가학회 계열 무소속 9명
6회	1962. 7. 1.	第2次 池田	127 (250)	자민 69, 사회 37, 공명 9, 민주사회 4, 공산 3, 무소속3, 동지회 2	자민 142, 사회 66, 공명 15, 민주사회 11, 동지회 7, 공산4, 무소속 5	녹풍회 해산, 1960년 1월 민주사회당 결성
7회	1965. 7. 4.	第1次 佐藤	127 (250)	자민 71, 사회 36, 공명 11, 민주사회 3, 공산 3, 무소속3	자민 140, 사회 73, 공명 20, 민주사회 7, 공산 4, 무소속 7	
8회	1968. 7. 7.	第2次 佐藤	126 (250)	자민 69, 사회 28, 공명 13, 민주사회 7, 공산 4, 무소속 5	자민 137, 사회 65, 공명 23, 민주사회 10, 공산 7, 무소속 8	石原慎太郎, 青島幸男, 橫山ノック 등 신인 예술 예능인 대거 등장
9회	1971. 6. 22.	第3次 佐藤	126 (251)	자민 62, 사회 39, 공명 10, 민사 6, 공산 6, 무소속 2	자민 131, 사회 66, 공명 22, 민사 13, 공산 10, 무소속 7	1969. 11. 민주사회당, 민사당으로 개칭, 지방구 76석으로 1석 증원
10회	1974. 7. 7.	第2次 田中	130 (252)	자민 62, 사회 28, 공명 14, 공산 13, 민사 5, 기타 1, 무소속 7	자민 126, 사회 62, 공명 24, 공산 18, 민사 10, 무소속 10	*다나카 수상의 금권선거의 역풍, 추가 공인으로 과반 유지, 보혁 백중 국회, 야당의 다당화 심화 *지방구 1석 증원

회	날짜	내각	의석			비고
11회	1977. 7. 10.	福田 內閣	126 (252)	자민 63, 사회 27, 공명 14, 민사 6, 공산 5, 신자유클럽 3, 사회시민연합 1, 기타 2, 무소속 5	자민 124, 사회 56, 공명 25, 공산 16, 민사 11, 신자유클럽 3, 사민련 1, 무소속 13	*무소속 입당으로 자민 과반 유지 *1976년 신자유클럽 결성(1986년까지)
12회	1980. 6. 22.	第2次 大平	126 (252)	자민 69, 사회 22, 공명 12, 공산 7, 민사 5, 사민련 1, 기타 2, 무소속 8	자민 135, 사회 47, 공명 26, 공산 12, 민사 11, 신자유클럽 3, 사민련 2, 무소속 14	중의원과 동시 선거, 선거 기간중 오히라 수상 급사
13회	1983. 6. 26.	第1次 中曽根	126 (252)	자민 68, 사회 22, 공명 14, 공산 7, 민사 6, 신자유클럽연합 2, 기타 6, 무소속 1	자민 137, 사회 44, 공명 27, 공산 14, 민사 11, 신자유클럽민주연합 3, 기타 6, 무소속 10	비례대표제 도입
14회	1986. 7. 6.	第2次 中曽根	126 (252)	자민 72, 사회 20, 공명 10, 공산 9, 민사 5, 신자유클럽연합 1, 기타 3, 무소속 6	자민 143, 사회 41, 공명 24, 공산 16, 민사 12, 신자유클럽 2, 기타 8, 무소속 6	중의원·참의원 동시 선거, 자민 압승

참의원 내 자민당의 지배 구조가 와해된 것은 1989년 신기부터였다. 집권 자민당은 1989년 선거에서 리크루트 부정 사건, 우노宇野宗佑 수상의 스캔들, 소비세 도입 문제 등으로 과반 의석에 크게 미달하며 참패했다. 그 결과 참의원은 여소야대 구조가 되었다. 이후 자민당은 1993년 총선에서도 과반 의석에 실패하면서 장기 집권에 실패했다. 2013년 제23회 선거 때도 참의원 과반 의석을 지배한 정당이 등장하지 않으며 일본 정치의 연립정권은 상례화되었다. 2012년 총선에서 승리하며 재집권에 성공한 자민당은 2016년 선거에서 56석을 당선시켜 전체 의석 242석 가운데 121명의 의원을 확보해 가까스로 과반 의석에 도달했다.[2]

참의원 지배 정당이 부재한 제3기 중에 실시된 참의원 선거 결과는 〈표 3〉으로 정리했다.

〈표 3〉 제3기 과반 의석 정당 부재 시기의 참의원 선거 현황(1989~2016년)

실시 시기	내각	의원수 (전체)	정당별 당선 의석수	선거 후 정당별 의석수	선거 결과의 영향
15회	'89. 7.23	宇野	126 (252)	자민36, 사회45, 연합회11, 공명11, 공산5, 민사3, 무소속10, 기타5	자민109, 사회67, 공명22, 공산14, 연합회11, 민사8, 무소속13, 기타8	리쿠르트 사건('88), 소비세 도입('89), 우노수상의 여성스캔들('89)로 자민 참패, 과반 의석 크게 미달, 사회당 토이당수의 마돈나 선풍, 우노 퇴진, 가이후(海部俊樹) 내각 출범
16회	'92. 7.26	宮沢	126 (252)	자민68, 사회22, 공명14, 공산6, 민사4, 일본신4, 무소속4, 기타4	자민107, 사회71, 공명24, 공산11, 연합회11, 민사9, 무소속9, 기타10	자민당 선전, PKO협력법 둘러싼 야당 간 대립으로 선거협력 실패, 사회당 참패
17회	'95. 7.23	村山	126 (252)	자민46, 사회16, 신당사키가케3, 신진40, 공산8, 무소속9, 기타4	자민111, 신진57, 사회37, 공산14, 공명11, 신당사키가케3, 무소속13, 기타6	자민·사회·신당사키가케 연립정권 지속
18회	'98. 7.12	橋本	126 (252)	자민44, 민주27, 공산15, 공명9, 자유6, 사민5, 무소속20	자민103, 민주47, 공산23, 공명22, 자유12, 사민13, 무소속28, 기타4	자민은 선거 직전 중의원 과반 의석 확보로 사민, 신당사키가케와의 연립정권해소, 그러나 참의원 선거 참패로 하시모토내각 퇴진
19회	'01. 7.29	小泉	121 (242)	자민64, 공명13, 보수1, 민주26, 자유6, 공산5, 사민3, 무소속3	자민111, 공명23, 보수5, 민주59, 자유8, 공산20, 사민8, 무소속13	고이즈미 내각 출범('01. 4) 직후 선거 실시
20회	'04. 7.21	小泉	121 (242)	자민49, 공명11, 민주50, 공산4, 사민2, 무소속5	자민115, 공명24, 민주82, 공산9, 사민5, 무소속7	민주당 오카다 대표 체제에 대한 지지 증가와 양당제 기대 증가
21회	'07. 7.29	第1次 安倍	121 (242)	자민 37, 공명9, 민주60, 공산3, 사민2, 국민신2, 무소속7, 기타2	자민83, 공명20, 민주109, 공산7, 사민5, 국민신4, 무소속12, 기타2	연금보험료관리 문제, 각료스캔들로 자민 아베 내각 참패로 여소야대로 전환, 민주 제1당으로 부상, 아베 수상 퇴진
22회	'10. 7.11	菅	121 (242)	자민51, 공명9, 민주44, 민나노10, 공산3, 사민2, 기타2	자민84, 공명19, 민주106, 일본신3, 민나노11, 공산6, 사민4, 무소속2, 기타7	민주·국민신 연립여당 과반 의석 미달, 여소야대 참의원으로 전환. 자민은 1인 선거구에서 28대3으로 대승
23회	'13. 7.21	第2次 安倍	121 (242)	자민65, 공명11, 민주17, 민나노8, 공산8, 일본유신회8, 사민1, 무소속2, 기타1	자민115, 공명20, 민주59, 민나노18, 공산11, 일본유신회9, 사민3, 기타4, 무소속3	자민 31개 1인구 중 29석 당선, 제1당 복귀. 민주당 19개 1인구에서 전패, 1998년 당 결성 이후 최소 17석 당선
24회	'16. 7.10	第2次 安倍	121 (242)	자민56, 공명14, 민진32, 공산6, 오사카유신회7, 사민1, 무소속4, 기타1	자민121, 민진49, 공명25, 공산14, 오사카유신회12, 사민2, 무소속11, 기타8	자민 과반 의석 도달, 야당연합(民進·共産·社民·生活) 1인구에서 11석 당선, 민진은 지역 선거구21석, 비례11석 확보

Ⅲ. 55년 체제 이후 참의원 선거 변화: 연속과 단절

앞서 기술했듯이 참의원 의원들의 구성과 의정 활동, 참의원 선거의 정치적 의미와 중요성은 55년 체제가 성립한 이후 크게 변화했다. 또한 1989년 참의원 선거를 지나면서 원내 과반 의석을 확보한 지배 정당이 사라졌다. 참의원 지배 정당이 사라지면서 연립정권은 상례화되었다. 그리고 연립정권과 현직 내각의 향방은 참의원 선거 결과에 크게 좌우되었다. 그 결과 참의원 선거 결과가 지니는 정치적 중요성은 크게 높아졌다. 동시에 참의원 의원들의 당내 역할과 비중도 크게 높아졌다. 이러한 양상이 참의원제도 설계 의도와 비교했을 때 어떻게 변화했는지는 참의원 선거의 연속과 단절이라는 측면에서 구체적으로 분석하면 다음과 같다. 여기서는 자민당 참의원 의원들의 활동을 중심으로 살펴본다.[3]

1. 연속 측면

1955년 자민당이 집권한 이후 참의원 선거는 현재까지 중의원 선거를 통해 구성되는 내각에 대한 중간 평가와 같은 견제 기능이 기본적으로 유지되고 있다. 자민당 내각의 실정, 의원들의 스캔들과 부정 등의 사건이 발생할 때마다 자민당 참의원 당선 의석수가 큰 영향을 받아 왔다는 것은 중간 평가 기능으로 작용하고 있다는 것을 증명하고 있다.

참의원 의원들은 주요 정책과 법률안 제출과 심의에서 중의원 의원들과는 달리 독자적이고 차별화된 심의 활동을 한다. 소속 정당이 같다고 해도 중의원 의원들과는 차별화된 의원 모임과 협의회 활동을 한다. 그렇지만 주요 정책 현안에 따라서는 양원 협의회도 활발하게 전개한다.

자민당 참의원 의원들이 내각에 각료로 선임되는 사례는 큰 변화가 없다. 각료 임명이 기본적으로 파벌별로 안배되는 경우가 대부분이지만 역대 자민당의 각료 임명 결과를 보면 2~3명의 참의원 의원이 관례적으로 포함된다.[4]

선거제도에서도 1983년 제13회 선거부터 전국 단위의 선거구가 폐지되고 정당 단위의 비례대표제가 도입되었지만, 각 도도후현을 기본 단위로 하고 인구 비례에 따라 선출할 의원수를 2인에서 12인까지 결정하는 지역 선거구제 골격은 그대로 유지되고 있다.

2. 단절 측면

참의원 선거 양상은 1990년대 이후 크게 변화했다. 무엇보다도 참의원 선거에서 과반 의석을 차지하는 정당이 사라짐으로써 선거 결과의 정치적 의미와 중요성은 본질적인 변화를 맞이했다. 참의원 선거 결과의 영향력 또한 국정 운영과 국회 운영에 큰 영향을 주었다. 또한 집권 자민당이 참의원을 지배하지 못하면서 참의원 내의 주요 법안과 예산안 심의와 처리에 참의원 의원들의 역할과 비중이 커졌다. 이러한 단절

양상을 정리하면 다음과 같다.

첫째, 자민당은 참의원에서 과반 의석을 차지하지 못함으로써 연립정권을 구성할 수밖에 없었다. 1990년대부터 자민당을 중심으로 이어져 온 연립정권과 2009년 이후 3년간 지속된 민주당 중심의 연립정권이 결성된 것은 참의원에서 다수 의석을 확보해 안정적인 국정 운영을 하기 위함이었다. 따라서 1990년대 이후 참의원 선거 결과는 연립정권의 향방을 결정하는 핵심 요인이 되었다.

둘째, 참의원 선거 결과는 현 내각의 운명과 집권당의 집권 구도를 좌우하는 주요 변수가 되었다. 참의원 선거 참패는 내각 교체의 직접적인 요인이 되기도 했다. 1998년 자민당의 하시모토 수상과 2007년 아베 수상의 사임이 대표적인 사례이다. 또한 2012년 총선에서 압승을

〈표 4〉 1990년대 이후 일본의 연립정권 현황

시기	연립정권구성	결성 주요 배경
'93.8.9~ '94.4.28	非自民連立政権 (細川內閣)	1993년 제40회 총선에서 집권 자민당이 과반 의석 확보에 실패하면서, 일본신, 신생, 신당사키가케 등 3신당과 사회, 공명, 민사, 사회민주연합 등 8개 정파 연합
'94.6.30~ '98.6.30	自社さ連立政権	1994년 6월 비자민연립내각에서 이탈한 사회당과 사키가케가 자민당과 연합하여 구성, 1998년 7월 제18회 참의원 선거전 연립정권 해소
'99.10.5~ '09.9.16	自公連立政権 (1차)	1999년 1월 출범한 자민·자유 연립정권에 공명이 1999년 10월부터 참가, 자유당 이탈 이후 자민·공명 연립정권 지속, 자민은 2000년 이후 참의원 과반 의석 확보 위해 연립 지속
'09.9.9~ '10.5.30	民社国連立政権	민주당은 2009년 총선에서 대승해 정권교체에 성공했지만, 참의원 과반 의석 확보 위해 사민당, 국민신당과 연립 구성. 2010년 5월 사민당은 후텐마 기지 이전문제로 하토야마수상과 대립해 이탈
'10.5.30~ '12.12.26	民国連立政権	민주당과 국민신당의 연립정권. 2011년 제22회 참의원 선거에서 연립여당은 과반 의석 미달해 참의원은 여소야대가 됨
'12.12.26~ '17.7.30현재	自公連立政権 (2차)	2012년 12월 제46회 총선에서 자민당이 대승했지만 참의원 과반 의석 미달로 공명과 연립정권 지속

거두고 집권한 자민당의 아베 수상이 2013년과 2016년 참의원 선거에서 연이어 압승을 거둔 것도 그의 장기 집권을 가능하게 하는 주요 기반이 되었다. 연립정권 시기의 참의원 선거는 선거 결과에 따라 현 내각의 진퇴가 결정될 수도 있었다. 그렇기 때문에 참의원 선거는 여야를 불문하고 집권과 정권 유지를 위해 당선 확률이 높은 인물을 공천해서 가능한 한 많은 당선자를 확보하려는 정략의 대결장으로 변모했다. 이러한 대결 양상은 중의원 선거와 거의 흡사했다. 그 결과 1990년대 이후 참의원 선거에서 전문 지식인과 다양한 직능 대표를 선출한다는 의의는 거의 사라졌다.

셋째, 유권자 입장에서도 참의원 선거는 전문 지식인과 직능 대표를 선출하는 것이 아니라 정당과 집권 내각을 평가하는 것으로 변질되었다. 특히 2000년대에 들어서 자민-민주 양당 간 집권 대결 양상이 심화되면서 지역 선거구 투표에서 유권자들의 정당 중심 투표 양상은 크게 증가하였다. 일본 공명선거협회明るい選挙推進協会가 실시한 선거조사 결과를 보면 투표자들이 투표할 후보를 결정하는 데 후보보다 소속 정당

〈표 5〉투표자가 참의원 투표에서 중시한 것(일본 공명선거협회 조사)

선거 연도	정당 중시	후보 중시
1998	48.2	35.8
2001	54.6	33.3
2004	55.8	29.2
2007	62.2	28.1
2010	59.2	30.4
2013	52.6	27.2
2016	48.3	31.6

*일본 공명선거협회가 각 참의원 선거별로 조사한 결과를 정리함.

을 더욱 중요하게 고려한다는 것을 알 수 있다(〈표 5〉 참조). 그리고 현 내각에 대한 중간 평가의 비중이 커지면서 내각 지지율이 선거 결과를 좌우하는 성향이 강해졌다.

넷째, 선거 환경과 양상의 변화이다. 2000년대 들어 참의원 선거에서 과반 의석을 확보하는 정당이 사라진 것은 기본적으로 선거 양상이 55년 체제 기간과는 크게 달라졌기 때문이다. 이러한 변화는 다음의 3가지로 요약할 수 있다.

첫째, 55년 체제 기간 동안에 자민당과 집권을 실질적으로 경쟁할 만한 유력 야당이 부재했지만 1990년대 이후 신진당, 민주당 등과 같은 정권교체의 희망을 갖게 하는 거대 야당이 등장했다는 점이다. 55년 체제 기간 동안 제1야당인 사회당의 의석 점유율은 1957년과 1989년 선거에서 40퍼센트를 넘지 못했다. 참의원 선거에서 사회당을 지지했다고 해도 사회당의 집권 능력에 대한 부정적인 이미지가 강해 정권교체를 기대한 투표자들은 소수였다(三宅 1989, 120~122; 1995, 81~84; 蒲島 2004, 76~78). 그러나 2004년과 2007년 선거 비례대표에서 제1야당인 민주당을 지지했던 투표자들의 다수는 민주당에 의한 정권교체를 기대했다(小林·陸井 2004, 83; 河野·藤岡 2007, 76). 이처럼 신진당과 민주당을 지지했던 투표자들의 다수는 이들 야당에 의한 정권교체를 기대했다.

둘째, 현행 참의원 지역 선거구의 당선 양상 변화이다. 현행 121명 당선자는 비례대표 43명, 1명 선출 선거구에서 32명, 2명~6명 선출 선거구에서 41명을 선출한다. 그런데 32개 1인 선거구의 경우는 소선거구제로 운영되기 때문에 지지율이 가장 높은 제1정당의 후보에게 유리하다. 또한 현 내각에 대한 지지율이 크게 낮아질 경우 1인 선거구의

결과는 제1야당 후보들의 압도적인 당선으로 나타났다.[5]

셋째, 무당파층 증가에 따른 표의 분산 효과이다. 1990년대 들어 일본 정당시스템 재편기를 지나면서 무당파층이 크게 증가했다. 이러한 무당파층의 증가는 2000년대에 실시된 참의원 선거에서 정당별 의석 수 증감에 큰 영향을 주었다. 무당파층의 증가는 자민당 내각의 지지율 하락과도 밀접하다. 따라서 자민당 내각 지지율 하락은 무당파층 증가로 이어졌고 자민당과 대립하는 제1야당의 득표율 상승으로 직결되었다. 이러한 성향이 상징적으로 나타난 것이 2004년과 2007년 선거였다. 두 차례 선거에서 무당파 투표자 비율이 크게 증가했고, 이들의 과반이 제1야당인 민주당을 지지하면서 집권 자민당의 지지율은 크게 낮아졌다.[6]

〈표 6〉 2000년대 참의원 비례대표 선거에 나타난 무당파 투표자 비율[7]

구분		2001	2004	2007	2010	2013	2016
자민 지지율		43	33	38	27	41	41
민주 지지율		15	23	27	35	13	19
무당파 비율		17	23	21	21	22	13
무당파	민주 지지	20	49	51	30	12	19
	자민 지지	27	15	14	16	23	19[8]
조사기관		아사히신문					

*각 선거일 다음 날 발표한 〈아사히신문〉의 출구조사 자료를 인용함.

IV. 참의원제도 개혁 논의

참의원제도에 대한 비판과 개혁 요구는 1980년대부터 일본 국회를 중심으로 지속되어 왔다. 참의원 개혁의 초점은 크게 다음의 2가지이다.

첫째, 중의원과 차별화된 참의원의 독자성을 확보하는 것이다. 이러한 논의는 주로 참의원 내에서 진행되었다. 참의원의 심의가 중의원과 다르지 않다면 참의원이 굳이 별도로 존재할 이유가 없는 것이다 (Carbon Copy).[9] 참의원 초기에는 무소속 의원이 전체의 40퍼센트를 넘어 중의원과 다른 정파 구성을 보였다. 참의원 의원은 높은 지식 수준과 다양한 경험, 직무 대표성이 높아야 하고, 탈정파적이어야 한다는 주장이 강했다. 그러나 참의원 선거가 거듭될수록 참의원 내 정파 대립 구조는 중의원과 크게 다르지 않게 되었다. 그리고 전국적인 직능 대표와 전문 지식인의 충원을 위해 고안되었던 전국구 선거제도는 1983년 선거부터 비례대표 후보의 명부를 정당이 지정하는 '구속명부식 비례대표제'로 변경되었다. 그 결과 공천부터 정당 집행부의 영향력은 강력하게 작용했다. 참의원 개설의 중요한 명분 가운데 하나였던 전국적인 직능 대표, 지식인과 전문인 충원은 더 이상 충족될 수 없게 되었다.

참의원 운영 개혁을 위한 본격적인 논의는 1971년 고노河野謙三 참의원 의장의 개혁안河野書簡을 시작으로 지속되었다. 고노 의장의 개혁안은 의장과 부의장의 당적 이탈, 여유 있는 심의 기간 확보, 참의원에서 먼저 심의하는 안건 확대, 위원회에서 자유토론 확대 등을 제안했다. 이후 역대 참의원 의장들의 주된 관심사 중 하나가 참의원 운영 개선안이었을 만큼, 참의원 운영을 개선하려는 참의원 내부의 시도는 지속되었다.

이러한 시도들 가운데 전반적인 개선안을 검토한 개혁은 다음의 3가지이다. 먼저, 1988년 참의원제도 연구회 의견서[10]이다. 이 의견서는 참의원이 존재해야 하는 이유, 참의원 선거제도에서 정당화를 초래하는 비례대표제 폐지, 탈정파적이고 공명정대한 위원회 운영, 소속 정당의 구속 완화 방안 등을 제시했다. 또한 2000년에도 사이토斎藤十朗 참의원 의장의 의견서[11]가 이어졌다. 이 개혁안의 기본 방향은 중·참의원 기능 분담, 참의원의 자주성 및 독자성 확보, 의원 개인 중심의 활동 촉진, 심의 및 운영 개혁, 선거제도 개혁 등 개헌까지 포함한 상당히 포괄적이고 광범위한 내용을 담고 있었다. 끝으로 2005년 참의원 헌법조사회 보고서[12]이다. 이 보고서는 모든 정파의 참의원 의원들이 합의한 결과물로 양원의 권한, 선출 방법, 역할 등에서 차별화하여 이원제 의의를 명확히 하자는 취지에서 참의원은 억제와 균형, 양식과 재고의 역할을 명확하게 하고, 결산과 행정 감시 기능을 강화할 것을 제안했다. 그리고 참의원 존립에 대한 부정적인 시각을 의식해 존속 근거로 9가지[13]를 제시했다. 이러한 개혁안들은 일본의 정치 상황에서 이원제가 필요하다는 점을 일관되게 강조하면서, 참의원의 독자성과 차별성을 명확하게 할 것을 중첩적으로 강조하고 있다. 그러나 참의원 의원을 직능 대표, 지식인, 전문가 등으로 충원해야 한다는 언급은 없었다. 참의원 의원 구성을 중의원과 차별화하여 다양한 유권자의 이해관계를 공평하게 국정에 반영시키겠다는 국회의 의지는 찾기 어려운 내용들이었다.

둘째, 참의원 의석 분포가 여소야대가 되어 국회 의사결정이 지체되었을 때 제기된 개혁론이다. 2000년대 들어 자민-민주 양당의 집권 대결 구조가 심화된 가운데, 참의원을 장악한 야당들이 여당의 주요 법안과 예산안 참의원 통과를 어렵게 하면서 정부정책이 지체되었고, 결국 국회개혁론이 강하게 등장했다. 특히 중의원 정파 간의 정략 대결 양상이 참의원으로 확대되면서 참의원의 여소야대를 해소하는 방안에 대한 개선 요구가 크게 증가했다. 요구의 내용은 다양했다. 그러나 참의원 무용론 주장처럼 참의원을 중의원과 통합해 일원제로 전환하자는 주장은 다수 국민들의 의견은 아니었다. 그렇지만 참의원 역할과 권한에 대한 근본적인 개혁에 대한 일반 유권자들의 요구는 상팅히 높았다.[14] 이러한 개혁의 요구가 반영되지 못하면서 2000년대 들어 참의원 선거에 대한 유권자들의 관심이나 열정은 과거에 비해 명확하게 낮아지며 투표율 하락으로 나타났다.

일본의 정치 구도에서 참의원을 어떻게 운영하고 참의원 의원 선거제도와 충원, 의정 활동을 어떻게 개선할 것인가는 기본적으로 일본 국회만이 결정할 수 있다. 또한 이러한 개선 내지 개혁 내용들은 기본적으로 정당 간, 정당 내 주도 세력 간의 이해관계와 밀접하게 연관되어 있다. 이러한 개선 방안들이 지금껏 제대로 실행되지 못하고 있는 이유에는 개헌이 필요한 부분도 있지만 여야 간의 합의가 어렵고 집권정당의 이해관계와 부합하지 않기 때문이기도 하다.

V. 결론

55년 체제 시기와 1990년대 연립정권 시기를 지나면서 일본의 참의원제도와 참의원 선거가 갖는 정치적 의미에는 큰 변화가 있었다. 또한 선거 양상과 환경, 선거에 임하는 유권자들의 성향에도 많은 변화가 있었다. 구조적인 변화라고 할 수 있을 만큼 큰 변화이기도 하다. 그 내용을 정리하면 다음과 같다.

첫째, 이원제로서 참의원의 입법 권한과 역할에는 제도적으로 변화가 없었지만, 참의원 본연의 역할과 기능에 대한 이상과 기대는 거의 사라졌다. 본래 참의원에 기대되었던 중의원 견제 기능과 행정부 감시 기능은 55년 체제를 거치면서 거의 사라졌다. 참의원 의원들의 학식과 전문성을 높이며 직능 대표성을 강화한다는 취지는 1983년 전국구 선거제가 정당명부 비례대표제로 개편되면서 거의 실종되었다. 그리고 참의원 의원의 소속 정당의 구속력을 제한하여 의정 활동을 탈정파적이고 공명정대하게 하겠다던 당초의 의도도 참의원 의원 충원을 정당이 주도하고 무소속 계열의 의원이 크게 감소하면서 퇴색되고 말았다. 따라서 참의원 운영은 지배 정당의 영향에서 벗어나 국민들의 다양한 의견들이 정책과 법률에 공명정대하게 반영되도록 하겠다던 설립 목표를 더 이상 찾기 어려워졌다. 여기에 더하여 보수-혁신 간의 치열한 집권 경쟁과 자민당 내 파벌 경쟁이 참의원 의원에 대한 소속 정당의 구속력과 의정 활동의 탈정파성을 더욱 어렵게 했다.

둘째, 선거 양상과 환경에도 큰 변화가 있었다. 1990년대 이후 자민당과 집권 경쟁을 할 수 있는 신뢰할 만한 거대 야당이 출현하였고, 새로운 정치를 기대할 수 있는 중소 정당도 출현했다. 자민당의 구태의연한 정당정치 행태에 실망한 유권자들은 자민당의 장기 집권을 견제하거나 정권교체를 기대하고 이러한 거대 야당과 중소 야당을 지지하기도 했다. 그 결과 자민당의 내각이 실정하면 자민당의 의석수는 과반 의석에 크게 미달하기도 했다. 현재의 중대 지역 선거구제도가 갖는 특성으로 중소 정당들도 지역구에서 의석수를 확보할 가능성이 높아졌다, 이러한 변화는 기본적으로 유권자의 정치 불신이 깊어지면서 자민당에 대한 지지가 하락한 것과, 무당파층의 야당 지향적인 투표 양상과 밀접하게 연관되어 있다.

셋째, 선거를 현직 내각과 정권에 대한 중간 평가의 기회로 활용하려는 유권자들이 크게 증가했다. 중간 평가 방법으로 지역 선거구에서 투표할 대상을 선택할 때 정당 위주로 결정하거나 지지 정당과 무관하게 투표하는 전략적인 투표자들이 증가하고 있다. 이러한 투표 행태의 변화는 선거 결과의 변동 폭을 크게 하고 있다. 1인 선거구의 승패 여부가 선거 때마다 크게 바뀌고, 그 결과에 선거 결과가 크게 좌우된 것은 이러한 변화의 귀결이었다. 이것은 2000년대 들어 자민당 정권에서 내각 지지율이 급락하여 참의원 선거에서 참패하고 연립정권을 지속할 수밖에 없었던 주요 배경의 하나였다. 그리고 일시적으로 민주당이 집권에 성공할 수 있었던 주요 배경이기도 했다.

2013년과 2016년 참의원 선거에서 자민당의 아베 내각이 연속해서 크게 승리하면서 참의원 내 자민당의 단독 과반 의석은 27년 만에 확보되었다. 그러나 집권당과 현 내각에 대한 참의원 선거의 중간 평가

기능이 지속되고 유력한 제1야당이 등장한다면, 자민당의 단독 과반 의석이 차기 선거에서도 지켜질지는 유동적이다.

✚ 주석 ✚

1) 지방구는 2인 선거구(25), 4인 선거구(15), 6인 선거구(4), 8인 선거구(2)로 구성되었다. 그런데 전국구는 전국 단일 선거구로 제1회 선거에서는 100명이 당선되었고, 2회부터는 50명을 선출했다. 전국구에서는 전국적으로 유명한 학자, 직능 대표자가 선출될 것을 기대했다. 그러나 후보자는 전국을 돌며 득표 운동을 해야 해 금권선거 양상이 확대되었다. 그 결과 전국구는 전국 규모의 단체인 노동조합, 업계 단체, 종교단체 등의 후보, 유명 예능인에게 유리한 선거가 되었다. 유권자 입장에서는 100명 전후의 후보가 난립한 가운데 1명을 선택해야 했으므로 후보를 선택하는 것이 쉽지 않았다. 결국 전국구 선거제는 1983년 정당을 선택하는 구속명부식 비례대표제로 변경되었고, 2001년 이후는 현재의 비구속식 명부제 비례대표제로 또다시 변경되어 명부상의 특정 후보자를 선택해 기입하거나 지지 정당을 직접 기입할 수도 있게 되었다. 명부상의 특정 후보를 선택할 수 있다는 점에서 과거 전국구제의 특성이 일부 부활되었다고 할 수 있다.
2) 선거 이후 무소속 당선자 3명을 추가로 입당시켜 2017년 7월 30일 현재 자민당의 참의원 의원수는 124명이다(http://www.sangiin.go.jp/japanese/joho1/kousei/giin/193/giinsu. htm: 2017. 7. 30. 검색).
3) 기타 정당들의 참의원 의원 활동은 정당 해체 내지 의원수 부족 등으로 장기간 비교 분석이 불가능하다.
4) 입각 시기의 의원 신분을 기준으로 보았을 때, 자민당의 초대 내각인 제3차 하토야마 이치로 내각에서는 2명이 입각했고, 그다음의 이시바시 내각과 제1차 키시 내각에서는 각각 3명이 입각했다. 2012년 제2차 아베 내각에서는 3명이 입각했다. 그러나 참의원 의원이 각료로서 법무, 외무, 대장, 문부, 후생 등 주요 대신으로 임명되는 경우는 거의 없다. 내각별 각료 명단은 일본 수상관저 사이트에서 확인할 수 있다(http://www.kantei.go.jp/jp/ rekidainaikaku/: 2017. 7. 30. 검색).
5) 2명~6명의 복수 의원을 선출하는 중대선거구 경우는 제1정당도 복수 후보를 당선시키는 것이 쉽지 않다. 같은 선거구에 복수의 후보를 낼 경우 지지표 쏠림 내지 지지층 분열이 나타날 수 있어 동반 낙선 내지 정당 득표율에 못 미치는 당선자를 낼 가능성이 높았다. 따라서 제1정당의 경우 안정권의 후보만을 공천하게 된다. 이에 반해 제1야당 내지 중소 정당의 경우 지역 선거구가 중대선거구인 만큼 기존의 지지층을 결집시키고 무당파층의 호의를 구한다면 정당 지지율보다 높은 의석수를 확보할 수 있게 된다.
6) 2010년 선거는 민주당 간 나오토 내각의 시기였고, 간 내각에 대한 실망이 높았지만 무당파 투표자의 민주당 지지율은 30%로 자민당 지지율 16%의 2배에 가까웠다. 2010년, 2013년, 2016년 선거에서는 무당파 투표자들의 자민-민주(민진) 양당에 대한 지지 비중이 크게 감소

하고, 민나노당과 일본유신회(오사카유신회) 같은 신당에 대한 지지율이 증가했다. 또한 공산당 지지율도 2013년과 2015년에 각각 13%에 달해 2010년 선거에 비해 2배 가까이 증가했다.

7) 2010년, 2013년과 2016년 선거에서 무당파 투표자의 자민당과 민주당(민진당) 투표율이 낮았던 것은 민나노당과 일본유신회(오사카유신회)에 대한 지지도가 높았기 때문이었다. 민나노당은 무당파 투표자로부터 비례대표 선거에서 2010년 22%, 2013년 17%를 각각 획득했고, 일본유신회는 2013년 선거에서 15%, 오사카유신회는 2016년 선거에서 11%를 획득했다. 또한 공산당도 2010년 선거에서 6%를 얻었지만 2013년과 2016년 선거에서는 각각 13%씩 획득했다.

8) 민진당의 지지율

9) 참의원과 중의원 간의 역할과 영향력에 관련한 일본 내의 논의에 대해서는 竹中의 연구(2010 5-15)가 잘 정리하고 있다.

10) 〈参議院のあり方及び改革に関する意見〉: http://www.sangiin.go.jp/japanese/aramashi/ayumi/631101.html(검색일: 2017. 6. 30.)

11) 〈参議院の将来像に関する意見書〉: http://www.sangiin.go.jp/japanese/gianjoho/old_gaiyo/147/1478400.pdf (검색일: 2017. 6. 20.)

12) 〈二院制と参議院の在り方に関する小委員会調査報告書〉: http://www.sangiin.go.jp/japanese/ramahi/ayumi/zenbun.html (검색일: 2017. 6. 30.)

13) ① 국민의 총의를 신중하게 심의하여 정확하게 반영하고, 일원의 전단을 억제하며, 중의원 심의를 보완하고, 여론의 귀착에 대하여 판단을 정확하게 하는 것을 목적으로 하는 이원제의 취지는 현 시점에서도 적절하고 타당하다. ② 1억 명 이상의 유권자의 다양한 의사를 반영하기에는 이원제가 바람직하다. ③ 국민의 의사를 완전하게 대표하는 제1원 실현은 불가능하다. ④ 이원제가 갖는 견제와 균형의 기능은, 실로 소수파의 권리 확보·보장과도 밀접한 관련이 있다. ⑤ 일원제에서는 의회를 구성하는 다수 의석 정당이 그대로 내각을 구성하기 때문에 행정부에 대한 입법부 견제가 약해지고, 행정 비대화, 관료제 폐해 등이 증가할 염려가 있다. ⑥ 종종 해산되는 중의원과 3년마다 국민의 의견을 묻는 참의원으로 구성하는 양원제는 제1원 및 민의의 폭주에 브레이크를 건다고 하는 중요한 의미가 있다. ⑦ 일원에서 논의하고 끝낸다는 것은 상당히 냉정한 국민이 아닌 이상 대혼란이 일어날 가능성을 피할 수 없다. ⑧ 국론이 양분되는 문제에서 참의원은 큰 역할을 수행했다. 중의원에서 심의한 후 유권자의 의식 변화를 참의원이 또 수용한다는 제도는 필요하다. ⑨ 지방 자치단체의 의회는 일원제로 문제가 없다는 의견이 있지만 외교나 국방 등의 논의를 내정의 연장으로 하는 것은 위험하다.

14) 2013년 3월 실시된 〈요미우리신문〉의 헌법 관련 여론조사에서 이원제 운영과 관련한 응답 결과를 보면, 중의원과 참의원을 합병하여 일원제로 하는 것 30%, 이원제를 유지하고 중의원과 참의원의 역할과 권한을 개편하는 것 40%로 전체 응답자의 70%가 현재의 이원제에 대한 개편을 지지하는 것으로 나타났다. 현재의 이원제를 그대로 유지하는 것에 대한 지지율은 24%였다(2013년 3월 30일~31일 전국 3,000명을 대상으로 실시한 면접조사).

✛ 참고문헌 ✛

- 吉田武弘. 2007. 〈戦後民主主義と'良識の府'―参議院制度成立過程を中心に―〉.《立命館大学人文科学研究所紀要（90号）》, 155~176.
- 堀江湛・笠原 英彦. 1995.《国会改革の政治学―議会デモクラシーの復権》. ＰＨＰ研究所.
- 読売新聞東京本社世論調査部編著. 2004.《二大政党時代のあけぼの: 平成の政治と選挙》. 木鐸社.
- 武田美智代. 2007. 〈国会改革の軌跡: 平成元年以降〉.《レファレンス》56~57, 94~120.
- 杣正夫. 1986.《日本選挙制度史―普通選挙法から公職選挙法まで》. 九州大学出版会.
- 三宅一郎. 1989.《投票行動》. 東京大学出版会.
- 三宅一郎. 1995.《日本の政治と選挙》. 東京大学出版会.
- 小林利行・陸井昌宏. 2004.《2大政党化を進めた民主躍進の背景: 第20回参議院選挙世論調査から》.《放送研究と調査》2004年 9月号, 74~93.
- 石川真澄・広瀬道貞. 1989.《自民党―長期支配の構造》. 岩波書店.
- 浅野一郎. 2003.《選挙制度と政党》. 信山社叢書.
- 前田英昭. 1997. 〈参議院を考える〉.《政治学論集》(駒澤大学) 第46号 , 1~45.
- 竹中治堅. 2010.《参議院とは何か・1947~2010》. 中央公論社.
- 中村菊男・上条末夫. 1973.《戦後日本政治史》. 有信堂.
- 蒲島郁夫. 2004.《戦後政治の軌跡》. 岩波書店.
- 河野啓・藤岡隆史. 2007. 〈自民党歴史的大敗と有権者の選択: 第21回参議院選挙世論調査結果から〉.《放送研究と調査》2007年 11月号, 70~89.
- 公益財団法人　明るい選挙推進協会. 〈参議院議員通常選挙の実態〉(제18~23회, 1998, 2001, 2004, 2007, 2010, 2013)
- 〈参議院の将来像に関する意見書〉(www.sangiin.go.jp/japanese/gianjoho/old.../1478400. pdf: 2016. 8. 12. 검색)
- 〈参議院運営の改革に関する意見書〉(1971. 9. 23., 参議院問題懇談会)
- 〈参議院のあり方及び改革に関する意見〉(1988. 11. 1., 参議院制度研究会)
- 〈二院制と参議院の在り方に関する小委員会調査報告書〉(http://www.sangiin.go.jp/japanese/ ramahi/ayumi/zenbun.html: 2016. 7. 30. 검색)

한일 역사 갈등의 전후사:
일본군 '위안부' 문제를 중심으로

| 이면우(세종연구소) |

* 이 논문은《일본연구논총》제44호(2016년 12월)에 실린 〈한일 역사 갈등의 전후사: 일본군 '위안부' 문제를 중심으로〉를 수정 보완함.

Ⅰ. 서론

2016년은 2015년의 한일 국교정상화 50주년을 보내고 새로운 50주년을 시작하는 해로 기억될 것이다. 이에 따라 한일관계에 중요한 이슈인 역사 인식 문제를 둘러싼 갈등이 지난 50년간 어떻게 변화했는지를 검토함으로써 한일관계와 관련된 전후 일본의 패러다임이 어떤 연속성과 변화를 보이는지를 살펴보는 것은 향후 한일관계의 전개를 고려하는 데 의미 있는 작업이라고 하겠다.

그렇다면 한일관계 및 역사 인식 문제와 관련하여 전후 일본의 기존 패러다임은 무엇일까. 미일관계 및 미일동맹을 기본 축으로 하는 전후 일본의 외교정책을 고려할 때, 미국과 동맹을 맺은 한국과 관련된 전후 일본의 기존 패러다임은 다음과 같다.

첫째, 한일관계 역시 일본 외교에 있어서 매우 중요한 2국간 관계, 소위 말하는 '준동맹' 관계로 요약할 수 있다.

둘째, 이러한 국제정치 환경에 더하여 일본의 대한국 식민 지배라는 역사적 경험이 더해져 '특수한' 관계라는 것이 기존 패러다임의 또 다른 축을 이룬다.

셋째, 이러한 '특수한' '준동맹적' 관계를 추진하는 방안으로 전후 일본이 제시한 것이 정경분리책이다. 냉전하의 정경분리책은 단순히 정치와 경제를 분리하는 것에 그치지 않고 경제적인 측면을 우선하고 역사 인식 문제를 포함하는 정치 문제에 대해서는 되도록 '양보'하는 양상을 함의하는 것이다. 일본이 무엇을 '양보'했는지에 대해서는 논쟁이 따르겠지만 1980년대 교과서 문제가 '근린 제국 조항'으로 무마된 예에서 보듯이 쟁점에 대해서 맞서기보다는 회피하는 양상을 지칭하는 것으로 보아도 무난할 것이다. 따라서 한일관계 및 역사 인식 문제와 관련된 전후 일본의 패러다임은 이런 측면에서 '특수'했다고 할 수 있다.

넷째, 이러한 한일관계의 특수성에도 불구하고 역사 인식 문제와 관련된 일본의 기본 입장, 예를 들어 일제의 합법성이나 독도 영유권에 대한 입장은 불변으로 유지됐다. 즉, 시기적으로 또는 상황적으로 문제시하지 않았을 뿐이다. 하지만 이는 한일관계와 관련된 전후 일본의 패러다임을 구성하는 주요 부분으로 다른 시기 및 상황에서는 오늘닐 보듯이 주요 갈등 요인으로 작용하고 있다.

한일 간의 역사 갈등은 다양한 문제에서 비롯된다. 예를 들어 최근에는 야스쿠니 신사 문제, 교과서 문제, 징용 피해자 문제, 일본군 '위안부' 문제 등이 주요 요인이라고 하겠다. 전후사를 살펴볼 때 이들 문제 중에서 한일 간에 좀 더 집중적으로 논의되고 갈등을 빚은 것이 시대적으로 달라진 점이라 하겠다.

본 논문에서는 이러한 변화의 요인이 무엇인지, 그 의미는 무엇인지, 즉 전후 일본의 패러다임이 변화한 것을 의미하는지, 아닌지 그리고 그 변화 속에 관통되는 연속성은 무엇인지를 검토하는데, 크게 두 부분으로 나누어 진행한다. 첫 번째는 전후 일본의 변화를 전반적으로 살펴보는 것이며, 두 번째는 최근 주요 이슈인 일본군 '위안부' 문제를 둘러싼 갈등이 어떤 변화를 거쳤는지를 검토한다.

II. 전후 한일관계 전개와 역사 인식 문제

1. 전후 한일관계 전개

종전 이후 한일관계는 크게 냉전기와 냉전 후기(탈냉전기), 두 시기로 나누어 볼 수 있다. 또 냉전기는 한일 간에 국교정상화가 이루어진 1965년을 기점으로 전기와 후기로 나눌 수 있다. 따라서 전후 한일관계는 〈표 1〉에서 보듯이 3시기로 나누어 볼 수 있다.[1]

제1기인 냉전 전기에서는 갈등 상황이 주를 이루었다고 할 수 있다. 이는 식민 지배에 대한 기억이 많이 남아 있어서도 그렇고, 국교정상화가 지연되는 것에 있어서도 알 수 있듯이 주요 쟁점에 대한 양국 간의 인식 차이가 매우 컸기 때문이다. 이 시기에 주목할 사항은 당시 국제 정세가 미소라는 강대국이 서로 대립하는 냉전시기였음에도 한일 간

〈표 1〉 광복 이후 한일관계 전개: 시대 구분의 관점에서

시기 구분	한국 정부	일본 정부	한일관계 양상
냉전 전기: 1945~1965	건국기(이승만 정권, 장면 정권, 박정희 정권 초기)	재건 및 부흥기(55년 체제 이전의 다당제 체계와 55년 체제 형성 후 자민당 정권)	갈등기(국교정상화를 향한 수차례 협의와 그와 관련된 이슈들을 둘러싼 갈등-독도 문제, 보상 및 청구권 문제, 북송 문제 등)
냉전 후기: 1966~1990	경제성장기(박정희 정권, 최규하 과도정부, 전두환 정권, 노태우 정권 전반기)	고도성장 및 완숙기(자민당에 의한 일당 우위체제-사토, 다나카, 미키, 후쿠다 내각 등)	협력기(국교정상화 달성에 따른 관계 발전기-무역 규모 증가, 한일 정기 각료회의 등 성립)
탈냉전기: 1991~현재	재도약기 및 성숙기(민주화에 따른 문민정부-김영삼·김대중·노무현·이명박·박근혜 정부)	불황기(냉전 종언, 버블경제 붕괴, 자민당 우위체제 붕괴, 연립정권 시대 시작)	갈등과 협력의 교차기(전략적 파트너십이나 셔틀외교 추진에도 불구하고 극심한 갈등 상황이 도출됨)

에는 역사적 경험과 그에 대한 인식 차이가 매우 커서 그러한 국제적 상황의 영향력이 미치지 못했다. 물론 여기에는 이승만의 리더십이나 남북 대치상황이라는 변수도 작용했다고 할 수 있다.

제2기인 냉전 후기에서는 주요 쟁점들이 국교정상화로 일단 마무리가 되고, 양국이 공히 정경분리라는 기본 노선 위에서 대일정책, 대한정책을 추진하여 전반적으로 우호적인 방향으로 전개되었다. 대표적인 예가 1980년대 중반에 있었던 역사교과서 갈등이다. 이 문제가 무마될 수 있었던 데에는 국교정상화에 의해 정경분리가 추진되어 정치 갈등에도 불구하고 경제협력을 우선할 수 있었기 때문이나. 이 시기의 특징은 한일 양국이 경제성장에 치중하는 가운데 한일 무역 역조현상이 주요 쟁점으로 부각되었다.

제3기에 해당하는 현재의 탈냉전기에서도 한일관계는 대체로 우호적인 방향에서 전개되었지만, 그럼에도 제2기와는 달리 갈등 양상이 수시로 불거진다는 특징이 나타난다.

〈표 2〉는 탈냉전기에 접어든 1990년대 이후 한일관계를 양국의 정부별로 간략히 정리한 것이다. 이를 보면 대체로 다음과 같은 특징들이 나타남을 볼 수 있다.[2]

첫째, 앞서 언급한 바와 같이 전반적으로 우호적 분위기였으나 그럼에도 불구하고 한일 간에 놓여 있는 다양한 쟁점들로 인하여 수차례 갈등 국면들이 나타나고 있다는 점이다. 냉전 후기와 비교할 때 더 잦은 갈등이 노정됐는데 대표적인 예로 어업협정의 파국, 야스쿠니 신사 참배를 둘러싼 갈등, 일본군 '위안부' 문제 등으로 최악의 경색 국면까지 치달았다.

<표 2> 탈냉전기 한일관계 변화 양상

한국 정부	일본 정부	한일관계 양상
김영삼 정부 1993. 2.~1998. 2.	미야자와 내각(1991. 11.~1993. 8.)	양호(일본군 '위안부' 문제 관련 고노 담화)
	호소카와 내각(1993. 8.~1994. 4.)	양호(경주 정상회담)
	하타 내각(1994. 4.~1994. 6.)	양호
	무라야마 내각(1994. 6.~1996. 1.)	양호(부전결의, 무라야마 담화, 아시아여성기금)
	하시모토 내각(1996. 1.~1998. 7.)	갈등('버르장머리' 발언, 어업협정 파기)
김대중 정부 1998. 2.~2003. 2.	오부치 내각(1998. 7.~2000. 4.)	양호('김대중-오부치 선언': 21세기 새로운 한일 파트너십 공동 선언)
	모리 내각(2000. 4.~2001. 4.)	갈등: '신의 국가' 발언
노무현 정부 2003. 2.~2008. 2.	고이즈미 내각(2001. 4.~2006. 9.)	갈등(야스쿠니 신사 참배-서대문형무소 방문, '외교전쟁', 우정의 해, 독도의 날 지정)
	아베 내각(2006. 9.~2007. 9.)	양호(한국을 첫 방문지로 삼고 방한함)
	후쿠다 내각(2007. 9.~2008. 9.)	양호
이명박 정부 2008. 2.~2013. 2.	아소 내각(2008. 9.~2009. 9.)	마찰(역사교과서 문제 등)
	하토야마 내각(2009. 9.~2010. 6.)	양호(동아시아 공동체 구상)
	칸 내각(2010. 6.~2011. 9.)	양호(3.11 대지진, 칸 담화)
	노다 내각(2011. 9.~2012. 12.)	갈등(일본군 '위안부' 문제, 독도 방문)
박근혜 정부 2013. 2.~2017. 3.	아베 내각(2012. 12.~현재)	갈등(일본군 '위안부' 문제, 역사교과서 문제, 집단적 자위권 행사)

둘째, 갈등의 진원지는 일본이며, 일본의 정권 중에서 좀 더 보수적인 정권이 들어섰을 때 이러한 갈등 상황이 나타난다. 〈표 2〉에서 보듯이 한국의 한 정권 하에서 한일관계가 일본 내각의 성향과 변화에 따라 변동함을 볼 수 있다. 예를 들어 고노 담화나 부전결의 등으로 우호적이었던 한일관계는 일본의 '버르장머리를 고쳐놓겠다'는 김영삼의 발언과 어업협정 파기에 이르는 경색국면이 되었다. 이러한 이면에는 보수적인 하시모토 내각의 성립이 있음을 볼 수 있다. 또한 한일관계의 새로운 국면을 열었던 '김대중-오부치 공동 선언'(21세기 새로운 한일 파트너십 공동 선언)이나 '셔틀외교' 진행까지 진전을 보였던 한일관계가 '독도의 날' 지정으로 다시금 경색되었다. 이 배경에는 야스쿠니 신사 참배

를 강행한 것에서 성향을 알 수 있는 고이즈미 내각이 자리 잡고 있다. 또한 일본 민주당 정권하에서 우호적으로 전개된 한일관계가 일본군 '위안부' 문제나 독도 문제 등으로 갈등을 빚게 된 원인 중 하나는 민주당 인사들 중에서도 보수적인 노다 수상의 취임이라고 할 수 있다.

일본의 집권정당의 기본 성격도 한일관계에 영향을 미칠 수 있지만 그보다는 정권 담당자의 한국 또는 주변국과 일본의 외교·안보에 대한 인식 및 사고가 영향을 미치고 있음을 보여 주는 사례라 하겠다. 〈표 2〉에서 보듯이 자민당 인사 중에서도 온건하고 한국 같은 주변국과의 관계를 중시했던 미야자와 내각, 오부치 내각, 후쿠다 내각의 경우 상호한 한일관계가 전개됐다는 점이 이를 뒷받침해 주며, 같은 인물, 같은 성향이었음에도 고이즈미 수상의 전철을 회피하고 주변국과 관계를 고려하여 야스쿠니 신사 참배를 자제했던 제1차 아베 내각에서는 한일관계가 양호하게 전개되었다는 것도 이러한 측면의 일단이다.

셋째, 탈냉전기에서는 냉전기와 비교할 때 더 많은 쟁점들, 또는 새로운 쟁점들이 부각되었다. 앞서 언급했듯이 냉전기에서는 역사교과서 문제가 한 차례 크게 부각되었고, 한일 간의 무역 역조 문제가 갈등을 빚었다면, 〈표 1〉에서 보듯이 탈냉전기에는 역사교과서 문제 외에도 일본군 '위안부' 문제, 독도 문제, 야스쿠니 신사 참배 문제 등과 같이 갈등의 소재가 좀 더 다양해졌음을 볼 수 있다. 이러한 문제들을 역사 인식 문제로 총괄할 수 있다는 측면에서 보면 탈냉전기의 한일관계에서는 역사 인식 문제가 크게 부각되었다는 점이 특징이라고도 할 수 있다. 이는 1990년대 갈등을 제공한 요인들 중에 일본 정치가들의 망언이 있었다는 것도 알 수 있다.

〈표 3〉 망언의 시대별 구분

80년대까지	90년대 이후
1. 스즈키 망언(1948); 일본 식민통치는 발전에 기여했다.	1. 오자와 망언(1990); 더 이상 땅에 엎드려 조아릴 필요가 있는 상식선도 있다.
2. 외무성(1949); 일본 식민통치는 착취정치가 아니다.	2. 나가노 법무상(1994. 4.); 난징 사건은 날조된 것이다. 태평양전쟁은 일본의 생존을 위한 것이다.
3. 구보다 한일회담 수석대표(1953); 일본의 대한청구권 견지.	3. 사쿠라이 환경청 장관(1994. 8.); 침략 전쟁을 한 것이 아니다. 아시아 독립을 (쟁취)시킨 것이다.
4. 이케다 수상(1963); 일본의 비행을 알지 못한다.	4. 아베 의원(1994. 10.); 태평양전쟁이 침략 전쟁이라는 것은 의문이다.
5. 시이나 중의원 의원(1963); 서구 제국주의를 저지할 수 있는… 영광의 제국주의.	5. 오쿠노 문부상(1995. 3.); 침략 전쟁을 일으킨 것은 미국과 영국이다.
6. 다카쓰기 한일회담 수석대표(1965); 36년간은 착취 아닌 선의로 한 것이다.	6. 와타나베 외상(1995. 6.); 한일합병 조약은 원활히 결부된 것.
7. 사토 수상(1965); 대등한 입장에서 자유의사로 체결된 것이다.	7. 무라야마 수상(1995. 10.); 한일합병 조약은… 법적으로 유효하다.
8. 다나카 수상(1974); 경제적인 것보다는 정신적인 것에 기여했다.	8. 에토 총무상(1995. 10.); 한일병합의 제1책임은 수상 이완용이다. 싫으면 거절….
9. 사쿠라다 경단련 회장(1979); 한국의 눈부신 경제 발전은 식민시대의 교육 덕분이다.	9. 이타가키 참의원 의원(1996. 5.); 위안부 문제… 역사의 진실에 기초하지 않고 있다.
10. 마쓰노 국토청 장관(1982. 7.); 한국의 교과서에도 잘못이 있을 것이다. 한일합방은 정당하다.	10. 오쿠노 법무상(1996. 6.); 당시는 공창제도가 있었고, 상행위로….
11. 후지오 문부상(1986. 10.); 세계사에서 그 같은 일을 한 적이 없는가.	11. 가지야마 관방장관(1996. 8.); 한반도 위기시 일본 국내에서 시가전 가능성….
12. 후지오 2차 망언(1986. 11.); 침략을 받은 측도 여러 가지 생각할 문제가 있다.	12. 와타누키 건설상(1996. 9.); 종군위안부는 있었으나 군대위안부는 없었다.
13. 후지오 3차 망언(1986); 당시 일본 정부가 취한 행동은 세계 열강과 마찬가지로 공리적인 것이다.	13. 무라카미 참의원 의장(1996. 11.); (난징 사건으로) 학살된 중국인 수는 과장….
14. 오쿠노 문부상(1988); 침략자는… 백색인종이다.	14. 니시무라 신진당 의원(1997. 2.); 위안부로 상징되는 일본 현대사의 어두운 면… 왜 가르치느냐….
	15. 나카오 건설상(1997. 2.); 공창제도로… 일반 여성들이 덕을 본 측면도 있다.

* 출처: 김호섭 외, 《일본 우익 연구》, 중심, 2000, pp.148~151을 재정리

〈표 3〉은 1990년대까지 나타난 망언들을 간략히 정리한 것으로 다음과 같은 특징이 나타난다. 첫째, 1990년대에 들어서 망언의 수가 부쩍 늘어났다. 이는 1980년대까지는 주요 망언들만 정리한 것도 있지만 그보다는 전쟁 이전의 기억이 아직 남아 있었기 때문에 일본이 자체적으로 자제하는 분위기가 있었고, 냉전이라는 국제정치 구조가 자제 분위기에 일조했기 때문이다. 달리 말하면 자제되었던 분위기가 1990년대에 들어서며 냉전 붕괴라는 국제정치의 변화와 그에 따른 일본의 인식 및 대응도 달라졌기 때문이다.

둘째, 빈도에 변화가 있었지만 내용에는 큰 차이가 없다. 망언은 크게 과거 부정론, 기여론, 그리고 책임전가론 등 3가지 유형으로 나눌 수 있다. 과거 부정론은 일본의 식민정치가 착취정치는 아니었다는 외무성 망언에서 알 수 있듯이 일본이 자행한 행위에 대해서 나쁘지 않았다고 부정하는 것인데, 다카쓰기 대표의 망언이나 이케다 수상의 망언 역시 이와 같은 유형이다. 기여론은 일본의 식민통치가 발전에 기여한 바가 있다는 스즈키의 망언에서 보듯이 식민 지배를 긍정적으로 평가하는 것인데, 다나카 수상의 망언 역시 같은 유형이다. 책임전가론은 침략자는 백색 인종이라는 오쿠노의 망언에서 보듯이 일본의 책임을 회피하는 것으로 이와 같은 3가지 유형은 1990년대 이후에도 나타난다.

셋째, 1990년대 이후에 나타나는 망언에는 일본군 '위안부'를 둘러싼 것이 많다는 특징을 보인다. 이는 냉전 붕괴와 함께 진행된 한일관계의 긴밀화가 일본군 '위안부' 문제와 관련해 교과서 수록이나 고노 담화 등으로 연결된 것에 대한 보수 세력의 대항이라 하겠다. 이와 함께 1990년대의 망언에는 한일합병 조약의 합법성을 강조하는 것들이 포함되는 특징을 보인다. 이처럼 탈냉전기에는 망언을 비롯해서 역사 인식 문제가 크게 부각되는 경향과 함께 새로운 쟁점들도 등장했다. 예를 들어, 경제 분야에서는 종전에 한일 간의 무역 역조 문제가 크게 부각되었던 것에서 한일 FTA 문제로 전환되었다거나 종전의 군국주의화 비판이 일본의 정치대국화 또는 보통국가화에 대한 우려로 변화되었다.

탈냉전기에 나타난 네 번째 특징으로는 갈등의 정례화 또는 제도화라는 측면을 제시할 수 있다. 즉, 갈등의 소재가 되는 쟁점들이 정례적으로 자리 잡게 되었다는 것인데, 예를 들어 독도 문제를 야기할 수 있는 일본의 영유권 주장이 매년 발표되는 일본의 외교청서와 방위백서에 실리게 되었다. 또한 대개 3년 간격으로 검정이 실시되어 발표되는 역사교과서 등은 초등학생용, 중학생용, 그리고 고등학생용으로 나뉘어 있어서 거의 매년 갈등을 불러일으키는 소재가 된다. 앞서 언급한 새역모 주도의 역사교과서 등은 내용은 물론 검정 통과 여부, 채택률 등이 한일 간의 갈등을 초래하는 요인이 된다. 2000년대에 들어서며 정치가들의 망언이 다소 줄어든 감이 있다. 이는 한일 간에 문제가 되는 일본의 역사 인식 및 입장이 제도권에 들어섰기 때문이라고 할 수 있다.[4]

상기한 특징들을 종합하면, 탈냉전기의 한일관계는 일본의 보통국가화 추진에 의해 그전의 역사적 경험이 고려된 특수 관계에서 좀 더 일반적인 2국간 관계와 같은 보통관계로 변화하고 있다고 요약할 수 있다. 이에 따라 탈냉전기의 한일관계는 협력과 함께 갈등이 수시로 노출되는 상황에 놓여 있다고 하겠다. 이는 곧 서론에서 언급한 한일관계와 관련된 전후 일본의 패러다임이 변화하고 있다는 것을 의미한다. 다음 절에서는 그러한 변화의 배경에 대해서 살펴보겠다.

2. 역사 갈등의 주요 요인과 배경

이상에서 살펴본 바와 같이 탈냉전기의 한일관계는 전반적으로 양호했다고 할 수 있지만 더 많은 쟁점과 새로운 쟁점들로 더 잦은 갈등 국면에 노출되었다. 그렇다면 왜 더 많은 갈등이 탈냉전기에 나타난 것일까? 이와 관련해서는 대체로 다음과 같은 요인들이 작용했다고 할 수 있다.[5]

첫째, 일본 또는 일본 보수 정권이 가지는 현실주의적 국제관계론에 기인한다. 대표적인 예가 냉전이 붕괴된 이후 국제관계에 대한 일본 외교청서의 인식이라고 생각된다. 이에 따르면 미소 간의 대립이 사라진 탈냉전기의 국제관계에서는 20세기에 발생한 세계적 규모의 전쟁이나 미소 간의 대립 같은 것이 발생할 가능성이 감소했다. 하지만 소규모 전쟁 가능성은 민족주의 등의 대두로 오히려 더 증대할 것이라는 인식을 보였다.

둘째, 일본의 역할에 대한 인식 변화와 관계된 것으로 소위 보통국가적 방향이 필요하다는 인식이 자리 잡았다는 점이다. 익히 알려져 있다시피 일본의 보통국가화 또는 정치대국화는 걸프전쟁에서 겪은 수모에 대한 반성에서 기인한다. 이는 전후 일본을 가능하게 했던 국제질서를 탈냉전 상황에서도 유지하기 위해 일국평화주의 탈피와 국제적 공헌에 노력해야 한다는 인식을 갖게 하였다. 이러한 인식 변화는 일본의 보수화와 연동되어 한일 간에 역사 인식 문제를 야기하는 계기가 되었으며, 중국의 부상과 북한의 핵실험 및 미사일 발사로 인하여 더욱 강화될 것으로 예상된다.

셋째, 일본 경제의 위상 약화 및 한국 경제와 중국 경제의 위상 강화라는 새로운 상황 전개를 제기할 수 있다. 앞서 언급한 바와 같이 탈냉전기의 한일관계가 이전보다 더 잦은 변화를 갖는 데는 다양한 요인들이 작용하지만 그중에서도 한국에 대한 일본의 인식 변화가 가장 크다. 이제는 한국을 더 이상 개발도상국이 아닌 선진국으로 인식하는 것이다. 이는 한국에 대해서 우대하는 면이 적어진다는 것을 의미하는 것이다. 이와 연관해서는 한국이 추구하는 바가 무엇인지에 대한 의심도 일조한다. 최근에 나타난 한국의 중국경사론이 일례라 할 수 있다.

넷째, 세대교체의 영향을 들 수 있다. 앞서 언급한 바와 같이 〈표 2〉에서 한일 간의 갈등을 초래했던 일본 수상들은 보수주의자들이었다. 이들은 대개 전후세대의 인물이라는 특징을 가진다. 전후세대의 함의는 전전에 대한 평가가 이전 세대와 다를 뿐만 아니라 그 연장선상에서 소통 채널의 부재를 가져왔다는 점도 중요한 부분이다. 예전과 같은 비공식 채널의 역할이 감소하고 공식 채널을 중심으로 한 협의가 타협의 여지를 줄인 것인데, 이와 연관해서는 한국의 민주화나 정보화 시대의 도래도 타협의 여지를 줄이고 쟁점이 증폭되는 데 일조한 것으로 볼 수 있다.

〈표 4〉 새로운 역사교과서를 만드는 모임과 일본회의 비교

새로운 역사교과서를 만드는 모임	일본회의
* 주요 연혁 및 활동 · 1996년 8월 : 니시오(西尾幹二)와 후지오카 (藤岡信勝)의 만남-새역모 창립 준비 시작. · 1996년 12월 : 창립 기자회견. · 1997년 1월 : 창립총회-고스기(小杉隆) 문부상에게 위안부 기술을 교과서에서 삭제 요청. · 1997년 3월 : 제1회 심포지움 '자학사관을 넘어서' 개최. · 1999년 5월 : 교과서 채택 전략회의 설립. · 1999년 10월 : '국민의 역사' 출판. · 2000년 4월 : 후소사의 '새로운 역사교과서' 등 검정 신청. · 2001년 4월 : 후소샤, 수정 후 검정 합격. · 2001년 5월 : 한국 정부, 수정 요청. · 2001년 6월 : 시판용 '새로운 역사교과서' 발간. · 2001년 8월 : 채택 결과 발표-역사, 0.039%/공민, 0.055%. · 2005년 8월 : 도쿄도 스기나미구의 후소샤 교과서 채택 관련 시위. · 2007년 5월 : 후소샤, 새역모에 관계 해소 통보. · 2007년 10월 : 새역모, '자유사'와 제휴. *** 주요 주장** 1. 전후 일본의 역사 교육은 일본인이 받아야 할 문화와 전통을 잊고, 자신감을 잃게 하고 있다. 1. 냉전 종결 후에는 자학적 경향이 강하고 구적국의 프로파간다를 수용한 것이다. 1. 세계사적 시각으로 일본 및 일본인의 자화상을 품격 있게 이야기하는 교과서를 만든다. 1. 일본 어린이들이 일본인으로서 자신과 책임을 갖고 세계 평화에 이바지하도록 한다. *** 주요 인물** 니시오(西尾幹二), 후지오카(藤岡信勝).	*** 주요 연혁** · 1997년 5월 : '일본을 지키는 회(日本を守る会)'와 '일본을 지키는 국민회의(日本を守る國民會議)'가 통합하여 설립됨. - '일본을 지키는 회의'는 1974년 4월에 신도와 불교계의 신종교단체가 중심이 되어 결성함. - '일본을 지키는 국민회의'는 1978년 7월에 결성된 '원호법제화실현국민회의'를 개조한 것으로, 1981년 10월에 최고재판소장관을 지낸 이사다(石田和) 등에 의해 결성됨. *** 주요 기치** - '아름다운 일본 재건과 자랑스러운 국가 만들기'를 슬로건으로 제시함. *** 주요 테마 및 활동** - 일본 황실 관련 : 황실 전범 개정 운동. - 헌법 개정 관련 : 헌법 심포지엄 및 강연회 개최, 역사 및 전통을 중시하는 신헌법 제정, 정교분리 반대 등. - 교육 관련 : '자학적' '반국가'적 기술 시정, '가정 기본법' 제정, '권리 편중 교육' 시정, 애국심을 강조하는 신교육 기본법 제정 등. - 국방 관련 : 해상보안청법 일부 개정, 유사법제 정비 등. - 야스쿠니 신사 관련 : 총리대신의 야스쿠니 신사 공식 참배 실현, 국립추도시설 건설 반대 등. - 남녀평등 관련 : 선택적 부부별성법안 반대 등. - 일본 주권 침해 반대 관련 : 외국인 지방 참정권 반대 등. *** 주요 인물** 다쿠보(田久保忠衛), 이토(伊藤哲夫), 다카하시(高橋史朗) 등.

* 출처: 김호섭 외, 《일본 우익 연구》, pp. 209~272와 일본 위키디피아 관련 용어〈つくる會와 日本會議〉를 검색하여, 2016. 10. 10. 재정리함.

다섯째, 보수 우익단체들의 부상이다. 〈표 4〉는 1990년대 이후 일본 보수화를 견인했다고 할 수 있는 새역모와 일본회의 연혁과 활동에 대해서 간략히 정리한 것이다.[6] 이를 제시하는 이유는 무엇보다도 앞에서 제기한 4가지 배경들, 즉 일본의 현실주의적 국제관계관, 그에 대한 보통국가 대응, 일본 경제의 위상 약화, 그리고 세대교체가 일본의 보수화와 한일관계의 갈등을 야기하는 데 이들 보수단체의 역할이 주효했다고 보기 때문이다.

새역모는 〈표 4〉에서도 간략히 언급하듯이 후지오카 노부가츠藤岡信勝가 1996년 초에 좌우 어느 쪽에도 치우치지 않는 자유주의 사관 구축을 주창하며 형성된 모임이다. 하지만 전후 일본의 역사교과서를 자학사관에 기초한 것이라고 주장하는 것이나 일본군 ‘위안부’ 문제에 대한 기술을 교과서에서 삭제해야 한다고 주장하는 것처럼 보수적 또는 우파 단체로 볼 수 있다. 새역모는 이에 더하여 자신들의 주장에 기초한 역사교과서를 만들어 검정을 통과시키고, 채택률도 지속적으로 높이는 성과를 보였다. 이러한 새역모 활동으로 일본 역사교과서에 일본군 ‘위안부’와 관련된 기술이 누락되고, 교과서 채택을 둘러싼 한일 시민단체 간의 갈등이 고조되는 결과가 1990년대 후반에 나타나게 된 소이라 하겠다.

일본회의는 1997년에 결성되었지만, 1974년에 설립된 ‘일본을 지키는 회日本を守る会’와 1978년에 설립된 ‘일본을 지키는 국민회의日本を守る國民會議’가 통합되어 결성된 것으로 역사가 결코 짧지 않다. 또한 활동 내역에서 알 수 있듯이 전후 일본 사회의 보수 성향을 지탱해 온 단체라고 할 수 있다. 새역모와의 차이점은 역사 인식과 역사교과서 문제

에 집중하기보다는 포괄적인 차원에서 일본 사회의 보수 성향을 견지하려 한다는 점이다. 이는 정교분리, 국립추도시설, 부부별성, 외국인 참정권 등에 대해 반대하는 움직임에서 알 수 있다. 일본회의의 또 다른 특징은 종교단체들이 큰 세력으로 참여하고 있다는 점으로 이는 앞서 언급한 정교분리 반대나 야스쿠니 신사를 대신할 국립추도시설 반대로 표출된다.

이러한 차이점에도 불구하고 새역모나 일본회의는 공히 전후 일본의 역사 교육을 자학사관이라고 비판하면서 일본군 '위안부' 문제의 기술을 누락시키거나 우익 교과서 채택 및 대중 유포에 일소했다는 점에서 한일관계에 악영향을 미쳤다고 할 수 있다. 2000년대에 들어서며 한일관계에 악영향을 미친 우익단체는 '재특회(재일한국인 특권을 허용하지 않는 시민 모임)'과 같은 네트우익이다. 이들의 성장 배경에는 앞서 언급한 일본 경제의 쇠퇴와 동일본 대지진 같은 재해 등으로 고조된 불안감이 직접적인 요인이지만 그에 앞서 존재한 새역모나 일본회의의 역할이 결코 작지 않다.[7] 이러한 측면에서 우익 시민단체들은 상기한 다양한 배경으로 일본의 보수화와 한일관계의 갈등을 부추기는 역할을 담당했다고 할 수 있을 것이다.

Ⅲ. 일본군 '위안부' 문제의 사례

본 절에서는 일본군 '위안부' 문제 전개를 중심으로 위에서 살펴본 시기별 차이성과 그 배경이 적용되는지, 그러한 동일성과 차이점이 어떤 의미를 가지는지를 검토한다. 즉, 각 시대별로 나타나는 특색은 무엇인지, 그중에서도 어떤 행위자들이 주된 역할을 하는지, 논점은 어떻게 변화하는지, 그러한 변화의 배경은 무엇인지 등에 대해서 검토할 것이다.

1. 일본군 '위안부' 문제의 쟁점화 과정[8]

전후 한일관계에서, 특히 한일기본조약이 체결된 1965년 이후부터 현재까지 전개된 일본군 '위안부' 문제를 둘러싼 갈등 양상은 대체로 4시기로 구분해 살펴볼 수 있다. 첫 번째 시기는 1980년대까지로, 일종의 갈등 잠복기 또는 문제 제기의 시기라고 할 수 있다. 두 번째 시기는 정대협 결성과 같이 한국에서 본격적으로 일본군 '위안부' 문제가 다루어지는 1990년부터 아시아여성기금이 출범하는 1995년까지로, 제1차 한일 정부 간 합의조정기라고 할 수 있다. 세 번째 시기는 유엔의 쿠마라스와미 보고서가 나오는 1996년 이후부터 미연방대법원 판결이 나오는 2006년까지로, 일본군 '위안부' 문제에 대한 국제적인 그리고 사법적인 해결이 시도되는 시기이다. 네 번째 시기는 아시아여성기금이 해산되는 2007년부터 한일 정부 간의 일본군 '위안부' 문제 관련 합의가 체결되는 2015년까지로, 제2차 한일 정부 간 합의조정기라고 할 수 있다. 본 절에서는 이 시기들이 나타내는 특징들과 배경을 중심으로 살펴보겠다.

1) 제1기 : 갈등 잠복기/문제 제기기(1965~1989년)

한일기본조약이 체결된 1965년 이후부터 1980년대 말까지는 갈등 잠복기라고 할 수 있는데, 이는 무엇보다도 일본군 '위안부' 문제가 제기됐지만 정치적으로나 사회적으로 큰 반향을 일으키지는 못한 재 불씨를 안고 있는 상황이었다는 의미를 갖는다. 〈표 5〉는 1965년 이후부터 1980년대 말까지 일본군 '위안부' 문제와 관련된 사건들을 간략히 정리한 것이다. 이를 보면 다음과 같은 두 가지 측면이 드러난다. 첫째, 한국에서는 비록 1969년이라는 이른 시점에 일본군 '위안부'와 관련된

〈표 5〉 일본군 '위안부' 문제의 쟁점화 과정 1(제1시기, 1960년대~1980년대)

연대	한국 내 동향	일본 내 동향
1960년대 ~ 1980년대	· 1966년, 한국 대법원은 일본군 '위안부' 관련 손해배상 청구를 기각함. · 1969년, 일본군 '위안부' 관련 내용이 신문에 보도됨. · 1984년, 송건호가 일본군 '위안부' 관련 문제 제기함. · 1989년, 요시다의 1983년도 책이 한국에서 출간됨. 〈제주신문〉과 김봉옥은 허위라고 검증함.	· 1970년, 다나카(田中美津)의 저작. · 1973년, 센다(千田夏光)가 《종군위안부》 출간함. · 1977년, 요시다(吉田淸治)가 《조선인 위안부와 일본인》 출간함. · 1982년, 〈아사히신문〉이 일본군 '위안부' 관련 기사 보도함. · 1983년, 요시다가 《나의 전쟁 범죄-조선인 강제 연행》 출간함. · 1987년, 〈요미우리신문〉이 일본군 '위안부' 관련 기사 보도함. · 1989년, '조선과 조선인에게 공식 사죄를. 백인위원회'가 소송 위한 원고 모집. 요시다의 사죄비 건립 및 사죄운동 시작됨.

신문 보도나 그에 기초한 송건호의 문제 제기가 있었지만 대체로 외면하거나 큰 관심을 끌지 못했다. 둘째, 그와 반대로 일본에서는 좀 더 잦은 횟수로 일본군 '위안부' 문제에 대한 문제 제기가 있었다.

이러한 차이는 한국과 일본이 당시 각기 처한 정치적 상황과 무관하지 않다. 주지하다시피 당시, 즉 1970년대~1980년대 한국은 권위주의 정권하에 놓여 있어서 한일관계에 악영향을 미치는 일본군 '위안부' 문제를 회피하려 했던 측면이 있었다. 반면 일본에서는 1960년대 중반 이후 등장한 혁신 지자체들의 영향과 한국 같은 정치적 제한이 덜했다. 따라서 여성인권 문제 등이 제시될 수 있는 정치적 환경을 갖고 있었다. 일본에서 일본군 '위안부' 문제를 본격적으로 제기한 요시다吉田淸治의 《나의 전쟁 범죄-조선인 강제 연행》이 한국에서 1987년 민주화 이후에 출간되었다는 점은 이러한 정치적 환경이 요인으로 작용했음을 보여 준다고 하겠다.

요시다의 책 내용 및 증언은 차후에 허위로 밝혀졌지만 그것이 한국에 소개됨으로써 일본군 '위안부' 문제가 한국과 일본 양국에서 본격적으로 쟁점화되는 데 기여했다.[9] 이런 측면에서 요시다의 책이 한국에 소개되는 1989년은 일본군 '위안부' 문제에 대한 문제 제기라는 주요한 역할이 일단락되는 시점이었다고 할 수 있다.

2) 제2기 : 제1차 한일 정부 간 협의기(1990~1995년)

요시다의 책이 한국에 소개된 이후 한국에서는 일본군 '위안부' 문제에 적극적으로 임한 정대협이 1990년에 결성되어 수요집회를 갖는 등 본격적인 쟁점화가 진행됐다. 〈표 6〉은 1990년부터 1995년까지 일본군 '위안부' 문제와 관련해 일어난 사건들을 간략히 정리한 것이다. 이를 보면 이전 시기(제1기)에 비해 한국에서도 일본군 '위안부' 문제와 관련된 활동이 활발히 전개됐음을 알 수 있다.

이처럼 한국 시민사회가 일본군 '위안부' 문제에 대해 적극적으로 활동을 전개하자 한국 정부도 일본 정부에 진상 규명을 요구하는 등 적극적인 자세를 보였다. 이러한 한국 정부의 적극적인 자세는 결국 일본 정부로 하여금 일본군 '위안부' 문제와 관련된 '가토 담화'(1992년)와 '고노 담화'(1993년)를 비롯한 '아시아여성기금' 설립을 이끌었다. 비록 정대협은 고노 담화와 아시아여성기금에 비판적이었지만 일본군 '위안부' 문제가 본격적으로 쟁점화되어 한일 간의 협의의 형태로 일단락되었다는 점에서 제1차 한일 정부 간 협의기라고 명명해도 무난할 것이라고 생각된다.

이 시기의 또 다른 특징은 일본군 '위안부' 문제가 한일 간의 문제를 넘어서 국제적인 이슈로 부각됐다는 점이다. 〈표 6〉에서 보듯이 일본군 '위안부' 문제와 관련된 국제회의들이 한일 양국 이외의 국가들에서 개최되었고, 대만이나 중국, 그리고 미국 등지에서 이와 관련해 문제 제기와 함께 배상 요구가 이어졌다. 또한 이 시기에 일본군 '위안부' 문제와 관련된 각 행위자들의 입장이 형성되었다고 할 수 있다. 즉, 한국 정부는 일본군 '위안부' 문제와 관련해 일본 정부의 철저한 진상 규명과 사죄를 요구하는 입장이 정립되었고, 그와 함께 '일본군 위안부 생활안정법'의 제정에서 보듯이 피해자들에 대한 정부 보상책이 마련되었다. 일본 정부는 '고노 담화'에서 보듯이 초기의 일본군과 관련된 점을 부정하다가 군의 '광의적' 관여를 인정하고, 그러면서도 보상과 관련해서는

<표 6> 일본군 '위안부' 문제의 쟁점화 과정 2(제2시기, 1990~1995년)

연대	한국 내 동향	일본 내 동향	국제사회 동향
1990년 ~ 1995년	· 1990년 1월, 윤정옥 교수의 한겨레 보도. · 1990년 11월, 정대협 결성. · 1991년 1월, 일본 도쿄에서 일본군 '위안부' 관련 첫 심포지엄 개최. · 1991년 12월, 일본군 '위안부' 피해자 도쿄지방재판소에 개인보상 소송 제기. · 1991년, 한국 정부 일본대사에 진상 규명 요청. · 1992년 1월, 수요집회 시작. · 1992년 8월, 정대협 등 시민단체들 일본군 '위안부' 관련 공동결의문 채택. · 1993년 6월, 한국 정부 '일본군위안부생활안정법' 제정. · 1993년 11월, 제2차 일본군 '위안부' 관련 결의문 채택.	· 1990년 9월, 일본 정부 참의원에서 군 관여 부정. · 1991년, 요시미(吉見義明) 교수 방위청도서관에서 일본군 '위안부' 관련 자료 발견 · 1992년 1월, 〈아사히신문〉, 일본군 관여 사실 보도. · 1992년 7월, 가토 담화 발표. · 1993년 8월, 고노 담화 발표. · 1994년 12월, 전후 50주년 국회의원연맹 결성. · 1995년, 일본의 25개 우익단체 종전 50주년 국민위원회 구성. · 1995년 7월, 아시아여성기금 설립. · 1995년 8월, 무라야마 담화 발표.	· 1992년 7월, 베이징에서 대일보상 요구. · 1992년, 타이완의 위안부 피해자, 일본법정에 소송 제기. · 1992년 12월, 미국 워싱턴 위안부위원회 문제 공식 제기. · 1992~1995년, 보스니아 내전 성폭력 사건 발생. · 1993년 11월, 미연방의원 24명 호소카와 수상에게 진상 규명 요청. · 1993년 11월, 평양에서 일본군 '위안부' 관련 국제세미나 개최. · 1993년, 비엔나 세계인권대회. · 1995년, 베이징 세계여성대회.

한일기본조약에 의해 일단락된 것이라고 입장을 표명하였다.

군의 '광의적' 관여란 군이 위안부 모집에 직접 관여했다는 증거는 없지만 당시 식민주의적 상황에서 볼 때 중개업자들의 관여를 군의 관여로 볼 수 있다는 것이다. 이러한 광의적 해석은 한일기본조약에 대한 해석과 함께 일본 정부의 사죄를 불완전한 것으로 만들어 피해자들과 지지단체들의 비판을 비껴가지 못했다. 대표적인 예가 아시아여성기금에 대한 반대 및 거부라 하겠다.

일본 정부가 한국 정부의 진상 규명 및 사죄 요구에 응하여 '고노 담화' 등을 추진한 배경은 다음과 같은 두 가지 측면이 작용했다.

첫째, 당시 냉전이 붕괴된 후 진행된 민족주의 고양과 그에 따른 국가 분열 및 내전 발생 등으로 전쟁에서 자행된 성폭력이 국제적으로 크게 문제가 됐다. 예를 들어 〈표 6〉에서 보듯이 당시 진행된 보스니아 내전에서 발생한 성폭력 사건이 국제 쟁점으로 부각되었는데, 이러한 배경에서 문제를 키우지 않으려는 일본 정부의 시도로 파악할 수 있다.

둘째, 냉전의 붕괴로 인한 국제 정세의 불안정성이 증가되어 일본의 외교에서 한국과의 관계가 중요해졌다는 점이다. 냉전의 붕괴로 인한 국제 정세의 불안정성 증가는 일본의 외교·안보정책, 예를 들어 미일동맹의 향방 같은 과제들을 어떻게 전개해야 하는지에 대한 과제를 안겨주는 것이었고 그런 차원에서 한국과의 관계도 중요해졌다. 이 외에 미야자와 수상의 리더십도 한몫했다. 자민당 내의 국제주의적 하토파로 알려진 미야자와 수상은 1980년대의 역사교과서 문제와 관련해 근린제국 조항이 성립되도록 하는 데 큰 역할을 했다. 아울러 일본군 '위안부' 문제와 관련해서도 한국 정부의 요구가 반영되는 데도 영향력을 미쳤다.

3) 제3기 : 사법적 해결 시도기(1996~2006년)

한일 정부 간에는 '고노 담화'와 '아시아여성기금' 성립으로 일본군 '위안부' 문제가 일단락된 양상이었지만, 한국의 시민단체들은 이에 대해 크게 반발했다. 주지하다시피 고노 담화는 일본군 '위안부' 모집에 군의 관여를 광의적으로나마 인정하고 그에 대해 사과한 것이었고, 아시아여성기금 역시 사업 실시 즈음해 작성된 총리의 서한을 통해 군의 관여를 인정하고 사과와 반성을 표명한 것이었다. 하지만 한국의 피해자들이나 지지단체들은 진실성이 미비하다고 비판하고 아시아여성기금 수령을 거부했다. 이런 경위로 1996년 이후 약 10년간은 〈표 7〉에서 보듯이 일본군 '위안부' 문제가 국제적·사법적 해결을 추구한 시기로 볼 수 있다.

〈표 7〉 일본군 '위안부' 문제의 쟁점화 과정 3(제3시기, 1996~2006년)

연대	한국 내 동향	일본 내 동향	국제사회 동향
1996년 ~ 2006년	· 1998년 6월, 피해자지원 관련 국무회의 결정. · 2005년 1월, 노무현 정부, 한일회담 자료 공개, 국민의 개인청구권 방기 확인. · 2005년 8월, 외통부 '반인도적 위법 행위는 포함되지 않았다'고 발표.	· 1996년 2월, 일본 정부, 유엔인권위 회원국에 자체 입장 전달. · 1997년 1월, 새역모 발족. · 1999년 11월, 주미 일본대사, SF조약의 제14조 등에 의해 청구권 문제 해결됨 주장. · 2000년 9월, 일본 문부성 검정교과서 채택. · 2000년 12월, 도쿄 '2000년 일본군 성노예전범 여성 국제법정'	· 1996년, 유엔 인권위 특별보고관, 쿠마라스와미 보고서. · 1997년 7월, 미하원 일본군 '위안부' 관련 공식 사죄 요구 결의안 채택. · 1998년 8월, 맥두걸 보고서. · 1998년, 미국 하원 일본군 '위안부' 관련 결의안 채택. · 1998년, 유엔 인권위와 국제노동기구, 피해 보상 권고안. · 1999년 2월, 미국 헤이든법 제안. · 1999년 8월, 미군 병사 미쓰이 광산 등을 대상으로 손배소 제기. · 1999년 9월, 미국 내 500인, 일본 기업 1,000사 대상 손배소 집단소송. · 1999년 10월, 재미동포 태평양시멘트 대상으로 집단소송(L. A.). · 1999년 11월, 미국 민주당 슈마 의원, 헤이든법과 같은 법안 미상원에 제출. · 2000년 4월, 로드아일랜드 헤이든법과 같은 법안 통과. · 2000년 6월, 미상원 하치 법사위원장 미국민도 일본에 배상요구 권리 있음. · 2000년 9월, SF연방지방법원 SF조약 이유로 집단소송 12건 청구 기각. · 2000년 10월, 미상원 대일배상 관련 미정부 노력 촉구 결의안 채택. · 2001년 9월, 미국무성 평화조약으로 의견 제시. · 2001년 9월, 미상원 수정조항법안 가결. · 2001년 10월, 미연방워싱톤지방법원, 청구 기각. · 2001년 11월, 미상하원, 수정법안 말소시킴. · 2003년 1월, 미CA주고법 헤이든법 합헌 결정. · 2003년 1월, 미CA연방고법 헤이든법 위헌. 집단소송 28건 각하. · 2006년 2월, 미대법원 각하 결정.

〈표 7〉은 1996년부터 2006년까지 일본군 '위안부' 문제와 관련해서 진행된 사건들을 간략히 정리한 것이다. 이를 보면 대체로 다음과 같은 특징이 나타난다.

첫째, 일본군 '위안부' 문제에 대한 논의의 장이 한일 양국에서 벗어나 국제적으로 전개되었다. 제2기에서도 국제 쟁점화하려는 노력이 있었지만 제3기의 국제 쟁점화가 보여 주는 특징은 제2기의 노력이 결실을 맺어 유엔에서 논의되고 관련 보고서가 제출된 점을 들 수 있다. 둘째, 앞서 언급한 국제화 중에서도 미국을 중심으로 전개된 점과 내용적으로는 법정을 중심으로 진행되었다는 점을 들 수 있다. 이 기간을 사법적 해결의 시기로 명명한 것도 이와 같은 이유 때문이다. 이 시기에 사법적 해결이 추진된 이유는 무엇보다도 전 시기에 제시된 고노 담화나 아시아여성기금 같은 정치적 해결책에 대해 한국의 시민단체들이 수긍하지 않고 사법적 해결을 도모했기 때문이다. 사법적 해결책은 일본 법정을 상대로 추진된 바 있지만 이 시기에는 미국 법정을 중심으로 진행되었는데 그 시발점은 헤이든법 성립이었다. 하지만 샌프란시스코 평화조약에도 불구하고 개인적 보상 청구 가능성을 열어 놓은 헤이든법에 의한 사법적 해결은 2006년 미대법원 판결로 성공을 거두지 못한 채 끝나고 말았다.

4) 제4기 : 제2차 한일 정부 간 협의기(2007~2015년)

사법적 해결책이 실패한 이후 2007년부터 2015년까지는 다시금 정치적 해결책을 추구한 시기라 할 수 있다. 〈표 8〉은 2007년부터 2015년까지 일본군 '위안부' 문제와 관련된 사건들을 정리한 것이다. 이를 보면 2011년을 중심으로 두 시기로 세분할 수 있음을 알 수 있다. 2007년부터 2011년까지의 전반기는 한일 양국은 물론, 미국 등지의 의회에서 일본군 '위안부' 문제와 관련된 결의안이 채택되어 정치적 해결기로 부를 수 있다. 2011년부터 2015년까지의 후반기는 한국의 헌법재판소가 내린 부작위 결정으로 한일 정부 간에 일본군 '위안부' 문제와 관련된 협의가 완만하게 추진되다가 2015년 12월 28일 합의를 보게 되었다. 제4기의 특징은 무엇보다 사법부의 영향력이 잘 나타났다는 점이라고 하겠다. 위에서 검토한 바와 같이 제3기 역시 사법적 해결을 추구하였지만 제4기에서는 사법적 해결의 장이 미국에서 한국으로 바뀌었고, 제3기의 실패와는 달리 일정 정도 성과를 거두었다.

헌법재판소의 부작위 결정은 일본군 '위안부' 문제와 관련된 한국 정부의 입장을 변경시켰다는 점에서도 의미를 갖는다. 종전의 한국 정부 입장은 일본 정부의 사죄와 반성 표명을 촉구하였지만 배상과 연결시키려 하지 않았다. 하지만 정부의 새로운 노력을 촉구한 헌재의 부작위 결정으로 인해 일본 정부에 대해 사죄와 배상을 공히 요구하는 방향으로 바뀌었다. 이는 헌재가 촉구한 정부의 새로운 노력이라는 것이 일본군 '위안부' 피해자들이나 지지단체들이 요구하는 수준에 맞출 수 있도록 하라는 의미를 품고 있다. 또한 한국 정부가 이에 부응할 수 있었던 것에는 〈표 7〉에서 보듯이 노무현 정부 시절 한일회담 자료 공개에 따라 '반인도적 위법 행위는 포함되지 않는다'는 입장 정리가 한몫했다고 볼 수 있다.

또한 이 시기는 한일 간의 갈등을 봉합하는 데 미국의 역할이 중요하게 작용한다는 것을 다시금 보여 주었다. 주지하다시피 일본군 '위안부' 문제를 둘러싼 한일 양국 간의 협의는 지지부진했다. 이는 헌재의 결정에 따라 재협의를 추진하려는 한국 정부의 입장에 응하지 않는 일본 정부의 태도에 따른 것이다. 더 나아가서는 한국의 소녀상 건립 추진에 대해 한국의 중국경사론 등으로 맞서는 일본의 대결 자세에 기인한 것이다. 이러한 갈등 및 대립에 대해 동북아 안보정세를 이유로 조정 역할을 담당한 것이 미국이었다. 2015년 12월 28일 내려진 양국의 합의는 미국의 역할이 성과를 거둔 것으로 볼 수 있다.

〈표 8〉 일본군 '위안부' 문제의 쟁점화 과정 4(제4시기 2007~2015년)

연대	한국 내 동향	일본 내 동향	국제사회 동향
2007년 ~ 2015년	· 2007년 2월, 일본군 '위안부' 피해자(이용수 등) 미하원 공청회 증언. · 2008년 10월, 국회 일본군 '위안부' 문제 관련 결의안. · 2011년 8월, 헌법재판소 부작위로 헌법 위반 규정. · 2011년 9월, 외무부 한일청구권협정 대책팀 구성. · 2011년 12월, 소녀상 설치. · 2012년 5월, 대법원 한일강제병합 무효성과 개인청구권 살아있음 인정. · 2012년 8월, 이명박 대통령 독도방문. · 2014년 1월, 프랑스 앙굴렘 국제만화전. · 2015년 12월, 한일 간 일본군 '위안부' 문제 합의안 체결.	· 2007년 3월, 아베 수상 국회 답변에서 위안부 강제 연행 부정. 하지만 중간업자에 의한 광의의 강제성 시사. 고노 담화 계승 각의 결정. · 2007년 3월, 아시아여성기금 해산. · 2007년 6월, 일본 역사사실위원회 〈워싱턴포스트〉에 광고. · 2009년 12월, 구니다치 시의회, 일본군 '위안부' 관련 의견서 가결. · 2011년 12월, 노다 수상 교토 한일정상회담에서 소녀상 철거 요구. · 2012년 12월, 아베 내각 출범. · 2014년 6월, 아베 내각 고노 담화의 재검증. · 2014년 9월, 〈아사히신문〉, 일본군 '위안부' 관련 기사에 대한 사죄 회견. · 2015년 11월, 아베 수상 박근혜 대통령과 정상회담에서 소녀상 철거 요청.	· 2007년 4월, 미의회 조사국 보고서에서 일본군의 직접 모집 증거 없음과 사과 노력 인정. · 2007년 7월, 미하원 혼다 의원의 일본군 '위안부' 결의안 채택. · 2007년 12월, 유럽의회 결의안 채택. · 2008년 3월, 필리핀 하원 외교위 결의안 채택. · 2009년, 재미교포 위안부 기념비 건립운동 시작. · 2013년 7월, 글렌데일시의 일본계 주민단체 소녀상 철거 소송 제기. · 2013년 7월, 필리핀 피해자 아베 수상 방문에 시위.

5) 소결론

이상에서 일본군 '위안부' 문제를 둘러싼 논의가 2015년 12월 28일 합의에 이르기까지의 과정을 간략히 정리했다. 이와 관련해 다음과 같은 측면들을 제시할 수 있다.

첫째, 일본군 '위안부' 문제는 피해자들의 개인적 청구권과 연관된 문제이고, 이에 따라 이 문제의 당사자는 일본 정부와 한국의 피해자들 및 지지단체이다. 둘째, 일본군 '위안부' 문제 당사자인 일본 정부와 피해자들 및 지지단체들의 입장은 서로 좁힐 수 없는 커다란 차이가 있다. 셋째, 이러한 커다란 입장 차이는 정치적 해결의 실효성을 부정하여 지난 25년간 문제 해결을 어렵게 하였고, 앞으로도 해결을 어렵게 만들 것으로 예측된다. 이런 측면에서 2015년 12월의 합의에도 불구하고 일본군 '위안부' 문제를 둘러싼 한일 간의 갈등은 지속될 가능성이 높다.

2. 일본군 '위안부' 문제와 관련된 쟁점

앞서 일본군 '위안부' 문제의 쟁점화 과정에 대해서 살펴보았다. 이 문제가 지속되는 것은 당사자라고 할 수 있는 일본 정부와 피해자들 및 지지단체의 입장에 커다란 차이가 있고, 그것을 좁히기가 어렵기 때문이다. 본 절에서는 이러한 입장 차이에 대해서 간략하게 검토하겠다.

〈표 9〉 입장 및 요구안 비교

한국 정부 및 시민단체	일본 정부 및 우파단체	국제사회 동향
· 1992년 8월, 정대협과 아시아 여성신학교육원 공동 개최, 공동결의문 : 아시아연대회의, 성폭력, 전쟁 책임, 인권 유린의 시각을 중시하는 일본측과 식민 지배하의 민족차별이라는 민족문제를 강조하는 한국측. · 1993년 11월, 2차 결의문 : 일본군 '위안부'를 일본 군국주의의 전쟁범죄 인정, 실태 조사 및 진상규명 보고서 제출, 피해자 보상 특별법 제정, 교과서 기재 및 인권 사상 교육 실시. · 1993년, 비엔나세계인권대회. · 1995년, 베이징 세계여성대회에서 정대협 7개항 요구 : 위안부에 대한 조사와 연구, 일본 정부의 진상 규명, 위안부 범죄 인정, 공식 사죄와 법적 배상, 책임자 처벌, 역사교과서 기록, 추모비 건립. · 2005년 8월, 외통부 '반인도적 위법 행위는 포함되지 않았다'고 발표. · 2012년 5월, 대법원 한일강제병합 무효성과 개인청구권 살아 있음 인정.	· 1990년 9월, 일본 정부 위안부는 민간업자의 상행위. 일본군 관여 부정. · 1992년 7월, 가토 관방장관 일본군 위안부 모집, 위안소 설치, 경영 감독과 위생 관리 관여 인정. · 1992년, 요시미 교수 방위청에서 127건의 자료 발견. · 1993년, 234건의 관련 보고서 제출. · 1993년 8월, 고노 담화로 강제 연행과 군부 개입 인정. · 1994년, 일본 우익 종전 50주년 국민위원회 구성. 서명운동, 침략 전쟁이나 식민 지배 부정. · 1995년, 아시아여성기금, 민간 모금에 의한 위로금 200만 엔, 총리의 사과 편지, 일본 정부의 의료복지 지원비(120~300만 엔) : 민간 모금액 5억 6천5백만 엔, 정부 의료지원액 7억 5천만 엔-한국인 61명 포함 285명 지급. · 1996년, 후지오카 노부카쓰 위안부는 상행위. 사카모토 다카오 위안부 제도는 공동변소. · 1996년 2월, 일본 정부 법적 책임 부인 문건 우송. · 2007년 3월, 아베 수상 강제 연행 부정. 광의의 강제성 시사.	· 1990년대는 페미니즘 시대. · 1992~1995년, 보스니아 전쟁에서 집단 성폭력 발생. 르완다, 수단, 동티모르 내전에서도 자행됨. · 1996년, 쿠마라스와미 보고서-일본군 '위안부'를 성노예 제도로 개념화. 국제법 위반한 전쟁범죄 부각. 일본 정부의 법적 책임과 사죄, 교과서 개정 촉구 권고안 제시. · 1997년, 아이리스 창, rape in Nanjing 출판 · 1998년 8월, 맥두걸 보고서-지속적인 집단강간으로 규정. · 2000년 12월, '2000년 일본군 성노예 전범 여성 국제법정'에서 히로히토 일왕 등 일본군 '위안부' 범죄자들 유죄 선고. · 2007년 7월, 혼다 의원의 결의안-성노예에 대해 공식 사과할 것, 역사적인 책임 수용 촉구, 일본군 '위안부' 존재 공개 인정, 국제사회 권고 수용, 공교육.

〈표 9〉는 일본군 '위안부' 문제를 둘러싼 주요 행위자들의 입장을 간략히 정리한 것이다. 우선 일본의 입장은 처음에는 일본군 '위안부'가 민간업자들의 상행위에 의해 모집된 것으로 일본군이 관여하지 않았다는 입장이었다. 하지만 이 문제가 양국 간에 정치 쟁점화된 이후에는 가토 담화에서 보듯이 군의 관여를 인정하는 것으로 바뀌었다. 하지만 상행위였다고 주장한 후지오카나 공동변소라고 주장한 사카모토의 발

언에서 보듯이 일본 우익들은 일본 정부의 초기 입장을 고수하고 있음을 알 수 있다.

일본 정부의 입장 변화는 고노 담화나 아시아여성기금 성립에서도 유지되었지만 그럼에도 한국의 피해자들이나 지지단체들이 이를 비판하고 거부한 데는 배상을 동반하지 않는 사죄는 진정한 사과가 되지 못한다는 입장에 기인한다. 이는 정대협이 요구한 7개항, 즉 일본군 '위안부'에 대한 조사 및 연구, 일본 정부의 진상 규명, 범죄 인정, 공식 사죄와 법적 배상, 책임자 처벌, 역사교과서 기술, 그리고 추모비 건립 등으로 본다면 책임 여부가 명확하지 않은 고노 담화나 아시아여성기금은 수용하기 어렵다는 것을 의미한다.

일본 정부의 입장 변화에도 불구하고 일본군 '위안부' 피해자들과 지지단체에서 이견이 노출되는 데는 일본 정부의 입장 변화가 한계를 가진 것이기 때문이다. 즉, 일본 정부가 인정한 군의 관여란 군이 직접 위안부 모집에 관여한 것이 아니라 민간업자 등을 통한 것이었으나 당시 식민 지배와 같은 상황을 고려할 때 강제성이 인정된다는 광의의 강제성을 의미한 것이었다.

정영환은 당시에도 위안소 설치는 국제법에 위반되는 것이라고 제시한다. 그럼에도 불구하고 일본 정부가 강제성을 인정한 이유는 공창제라는 것이 시기적으로나 지역적으로 존재하고 그 이상의 책임에 대해서는 회피하기 위함이라 생각된다.[10] 이는 명치유신 이후 전쟁 이전의 근대 일본에 대한 자부심도 자리 잡고 있다. 우익인사들이 위안소 설치를 인정하면서도 그것을 공창제이고 상행위라 규정하며 직접 모집 증거의 부재를 주장하는 것은 이와 무관하지 않다.

개인청구권 및 배상도 이견이 나타나는 주요 부분이다. 일본군 '위안부' 문제와 관련된 개인청구권 및 배상은 샌프란시스코 평화조약과 한일기본조약에 의해 해결됐다는 것이 일본 정부의 일관된 입장이다. 이러한 입장은 일본군 '위안부' 피해자들과 지지단체가 요구하는 진정한 사죄, 즉 사죄 표현과 법적 책임(배상)이 함께하는 것을 어렵게 하는 것이다. 한국 정부는 2011년 이후 〈표 8〉에서 살펴본 바와 같이 한일기본조약이 반인도적 불법 행위를 포함하지 않는다는 입장에서 개인청구권을 포함한 일본군 '위안부' 협의를 추진했다. 하지만 2015년 12월의 합의에서 보듯이 한일기본조약에 의한 개인청구권 및 법적 책임의 완결이라는 일본 주장을 변경시키기에는 역부족이었다. 따라서 일본군 '위안부' 문제를 둘러싼 한일 간의 갈등은 여전히 진행 중이라고 할 수 있다.

IV. 결론 : 한일관계와 역사 인식 문제

본고에서는 한일관계 또는 한일 간의 역사 갈등이라는 측면에서 볼 때 전후 일본의 패러다임이 보여 주는 변화와 연속성을 검토했다. 이를 위해 제1단계에서는 전후 70년간을 크게 한일기본조약 이전의 냉전 전기와 이후의 냉전 후기, 그리고 냉전 붕괴에 따른 탈냉전기 등 3시기로 나누어 한일관계의 전반적 양상을 전후 일본의 패러다임이라는 측면에서 검토했다. 제2단계에서는 일본군 '위안부' 문제를 중심으로 나타난 한일관계의 양상이 전후 일본의 패러다임 변화와 연속성이라는 측면에서 어떤 유사성과 차이점을 가지는지를 비교 검토했다. 이를 간략히 요약하면 다음과 같다.

우선 한일관계 또는 한일 간의 역사 갈등이라는 측면과 관련된 전후 일본의 패러다임이란 무엇인지를 제시할 필요가 있는데, 이는 대체로 다음 3가지로 구성된다고 할 수 있다. 첫째, 우호적 한일관계라는 측면으로, 냉전이라는 국제정치 환경 속에서 미국의 진영에 포함된 일본으로서는 미국 진영에 함께 속해 있는 한국과 우호적 관계를 형성하고 유지하는 것이 중요하다. 둘째, 정경분리 원칙으로, 일본은 한국과 우호관계를 유지하기 위해 정경분리 원칙을 추구했다. 이는 냉전이라는 특수한 국제정치 상황 속에서 갈등 측면은 되도록 회피하고 경제적 측면에서 협력의 의미로 추진되었다. 특히 한국을 식민 지배한 역사적 경험에 의해 '특수한' 관계로 인식되기도 했다. 셋째, 일본의 기본적 입장 고수라는 측면이다. 이는 식민 지배의 합법성이나 독도의 영유권 등과 같은 일본의 기본 입장을 크게 부각하지는 않았지만 유지했다는 점이다.

이상의 3가지를 한일관계와 관련된 전후 일본 패러다임의 원형이라 하겠다. 본고에서는 이러한 원형이 지난 70년간 어떤 변화와 연속성을 보이는가를 검토한 것이다.

앞서 지적한 것처럼 지난 70년간을 냉전 전기, 냉전 후기, 그리고 탈냉전기 등 3시기로 분류했다. 한일기본조약이 형성되기 이전인 냉전 전기에는 냉전이라는 국제정치 상황에도 불구하고 한일 간에 갈등이 심했다. 이런 측면에서 한일관계와 관련된 전후 일본의 패러다임이 형성되기 이전이었다고 할 수 있다. 따라서 위에서 언급한 3가지 구성 요소 중 마지막 요소가 전후 초기라는 측면에서도 주되게 유지된 시기였다고 할 수 있다. 한일기본조약이 형성된 후 냉전 후기에는 갈등보다는 협력 분위기가 압도적이었다고 할 수 있다. 이는 무엇보다도 한국이나 일본 공히 갈등 측면은 회피하는 가운데 경제성장에 초점을 맞추어 이러한 협력 분위기가 가능했다. 따라서 냉전이라는 국제정치 상황 속에서 전후 일본의 패러다임이 형성되고 고정화된 시기였다고 할 수 있으며, 세 가지 구성 요소 중 첫 번째와 두 번째가 주요하게 작용한 시기였다고도 할 수 있다.

반면에 제3기에 해당하는 현재의 탈냉전기는 우호적 양상과 갈등적 양상이 혼재되어 전개되고 있다. 이들은 대체로 다음과 같은 특징을 보인다. 첫째, 전반적인 우호적 분위기에도 불구하고 한일 간에 놓여 있는 다양한 쟁점들로 인하여 수차례 갈등 국면이 나타나고 있다. 냉전 후기와 비교할 때 더 잦은 갈등이 노정됐다고 볼 수 있는데, 대표적인 예로 어업협정 파기, 야스쿠니 신사 참배를 둘러싼 갈등, 그리고 일본군 '위안부' 문제 등을 제시할 수 있다. 둘째, 이러한 갈등의 진원지가 일본이고 일본의 정권 중에서도 좀 더 보수적인 정권이 성립할 때 이러한 갈등 상황이 나타난다. 셋째, 냉전기와 비교하면 더 많은 쟁점들, 새로운 쟁점들이 부각되었다. 냉전기에는 역사교과서 문제가 한 차례 크게 부각되었고 한일 간의 무역 역조 문제가 갈등을 빚는 정도였다면, 탈냉전기에는 역사교과서 문제 외에도 일본군 '위안부' 문제, 독도 문제, 야스쿠니 신사 참배 문제 등 다양한 문제들이 갈등을 초래했다. 넷째, 갈등이 정례화되고 제도화되는 측면이 나타났다. 즉, 갈등의 소재가 되는 쟁점들이 정례적으로 부각되도록 자리 잡았다는 것인데, 예를 들어, 독도 문제를 야기할 수 있는 일본의 영유권 주장이 외교청서와 방위백서에 실려 매년 발표된다. 또한 대개 3년 간격으로 검정이 실시되어 발표되는 역사교과서 등은 초등학생용, 중학생용, 그리고 고등학생용으로 나누어져 있어서 이 역시 거의 매년 갈등을 불러일으키게 된다.

이상에서 검토한 특징들을 종합하면, 탈냉전기의 한일관계는 일본의 보통국가 추진에 의해 전후 일본의 패러다임이 흔들리게 되었다. 따라서 이전의 특수관계에서 보통관계로 변화해 가고 있는 것으로 요약할 수 있다. 이러한 변화에는 일본, 또는 일본의 보수 정권이 가지는 현실주의적 국제관계 인식, 즉 냉전 붕괴 이후 진행될 국제 정세에 대해서 불안정성을 더욱 우려하는 인식과 그에 따른 보통국가화가 필요하다는 일본의 인식 변화, 일본 경제의 위상 약화와 한국 경제의 상대적 위상 강화, 그리고 과거를 반성하기보다는 미래 지향을 언급하는 전후 세대의 등장과 같은 세대교체의 영향 등이 배경으로 자리 잡고 있다.

본고에서는 이러한 전후 한일관계의 양상을 일본군 '위안부' 문제를 둘러싼 한일 간의 논의 과정과 비교했다. 이 과정에서도 한일관계의 전반적인 양상과 유사한 점이 나타났다. 즉, 1990년 이전의 냉전 후기에서는 문제를 되도록 회피하고자 하는 노력에 의해 일본군 '위안부' 문제가 크게 쟁점화되지 않았다. 하지만 냉전기에 크게 부각되어 협력과 갈등 양 측면을 오가는 진동 폭을 보여 주었다. 특히 탈냉전기의 일본군 '위안부' 문제에서 주목되는 것은 한국의 민주화에 의해 양국 정부 간의 합의에도 불구하고 쟁점화가 지속되었고, 이에 따라 앞서 언급한 세 번째 구성 요소인 일본의 기본 입장 역시 강화되는 양상을 보였다.

2015년 12월 이루어진 양국 간의 일본군 '위안부' 문제 합의는 미국의 중재에 의해 결실을 맺은 측면이 있다. 그럼에도 이 문제는 당사자라고 할 수 있는 일본 정부와 피해자 및 지지단체들이 서로 좁혀질 수 없는 입장을 고수함으로써 합의의 후속 조치와 관련된 공방에서 보듯이 파국 가능성을 여전히 안고 있다. 마치 한쪽에서 바라보는 평행선을 보는 느낌이다. 좀 멀리 떨어져 중심에서 바라보면 평행선임을 알 수 있지만 한쪽 끝에서 보면 언젠가는 수렴될 것처럼 느끼는 착각을 일으키는 것인데, 그만큼 합의점을 도출하기가 어렵다는 것을 보여 준다. 이는 일본군 '위안부' 문제에만 국한되는 것이 아니라 역사 인식 문제를 둘러싼 양국, 그리고 한국 내에서 나타나는 갈등 상황을 포괄해서 지칭할 수 있다. 중국의 부상과 일본의 보통국가화라는 변화하는 동북아 정세를 고려할 때 그 어느 때보다도 냉철한 판단과 대응이 한국의 외교에 요구된다는 것이 역사 인식 문제를 둘러싼 한일 갈등의 전후사에서 제시된다고 하겠다.

1) 본 절의 내용은 최상용 · 이원덕 · 이면우 공저,《탈냉전기 한일관계의 쟁점》, (집문당: 1998), pp.21~73. pp.133~183을 참조함.
2) 이면우, 〈동북아 평화 협력을 위한 한일관계 구축〉. 이상현 편,《차기 정부의 대외정책 과제》, (세종연구소, 근간), 2016.
3) 지난 3년간 한일관계를 최악으로 표현한 것은 다소 무리가 있을 수 있다. 예를 들어, 한일어업협정이 파기되는 정도까지 치달았던 김영삼 정부 말에 비해 양호하다고 평가할 수도 있기 때문이다. 그런 측면에서 관계가 악화됐다는 점을 강조하는 차원에서 사용된 용어로 이해하기를 바란다.
4) 2000년대 이후에도 일본 정치가들의 망언이 적지 않았다. 대표적인 것이 창씨개명은 한국이 원한 것이라는 아소 부총리의 망언이다. 여기서 강조하고자 하는 것은 일본의 망언적 역사 인식이 일본청서나 교과서 등과 같은 제도권으로 들어와 정치가들의 망언이 크게 부각되지 않았다는 점이다.
5) 이면우, 〈일본 정계의 '우익' 성향 강화와 동북아〉, 세종연구소, 2014, pp.43~53.
6) 새역모와 일본회의에 대해서는 일본의 위키디피아(https://jp.wikipedia.org/wiki/) 에서 관련용어(つくる會와 日本會議)로 검색한 내용을 기초로 했으나, 새역모와 관련해서는 한상일, "일본사회의 우경화: 역사수정주의를 중심으로," 김호섭 외, 일본우익연구, (중심: 2000), 209-272를 참조했고, 일본회의에 대해서는 靑木理, "憲法改正を訴える日本會議の '危ない'正體", (http://toyokeizai.net/articles/-/126794) ; BLOGOS 編輯部, "日本會議とは 'ニッポンのオッサン會議だ － 菅野完氏がメディアの報道に指摘," (http://blogos.com/article/184105) 등을 참조.
7) 이면우, 〈일본의 다문화정책 변용과 그 함의: 우경화 영향이라는 관점에서〉,《다문화사회연구》제8권 1호, pp. 103~144; 네트우익 및 재특회에 대해서는 야스다 고이치,《거리로 나온 넷우익: 그들은 어떻게 행동하는 보수가 되었는가》, 김현욱 역, 후마니타스, 2013을 참조.
8) 본 절에서 정리한 일본군 '위안부' 문제의 쟁점화 과정은 일본 위키디피아의 '일본의 위안부' 섹션과 양기호의 논문(〈한일갈등에서 국제 쟁점으로〉)이 제공하는 자료에 기초하여 재구성, 정리한 것이다.
9) 요시다 증언이 허위였다는 것은 2014년 9월 〈아사히신문〉의 기자회견으로 공식화됐다고 하겠는데, 그럼에도 그 이전부터 알려져 있었다.
10) 정영환,《누구를 위한 '화해'인가: 〈제국의 위안부〉의 반역사성》, 임경화 옮김, 푸른역사, 2016, pp.71~75.

✦ 참고문헌 ✦

- 김영작,《근대 한일관계의 명암》, 서울, 백산서당, 2006.
- 박유화,《제국의 위안부》, 서울, 뿌리와 이파리, 2013.
- 오에 시노부,《야스쿠니 신사》, 양현혜 · 이규태 옮김, 서울, 소화, 2002.
- 오쿠 다케노리,《논단의 전후사》, 송석원 옮김, 서울, 소화, 2011.
- 야스다 고이치,《거리로 나온 넷우익: 그들은 어떻게 행동하는 보수가 되었는가》, 김현욱 역, 후마니타스, 2013.
- 양기호,〈한일 갈등에서 국제 쟁점으로〉,《일본연구논총》, 2015, vol. 42, pp. 5~30.
- 이면우,〈일본 성계의 수익, 우익 싱〉, 김효선 · 이면우 · 하상일 · 이원덕,《일본우익연구》, 서울, 중심, 2000.
- 이면우,〈일본 정계의 '우익' 성향 강화와 동북아〉, 세종정책연구 2014-3, 세종연구소, 2014.
- 이면우,〈일본의 다문화정책 변용과 그 함의: 우경화의 영향이라는 관점에서〉,《다문화사회연구》, 제8권 1호, 2015, pp. 103~144.
- 정영환,《누구를 위한 '화해'인가:〈제국의 위안부〉의 반역사성》, 임경화 옮김, 푸른역사, 2016.
- 한국정신대연구소 · 한국정신대문제대책협의회 엮음,《강제로 끌려간 조선인 군위안부들》, 서울, 한울, 1999.

- 일본 위키디피아(https://jp.wikipedia.org/wiki/)에서 'つくる會', '日本會議', '慰安婦' 검색: 2016년 5월 1일/10월 10일.
- BLOGOS 編輯部,〈日本會議とは'ニッポンのオッサン會議だ-菅野完氏がメディアの報道に指摘〉, http://blogos.com/article/184105.
- 姜尚中 · 森菓博,《ナショナリズムの克服》, 東京, 集英社, 2002.
- 大嶽秀夫,《戰後日本のイデオロギー對立》, 東京, 三一書房, 1996.
- 小野寺硏太,《戰後日本の社會思想史: 近代化と'市民社會'の變遷》, 東京, 以文社, 2015.
- 小熊英二,《'民主'と'愛國'》, 東京, 新曜社, 2002.
- 原彬久,《戰後史のなかの日本社會黨》, 東京, 中公新書, 2000.
- 青木理,〈憲法改正を訴える日本會議の'危ない'正體〉, http://toyokeizai.net/articles/-/126794.

미중 간 해양 질서 충돌에 따른
일본의 해양 전략: 방어적 해양 거버넌스

| 박창건(국민대학교) |

* 이 글은 《일본연구논총》 44호(2016년)에 게재된 것임을 밝혀둡니다.

Ⅰ. 들어가는 말

본 연구의 목적은 '새로운 해양입국新たな海洋立国'의 실현을 주장하고 있는 일본의 해양 전략에 대한 실체를 명확하게 파악하는 것이다. 논쟁의 초점은 미중 간 해양 질서 충돌에 따른 일본의 해양 전략이 어떠한 형태로 전개되고 있는지를 살펴보는 것이다. 2011년 후반부터 미국이 추진하고 있는 재균형 정책은 중국의 부상과 아태 지역에서 격화되는 지정학적 변화에 대응하기 위한 전략적 대응으로 간주되고 있다. 여기에서 재균형은 미국의 핵심 경제-안보 이익과 연동하여 군사-안보의 활성화라는 측면에서 동북아 국제관계에서 미일동맹의 강화를 더욱 강조하고 있다. 이러한 맥락에서 미국은 대륙 세력인 중국이 해양으로 힘을 투사하는 것을 견제하기 위해 동북아 지역에서 일본 중심의 해양 질서를 어느 정도 용인하는 형태로 발맞춰 가고 있다. 이것은 중국의 반접근/지역 거부에 대응하기 위해 공해 전투 개념을 개발하고 아태 지역 전력을 증강하면서 미일동맹을 더욱 강화해 나가고 있음을 의미한다.

동북아 해양은 중국의 진출에 대한 전략적 도전에 따라 미국의 전략적 이해관계가 집중되고 있을 뿐만 아니라 역내 국가들의 구조적 · 역사적 불안과 갈등이 내재되어 있기 때문에 이 공간의 중요성이 상대적으로 커져 미중관계의 전략적 영역으로 부상하고 있다(김자영 2015, 86). 이러한 지정학적 변수는 '전후 패러다임의 연속과 단절'이라는 맥락에서 일본이 지향하는 해양 거버넌스를 이해하는 데 도움이 된다. 일본은 동북아 해양을 자국의 국가 안정과 경제적 이익을 확보하기 위한 공간의 장으로 해양 전략을 수립하고 있다. 일본의 해양 전략은 첫째, 본토 방어, 둘째, 주변 해역 방어 및 해상 교통로 안전 확보, 셋째, 해협 방어 등을 기본 목표로 설정하고 있다. 이러한 해양 전략은 그동안 주변 해역에서 외교적 대립을 감수하면서 자원 개발과 관할권 확대를 추구하였던 일본에게 해양이 자원 확보라는 수단적 의미를 초월하여 국익을 기반으로 한 영해수호라는 상징적 의미를 부여하게 되었다. 이러한 일본의 해양 전략은 방어적 현실주의defensive realism를 기반으로 해양 거버넌스 형태로 동북아 지역에서 표출되고 있다.

'방어적 현실주의'는 동북아 세력 전이 과정에서 국가 간 갈등으로 격화된 지정학적 변화에 대응하기 위한 구조로서 해양 자주권 확보와 수호라는 측면에서 논의되기 시작했다. 이러한 논의는 동북아 지역에서 경제-안보적 영향력을 확대하기 위한 도구로 활용되고 있을 뿐만 아니라 세력 균형을 유도하기 위한 역내 국가에 대한 방어적 개입 혹은 확대 정책이 해양으로 전개되고 있다. 왈츠K. Waltz는 세력 균형하에서 국가들이 현상유지status-quo power를 추구하기에 기본적으로 국제정치는 안전하다고 주장한다(Waltz 1979). 왜냐하면 팽창을 추구하는 국가는 타국의 생존에 위협을 주고 이는 세력 균형 기제를 작동시켜 도리어 팽창을 시도하는 국가의 생존에 위협이 되기 때문이다. 이러한 구조적 현실주의 관점에서 살펴보면, 중국이 대륙 세력의 현상 타파 국가로서 동북아 해양으로 진출하는 것에 대한 일본의 경계와 우려는 현상유지를 위한 대응 전략으로 '방어적 해양 거버넌스' 강화로 나타나고 있다.

일본의 해양 거버넌스 핵심은 '새로운 해양 기본 계획'에 근거하고 있다. 이 계획은 2013년 4월 26일 각료회의에서 결정되었다(首相官邸 2014, http:// www.kantei.go.jp/jp/singi/kaiyou/ritou_yuusiki/dai01/sankou2.pdf 2014. 10. 28. 검색). 새로운 해양 기본 계획을 자세히 살펴보면 일본의 해양 전략 청사진을 그리기 위한 법제화된 목표로서 해역의 종합적 관리, 연안의 안전 확보, 연안 개발의 국제적 협조, 해양자원 보호, 해양 교육과 인재 육성 등과 같은 구체적인 시책을 제시하고 있다. 특히 일본 정부는 '새로운 해양입국의 실현'을 주창하면서 해양 산업의 건전한 발전, 동일본 대지진 대응·복구·부흥 시책', 연안 해역의 종합적 관리에 필요한 법칙 정비와 기본법 추진 체제 정비, 개정 낙도 진흥법과 낙도 진흥 계획 등과 같은 구체적인 쟁점-이슈를 '방어적 해양 거버넌스' 접근으로 논의하고 있다(박창건 2015).

본 연구는 다음과 같이 구성된다. 먼저 제Ⅱ장에서는 일본의 해양 전략을 설명하는 이론적 근거를 소개한다. 제Ⅲ장에서는 동북아 지역에서 중국의 부상에 따른 미국의 전략적 이해관계가 일본 중심의 해양 질서 용인으로 표출되면서 파생되는 역내 갈등과 충돌에 관하여 살펴본다. 제Ⅳ장에서는 재균형 정책의 핵심인 미일동맹을 기반으로 한 일본의 해양 전략이 군사-안보뿐만 아니라 경제-안보로 연동되어 논의된 방어적 해양 거버넌스를 조명한다. 특히 여기에서는 동북아 지역을 둘러싼 일본 해양 전략의 도전과 한계를 논의한다. 마지막으로 제Ⅴ장에서는 전체 내용을 요약하고 향후 과제를 제시한다.

II. 방어적 해양 거버넌스

동북아 국제관계학에서 논의되고 있는 해양 거버넌스 이론화 작업은 구조적 현실주의를 기반으로 역내 갈등과 대립을 어떻게 관리할 것인가라는 대안적 방법에 대한 연구로 진행되어 왔다. 그 연구의 핵심은 세력균형론을 기반으로 하고 있다. 구조적 현실주의는 동북아 지역에서 중국과 미국이 세력 균형을 통해 역내 질서 안정에 합의할 수 있기 때문에 미국의 패권과 중국의 도전이 전쟁을 피하며 공손할 수 있는 긴 센서스를 도출한다고 지적하고 있다(Art 2009; Ikenberry 2011). 여기에서 구조적 현실주의는 공격적 현실주의와 방어적 현실주의로 분화되어 안보-경제 넥서스를 확보하는 방법과 국가적 성격에 대한 논쟁을 벌여왔다. 하지만 이러한 접근은 동북아 해양의 무정부적 구조가 역내 국가에 미치는 영향과 해양 거버넌스를 추구하는 국가들의 성향에 대해 서로 다른 해석을 내리고 있다(Wirth 2012).

먼저 '공격적 현실주의'는 동북아 해양을 무정부 혹은 무질서의 불안전한 구조로 인식하고 역내 국가들이 상대적 힘의 최대화를 위해 전략적 사고를 펼치고 있다(Mearsheimer 2001; Lieber 2007). 이는 힘의 최대화가 동북아 지역에서 해양 영토를 강화하고 경제 안보를 확보하는 최선의 방법이라고 믿고 있기 때문이다. 궁극적으로 공격적 현실주의는 항상 상대국을 압도하고 권력을 확대하여 기존의 동북아 지역 질서를 변화시키려는 '현상타파 국가revisionist state'로서 국가의 목표가 단순한 생존이 아니라 패권을 획득하는 형태의 해양 거버넌스 구축을 지향하고 있다(Rynning and Ringsmose 2008).

반면 '방어적 현실주의'는 동북아 지역이란 맥락에서 해양 거버넌스를 구축하는 최선의 방법이 대외적 팽창이 아니라 현상유지status quo라고 믿고 있다(Jervis 1978; Taliaferro 2000. 1.). 이는 국가들이 대체로 동북아 지역 질서의 현상유지에 만족하는 경향이 강하기 때문에 역내 해양 질서를 변화시킬 유인이 거의 없다고 인식하는 것이다. 국가들의 현상유지는 해양 거버넌스에서 발생하는 위협성과 이로 인한 손실을 회피하려는 속성을 띠고 있다. 따라서 국가들은 일반적으로 현상유지에 의해 안보-경제 넥서스를 추구하는 전략을 택하지만 안보 딜레마의 상황하에서는 생존을 보장 받기 위해 공격이 최선의 방어라는 등식이 성립되어 팽창을 추구하는 불가피한 전략도 펼칠 수 있다.

이러한 관점에서 살펴보면 일본의 해양 전략은 방어적 현실주의를 기반으로 한 해양 거버넌스를 구축하려는 움직임을 보이고 있다. 특히 동북아 세력 전이 상황에서 중국을 견제하고자 하는 미국의 재균형 정책에 적극 편승하여 자국의 해양 안보 위협에 적극적으로 대처하는 방어 전략을 펼치기 시작했다. 예컨대 1990년대 초반까지만 해도 중국을 주된 해양 위협 요소로 인식하지 않았지만 해군력 증강과 활동이 점차 가시화되면서 중국의 해군력 증강과 현대화, 작전 공간의 확대 및 외향 해군의 지향 등과 같은 움직임을 주시하면서 대응책 마련에 고심하고 있다(박영준 · 박종득 2008. 125). 이를 위해 일본은 동북아 해양 방어 전략을 주도적으로 펼치고 있다. 이것은 일본이 국제 구조적인 측면에서 미국과 호주와 함께 해양 세력을 동맹하여 중국과 러시아를 축으로 하는 대륙 세력과의 대립 및 충돌에서 자국의 우위를 확보하려는 의도이다.

일본은 동북아 세력 균형을 붕괴시키려는 현상타파적 성향을 보이기보다는 대체로 자신의 역할과 위치를 적은 비용으로 확보할 수 있는 현상유지 접근을 통한 방어적 해양 거버넌스를 추진하고 있다. 왜냐하면 동북아의 새로운 안보 위협에 단독으로 대응하기에는 구조적으로 많은 어려움에 직면해 있고, 미국의 해양 전략에 따른 대일 요구를 적절히 수용하고 미국을 지원함으로써 미국 주도의 지역 안정에 기댈 수밖에 없는 상황에 놓여 있기 때문이다. 더욱이 중국의 해양 진출에 대한 대응과 세계 경제 활성화를 위한 협력을 추구하고 있다. 힘에 의한 현상 변경에 대해서 동아시아 국가들이 반대한다. 항행 자유와 법 지배를 지키기 위하여 역내 협력을 강조하고 있다. 특히 중일관계에서는 해상에서 우발적 충돌을 피하기 위해 해상 연락 메커니즘 운용 개시를 위한 조정에 합의했지만 구체적인 진전은 아직 없다.

이러한 일본의 방어적 해양 거버넌스는 다음과 같은 정책적 요인을 함축하고 있다. 첫째, 구조적 상관성이다. 국제 구조 성격이란 측면에서 동북아 해양을 둘러싼 중일 간의 갈등에 주목해야 할 점은 중국의 부상이다. 중국의 부상에 따른 동북아 세력 전이power shift 논의는 국제 질서 재편에 관한 커다란 담론에도 영향을 미치고 있다. G2시대 논의에서 일본의 해양 전략은 독자성에 초점을 맞추기보다는 미국의 대중 전략과 동북아 지역 전략에 맞물려 편승되고 있는 상관성을 주목하고 있다. 마니콤Manicom은 이러한 구조적 상관성에 대해 일본이 독자적인 해양 전략을 펼치기보다는 외부 압력에 반응하여 해양 전략을 수립하는 반응 국가의 성격을 띠는 방어적 해양 거버넌스로 표출되고 있다고 설명하고 있다(Manicom 2010). 다시 말하면 일본의 방어적 해양 거버넌스는 전후 일본이 취해 온 미국 추수적인 외교정책의 연장선에 있는 구조적 상관성에 영향을 받고 있음을 부인할 수 없다(사토 노리코·김진기 2013, 138).

둘째, 복합적 확장 전략이다(박창건 2010, 8~11). 이것은 국제 구조와 국내 규범의 상호작용에 의해 형성된 침투적, 변형적, 반응적 성격을 띤 일본의 해양정책이다. 격화되는 지정학적 변화에 안정적으로 대응하기 위해 미국은 일본의 해양 영토 문제를 평화적으로 해결해야 할 충분한 이해관계를 가지고 있다. 그렇지만 미국의 오랜 동맹국인 일본과 잠재적 경쟁국인 중국이 분쟁으로 치닫는 센카쿠 열도/댜오위다오에 대한 문제 해법과 달리, 독도 문제는 중요한 핵심 동맹국 간의 분쟁으로 인식하고 있다. 따라서 미국은 독도 문제에 대해 적극 중재하거나 개입하지 않으면서 한일 양국이 미국과의 관계를 고려하여 교섭을 통해 갈등을 관리하고 분쟁을 해결하기를 갈망하고 있다. 이러한 미국의 입장을 간파한 일본은 복합적 확장 전략을 수용하여 고도의 전략적 계산을 가지고 해양 영토 문제를 접근하고 있다.

셋째, 영해 자원 민족주의이다(박창건 2014, 38~41). 동북아 해양 영토 문제 및 주변 해역에 대한 관리 개발과 관련 당사국의 대응 방안이 강경하게 진행되고 있으며 분쟁이 심화되는 방향으로 진행되고 있다. 이러한 상황 변화에 따라 일본은 해양 자주권 확보와 수호라는 관점에서 정치·경제적 영향력을 재건시키기 위한 도구뿐만 아니라 주변 국가에 대한 방어적 개입 정책으로서 영해 자원 민족주의를 활용하고 있다. 영해 자원 민족주의는 동북아 영해 규범이 임의적인 '신념 체계의 조작 코드operational code'에 의해 표출되어 자국 중심의 인식 변형을 초래하였다(George 1969). 그 결과 영해 규범으로 규정한 주권선인지 아니면 제한된 목적의 관할선인지에 대한 논란의 연장선에서 한중일 3국의 해양경계 획정은 자국 중심의 인식으로 재해석되어 '중간선' 혹은 '자연 연장선' 등을 전략적으로 채택하고 있다(박창건 2011, 178).

Ⅲ 대륙 질서와 해양 질서의 재편과 충돌

국가의 정체성을 지리적 위치에 기반하여 정치 · 안보와 경제 · 통상의 이해관계를 설명하는 지정학 개념으로 나누면 대륙 국가continental power와 해양 국가maritime power로 나눌 수 있다. 주목할 것은 지정학적 위치가 '대륙 국가인가?' 또는 '해양 국가인가?'에 따라 국가 전략이 다른 형태로 수립된다. 로버트 로스Robert S. Ross에 의하면, 대륙 국가를 국내 위협 요인으로부터 육지의 경계선에 걸쳐 발생하는 영토 · 안보 문제라고 하는 지속적이고 전략적인 도전들에 직면한 국가로 정의한 반면, 해양 국가는 지정학적 이점으로 인해 낮은 경계선의 방어 부담을 가지고 있기 때문에 이를 바탕으로 해양으로 진출할 수 있는 국가로 설명하고 있다(Ross 2009, 46).

이러한 의미에서 중국은 대륙 국가로서 '해양대국화 정책'을 추진하고 있다. 이것은 중국의 부상과 밀접한 관련이 있다. 개혁 · 개방 이후 급속한 산업화와 시장화, 그리고 세계 경제 편입에 따라 해외 시장과 자원에 대한 경제적 의존도와 이해 증가는 해양대국화 정책을 촉발시켰다(이지용 2014, 98~104). 무엇보다도 중국이 2030년이 되면 국민 1인당 평균 소득이 3만 3천 달러로 미국의 절반 수준에 도달하며 국민총생산과 무역량이 미국을 능가하게 된다는 분석은 중국의 부상을 강력하게 뒷받침하고 있다(Subramaian 2011; 竹田純一 2013). 이러한 경제적 이해 증가는 그에 비례하는 정치적 리더십과 책임대국론을 주창하기 시작했다. 결과적으로 중국은 대륙 질서의 재편이란 관점에서 동북아 해양 수송로 확보나 해양 영토 경계선 획정 문제, 해상 관할권 등에 관하여 현상타파 국가의 입장을 취하고 있다. 이와 같은 중국의 부상은 국내적으로 중화민족주의와 다시 결합되면서, 대외적으로 해양 대국화의 길을 모색하고 있다.

한편 일본은 해양 국가로서 '새로운 해양입국 건설'을 추진하고 있다. 일본은 해양기본법 제정을 통해 해양입국 정책을 본격적으로 추진하였고 해양 안보와 관련하여 지금까지 '바다가 일본을 지킨다'는 소극적인 전략에서 벗어나 '일본이 바다를 수호한다'는 공세적 자세로 정책 방향을 선회하는 해양 영토 강화정책을 강조하기 시작했다. 더욱이 중국의 해양대국화에 민감하게 반응하면서 동북아 해양 위협에 대응할 수 있는 대비책 마련에 심혈을 기울이고 있다. 왜냐하면 일본은 중국과 역사 문제, 센카쿠 열도/댜오위다오 영유권 및 해양 경계 획정 문제 등을 둘러싸고 빈번한 갈등을 벌였을 뿐만 아니라 대만해협과 남사군도 등에서 위기 상황이 발생하거나 중국의 영향력이 확대되면 일본의 해상 교통로가 크게 위협받기 때문이다. 무엇보다 일본이 해양입국 건설을 추진하는 중요한 이유는 동북아 해양 질서 재편으로 미국을 지원함으로써 현상유지 국가로서 중국을 견제하고 안보 이익을 최대로 얻을 수 있다고 믿기 때문이다. 이와 같은 일본의 해양 전략은 미국의 재균형 정책에 적극 편승하여 미일동맹을 더욱 강화하는 동시에 미국-일본-호주와 한국을 포함하는 아시아-태평양 해양 동맹의 틀을 구축하는 것으로 나타난다.

동북아 지역에서 중국과 일본의 해양 패권 경쟁은 '대륙 아시아'와 '해양 아시아'의 충돌로 비쳐지고 있다(白石隆 2016). 주의 깊게 봐야 할 것은 중국이 군사력을 증강하며 동중국해 및 남중국해로 진출을 꾀하자 일본은 이에 대처하기 위해 '신방위계획대강'에 입각하여 공군을 강화하고 전략적 유연성을 갖는 동적 방위력 구축을 추진하고 있다는 점이다. 이에 대응하여 중국은 인민해방군 강화를 추진하여, 특히 해외 군사력 투사 능력을 비약적으로 발전시키고, 미군을 지역 내에서 추출하는 접근 저지·영역 거부(A2/AD) 전략을 취하고 있다. 또한 일본과 접하고 있는 동중국해와 남중국해를 타협할 수 없는 핵심적 이익으로 선언하여 대결 국면으로 치닫고 있다. 다시 말하면 동북아 지역에서 대륙 질서와 해양 질서는 다음과 같은 구조적 변동 요인에 의해 반목하고 있다.

첫째, 지정학적인 힘의 축 변화이다. 중국은 세계 질서 차원에서 아직 미국을 능가하는 세력의 모습을 보여 주지 못하고 있지만 G2로서 현존 체제를 받아들이고 있다. 동시에 동북아 지역 질서 차원에서 일본을 능가하는 모습을 보이고 있으며, 지역 패권국의 지위를 얻기 위해 노력하고 있다. 이러한 이중적 세력 전이 상황은 동북아 지역 질서의 불안정성이 가속화되어 중일관계가 협력과 공존으로 나아가기보다는 갈등과 대립으로 치닫는 경우가 증가하고 있다. 최근의 대표적인 사례는 2010년 9월에 발생한 센카쿠 열도/댜오위댜오 주변 해역에서 벌어진 중국 어선과 일본 해상보안청 순시선의 충돌 사건이다(김용민 2011). 이 사건은 양국의 심각한 영토 분쟁으로 이어지는 계기가 되었다. 여기에서 주목할 것은 중국의 동북아 해양 영토 분쟁에는 멀지 않은 장래에 이 지역의 운명에 영향을 미칠 수 있는 새로운 '규칙 제정자rule maker'로서 미국과 대등한 지위를 누리는 '공동 관리자joint dominator'의 위치를 확보하려는 전략적 사고가 담겨져 있다는 점이다(박병광 2010). 다시 말하면 중국은 세계 질서 차원에서는 현상유지 국가로, 동북아 지역 질서 차원에서는 현상타파 국가로 행동하고 있다. 이러한 지정학적인 힘의 축 변화는 대륙 질서와 해양 질서의 재편과 충돌을 유발시키고 있다.

둘째, 트랜스 내셔널적인 생산 네트워크 형성이다. 볼드윈Baldwind의 주장과 같이, 21세기에 들면서 국경을 넘는 공급 사슬supply chain 형성을 통해 초국가적 생산이 전개되는 현실이 동북아 지역에서도 포착되고 있다는 점은 트랜스 내셔널적인 생산 네트워크가 형성되고 있음을 반증한다(Baldwin 2010). 대륙 국가와 해양 국가는 국경을 넘나드는 무역-투자-서비스 결합을 돕는 일종의 국경 이면의 규칙에 관심을 경주하여 시장 다변화를 통해 전통적인 무역 협정 분야가 아닌 새로운 분야에서 제도 변화에 적극적인 반응을 보였다. 흥미로운 것은 동북아 지역을 단위로 한 FTA 구상을 놓고 중국과 일본 간 대립 구도가 표출되었다는 사실이다. 특히 '21세기 무역 협정'이라 불리는 TPP를 둘러싼 대륙 세력과 해양 세력의 충돌은 다자주의 속에서 주요국 간의 주도권 경쟁을 반영하는 지역 질서 재건축의 일환이라 볼 수 있다(손열 2016, 149). 이러한 중국과 일본의 아키텍처 경쟁은 트랜스 내셔널적인 생산 네트워크의 형성을 기반으로 한 경제의 안보화가 대륙 질서와 해양 질서의 재편과 충돌로 그려지고 있다.

셋째, 보수 우경화에 따른 역사 · 영토 내셔널리즘 현상이다. 동북아 국가들의 보수 · 우경화에 따른 퇴행적 역사 인식은 역내의 해양 영토 분쟁을 격화시키는 요인이 되고 있다. 동북아 지역은 국익, 세력 균형, 패권 등 구조적인 스펙트럼의 국제관계와 근대 국가적 가치 체계가 우선하는 지역으로 경제적 상호 의존의 심화에도 불구하고 정치와 안보 차원에서 갈등이 지속되는 형태의 전략적 불확실성이 심화되는 아시아 패러독스Asia paradox 현상을 노정시키고 있다(Lebow and Valentino 2009). 주지하듯이 중일 간의 무역과 통상 및 투자, 인적 교류는 급증한 반면, 해양 영토 문제와 물리력 증강에 따른 군사적 위협 문제 등과 같은 정치 · 안보 분야에서는 갈등이 구조화되고 있다. 특히 야스쿠니靖國 참배, 역사교과서, 위안부 문제, 해양 영토 문제 등을 둘러싼 중일 간의 치열한 논쟁은 역사 · 영토 내셔널리즘을 고착화시키는 경향을 보이고 있다. 이처럼 동북아 지역에서 분출된 역사 · 영토 내셔널리즘은 지역의 세력 전이와 국내정치의 보수 우경화 현상으로 투영되어 대륙 질서와 해양 질서의 재편과 충돌로 표출되고 있다.

IV. 일본의 해양 전략

해양에 대한 질서가 '자유'에서 '관리'의 개념으로 전환된 국제 해양법 조약의 채택(1982년) 및 발효(1994년), 그리고 리오 지구정상회의에서 '지속 가능한 개발의 원칙' 및 '행동 계획 액터 21 채택'(1992년) 이후 국제적 기본 틀에 기초한 각국의 해양에 관한 조치가 더욱 정교해졌다. 이러한 변화는 일본의 해양정책에 영향을 미쳤고 새로운 국면을 맞이했다.

2007년 4월 해양기본법을 제정한 일본은 해양 주권을 확보하기 위한 강력한 해양정책을 시행하였고, 이듬해인 2008년 3월 해양기본법 규정에 의거하여 해양에 관한 종합정책을 추진하기 위한 해양 기본 계획을 발표했다. 이것은 국제사회에서 해양을 둘러싼 다양한 분야, 즉 공해에서 해양 생물의 지속 가능한 이용, 지속 가능한 개발 목표(SDGs), 기온 변동과 해양, 지구 통합 해양 액세스, 북극정책, 소도서 개발도상국(SIDS) 분야 등에 '관리해야 하는 해양'이라는 정책 기조의 변화를 가져왔다.

이에 맞추어 일본 정부는 2015년 1월 '내각관방 및 내각부 업무의 재조정에 관한 각의 결정'을 진행하였다. 그중에서 내각관방에 설치되어 있는 종합해양정책본부 사무국을 2018년 4월 내각부에 이전하기로 결정했다(公益財団法人笹川平和財団海洋政策研究所 2016, 128). 다만 본부는 계속해서 내각에 두기로 했다. 같은 해 6월 종합해양정책관리부는 '해양 관리를 위한 낙도 보전, 관리 등에 관한 기본 방침'을 새롭게 결정했다. 이러한 일련의 해양 조직 재정비 작업은 동북아 질서의 현상유지적 성향을 보이는 방어적 해양 거버넌스와 맥락을 같이하고 있다. 일본이 방어적 해양 거버넌스를 취하는 이유를 국가 전략, 국가의 내부 구조, 국제체제의 특징이라는 측면에서 살펴본다면 일본의 해양 전략은 정책적 시사성이 높다. 그렇다면 방어적 해양 거버넌스가 동북아 지역의 현상유지로 이어져 평화와 안정에 기여하고, 과거로부터 파생된 문제에 대해 주변국의 의구심과 우려를 반영하는 일본의 도전이 어떠한 형태의 해양정책으로 전개되는지, 그리고 이러한 도전이 직면하고 있는 한계는 무엇인지를 살펴보아야 한다.

1. 도전

일본의 해양기본법 제정은 향후 일본의 해양 전략 판도가 변화될 것임을 보여 주고 있다. 그동안 주변 해역에 대한 부단한 자원 개발과 외교적 대립을 감수하면서까지 관할권 확대를 추구하였던 일본에게 해양이 자원 확보라는 수단적 의미에서 국가적 이익 수호라는 필수 과제로 제고되었다는 또 다른 반영이기도 하다. 게다가 총리가 해양정책본부의 본부장으로서 직접 해양 전략을 통합하여 지휘하도록 한 것과 모든 국무대신을 해양종합정책본부의 구성원으로 규정한 것 역시 괄목할 만한 사례이다. 이것은 향후 해양에 대한 일본의 정책 방향이 주변 해역과 외교적 전개 상황에 따라 국가적 지원을 바탕으로 동북아 해양의 현상유지를 위한 전력투구 양상으로 전개될 수 있음을 시사한다. 이러한 방어적 해양 거버넌스를 향한 일본의 도전은 다음과 같은 정책 프로젝트를 통해 더욱 명확하게 알 수 있다.

첫째, 해양의 지속 가능한 발전과 종합적 관리이다. 이것은 공해 관리에 대한 최근의 국제적 관심인 심해저, 연안 지역, 낙도 개발·이용·관리 등과 맞물린 일본의 입장 변화로 알 수 있다. 2015년 6월 유엔총회에서 국가관할권 이원 지역의 해양 생물 다양성 보전 및 지속 가능한 이용에 관한 국제 해양법 조약으로 새로운 국제규약이 채택되었다. 이를 계기로 2015년 9월 유엔본부에서 150개국이 참가하여 해양의 지속 가능한 개발에 대한 논의를 진전시키기 위한 정상회의가 개최되었다. 그 결과 2016년부터 2030년까지 세계적 차원의 개발 목표를 정하고 '아젠다 2030'을 채택했다(公益財団法人笹川平和財団海洋政策研究所 2016, 12~13). 일본도 해양 국가로서 해양의 지속 가능한 개발을 위한 목표를 달성하기 위해 국내외 법규 제정과 제도 구축에 점진적으로 대응하는 모습을 보였다. 구체적으로 2013년 4월 각의에서 결정된 제2기 해양기본법을 살펴보면, 일본 정부는 대륙붕 연장을 위한 제반 조치, 연안 지역의 통합적 관리체제 구축, 낙도 보전과 관리 방안 마련을 위해 심혈을 기울이고 있다.

이와 함께 2003년부터 200해리 이원 대륙붕 외측 한계를 확보하기 위한 준비 작업으로 산업, 학계, 연구기관 등의 전문가 집단을 중심으로 대륙붕경계위원회(CLCS: Commission on the Limits of the Continental Shelf)를 조직했다. 이 위원회에 따르면, 일본은 국토 면적의 약 1.7배에 해당하는 약 65만 제곱킬로미터의 해양 영토를 확보할 수 있기 때문에 연안 지역의 통합적 관리와 낙도 보전을 위한 전략적인 접근을 강화해야 한

다고 지적하고 있다(김재은 2013, 312). 대표적인 사례로 일본 정부는 태평양의 암초인 오키노도리시마沖ノ鳥島의 섬 지위를 확보하기 위해 엄청난 예산을 들여 인공섬으로 만들고 있다.[1] 물론 이러한 일본의 태도는 동북아 해양의 공해 축소를 초래하기 때문에 인접한 연안 국가들의 불만은 고조될 것으로 보인다. 이처럼 일본이 전개하고 있는 방어적 해양 거버넌스는 낙도 보전과 EEZ 확장, 해상교통 안전 확보, 해양자원 개발 및 이용, 해양환경 보전 등에 적극적으로 대처할 수 있도록 해양의 지속 가능한 발전과 종합적 관리에 초점을 맞추고 있다.

둘째, 해양자원의 개발 이용 및 보전이다. 일본이 해양 기본 계획을 수립하면서 우선 추진한 사업은 현재 국제적으로 커다란 쟁점으로 부상한 해양보호국역(MPAs: Marine Protected Area) 설정에 관한 것이다. MPAs는 1992년 유엔 환경개발회의 이후 국제적으로 환경에 대한 중요성이 강조되면서 새롭게 등장한 개념인데, 나라마다 차이는 있지만 특별히 보호할 해양 동식물이 있거나 환경적으로 민감한 지역을 해양보호구역으로 지정·관리하는 것이다. 같은 맥락에서 일본은 해양 에너지 광물자원 개발 상용화를 위해 해양 정보의 관리 및 제공도 일원화 작업에 착수했다. 이는 해양에 관한 제도 정비와 해양정책 과제를 효율적으로 추진하기 위해 데이터베이스를 구축하는 동시에 해양에 관한 연구개발사업(R&D)도 범부처적으로 시행하려는 움직임이다. 일본이 이 같은 방침을 정한 것은 동북아 해양에서 중국 선박이 불법적으로 자원 조사에 나서고 있음에도 마땅한 대응 수단이 없다는 국내 비판에서 비롯되었다.

일본은 해양 기본 계획에 반영되어 있는 각종 사업을 효과적으로 추진하고 미래 지향적인 해양 개발을 도모하기 위해 해양 조사사업도 통합적으로 관리하고 조정하고 있다. 기존에 6개 관련 부처에서 해양정책을 추진하면서 각 부처의 목적에 맞는 해양 조사사업을 진행해 왔으나 이를 지양하고 종합해양정책본부에서 해양 관리 및 해양 개발 측면에서 조사 항목과 조사 방법을 전체적으로 설정하고 있다.[2] 이 같은 정책은 해양 행정을 통합한 일본의 최근 정책 목표와 궤를 같이하는 것으로 향후 해양 정보의 통합정책과 함께 시너지 효과를 발휘할 것으로 예상된다. 이러한 일본의 방어적 해양 거버넌스는 EEZ 등에서 일체적 조사와 해양 연구 기반이 되는 지구환경 규제, 심해저 탐사프로젝트 등에서 잘 드러나고 있다.

셋째, 해양 안전 확보이다. 일본이 역점을 두고 있는 중요 사안은 해양 안전에 관한 법률 정비 방안이다. 일본은 해양기본법과 해양 구축물 등의 안전 수역 설정 등에 관한 법률을 동시에 제정한 바 있다. 하지만 이 같은 법률만으로는 자국의 해상 안보를 확보하기에 곤란하다는 판단에 따라 동시다발적인 입법 계획을 추진하고 있다. 예를 들면, 2008년 2월 일본 의회에 송부한 '영해 등에서 외국 선박의 항해에 관한 법률'도 이 같은 정책 방향에 따른 것이다. 이 법은 영해에서 외국 선박의 밀수나 밀입국 또는 해적 행위나 테러물자 운송이나 첩보 수집 활동을 규제할 수 있는 법률 조치의 일환이다. 이와 더불어 대량살상무기 확산 방지구상(PSI: Proliferation Security Initiative)에 참여를 강화하고 국제해사기구의 해상불법행위억제협약SUA도 비준한다는 방침을 세워 이행하고 있다. 이러한 일본의 해양 안전 확보를 위한 움직임은 9·11 테러 이후 국제사회가 해상 운송수단에 의한 테러를 방지할 필요성에 공감하면서 제도적으로 확대하기 시작했다.

무엇보다도 일본은 2013년 3월 해양상황감식(MDA: Maritime Domain Awareness)이라는 용어를 '우주를 이용한 해양 감시'라는 의제를 통해 공문서에 최초로 사용하면서 MDA 개념을 발전시켜 나갔다. 교역 물자의 99.7퍼센트를 외항 해운에 의존하고 있는 일본은 안정적인 해상 운송로 확보가 국가 안보에 직결되기 때문에 MDA는 매우 중요한 사안으로 간주되었다. 이와 같은 측면에서 동북아 해양의 환경 변화를 주의 깊게 살펴보고 있다. 결정적인 계기는 2010년 가을에 일본 해상보안청이 중국 어선을 체포한 후 중국의 대응에 무원칙적으로 타협하는 노습에서 비롯되었다. 이에 해양의 안전 확보를 위해 해상보안청만으로 대응이 곤란한 경우 문민 통제를 철저히 하는 구조를 갖춘 다음 발생 해역에 자위대 파견을 시작했다. 또한 국제 해상경찰 제휴 촉진, 관련 국가 해상경찰의 능력 향상을 위한 지원 등을 통해 적절하고 효과적인 대처 방안을 적극 모색했다(김성철 2015, 33). 그 결과 2014년 11월 중일 양국은 무력 충돌을 막기 위해 해상통신 구조 구축을 위한 대화를 시작했다.

2. 한계

위에서 살펴본 바와 같이, 일본은 표면적으로 인접국들과의 마찰을 피하면서 자국의 바다 권익을 확대하고 기존의 해양 질서를 유지하려는 형태의 해양입국 건설을 지향하고 있다. 이러한 일본의 도전은 동북아 지역의 대륙 세력에 대한 강력한 해양 드라이브 정책으로 인접국들과 적지 않은 마찰과 분쟁을 불러일으키고 있다. 특히 EEZ 중첩 문제에 대한 해결, 대륙붕 한계 연장, 해양자원 개발, 해양과학 조사, 낙도 보전 및 개발, 해양 안보 확보 등에 관한 사항은 인접국들과의 외교적 갈등과 해양 분쟁의 불씨를 안고 있다. 그럼에도 불구하고 일본은 방어적 해양 거버넌스를 기반으로 21세기형 해양입국 건설을 지향하고 있다. 이러한 일본의 도전은 다음과 같은 한계에 직면해 있다.

첫째는 반응국가로서 탈피하기 어렵다(Calder 1988). 일본이 추진하고 있는 새로운 해양입국의 건설은 미국의 동아시아 재균형 정책에 편승되어 외부로부터의 자극을 받아 해양기본법을 수립하고 정책을 펼치고 있다고 볼 수 있다. 미국의 동아시아 재균형 정책에 가장 적극적으로 회답하는 국가는 일본이다. 일본의 이러한 반응은 동북아 세력 전이 상황에서 중국을 견제하고자 미국의 재균형 정책이 요구하는 바가 역내 질서 유지에 일정한 역할을 하겠다는 일본의 해양 전략과 부합하기 때문이다. 일본이 역내 주변 연안국과 현재 안고 있는 구조적·역사적 불신과 갈등을 해소하지 않는다면 해양 전략은 여전히 반응적이고 제안적일 수밖에 없다. 만약 일본이 공세적인 해양 전략을 펼친다면 침략의 경험을 공유하고 있는 역내의 주변 국가들의 거센 저항과 해양 세력들 사이의 공조와 협조마저도 균열을 보일 수 있기 때문이다.

동중국해를 둘러싼 일본의 해양 전략은 여전히 반응국가의 속성을 띠고 있다. 일본은 중국과 영유권 문제로 갈등을 빚고 있는 센카쿠 열도/댜오위다오에 대한 실효지배 조치를 강화하고 있음에도 불구하고 이 해역에서 문제가 발생하면 정면으로 돌파하기보다는 문제를 회피하는 경향을 보이고 있다. 예를 들면 동중국해에서 발생한 중국 어선과의 충돌 사건이나 조어도의 국유화를 둘러싸고 벌어진 중국과의 갈등 과정에서 일본의 대응 형태는 직접적으로 문제에 맞서거나 제기하지 않았다. 이처럼 동중국해에서 촉발되는 중국과의 갈등과 대립 혹은 이어서 파생되는 중국과의 외교문제에 접근하는 일본의 해양 전략은 갈등을 회피하려는 것으로 사안에 따라 임기응변적인 태도를 보였다. 다시 말하면 일본의 새로운 해양 전략은 여전히 반응적일 뿐 아니라 중국의 부상과 그 연장선에 나타나고 있는 해양 질서를 유지하기 위한 방어적 해양 거버넌스로 비치고 있다.

둘째는 해양 영토 분쟁화를 촉발시킨다. 일본이 새로운 해양입국 신설을 추진하면서 동북아 지역에서 해양 영토 분쟁이 가속화될 가능성이 한층 높아졌다. 일본이 해양기본법 제정을 추진하면서 중국 역시 같은 맥락에서 해양기본법 제정을 추진했고 무인도서 관리국을 신설하고 연안국과의 영유권 분쟁을 빚고 있는 남중국해 난사군도 등 3개 군도의 행정과 관리 및 개발을 위해 싼사三沙시를 신설하는 등 해양 영토 확장을 강화하고 있다. 특히 중국은 해양종합개발계획인 '12.5 해양발전계획'을 발표하여 도서 개발, 해양신산업 육성, 해양경제 테마 지역 발전 전략, 해양 인력 확보 등을 주요 내용으로 해양 신성장 전략을 추진하고 있다.

더 나아가 일본의 새로운 해양입국은 해양조사를 강화하는 내용도 포함되어 있어 독도 영유권 문제뿐만 아니라 해양경계획정 협정, 동해 표기 문제 등을 둘러싸고 첨예한 대립으로 이어져 분쟁화 전략을 지속적으로 펼치고 있다. 일본 의회는 해양기본법을 제정하면서 채택한 결의에서 '일본이 정당하게 영유권을 갖고 있는 영토보전에 만전을 기할 것'을 정부에 요구했기에 독도 문제를 국제 분쟁화로 부각시켜 국제 해양법재판소에 의한 해결을 전략적으로 채택하고 있다. 더욱이 시마네 현은 홈페이지에 'Web 다케시마문제연구소'를 공식적으로 출범시켜 독도에 대한 홍보 활동을 더욱 강화하면서 중앙정부의 해양 영토 관리 정책과 보조를 맞추어 한국의 불법적인 독도 점유를 왜곡되게 홍보하고 있다(Web 竹島問題研究所 2016, http://www.pref.shimane.lg.jp/admin/pref/takeshima/web-takeshima/ 2016/11/03 검색). 이러한 일본의 해양 전략은 동북아 지역에서 해양 영토 분쟁화를 촉발시키고 있다.

셋째, 동북아 지역의 해양 관리 레짐(MMR: Maritime Management Regimes) 구축을 제한한다. 동북아 해양 마찰과 대립은 분쟁 형태로 위기를 고조시키고 있다. 잠재적으로는 국가 발전의 원동력이 될 해양자원에 초점을 맞추고 있지만 외형상으로는 해양 영토 보존과 국가 안보 확보라는 형태로 동북아 국제관계에 핵심 사항으로 부상하고 있다. 여기에서 MMR은 역내의 긴장을 완화하고 신뢰를 강화하여 제도화된 협동을 창출하는 역할을 한다. 특히 동북아 국가들은 해적 행위, 밀수, 불법 이민, 초국가적 기름 유출, 해상 조난-탐색-구조, 선박 항해의 안전, 해상 정보 교환, 불법 조업, 영유권 중첩에 의한 지역의 자원 관리 등과 같은 해양 문제들을 공통 과제로 인식하고 있기 때문에 MMR의 본격적인 논의가 요구되고 있다(배규성 2013, 64).

하지만 일본은 해양기본법 제정 이후 자국의 해양 권익을 확대하기 위해 경쟁적으로 '정당하게 영유권을 갖고 있는 영토의 보전에 적극 나선다'는 방침에 근거하여 해양정책을 본격적으로 추진하고 있다. 이에 대응하여 주변 국가들은 동북아 해양 주도권 경쟁에 본격적으로 뛰어

들어 자국 중심의 해양 법률을 제정 혹은 정비하여 시행하고 있다. 물론 이러한 법률 정비는 유엔 해양법 협약에 근거하여 진행되는 것으로 이해할 수 있지만 영유권 및 가스, 석유 등과 같은 해양자원 개발을 놓고 동북아 연안국들의 갈등이 빚어져 궁극적으로 물리적 충돌로 이어질 가능성을 높이고 있다. 바꾸어 말하면 일본의 새로운 해양입국 건설은 해양 세력을 기반으로 동북아 해양의 주도권을 선점하려는 일본의 전략으로, 일련의 해양 문제와 관련된 연안 국가들 모두에 이익이 되는 MMR을 발전시키기보다 현상유지를 통해 얻을 수 있는 보상과 위기 혹은 손실과 이익을 고려하는 정치적 계산을 반영하고 있다.

V. 맺음말

본 연구는 동북아 세력 전이 과정에서 일본이 지향하고 있는 해양 전략이 어떻게 전개되고 있는지를 조명하는 것이다. 이것은 전후 패러다임의 연속과 단절이라는 질문의 맥락에서 해양 거버넌스의 프리즘을 통해 일본의 새로운 해양입국 건설을 설명하는 지정학적 의미를 지니고 있다. 여기서 의미하는 지정학적 의미란 동북아에 중국의 해양 진출에 따라 이어지는 미국의 전략적 이해가 집중되어 있다는 것이다. 그뿐만 아니라 역내 국가들의 구조적·역사적 갈등이 내재되어 있기 때문에 이 공간의 중요성이 상대적으로 커져 미중관계의 전략적 영역으로 부상하고 있다. 일본은 동북아 해양을 자국의 국가 안정과 경제적 이익을 확보하기 위한 공간의 장으로 삼고자 방어적 해양 거버넌스를 전략적으로 채택하고 있다.

무엇보다도 일본은 동북아 세력 균형을 붕괴시키는 현상타파적인 성향을 보이기보다는 자신의 역할과 위치를 적은 비용으로 확보할 수 있는 현상유지적 방법인 방어적 해양 거버넌스를 추진하고 있다. 왜냐하면 동북아 지역의 새로운 안보 위협에 단독으로 대응하기에는 구조적으로 많은 어려움에 직면하고 있기 때문에 미국의 해양 전략에 따른 대일 요구를 적절히 수용하고 미국을 지원함으로써 미국 주도의 지역 안정에 기댈 수밖에 없는 상황에 놓여 있다. 이러한 의미에서 일본이 지향하고 있는 방어적 해양 거버넌스는 구조적 상관성, 복합적 확장 전략, 영해 자원 민족주의 등과 같은 정책적 요인에 의해 표출되고 있다.

일본은 해양 국가로서 '새로운 해양입국 건설'을 추진하고 있다. 일본은 해양기본법 제정을 통해 해양입국 정책을 본격적으로 추진하였고, 해양 안보와 관련하여 지금까지 '바다가 일본을 지킨다'는 소극적인 전략에서 벗어나 '일본이 바다를 수호한다'는 공세적인 자세로 선회하여 해양 영토 강화정책을 강조하기 시작했다. 이러한 일본의 해양강국 건설은 해양의 지속 가능한 발전과 종합 관리, 해양자원의 개발 및 보전, 해양 안전 확보 등과 같은 정치적 프로젝트를 향한 도전으로 이어지고 있다. 그럼에도 불구하고 일본의 새로운 해양입국 건설은 반응 국가로서 탈피의 어려움, 해양 영토 분쟁화 촉발, 해양 관리 레짐 구축 억제 등과 같은 문제에도 직면하고 있다.

이상에서 살펴본 바와 같이 일본은 '전후체제로부터의 탈각'을 새로운 해양입국 건설에서도 끊임없이 추진하고 있지만 이러한 전환을 거부하고 있는 측면도 강하다. 동북아 지역에서 일본의 해양 전략은 여전히 미국의 재균형 정책에 편승되어 동맹 강화라는 전통 가치를 유지하면서 평화주의라는 전통주의적 패러다임을 적극적 평화주의라는 새로운 형태로 변형하여 방어적 해양 거버넌스로 나타나고 있다. 다시 말하면 일본이 지향하는 방어적 해양 거버넌스는 전후 패러다임의 연속과 단절 두 측면을 동시에 보이는 이중성을 가지고 있다.

✚ 주석 ✚

1) 일본 해상보안청은 3년 전 화산 분화로 면적이 넓어진 일본 남쪽 오가사와라쇼토(小笠原諸島) 니시노시마(西之島)의 새로운 해도(海圖) 작성을 시작한다고 발표했다. 일본은 본토에서 남쪽으로 1천 킬로미터나 떨어진 바다 밑에서 일어난 화산 폭발로 새로운 섬이 생겨나는 바람에 70제곱킬로미터의 영해를 새로 얻을 수 있게 되었고, 동시에 EEZ도 50제곱킬로미터가 추가로 확대될 전망이다(〈朝日新聞〉 2016. 10. 20.).

2) 일본 총리를 본부장으로 하고 국토교통성 대신이 장관을 겸하는 종합해양정책본부는 각 분야의 전문가로 구성된 자문기구와 8개 성청의 국장급으로 이루어진 간사회와 사무국으로 구성되어 있다. 주목할 것은 본부 내에 법제팀과 경제팀을 두어 일본이 앞으로 해양정책을 효과적으로 추진하는 데 필요한 법률을 정비하고, EEZ와 대륙붕을 포함한 일본 주변 해역의 해양 조사와 대책 수립, 그리고 인접국과의 협력 사업 추진도 포함되어 있다는 점이다.

✚ 참고문헌 ✚

- 김성철. 2015.《일본 외교와 동아시아 국제관계》. 한울.
- 김자영. 2015.〈미국의 재균형 정책과 한일 해양 영토 문제〉.《해양연구》10.
- 김재은. 2013.〈영토로서 지속 가능한 섬과 해양 관련 정책〉.《도서문화》41.
- 김용민. 2011.〈조어군도와 센카쿠 열도: 중국과 일본의 전략적 충돌이 가진 함의〉.《국제지역연구》15-3.
- 박병광. 2010.〈중국의 동아시아 전략: 인식, 내용, 전망을 중심으로〉.《국가 전략》16-2.
- 박영준 · 박종득, 2008.〈탈냉전기 일본의 해양 전략 변화에 관한 연구: 미국의 해양 전략과의 상관관계를 중심으로〉.《한일군사문화연구》6
- 박창건. 2010.〈한일 어업 레짐의 변화와 일본의 독도 협상정책: 복합적 확장전략〉.《국가전략》16-3.
- 박창건. 2011.〈국제 해양 레짐의 변화에서 한일 대륙붕 협정의 재조명: 동(북)아시아의 미시-지역주의 관점으로〉.《한국정치학회보》45-1.
- 박창건. 2014.〈한일어업협정 전사(前史)로서의 GHQ-SCAP 연구: 맥아더라인이 평화선으로〉.《일본연구논총》39.
- 박창건. 2015.〈해양 거버넌스의 재구축을 향한 일본의 국내 연구 동향 분석: 2013~2014년도 해양법 · 정책 · 안보 · 자원 및 환경 분야에 관한 문헌 검토를 중심으로〉.《동서연구》27-2.
- 배규성. 2013.〈동북아 해양 레짐의 가능성: 이론과 현실〉.《독도연구》14.
- 사토 노리코 · 김진기. 2013.〈일본의 해양정책: 반응국가로부터의 탈피?〉.《일본연구논총》37.
- 손열. 2016.〈TPP의 국제정치 · 경제: 무역 질서 건축 경쟁과 한국〉.《국제정치논총》56-1.
- 이지용. 2014.〈중국의 국가 정체성 진화와 동아시아 해양 안보 환경 변화〉.《국제관계연구》19-1.

- 公益財団法人笹川平和財団海洋政策研究所. 2016.《海洋白書 2016》. 成山堂書店.
- 白石隆. 2016.《海洋アジアvs大陸アジア》. ミネルヴァ書房.
- 竹田純一. 2013.〈中国の海洋政策: '海洋強国'目標への軌跡と今後〉.《島嶼研究ジャーナル》2-2.

- Art, R. 2009. *America's Grand Strategy and world Politics*, New York and London: Routledge.

- Baldwin, R. 2010. 〈21st century regionalism: filling the gap between 21st century trade and 20th century trade rule〉. *Centre for Economic policy Research policy Insight*, 56.
- Calder, K. 1988. 〈Japanese foreign economic policy formation: explaining the reactive state〉. *World Politics*, 40-4.
- George, A. L. 1969. 〈The 'operational code': a neglected approach to the study of political leaders and decision making〉. *International Studies Quarterly*, 23.
- Ikenberry, J. 2011. *Liberal Leviathan: The Origin, Crisis, and Transformation of the American World Order*, Princeton: Princeton University Press.
- Jervis, R. 1978. 〈Cooperation under security dilemma〉. *World Politics*, 30-2.
- Lebow, R. N. and B. Valentino. 2009. 〈lost in transition: a critical analysis of power transition theory〉. *International Relations*, 23-3.
- Lieber, K. 2007. 〈The new history of World War I and what it means for international relational theory〉. *International Security*, 32-2.
- Manicom, J. 2010. 〈Japan's ocean policy: still the reactive state?〉. *Pacific Affairs*, 83-2.
- Mearsheimer, J. J. 2001. *The Tragedy of Great Power Politics*. New York: W.W. Norton & Company.
- Rynning, S. and J. Ringsmose. 2008. 〈Why are revisionist states revisionist? Reviving classical realism as an approach to understanding international change〉. *International Politics*, 45-1.
- Ross, R. S. 2009. 〈China's naval nationalism〉. *International Security*, 34-2.
- Subramaian, A. 2011. 〈The inevitable superpower〉. *Foreign Affairs*, 90-5.
- Taliaferro, J. W. 2000. 1.. 〈Security seeking under anarchy: defensive realism revisited〉. *International Security*, 25-3.
- Waltz, K. N. 1979. *Theory of International Politics*. Newbery Award Records, Inc..
- Wirth, W. 2012. 〈Ocean governance, maritime security and the consequences of modernity in Northeast Asia〉. *The Pacific Review*, 25-2.

경제안보연계분석:
동아시아에 대한 적실성 점검

| 김기석(강원대학교) |

* 이 논문은《한국과 국제정치》제33권 2호(통권 97호)에 실린 논문을 전재한 것임.

I. 들어가는 말

전통적으로 동아시아는 전쟁, 국지적 갈등, 군비 경쟁, 안보 딜레마 같은 다양한 갈등의 위험성을 지닌 지역으로 인식되어 왔다. 제2차 세계대전 종전 직후 발발한 한국전쟁과 계속되는 남북한의 극한 대립, 베트남전을 비롯한 동남아시아 전쟁과 국지전, 그리고 중국과 대만의 무력 충돌 위험, 역내 국가들의 핵보유(미국, 러시아, 중국, 인도, 파키스탄), 영토 분쟁 격화 및 역사문제 지속 등은 동아시아의 불안정성을 상징하는 대표 요인들이다. 그리고 그런 요소들은 대부분 탈냉전기에도 해소되지 않아 동아시아는 위험 지역의 이미지를 탈피하지 못했다. 무엇보다 역내 강대국들이 상호불신과 적대감을 종식하지 않아 진정한 지역 협력의 진전에는 상당한 시간과 노력이 필요할 것이라는 전망이 여전히 우세하다(Friedberg 1993~1994).

이러한 상황 속에서 동아시아는 1990년대 이후 흥미로운 두 가지 정치·경제적 변화를 통해 새로운 지역 질서의 가능성을 보았다. 우선 이 지역은 비약적 경제 발전을 이루었다. 1960년대, 세계대전의 당사자로서 심각한 패전의 피해를 입었던 일본의 신속한 경제 재생을 필두로, 1970년대 이후에는 한국, 대만, 홍콩, 싱가포르 등 소위 동아시아 신흥공업국East Asian Newly Industrializing Countries, 1980년대 이후에는 인도네시아, 말레이시아, 태국 등 동남아시아의 후발 산업국late-industrializers, 그리고 1990년대 이후에는 거대 규모의 중국 및 인도의 산업화까지 이루어짐으로써 지역 자체가 세계경제의 중심으로 떠올랐다. 이제 동아시아가 지구상에서 가장 큰 성장 잠재력과 가능성을 지닌 세계경제의 심장으로 부상했다는 사실은 더 이상 논쟁거리가 아니다. 흥미로운 점은 이 같은 경제 발전이 '아시아의 평화Pax Asiatica' 혹은 '동아시아 평화East Asian Peace'로 명명된 군사적 갈등 감소와 병행됐다는 점이다(Solingen 2007; T ø nnesson 2009; Alagappa 2002; Bitzinger and Desker 2008). 즉 이 지역에는 한반도, 대만해협, 동중국해와 남중국해 등에서 국지적 갈등을 동반한 소규모 군사 충돌이 발생하고, 대형 테러와 해상 해적 행위 등 안보 위협은 상존하지만 1979년 중국-베트남 국경 충돌 이후 국가 수준의 물리적 충돌은 사라진 것이다.

이처럼 경제 발전과 상당한 수준의 갈등 잠재력 그러면서도 군사 갈등의 감소가 한 시기에 병존한 것은 정치학 혹은 국제정치학 연구의 전통 주제 중 하나였던 경제안보연계 테제의 동아시아 적실성에 대한 관심을 불러일으켰다(Harris and Mack 1997, 2~3; Taylor and Luckham 2006; Aggawal and Kristi 2013; Goldstein and Mansfield 2012). 사실 국제관계 연구에서 경제와 안보의 상관관계는 오랜 주제였다(Kirshner 1998 참조). 17세기의 몽테스키외de Montesquieu나 칸트Immanuel Kant 같은 철학자는 물론 20세기의 윌슨Woodrow Wilson이나 헐Cordell Hull 같은 정치가들에 이르기까지 국가 간 경제관계는 정치와 상호작용을 일으켜 평화로 이끈다고 믿었다(Gartzke, Li, and Boehmer 2001, 391; Harris and Mack 1997, 5).

세계적 · 지역적 규모의 전쟁으로 얼룩졌던 19세기 후반과 20세기 초반까지 제국주의와 제1차 세계대전, 히틀러의 등장과 제2차 세계대전, 그리고 일본 군국주의 등은 자본주의 팽창 메커니즘 같은 경제 요인으로 설명되었다(Gilpin 1987; Harris and Mack 1997 참조). 이 주제는 핵무기를 중심으로 한 체제 대결 논리가 지배하던 냉전하에서는 관심이 낮았으나 자본주의 팽창과 글로벌화가 진행된 탈냉전 시대에서 안보 질서의 불확실성, 동아시아 경제 발전 및 평화 현상과 조우하면서 다시 관심을 끌게 되었다(Mastanduno 1998; Richardson 1997). 예를 들면 동아시아 평화를 설명하기 위한 거시적인 비교 연구, 전통적인 통계 연구, 비교 사례 연구 및 개별 사례 연구 등의 핵심은 상호 경제적 의존과 장기적 평화 사이의 인과관계 · 상관관계였다(Solingen 2007; Tønnesson 2009; Wan 2003; Goldsmith 2007; Kivimaki 2010; Barbieri and Levy 1999).

연구자들이 이 이슈에 주목하는 또 하나의 이유는 중국의 경제적 부상이 갖는 정치 · 경제적 함의 때문이다. 1980년대부터 개혁 · 개방을 통해 경제 발전을 이룩한 중국은 2000년대에 들어서며 역내 국가들의 제1교역국으로 성장하였고, 2010년에는 일본을 추월하여 세계 2위 경제대국으로 등장하며 급성장한 경제력을 경제 영역의 리더십으로 치환하고 있다. 미국과 일본의 반대를 무릅쓰고 성사시킨 아시아 인프라 투자 은행AIIB은 그 대표적 사례이며 상당한 성공을 거둔 것으로 평가된다(김기석 2015, 204~210 참조). 문제는 중국이 경제력을 경제 리더십뿐 아니라 군사력으로도 적극 치환하여 역내 안보 리더십도 추구한다는 점이다(CSIS 2012 참조).

1980년대 세계 2위의 경제력을 지녔던 일본(유럽에서는 독일)이 미국과의 동맹관계에 얽매여 경제력에 걸맞지 않은 제한적인 정치 · 군사적 위상에 머문 데 비해 중국은 제2위 경제 강국 위상을 전혀 다른 구도로 형성시켰다. 중국은 경제 이외의 여러 영역의 규모가 일본에 비해 월등할 뿐 아니라 핵무기를 보유한 유엔 안전보장이사회 상임이사국이며,

여러 국제정치 이슈에서 미국과 대립각을 세워 왔다. 나아가 2010년과 2012년의 센카쿠/댜오위다오 사태, 2015년부터 전개된 한국의 사드THAAD 문제 등 영토 혹은 안보 문제에 대해 경제적 수단을 적극 사용하고 있다(김기석 2016 참조). 말하자면 안보 이슈와 경제 이슈를 연계하는 것이다. 따라서 연구자들은 중국의 경제적 부상이 역내 평화·갈등을 포함한 안보 질서에도 상당한 영향을 미칠 것임을 예상하면서 그 분석 틀로서 경제안보연계분석의 잠재력에 주목하는 것이다(White 2011 참조).

이 논문은 경제안보연계분석economy-security nexus을 그 내용, 즉 동아시아에 대한 적실성과 유용성, 문제점, 개선 방안 등에 초점을 맞춰 점검해 보는 것이 목적이다. 사실 경제와 안보의 연계관계에 대한 오랜 관심에 비해 이를 동아시아 사례에 적용한 연구는 드물었다. 냉전기 동아시아에서 경제는 안보 이슈의 하위 영역으로 간주되었고, 탈냉전기 세계에서는 양 이슈의 기능적 필요성 등으로 분리되어 다루어졌다. 하지만 최근 역내에서 경제와 안보 이슈가 불균형 상태 속에서도 점차 밀접히 연계되면서 경제 번영과 안보의 상관관계에 관심이 높아졌다. 따라서 이 연구를 통해 이 접근법의 동아시아적 적실성을 분석하여 그 잠재력을 점검해 보려는 것이다.

이 논문은 다음과 같이 구성된다. 다음 장에서 경제안보연계분석의 내용, 문제 의식, 방법 등을 살펴보고, 그다음에는 동아시아에 경제안보연계분석을 적용한 문헌들이 어떤 시도를 하였고 문제점은 무엇인지 분석한다. 다음 장에서는 이 접근법으로 동아시아의 적실성을 높일 방안들을 살펴본다. 마지막 장에서는 내용을 요약하고 향후 연구를 위한 함의를 제시한다.

II. 경제안보연계분석의 이론

1. 전통 이론

경제안보연계분석의 기본 관심사는 경제와 안보 혹은 구체적으로 경제적 상호 의존 · 경제 발전과 안보 질서 혹은 군사 충돌 사이의 인과관계 · 연관관계이다. 말하자면 양자 사이에 상호관계가 성립하는지, 성립한다면 그것은 정의관계인지 부의관계인지, 연계 메커니즘은 무엇인지 등을 밝히는 것이다(McMillan 1997, 34). 국제정치학에서 경제-안보 연계는 다양한 관점에서 다루어졌지만 경제적 상호 의존이 안보 영역에 미치는 영향에 주목하는 자유주의 테제[1]가 가장 보편적이었다.

기본적으로 자유주의자들은 국가 간 교역 증가는 무력 충돌과 공격적인 행동(혹은 그 유인)의 가능성을 낮춘다고 주장하면서 상호 의존성, 거래관계의 기회와 비용, 접촉 및 친밀감, 정치체제와 국내정치 등의 변인들이 단독 혹은 복합적으로 결합된 형태[2]의 인과관계를 제시하였다. 그 핵심 논지는 다음과 같다. 서로 필요에 의해 거래가 성사되는 무역은 당사국 간에 구매자와 판매자 관계의 형태로 상호 의존관계를 형성한다. 일단 형성된 상호 의존관계는 양국의 정치 · 경제 행위자들에게 부여되는 기회 및 비용 구조를 바꾼다. 즉 거래를 통해 경제적 수익의 기회는 증가되며 따라서 거래관계를 해치는 공격적 행동의 비용을 높인다. 여기서 비용은 경제적 측면뿐 아니라 국내정치 메커니즘을 통한 정치 · 사회적 비용도 포함한다. 왜냐하면 교역 및 상호 의존 증가는 그로부터 이익을 얻는 경제 집단의 수는 물론 정치력을 증가시키기 때문이다. 이는 상대방에 대한 적대적 외교정책으로 거래관계가 손상되는 데 대한 저항을 높이고 그런 정책을 채택한 정책 결정자들에게 정치·사회적 손실을 안긴다(Blanchard 1999, 8).

이 메커니즘은 민주정치체제를 가진 국가일수록 더 효율적으로 작동되며 민주국가들은 서로 전쟁하지 않는다는 '민주주의 평화democratic peace' 명제와도 연계된다(Richardson 1997). 게다가 교역관계의 긴밀화와 잦은 접촉은 사회적 혹은 심리적 차원에서 상대에 대한 이해를 높여 오인misperception에 의한 갈등 가능성을 낮추고 친밀감을 상승시킨다. 이런 요소들이 복수로 존재하면서 복합적으로 작용하면 더 강한 갈등 억제 효과를 가지며(McMillan 1997, 39), 결국 국가가 자원을 획득하는 두 대안으로서 무역과 정복 중 영토 팽창, 제국주의, 공격적 대외정책 등의 수단들을 통해 추구하는 재화들을 무역으로 얻게 되어 무역이 전쟁을 대체하게 된다(Blanchard et. al. 1999, 8).

2. 정교한 자유주의

국제정치학 이론의 발전과 함께 경제안보연계의 논리 역시 '정교한 자유주의론sophisticated liberalism'으로 진화하였다. 정교한 자유주의론은 기존 이론에 대한 신현실주의자들의 비판을 수용하고 자유주의 분파[3]들이 제시한 새 주장을 통합하며 1990년대 이후 국제정치·경제의 변화 양상과 그에 따른 국제정치학의 이론 조류를 반영한 새 변인들을 포힘한다. 그것은 경제적 상호 의존과 갈등의 단선적 관계를 상정한 전통 이론에 현실주의자들의 비판을 반영한 상호 의존 및 행위자 간 접촉 증가가 때에 따라 갈등 감소가 아니라 증가를 낳을 수도 있음을 인정한다 (Keohane 2002). 즉 이해관계가 완전히 상반될 경우 행위자들의 잦은 접촉과 상호 의존이 오히려 갈등을 불러일으킬 수도 있다는 것이다(Waltz 1979, 151~160; Gilpin 1992, 60~63 참조).

또한 1980년대 제도주의 발전과 유럽에서 재점화된 지역주의 확산을 반영하여 경제·무역과 전쟁의 인과적 연계 고리에 제도 변인을 삽입한다. 그 구체적 작동 메커니즘에 대해 코헤인Robert O. Keohane은 자유주의의 전통 이론인 인간 본성에 대한 지나친 낙관주의와 경제-정치의 직접적 연계 시도를 비판하면서 상호 의존 증가가 가지는 사회학적 효과를 통해 상업적 자유주의와 규제적 자유주의를 통합할 것을 제안한다(Keohane 2002, 3~4). 즉 경제적 상호 의존이 저절로 평화를 가져오는 것이 아니며 국가 간 경제 거래와 국제무역 활성화를 위해 조직되는 글로벌·지역 차원의 제도들로 매개되어야 한다는 것이다. 왜냐하면 제도가 참여자들의 이익에 대한 인식과 정책선호를 변화시킬 뿐 아니라 경제적 개방성을 보장하고, 참여자들의 일탈 행위로 인한 비용을 높여 민주적인 국내정치 메커니즘을 강화하여 상업적 이익을 추구하는 집단을 강화시켜, 공격적 대외정책을 포기시키기 때문이다(Keohane 2002, 51~53).

PTAPreferential Trade Agreement가 국가 간 갈등관계에 미치는 영향에 대한 맨스필드와 동료들의 연구는 이 논리를 경험적 연구에 적용하여 제도의 효과를 실제로 보여 준다. 이들의 핵심 주장은 PTA 가입국 간에는 군사 충돌 가능성이 낮다는 것이다(Mansfield et.al. 1999, 93). PTA 가입은 회원국으로서 경제적 이득을 기대할 수 있을 뿐 아니라 협상과 타협을 위한 장이 형성되고, 분쟁 해결을 위한 절차가 마련되며, 정보를 공유하고 상호 신뢰를 구축하는 '초점focal point'을 제공하여 갈등을 일으키는 정책 채택을 제어한다는 것이다. 이 논리는 정도와 양상은 조금씩 달라도 역내에 촘촘히 형성된 PTA 망을 비롯해 제도화가 진행 중인 대부분의 경제협력기구들에 적용 가능하며 복합적인 효과도 가질 수 있다.

3. 신현실주의 및 구성주의 시각

국제정치학 주류인 현실주의는 국제 질서의 무정부적 상태와 안보 딜레마 그리고 자기구제self-help를 가정하기 때문에 무역을 통한 국가 간 상호 의존관계 형성을 인정하지 않으며 거래 증대는 상호 의존보다 비대칭적 의존관계asymmetrical dependence를 낳는다고 본다(Blanchard et. al. 1999, 참조). 경제력은 군사력의 일부이며 설사 무역이 관련국들에 경제적 이익을 준다 해도 상대적 이익의 격차 때문에 장기적으로는 국가 간 힘의 분포를 변화시키고, 그들의 관계는 불안정해진다는 것이다. 예컨대 길핀은 무역이 핵심 전략 물자 조달에 불확실성을 가져오므로 국가 간 관계를 불안정하게 하여 무력 충돌 가능성을 높일 수 있다고 주장한다(Gilpin 1987, 39~42). 현실주의자들은 전쟁에 대해서도 국가가 전쟁에 돌입하는 이유는 다양하지만 정치 · 군사 · 전략 등이 우선하며 경제 요인은 부수적으로 본다(Levy 1989 참조). 제2차 세계대전 이후 냉전 체제의 극심한 이데올로기 대립 속에서도 강대국 간 전쟁이 발발하지 않은 이유는 상호 의존 때문이 아니라 양극적 권력 분포와 핵무기를 통한 억지력 때문이라는 것이다.

신현실주의의 한 분파인 패권안정론은 보다 광범위한 맥락에서 단극적 권력 분포 혹은 소위 패권국hegemon의 존재가 국제 평화와 안정에 유리한 환경을 조성하여 국제무역을 활성화하고 무력 충돌을 완화한다고 주장한다(Krasner 1976 참조). 그러나 이 이론도 경제 권력 이전, 특히 헤게모니 권력 이전은 신구 헤게모니 국가 간 갈등의 요인이라고 주장함으로써 특정 조건하에서 경제적 상호 의존과 안보관계가 부의 상관관계를 가진다고 본다. 이런 패권안정론의 주장은 1990년대 초 일부 연구자들에 의해 미일 역학관계 분석에 적용되었고, 최근에는 미중 패권관계 분석틀로 채택되었으나 동아시아의 권력관계는 '부상하는 중국과 미국의 헤게모니적 권력의 병존(Goh 2009 참조)'은 물론 중견국middle power의 역할 증대 등 보다 복합적인 상황이므로 높은 적실성이 인정되지는 않는다.

경제적 상호 의존 증가와 잦은 접촉이 행위자에게 학습 효과를 준다는 사회학적 자유주의 이론은 구성주의로 진화하였다. 국가는 학습 효과를 통해 목표를 재설정하기도 하고 당면 상황에 대한 판단을 달리하기도 하는데 현실적으로 그것을 가능케 하는 메커니즘은 엘리트의 사회화socialization of elite이다(Johnston 2003). 정책 결정을 담당하는 정치 혹은 관료 엘리트들은 경제적 상호 의존 혹은 협력 체제의 제도화로 정기 모임과 접촉 그리고 빈번한 대화로 서로에 대한 이해와 신뢰감을 구축하며 자신이 속한 집단의 규범을 수용하고 공통의 정체성을 형성한다. 여기서 중요한 점은 공통의 정체성 형성에 기존의 문화적·사회적 친밀감이 꼭 필요한 조건은 아니라는 점이다. 말하자면 그런 요건을 갖추지 않은 행위자들도 공통 목적을 추구하는 노력으로 이루어지는 사회화 과정을 통해 정체성 공유가 가능하다는 것이다(Acharya 2003, 218). 정체성 공유는 상대방에게 공격적인 정책 가능성을 낮추고 평화적인 상호작용을 선호하게 한다는 것이다.

III. 동아시아에 적용

과연 연구자들은 동아시아 연구에 어떤 방법으로 경제안보연계분석을 적용해 왔으며 그것은 어느 정도의 성과를 거두었는가? 그것은 역내 지역주의 동향을 설명하는 데 어느 정도 설명력을 가지는가? 사실 정치·경제 학자들에게 오랜 연구 대상이었던 경제와 안보의 상관관계를 동아시아 분석에 적용한 연구는 풍부하지 못했으며 탈냉전 이후에야 본격화되기 시작했다.[4]

1. 비관적 시각

냉전 체제하의 동아시아에서 경제와 안보의 상관관계에 대한 관심은 낮았다. 전후 동아시아는 전 세계에서 가장 강한 군사력, 특히 핵무기를 가진 미국, 소련, 중국이 대립한 데다 일본까지 포함한 강대국 간 군사적 대립의 장이었다. 1970년대 이후 역내 경제관계와 상호 의존이 급속히 높아지면서도 냉전적 대결구도에 더해 민족주의적 정서에 기반한 영토문제와 역사문제 등의 이슈들도 상존했다. 게다가 안보 이슈에 경제적 이해관계가 내포nested되어 있었다(Calder 2004 참조). 즉 경제 발전은 공산주의의 침투를 막아 내는 군사력 강화를 위한 물적 토대였을 뿐 다른 국가와의 안보관계 혹은 전쟁과 직접적인 연관관계를 가진다는 관점의 시각은 적실성을 주장하기 어려웠다.

오히려 동아시아 평화는 경제적 상호 의존·협력제도와 평화의 연관성이 아니라 강대국 간 세력 균형과 미국의 역할을 중심으로 설명되었다. 동아시아에서 경제-안보 연계의 전통적 해석은 역내 경제 발전을 냉전 체제하의 안정적 안보 질서의 산물로 보는 것이다. 즉 미국의 존재 및 미국이 구축한 안보동맹 네트워크 하의 장기적 안정이 경제 발전의 토대라는 것이다(Baker III 1991, 4; Cossa and Khanna 1997). 미국의 해군력과 중국의 육군력이 동아시아에 나름의 영향력 범위를 만들었고, 그 둘 사이의 균형이 동아시아에 평화를 가져왔다는 주장도 유사한 맥락이다(Ross 2003). 하지만 그런 설명은 어느 정도의 대립 균형 혹은 어느 정도의 균형 붕괴가 전쟁으로 이어지는지에 대한 설득력 있는 주장이 제기되지 않는 한 사후 설명ad hoc에 불과하다.

탈냉전과 지구화가 진행되는 1990년대 초반의 동아시아에서 냉전 질서를 대체할 새로운 역내 안보 질서에 대한 관심은 냉전기 동안 비약적 경제 발전을 이룬 일본, 동아시아 NICs 등의 경제 발전 및 상호 의존 증가, 미국 헤게모니 체제의 약화, 미일 무역 마찰과 안보 관계, 중국의 부상 등 새로운 정치·경제 현상의 등장과 함께 관심을 끌었고, 연장선상에서 경제-안보 연계는 흥미로운 주제로 등장하였다(Friedberg 1991; Gilpin 1992; Harris 1995; Harris and Mack 1997; Baldwin and Milner 1992; Taylor and Buckham 1998).

하지만 역내에서 경제-안보 연계 메커니즘에 대한 부정적 인식은 여전하다. 그 원인은 동아시아의 구조적 여건, 특히 다자협력 체제의 저발전 및 경제-안보 분리형 아키텍처 때문이다(Kahler 2012). 동아시아는 탈냉전 후 안보 영역과 경제 영역을 구분하는 기여주의 전략을 취했다. 협력이 어려운 안보 영역은 제외하고 경제 분야에서 먼저 협력체를 제도화시키는 기능주의적 인식이 대세였으며, 양 영역을 포괄하는 협력체는 시도되지 못했다(Acharya 1997). 그런 전략은 다자협력체의 발전 수준뿐 아니라 목적과 형태에도 영향을 미쳤다. 즉 개방적open, 비공식적informal, 기능주의적functional, 연성적soft, 정냉경열cold politics, hot economy, 아시아 방식Asia Way 등 다양하게 표현됐지만, 1997년 경제 위기로 동력을 얻은 경제지역주의는 글로벌 차원의 신자유주의 경제체제와 미국·IMF를 중심으로 한 국제경제 거버넌스에 대한 집단적 위험 회피hedging 및 균형 전략balancing의 성격을 가졌다.

반면 안보협력체는 외부의 적에 대한 공통 대응이 아니라 역내 국가들 사이의 견제, 균형이 목표였다(Pemple 2010; Acharya 1997). 이처럼 지역의 경제 및 안보 분야 협력 아키텍처는 상이한 목표와 방식으로 별도의 발전 경로를 밟았다. 게다가 대부분의 협력체들은 의사 결정 규칙의 제도화를 통해 회원국을 구속하는 결정보다 합의 중시 혹은 결정 유예 등의 형태로 회원국의 자율 의사를 존중하는 아세안 방식ASEAN Way을 기본 규범으로 채택했다. 이는 척박한 여건에서 지역주의의 제도화에는 공헌했지만 구체적 협력성 도출은 어렵게 하였다(Jones and Smith 2007 참조).

　그런 상황은 경제안보연계분석의 동아시아 적실성에 대한 비관론의 토대가 되었다. 예컨대 동아시아에서 경제적 상호 의존, 협력제도, 그리고 평화가 어떻게 상호 영향을 미치는가를 점검하고 그것을 세계 여러 지역의 아키텍처와 비교하여 동아시아적 특성을 분석한 캘러는 역내 협력 아키텍처의 가장 큰 문제로 안보와 경제를 분리하는 '아시아식 2경로 체제Asian Two-Track System'를 꼽았다(Kahler 2012). 그는 지역 협력의 진전은 중요 사안에 대한 정치적 타협과 결단이 중요한데 안보 영역에서 낮은 상호 신뢰와 정치적 결단 가능성이 경제협력체의 제도화를 가로막는다고 주장한다. 역내에서 가장 성공한 것으로 평가되는 금융협력에 대한 분석에서도 협력의 실질적 진전과 성과는 실망스러운 수준이며 향후에도 그럴 것임을 전망하였다. 그러면서 금융협력은 '주권에 대한 타협sovereignty deal'이 긴요한데 신뢰, 정치적 의지, 중일 경쟁관계로 인한 리더십 및 정체성 공유가 부족한 현실에서 주권의 양보와 공동 이용pooling은 어렵다고 전망했다(Cohen 2012). 또 이제까지는 기능적 협력을 통해 성과를 만들어 낼 수 있었지만 이제 정치적 결단 없이 협력 심화는 어렵다고 주장한다. 정치·군사적 신뢰가 낮으면 어떤 이슈든 논의 과정에서 정치화될 경우 합의가 어려워지기 때문이다(Nesaduri 2009, 11).

2. 낙관적 시각

경제안보연계에 대한 현실주의적 비관론이 주류를 이루며, 자유주의적 경제안보연계의 메커니즘이 동아시아에서도 작동한다는 주장들역시 1990년대 후반부터 제기되기 시작하였다. 예컨대 민주적 자유주의와 사회학적 자유주의에 입각한 완Ming Wan의 '상업적 자유주의 경로commercial liberal pathway'는 자유주의 명제의 적실성 규명을 시도한다(Wan 2003, 297~301). 즉 역내에는 군사적 발전 경로보다 상업적 경로가 중시되는 경향이 강한데 이는 전반적으로 역내 국가들이 안보 못지않게 경제 발전을 중시하고 자본주의 발전 경로를 선택하며 민주화 추세 속에서 경제 발전을 통해 국내정치의 정통성을 추구하는 경향을 보이는 것등으로 확인이 가능하다는 것이다. 그런 성향들이 복합적으로 작용하여 역내 경제관계에 장애를 가져올 군사 충돌의 가능성을 낮춘다는 것이다(Wan 2003 참조).

자유주의적 낙관론에 기초하여 민주국가들끼리는 전쟁을 하지 않는다는 '민주주의 평화democratic peace' 명제를 동아시아 사례에 적용하는연구들도 나타났다. 이는 동아시아의 평화 기간 동안 역내에 민주국가보다 비민주적 혹은 민주화 이행기 국가들이 다수였으므로 정치체제와 관련해서 적실성 문제를 가지는 것은 사실이다. 하지만 역내 대부분국가들이 자본주의와 개방경제체제를 채택하고 점차 민주화되는 추세라는 점 때문에 향후 동아시아 평화의 지속 가능성과 함께 경제안보연계분석의 적실성이 높아지리라는 점에서 그 잠재력에 주목하는 것이다(Tønnesson, 2009; Kivimaki, 2010).

지역 다자협력 제도들의 기능에 주목하여 경제안보연계 메커니즘 작동을 규명하려는 연구들도 나타난다. 이는 주로 역내에서 가장 오래되고 1990년대 이후 지역주의 진화 과정에 리더십을 발휘해 온 ASEAN을 사례로 수행되었다. 이 연구에서 다자협력체는 행위 규칙과 규범을 정하고, 토론의 장을 제공하며, 상호 신뢰를 증진시키고, 엘리트들을 사회화시킨다는 구성주의 명제를 받아들여 ASEAN의 활성화를 통한 엘리트들의 접촉 증가가 ASEAN 방식ASEAN Way이라는 공통 규범의 보편화를 가져오고, 상호 신뢰를 높여 갈등 정책을 억제하는 효과를 낳았다고 주장한다(Acharya 2001). 나아가 동아시아에 구축되는 다양한 경제 및 안보 협력체들을 매개로 관료들과 민간 전문가들의 네트워크[5]가 조밀하게 구축되면서, 국제관계에 대한 엘리트의 인식을 변화시켜 경제 발전을 국가의 핵심 목표로 공유하고 그것을 국제사회와 협력하여 갈등을 일으키는 외교정책을 회피하는 효과를 가진다고 본다(Johnston 2003).

경제협력의 제도화와 안보협력 간의 넘침효과spillover effect에 주목하는 연구도 있다. 넘침효과는 신기능주의적 통합이론가들이 적극 채택한 개념으로 협력제도에 있어서 한 영역의 문제 해결을 위해 다른 영역의 문제 해결이 필요할 때 발생한다(Pempel 2010). 우진보Jinbo Wu는 APT를 중심으로 한 동아시아 경제협력이 비전통적인 안보 분야로 흘러넘쳐 이 분야의 협력을 촉진했다고 주장한다. 그는 1997년 만들어진 APT 정상회담과 그를 뒷받침하기 위한 동아시아비전그룹 및 동아시아연구그룹의 활동이 9 · 11이라는 계기와 중첩되면서 자연스럽게 비전통적 안보협력을 촉진했다고 말한다. 나아가 경제협력의 비전통적 안보 분야가 넘침효과로 전통적 안보 영역으로 확대된다는, 즉 단계적 넘침 과정도 기대하고 있다(Wu 2012).

3. 적실성 문제

동아시아에 대한 경제안보연계분석의 유용성 판단에는 그것과 동아시아 현실 사이의 괴리, 즉 적실성 문제를 야기하는 요인 분석이 필수적이다. 경제안보연계분석의 이론적 문제는 맥밀런에 의해 체계적으로 정리된 바 있다. 그는 이 접근법의 문제점 및 과제로 독립 변인(상호의존)과 종속 변인(갈등)의 개념 및 측정 문제 그리고 인과관계의 메커니즘에 대한 명확한 연구방법 설정 문제 등을 제기하였는데 그런 문제들은 그것을 동아시아에 적용한 연구들도 공유한다(McMillan 1997, 52~56 참조). 게다가 동아시아 역내 국가 간 경제 거래의 활성화와 장기 평화가 비교적 최근 현상이어서 축적된 자료가 부족해 엄밀한 통계 연구가 쉽지 않을 뿐 아니라(Ravenhill 2009) 문제의식 자체가 최근에야 제기된 점 등 동아시아의 현실적 여건에서 오는 문제도 있다. 여기서는 맥밀런의 인과관계 문제를 중심[6]으로 동아시아에서의 적실성을 점검한다.

1) 인과관계 방향성과 관련한 문제

동아시아에 대한 기존의 경제안보연계분석들은 그 인과의 방향성과 관련하여 두 가지 편향을 보인다. 하나는 양적 편향 문제이고, 다른 하나는 결론이 인과 방향성에 편향적으로 영향받는 문제이다. 해리스와

맥은 이 접근법을 통해 분석할 동아시아 이슈로 ① 중국의 경제적 부상이 갖는 안보적 함의, ② 무역 마찰이 미일 안보관계에 갖는 함의, ③ 역내 상호 의존 증가가 갖는 안보적 함의, ④ 경제 자유화와 민주화가 갖는 안보적 함의, ⑤ 북한 및 중국 등 권위주의 국가의 경제 자유화가 정권 안보에 미치는 영향, ⑥ 군부가 역내 국가들의 경제에 미치는 영향 등 6가지를 제시했다. 이 중에서 경제 이슈가 안보에 미치는 영향에 대한 관심이 대부분이며 반대의 경우는 제한적이다.

물론 경제안보연계분석의 전통 주제가 무역이 전쟁에 미치는 영향이었기 때문에 그런 편향성은 당연할 수 있다. 하지만 현실적으로 경제와 안보가 연계되는 방식은 다양하다. 특히 오늘날 동아시아의 현실 분석에 보다 유용성을 가지기 위해서는 역방향의 인과관계 규명에도 관심이 필요하다. 말하자면 이 접근법에 대한 관심이 역내의 구조적 조건, 즉 경제안보분리 아키텍처 혹은 아시아식 2경로 체제Asian Two-Track System와 관련하여 안보협력 아키텍처의 저발전이 경제적 상호 의존에 미치는 영향과 연계된다는 점을 감안하면(Pempel 2010; Kahler 2012), 안보가 경제에 미치는 영향 등의 인과관계가 포함될 때 이 접근법의 유용성과 설명력이 높아지는 것[7]이다(Taylor and Buckham 1992; Harris 1995; Harris and Mack 1997; Ravenhill 2013).

연장선상에서 이 접근법을 채택한 연구들의 동아시아적 적실성에 대한 결론이 인과관계의 방향성에 좌우되는 문제도 있다. 예컨대 경제가 안보에 미치는 영향에 대한 연구는 다수일 뿐 아니라 긍정적 전망을 내놓는 경향이 있다. 각 영역의 구체적 여건을 냉정히 평가하면 기존 협력체, 변화의 정도, 안보협력의 방향성 등에 부정적인 평가도 가능하지만 엄밀한 논리적 뒷받침을 결여한 채로 낙관적인 결론[8]이 제시된다 (예컨대 Wu 2012 참조). 반대 방향의 인과관계 분석은 부정적인 결론이 많다. 불안정한 역내 안보 여건과 저발전된 협력 체제가 경제에 긍정적으로 작용하기 어려울 뿐 아니라 긴밀한 안보협력 상황에서 어느 정도 경제협력이 가능한가라는 '반사실적counterfactual' 의문에 대한 해답도 어렵기 때문이다. 예컨대 코헨의 금융협력에 대한 부정적인 장기 전망은 동아시아 금융협력의 진전이 동아시아 경제공동체 건설이라는, 제시된 이상에 비해 낮은 수준이라는 논리에 기초한다(Cohen 2012 참조). 물론 행위자의 이상과 정치 현실의 괴리는 보편적 현상이니 그에 대한 비판은 이상할 것이 없다. 하지만 그런 논리는 그 주장의 기저에 녹아 있는, 만약 안보협력이 활발하다면 보다 실효성 있는 금융협력이 가능하리라는 가정을 정당화하지는 않는다. 오히려 금융협력의 부정적 전망보다 안보협력의 부정적 전망이 미래의 경제 상황에 부정적인 인식과 연계된 결과로 보인다.

2) 인과의 메커니즘 문제

연관된 또 다른 문제는 경제적 상호 의존이 평화에 이르는 기제를 경험적으로 규명하는 것[9]이다. 이 접근법에서 경제와 안보는 정책 결정자들의 심리, 이해관계에 대한 계산, 국내정치, 협력 제도 등을 통해 매개된다. 하지만 기존 연구에서 이 부분은 경험적 분석이 결여된 이론적 추론으로 대체된다. 레이븐힐John Ravenhill의 분석이 좋은 예이다. 그는 중국의 부상이 동아시아 경제에 나타난 상호 의존의 새로운 양상(생산의 파편화와 네트워크화, 산업 내 무역 등)의 맥락에서 이루어져 경제거래 관계를 위험에 빠뜨리고 무력 충돌을 초래하는 정치, 경제, 사회적 비용을 높였다고 주장한다. 하지만 그것이 갈등 행위 감소로 이어지는 과정은 이론적 추론에 머문다. 따라서 경험적 검증을 필요로 한다(Ravenhill 2009).

넘침효과에 주목한 우진보의 연구는 다른 측면의 인과적 메커니즘에 문제가 있다. 그는 APT틀에 입각한 동아시아 지역주의 협력이 9·11이라는 외부적 충격을 계기로 비전통적 안보협력으로 '넘침'을 주장하지만 그것이 경제협력의 성과인지는 분명하지 않다. 그는 1997년 출범한 APT 정상회의는 동아시아 경제 위기 시 경제 문제를 논의하기 위해 설립되었는데, 9·11을 계기로 SOMTC+3 Consultation 및 AMMTC+3 같은 비전통적 안보 분야의 협력제도를 파생함으로써 경제협력이 비군사적 안보협력으로 확산되었다고 주장한다. 하지만 엄밀히 보면 그것이 경제협력의 성과인지 아니면 행위자들을 정기적으로 소집하고 의제를 설정하는 제도의 효과인지 분명하지 않으며, 만약 후자에 해당한다면 그의 주장은 제도의 역할을 강조하는 정교한 자유주의 주장[10]을 뒷받침하는 것일 수 있다(Wu 2012 참조).

이처럼 동아시아에서 경제안보연계의 인과적 메커니즘을 경험적 연구로 규명하는 것은 여전히 과제로 남아 있다. 이 접근법이 갖는 자유주의적 전제와 동아시아 현실의 괴리 때문이다. 자유주의적 경제안보연계분석은 바이너Jacob Viner의 고전적 무역 이론에 입각해 민주국가 사이의 거래관계를 상정하고 다양한 선호를 갖는 국내정치 세력 간 경쟁을 통해 외교정책 결정에 영향을 미치는 국내정치 과정을 중시한다. 하지만 민주화[11]가 대세여도 동아시아에는 아직 비민주적 정치체제를 가진 국가들이 적지 않다. 중국 같은 핵심국이 여전히 사회주의적 권위주의 체제이며 베트남, 라오스, 캄보디아, 미얀마 등 민주적 정책 결정 과정이 취약한 국가들이 다수이다. 따라서 역내 안보 문제를 다룸에 있어서 국내정치 변인의 분석적 유용성은 반감되며 그 적용을 위해서는 비민주적 정치체제의 정책 결정 메커니즘에 대한 별도의 이론 개발이 필요하다. 이런 문제 때문에 연구자들은 동아시아에서 자유주의 이론의 국내정치 접근, 특히 정치체제의 영향을 분석하는 데 적극적이지 못했던 것이다(Goldsmith 2007, 8).

경제적 상호 의존 및 제도의 심리 효과에 주목하는 구성주의 연구들역시 인과적 메커니즘 규명에 한계가 있다. 설사 입덕제에 깊어한 정채결정자들이 정기적 접촉과 대화 습관을 발전시킴으로써 공격적인 외교정책에 대한 선호가 낮아지는 동기 변화가 있어도 그것을 평화라는 현실 결과와 연계하려면 정책 결정자의 동기 변화가 그대로 정책 결과로 이어진다는 가정이 필요하다. 하지만 그런 가정은 비현실적이다. 정책 동기와 결과 사이에는 동기가 정책화되고 정책이 결과를 낳는 과정에 수많은 변인이 개입되기 때문이다. 이런 이론적 어려움 때문에 인과관계를 추적하는 실질적 사례 연구는 많지 않다.

IV. 적실성 개선의 시도

1. 경제 여건 변화의 분석

동아시아 경제 발전은 양적 성장 못지않게 질적 변화도 동반했다. 그것은 생산의 파편화fragmentation of production, 글로벌·지역 생산 네트워크regional production network 그리고 산업 내 무역intra-industry trade 등 서로 연관된 몇 가지 양상을 띠는데, 이것들은 기본적으로 과거의 단순 무역과 질적으로 다른 경제적 상호 의존관계이다. 최근의 경제안보연계분석은 이런 상호 의존 방식의 변화를 반영하는 형태로 이론이 진화되어야 함을 강조한다. 즉 무역 중심의 경제관계와 무력 충돌의 직접적 상관관계에 주목했던 전통적인 자유주의 경제안보연계분석은 오늘날 글로벌 생산 네트워크 발전과 기업 내 무역체제 등장으로 경제적 상호 의존의 작동 메커니즘이 변화하고 그것이 무력 충돌 가능성에 더 큰 영향을 미칠 수 있다는 점을 놓치기 쉽다는 것이다.

또 국가 간 경제관계의 다양성도 중요한 역할을 하게 되어 비단 상품교역뿐 아니라 금융거래에 의한 갈등 억제 효과도 커졌다는 점에 주목한다. 자본유동성capital mobility 증가와 국가 간 갈등 사이의 부의 상관관계는 오래전부터 여러 연구자들에 의해 이론화되었는데, 탈냉전기 글로벌화로 인한 자본유동성의 급속한 증가는 갈등 감소 요인의 증가로 유추할 수 있다(McMillan 1997, 37). 또 다양한 다자 경제협력체들이 등장함으로써 제도에 의한 갈등 감소 효과 역시 커질 수 있다(Gartzke and

Boehmer 2001). 그런 경제적 상호 의존 방식의 변화가 성공적일 경우 중국은 경제 발전의 영향으로 평화롭게 지역 질서로 편입하는 효과를 발휘할 수 있다(Ravenhill 2009).

하지만 독립 변인의 변화에 주목하는 이 연구들은 그런 변화의 안보에 대한 영향을 갈등 행위의 비용을 높임을 입증하는 간접 방식으로 주장함으로써 여전히 인과관계의 메커니즘을 규명하지 못하는 한계를 가진다. 즉 역내 경제 여건 변화를 분석에 반영한다는 장점은 가지나 여전히 독립 변인의 변화가 종속 변인의 변화를 가져오는 과정보다 전자를 통해 후자의 변화를 논리적으로 주론하는 방식을 취기하기 때문이다. 그러나 독립 변인의 변화를 분석에 적극 반영하는 것이 이론의 적실성을 높이는 데 기여하는 것은 분명하다.

2. 국내정치 메커니즘의 분석

경제적 상호 의존이 국내정치 세력의 분포를 바꾸고, 그것이 갈등을 유발하는 대외정책을 억제하는 과정은 정치체제의 성격과 연관된다. 민주정치체제를 가정하는 자유주의 명제는 여전히 비민주정치체제를 포함한 다양한 국가로 구성된 동아시아에 적실성 문제를 가질 수 있어 그것이 역내에서도 동일하게 작동하는지, 작동한다면 어떤 방식으로 작동하는지 등의 의문을 해소해야 한다. 이 문제에 대한 모범 답안은 권위주의 · 독재정권에서도 대외정책이 대국민 복지 효과와 여론을 무시할 수 없으며, 국내정치 변인으로 중요하다는 것이다(Wan 2010 참조).

하지만 문제는 남는다. 국내정치의 중요성 및 역할의 성격과 정도는 정치체제의 성격에 따라 달라지기 때문이다. 즉 기업 및 노동조합의 조직 방식, 정부에 대한 영향력 정도, 일반 대중의 정부에 대한 영향력 행사 방법과 강도, 정부의 정책 결정 절차 등 각국의 대외정책에 영향을 미치는 국내정치 요인들의 서로 다른 성격과 조합은 대외정책 양상에 차이를 가져온다(Aggarwal and Lee 2010). 따라서 역내 이슈의 경제안보연계분석에서 국내정치 변인의 역할 규명은 핵심과제 중 하나이다.

센카쿠·댜오위다오 문제에 대한 구민교의 연구는 국내정치 변인을 포함해 분석을 시도했지만 경제적 상호 의존과 갈등 정책의 자제를 직접 연계하므로 그 작동 메커니즘에 대한 본격적인 분석은 아니다(Koo 2009 참조). 또 동아시아의 대외 경제정책에 국내정치 접근법을 적용한 연구도 이론적으로 함의를 가진다. 스텁스Stubbs는 아세안자유무역지대AFTA 성립 과정에 대한 분석에서 확대되기 이전의 ASEAN[12]에서 AFTA가 창립되는 과정은 민주적인 것과 거리가 있음을 밝혔다(Stubbs 2000). 비록 1980년대 중반의 불황과 플라자 합의Plaza Accord로 인한 외국 자본의 빠른 유입이 회원국들 내부에서 자유주의적 개혁론자의 민족주의 경제론자에 대한 상대적 위상을 높여 AFTA 추진 분위기가 조성되긴 했지만, 기본적으로 AFTA 발상 아이디어, 추진, 그리고 결정으로 이어지는 일련의 과정은 권위주의 혹은 준권위주의적 정치체제를 가진 회원국들에서 정상회담 의제의 필요성이라는 외교적 요구로, 이해 당사자인 기업의 참여가 배제된 상태에서 이루어졌다. 반면 자유주의적 국내정치 과정은 기존 결정을 실제 정책으로 적용하는 과정에 이르러서야 작동하였다. 말하자면 1990년대 경제 여건 변화로 AFTA를 통해 상대 국가들의 시장에 접근할 수 있는 기업들의 세력이 커지면서 반대를 극복하고 실행할 수 있었던 것이다(Stubbs 2000 참조).

역내 국가들의 FTA 정책 전환을 각국의 국내정치 변인으로 설명하는 연구도 있다(Aggarwal and Lee 2010 참조). 이 연구는 포괄적인 분석틀을 제시하고 국가별로 통상정책 결정(특히 FTA)의 사례들을 연구해 국내정치 변인의 작동 방식을 체계적으로 비교하고자 하였다. 하지만 실제 사례 연구는 편집자가 제시한 분석틀과 무관하게 분석자에 따라 상이한 분석틀을 사용한다. 말하자면 각국의 정치체제 차별성이 매우 커서 FTA 정책으로 전환하는 과정에 상이한 정치적 역학관계가 작동되어 동아시아에서는 같은 결정이라도 하나의 이론틀로 설명하기가 어렵다는 것을 보여 준다. 하지만 FTA 등과 같은 중요한 정책 변화나 영토 분쟁·역사문제 등 갈등 이슈가 국내정치 과정을 통해 군사 충돌로 확산되지 않고 평화로운 결말을 낸 사례[13]들을 분석한 것은 국내정치 변인의 중요성을 환기시키는 것으로 다자조약이나 협력기구 참여를 둘러싼 각국의 국내정치 결정 과정에 대한 연구 등이 여전히 잠재력이 큰 연구 주제임을 암시한다.

3. 역내 권력 구조 변화의 함의 분석: 신현실주의 이론 접목

앞서 세련된 자유주의가 특정 조건하에서는 상호 의존 증가가 갈등을 증가시킬 수 있다는 신현실주의의 비판을 부분적으로 수용했음을 지적한 바 있다. 연장선상에서 경제적 상호 의존 증가는 당사국 간 경제력 격차가 클 때 더 강한 국가의 보다 많은 외교적 압력 수단leverage 이 된다는 힐쉬만의 주장도 새롭게 조명된다(Hirschman 1980; Baldwin 1985; Gilpin 1987 참조). 이 점은 경제안보연계분석을 동아시아에 적용하는 연구자들의 관심이 중국의 경제적 부상에 따른 정치·경제적 함의에 초점을 맞춘다는 면에서 더욱 부각된다. 즉 역내 권력 구조 변화, 특히 중국에 대한 경제적 의존도 증가에 주목하여 역내 국가들의 경제력 격차를 정태적으로 비교하는 것에서 한 발 나아가 권력 분포 변화와 국제관계의 양상 변화를 동태적으로 연계함으로써 신현실주의와 자유주의적 경제안보연계분석의 접점을 찾아낸다는 이론적 의미를 가지는 것이다.

구체적으로는 경제와 안보의 연계 분석을 상호 의존과 전쟁의 상관관계뿐 아니라 안보 목적을 위해 경제적 수단이 사용될 가능성에 대한 결과를 포함하여 분석하는 것이다(Baldwin 1985; Mastanduno 1998; Harris and Mack 1997). 이 연구들은 '경제적 통치 수완economic statecraft' 연구(Baldwin 1985 참조)에 영향을 받아 동아시아에서 국가 간 경제적 상호 의존 양상이 점차 중국 중심으로 변화하는 현상에 주목한다. 즉 분쟁 해결 수단으로서 전쟁의 의미가 줄어드는 상황에서, 동아시아 국가들의 중국 경제에 대한 비대칭적 의존도 상승(중국은 미국, EU 등 역외 국가들과의 무역 비중을 높여 역내 국가에 대한 경제 의존도가 낮아짐)은 중국이 경제적 수단을 활용해 주변국들의 외교정책에 영향을 미칠 가능성을 높이기 때문이다(Friedberg 1991, 271~272 참조).

연장선상에서 경제안보딜레마economic security dilemma 개념도 주목할 만하다. 경제안보딜레마는 경제 발전이 경제적 상호 의존을 높여 역내 평화에 기여하는 반면 군사력을 뒷받침하는 물질적 기반 강화로 군비 경쟁과 갈등을 초래할 가능성도 동시에 내포함을 의미한다(Harris and Mack 1997, 17). 예컨대 중국의 부상은 역내 국가와 경제적 상호 의존을 높이고 그 지속을 위한 평화적 대외관계 추구 가능성을 높이지만 경제력을 군사력으로 치환하여 강대국 간 군비 경쟁을 촉발하는 잠재력도 높이는 것이다(Wan 2003, 287~288; Christensen 2006; Kahler 2013).

더욱 복잡한 양상은 경제적 상호 의존이 전쟁 가능성을 낮추는 반면 역설적으로 제한적 갈등limited conflict을 촉진할 수 있다는 점이다. 왜냐하면 국가들은 전쟁 가능성 저하로 다른 목적, 예컨대 국내정치를 위해 주변국들과 제한적인 갈등을 전략적으로 선택할 여지가 있다. 그 결과는 갈등적 평화conflicting peace 혹은 제한적 갈등limited conflict으로 빈번히 나타날 수 있다. 오늘날 영토 분쟁 당사국의 거친 언어를 동원한 충돌과 제한적 긴장 고조 행위들을 설명하는 데 유용하다. 그리고 갈등의 의미를 군사 충돌뿐 아니라 다양한 유형으로 확장하여 경제적 상호 의존 증가가 낮은 수준의 갈등은 야기하지만 군사적 갈등으로 비화되는 것을 막는다는 피브하우스의 주장처럼 보다 정교하고 복합적인 함의를 추출할 수 있게 된다(Pevehouse 2004).

4. 안보에 대한 함의 분석: 경제적 상호 의존과 분리형 아키텍처

동아시아 협력 아키텍처의 구조, 즉 안보-경제 아키텍처의 분리와 동맹 체제가 전쟁 억제와 연관된다는 사실에 착안하여 경제적 상호 의존 증가와 동맹관계의 상관관계로 이론의 유용성을 검증할 수도 있다. 동맹이 무역관계 상위에 군림하는 구조적 요소였던 샌프란시스코 체제하에서 양자는 밀접히 연계되어 있었다(Calder 2004). 경험적 연구들은 냉전기 동맹관계가 무역과 밀접히 연관되었음을 보여 주었다(Gowa and Mansfield 1993 참조). 미국은 역내 동맹국들로부터 기지나 안보 협력을 얻는 대가로 시장을 개방하여 그들에게 대외 지향적 경제 발전 추구의 기회를 제공하였다. 따라서 이 국가들은 1960년대까지 일본을 포함한 역내국 상호 간 거래보다 대미무역을 중시하였다(Ikenberry 2004; Calder 2004).

하지만 탈냉전기 동맹관계의 변화, 지역화regionalization, 중국 경제력 상승 등은 동아시아에서 동맹과 무역의 상관관계를 낮추었다. 이제 미국 동맹국들의 제1 무역 상대국은 미국이 아니라 중국이 되었다. 이로써 안보는 미국과 동맹·협력을 통해, 무역 및 경제 발전은 점차 중국과의 거래를 통해 두 개의 아시아Two Asias 현상이 보편화되는 것이다 (Feigenbaum and Manning 2012; Acharya 2012).

문제는 이런 상황에서 동아시아가 펼친 기존의 지역주의 전략이 지속 가능한 것인가를 분석적, 정책적으로 살펴보아야 한다. 연구자들은 점차 경제안보 분리 아키텍처 속에서 정치안보 아키텍처의 저발전이 경제협력을 저해할 수 있다고 경고한다(Goldstein and Mansfield 2012; Nesaduri 2009; Kahler 2012). 역내 주요국들의 대외 경제정책이 경제가 아닌 정치·안보적 고려에 의해 결정되는 현상이 증가하기 때문이다(Dieter and Higgot 2007). 실제로 2008년 글로벌 경제 위기 이후 경제 회복을 주도할 것으로 기대되었던 동아시아에서 2009년 이후 두드러지게 나타나는 영토 분쟁, 역사 갈등, 북핵 문제 등을 둘러싼 갈등 고조가 경제협력에 부담을 줄 가능성은 높아진다. 분석적으로도 양 영역의 구분에 기초한 기존의 접근 방식이 점차 역내의 정치·경제적 현실 설명에서 적실성 문제에 직면하고 있으며, 특히 경제 발전·상호 의존의 진전, 장기적 전쟁 부재, 부분적 갈등 증가 등 기존 이론 체계 내에서 상호 배타적인 것으로 간주되는 현상들의 공존을 설득력 있게 설명하려면 양 영역을 체계적으로 결합하는 연구가 필요하다(Kirshner 1998 참조; Harris and Mack 1997).

V. 향후 연구를 위한 함의

경제안보연계분석의 시각에서 동아시아 평화를 바라보면 일견 낙관적인 전망도 가능하다. 동아시아는 향후 수십 년간 세계 경제 발전의 중심축이 될 것이며 심화된 방식으로 경제적 상호 의존을 높일 것이다. 또한 외교, 안보, 경제 등의 영역에서 지역주의 협력기구의 중층적 제도화로 대화와 협력을 위한 장이 촘촘하게 만들어지고 역내 엘리트들은 협력 필요성에 대한 인식을 공유할 것이다. 나아가 개방적 경제체제와 정책을 채택할 뿐 아니라 정치적으로 점차 민주화될 것이다. 이들은 경제 발전 측면에서 국내정치적 정통성을 추구하는 성향이 강한 이상 전쟁을 통해 얻는 것보다 잃는 것이 많아진다. 하지만 이제까지 시도한 경제안보연계분석의 검토는 그런 변화들이 자연스럽게 역내 평화로 이어지리라는 주장은 아직 근거가 미약하다는 점을 확인시킨다. 무엇보다 동아시아 맥락에서 경제적 상호 의존 증가가 역내에 상존하는 불안 요소들의 전쟁 비화 가능성을 낮추고 평화를 가져오는 기제와 양상의 경험적 규명은 여전히 검증되어야 할 과제이다(Richardson 1997, 81~82).

한 발 나아가 동아시아에서 경제 발전과 지역주의의 성과를 군사적 갈등의 가능성을 낮추는 데 활용할 방법을 찾는 좀 더 적극적인 문제의식도 필요하다. 예컨대 역내 국가들이 당면한 정치 · 안보 과제들에 대한 정책 수행 과정에서 경제적 수단을 어떻게, 어느 정도 활용해야 하는지, 역내 국가들이 관련된 영토 문제 혹은 해양 주권 문제가 전쟁으로 번지는 것을 막는 데 경제적 수단이 활용될 수 있는지, 한반도 갈등 상황을 완화시키는 데 역내 경제협력 관계가 어떻게 활용될 수 있는지 등은 그런 문제의식을 구체화할 수 있는 의문들이다.

경제적 상호 의존의 증가, 전쟁 부재, 그리고 제한적 갈등이 공존하는 동아시아의 현상은 경제안보연계분석의 필요성을 증가시킨다. 그것은 미국 중심의 안보 아키텍처와 중국 중심의 경제 아키텍처의 공존 형태인 변형된 권력 구조 속에서 이들이 경제 번영과 역내 평화를 동시에 달성할 수 있는 대응 전략을 개발하는 데도 필요하다. 특히 동아시아 중견국middle powers 중 미국의 동맹국이면서 중국과 경제관계가 급속히 커지는 국가들, 즉 일본, 한국, 호주 등에는 중대한 선택 혹은 보다 현명한 외교 전략 수립의 필요성이 제기된다.

그런 여건에서 동아시아의 평화와 번영을 담보하려면 경제 분야에서 이룩된 성과, 특히 경제 발전과 상호 의존 그리고 협력의 규범과 제도, 습관, 이해, 인식 등을 불신과 갈등이 지속되는 정치 · 안보 분야로 확산시킬 방법을 모색해야 한다. 경제협력이 결여된 안보동맹은 유지가 어렵듯이 불안정한 안보 여건에서 경제협력과 발전의 장기 지속도 어렵다는 것은 정치 · 경제학의 핵심 통찰이다(Gilpin 1992, 58). 분명 경제 안보연계분석은 양자가 결합되는 인과적 메커니즘의 규명을 통해 경제적 성과를 안보 영역으로 확산시키는 전략을 찾아내는 데 공헌할 잠재력을 가진다.

✚ 주석 ✚

1) 테일러와 벅햄은 경제와 안보의 상관관계를 경제 발전과 안보, 경제 쇠퇴와 안보, 경제적 상호 의존과 전쟁, 경제적 수단의 안보 목적을 위한 사용, 안보 수단의 경제 목적을 위한 사용 등 다섯 가지로 분류한다(Taylor and Buckham 2006 참조). 실제로 이 분석방법을 역내 사례들에 적용한 최근의 연구 성과들은 비교적 다양한 인과관계를 채택한다(Goldstein and Mansfield 2012에 수록된 경험적 분석들 참조).

2) 보다 엄밀하게 분석하면 이런 주장들은 자유주의의 다양한 분파, 즉 정치적 자유주의, 경제적 자유주의, 사회학적 자유주의 그리고 복합적 자유주의 등으로 구분하는 것이 가능하다(McMillan 1997, pp. 35~40을 참조).

3) 코헤인은 공화적 자유주의(republican liberalism), 상업적 자유주의(commercial liberalism), 규제적 자유주의(regulatory liberalism) 그리고 정교한 자유주의(sophisticated liberalism) 등 네 유형으로 구분하였다(Keohane 1990 참조).

4) 아시아 · 태평양 지역에 본격적으로 경제안보연계분석을 적용한 연구는 해리스와 맥의 편집서가 선구적이다(Harris and Mack 1997 참조). 약 10여 년 후 토우는 2000년대 아시아 · 태평양 안보 정세 변화를 포함한 편집서를 출판하였다(Tow 2009 참조). 최근에는 에이버리와 맨스필드가 미중 관계에 초점을 맞추어 동아시아 및 아시아 · 태평양 지역에서 경제안보연계분석을 시도한 책을 내놓았다(Goldstein and Mansfield 2012 참조).

5) 현재 동아시아에는 APT 차원에서만 약 58개 분야에서 매년 수백 회의 정상회의, 각료급 회의, 고위관료 회의, 그리고 실무자급 회의들이 개최되며, 여기에 다양한 유형의 민간 전문가 회의까지 함께 개최되고 있다.

6) 변인의 개념 및 측정 문제 등은 엄밀한 이론적 문제이며, 그 논문에서 지적한 내용이 그대로 동아시아의 사례에 적용되므로 다시 반복할 필요가 없어 보인다.

7) Goldstein and Mansfield, ed. 2012 및 Pempel 2012의 경험 분석들을 참조할 것.

8) 우진보의 주장은 정치적 동기도 내포한다. 그의 주장들은 전체적으로 미국의 개입에 대한 비판의식 및 미국을 배제하고 중국이 주도권을 행사할 수 있는 APT에 대한 선호가 배경이다.

9) 물론 사회과학에서 인과관계의 메커니즘을 정확히 밝혀내는 연구는 드물다.

10) 그럼에도 불구하고 그가 논문에서 동아시아 지역주의의 특징은 자유주의 이론보다 구성주의 이론에 의해 보다 잘 설명됨을 주장하는 것은 흥미롭다.

11) 맨스필드와 스나이더는 민주화 과정에 있는 국가들은 민주 세력과 비민주 세력 사이의 갈등 때문에 불안정한 상태에 놓일 가능성이 높고, 일반적으로 전쟁할 가능성이 높다고 주장한 바 있다(Mansfield and Snyder 1995 참조).

12) 말레이시아, 싱가포르, 태국, 필리핀, 인도네시아, 브루나이 등 5개국으로 구성된 초기의 ASEAN.

13) 경제적 상호 의존이 제1차 세계대전의 발발에 미친 영향에 대한 사례 연구로 Gartzke and Luput 2011과 Cooper(미상)가 있다. 보통 제1차 세계대전은 19세기 후반 급속히 진행된 경제적 상호 의존의 증가에도 불구하고 대규모 전쟁이 발발하였다는 사실 때문에 두 변인 사이의 관계를 부정하는 사례로 인식되어 왔다. 하지만 가르츠케와 루퍼트는 전쟁이 취약하게 통합된 유럽 국가들 사이에서 발발하였으며, 제1차 세계대전 사례는 경제안보연계 분석의 고전적 명제를 부정하지 않는다고 주장한다.

✚ 참고문헌 ✚

- 김기석. 2015.《동아시아 공동체로의 머나먼 여정》. 인간사랑.
- 김기석. 2016.〈영토 분쟁의 안보경제연계분석: 센카쿠/댜오위댜오의 사례〉.《일본연구논총》제44호.

- Acharya, Amita V. 1997.〈Ideas, Identity and Institution-Building: From the 'ASEAN Way' to the 'Asia-Pacific Way〉. *The Pacific Review vol*. 10, no. 3.
- Acharya, Amita V. 2001. *Constructing a Security Community in Southeast Asia: ASEAN and the Problem of Regional Order*(London and N. Y.: Routledge).
- Acharya, Amita V. 2003.〈Regional Institutions and Asian Security Order〉. in Muthia Alagappa, ed. *Asian Security Order: Instrumental and Normative Features*. Stanford: Standord University Press.
- Angell, Norman. 1910. *The Great Illusion: A Study of Military Power in Nations to Their Economic and Social Advantage*. New York and London: G. P. Putnam's Sons.
- Aggarwal, Vinod K., and Lee Seungjoo. 2010. *Trade Policy in the Asia-Pacific: The Role of Ideas, Interests, and Domestic Politics*. N. Y.: Springer.
- Aggarwal, Vinod K., and Govella Kristi. 2013. *Linking Trade and Security: Evolving Institutions and Strategies in Asia, Europe, and the United States*. N. Y.: Praeger.
- Alagappa, Muthia. 2002.〈Introduction: Predictability and Stability Despite Challenges〉. in Muthia Alagappa, ed. *Asian Security Order: Instrumental and Normative Features*. Stanford: Stanford University Press.
- Baker, James A. 1991.〈America in Asia: Emerging Architecture for a Pacific Community〉. *Foreign Affairs vol*. 70, no. 5. Winter.
- Baldwin, David A. 1985. *Economic Statecraft*. Princeton: Princeton University Press.
- Baldwin, David A., and Helen V. Milner. 1992.〈Economics and Security〉. in Henry Bienen, ed., *Power, Economics, and Security: The United States and Japan in Focus*. Boulder, Colo.: Westview Press.
- Barbieri, Katherine, and Jack S. Levy. 1999.〈Sleeping with the Enemy: The Impact of War on Trade〉. *Journal of Peace Research vol*. 36, no. 4.
- Bitzinger, Richard A., and Barry Desker. 2008.〈Why East Asian War Is Unlikely〉. *Survival: Global Politics and Strategy vol*. 50, no. 6.
- Blanchard, Jean-Marc F., Edward D. Mansfield, and Norrin M. Ripsman. 1999.〈The Political

Economy of National Security: Economic Statecraft, Interdependence, and International Conflict⟩. *Security Studies vol.* 9, no. 1~2.

- Christensen, Thomas J. 2006. ⟨Fostering Stability or Creating a Monster? The Rise of China and US Policy Toward East Asia⟩. *International Security vol.* 31, no. 1. Summer.

- Feigenbaum, Evan A., and Robert A. Manning. 2012. ⟨A Tale of Two Asias⟩. Foreign Policy Internet Version http://www.foreignpolicy.com/

- Friedberg, Aaron L. 1991. ⟨The Changing Relationship Between Economics and National Security⟩. *Political Science Quarterly vol.* 106, no. 2. Summer.

- Friedberg, Aaron L. 1993~1994. ⟨Ripe for Rivalry: Prospects for Peace in a Multipolar Asia⟩. *International Security vol.* 18, no. 3. Winter.

- Calder, Kent E. 2004. ⟨Securing Security Through Prosperity: the San Francisco System in Comparative Perspective⟩. *The Pacific Review vol.* 17, no. 1. March.

- Cohen, Benjamin J. 2012. ⟨Finance and Security in East Asia⟩. in Avery Goldstein and Edward D. Mansfield, eds., *The Nexus of Economics, Security, and International Relations in East Asia.* Stanford: Stanford University Press.

- Cossa, Ralph A., and Jane Khanna. 1997. ⟨East Asia: Economic Interdependence and Regional Security⟩. *International Affairs vol.* 73, no. 2. April.

- Gartzke, Erik., Quan Li, and Charles Boehmer. 2001. ⟨Investing in the Peace: Economic Interdependence and International Conflict⟩. *International Organization vol.* 55, no. 2. Spring.

- Gartzke, Erik and Yonatan Lupu. 2011. ⟨Economic Interdependence and the First World War⟩. typescript.

- Gilpin, Robert. 1987. *The Political Economy of International Relations.* Princeton: Princeton University Press.

- Gilpin, Robert. 1992. ⟨The Economic Dimension of International Security⟩. in Henry Bienen, ed., *Power, Economics, and Security: The United States and Japan in Focus.* Boulder, Colo.: Westview Press.

- Goh, Evelyn. 2009. ⟨Hegemony, Hierarchy and Order⟩. in William T. Tow, ed., *Security Politics in the Asia-Pacific: A Regional-Global Nexus.* Cambridge: Cambridge University Press.

- Goldstein, Avery, and Edward D. Mansfield., eds. 2012. *The Nexus of Economics, Security, and International Relations in East Asia.* Stanford: Stanford University Press.

- Goldsmith, Benjamin E. 2007. ⟨A Liberal Peace in Asia?⟩. *Journal of Peace Research vol.* 44, no. 1. January.

- Gowa, Joanne, and Edward D. Mansfield. 1993. ⟨Power Politics and International Trade⟩. *American Political Science Review vol.* 87, no. 2. June.

- Harris, Stuart. 1995. 〈The Economic Aspects of Security in the Asia/Pacific Region〉. *Journal of Strategic Studies vol.* 18, no. 3.
- Harris, Stuart, and Andrew Mack. 1997. 〈Security and Economics in East Asia〉. in Stuart Harris and Andrew Mack, eds., *Asia-Pacific Security: The Economics-Politics Nexus*. Allen & Unwin.
- Hirschman, Albert. 1980. *National Power and the Structure of Foreign Trade*. Berkeley and L. A.: University of California Press.
- Ikenberry, John G. 2004. 〈American Hegemony and East Asian Order〉. *Australian Journal of International Affairs vol.* 58, no. 3. September.
- Johnston, Iain. 2003. 〈Socialization in International Institutions: The ASEAN Way and International Relations Theory〉. In G. John Ikenberry and Michael Mastanduno, eds. *International Relations Theory and the Asia Pacific*. N. Y.: Columbia University Press.
- Jones, David M., and Michael L. R. Smith. 2007. 〈Constructing Communities: The Curious Case of East Asian Regionalism〉. *Review of International Studies vol.* 33, no. 1. January.
- Kahler, Miles. 2012. 〈Regional Economic Institutions and East Asian Security〉. in Avery Goldstein and Edward D. Mansfield, eds. *The Nexus of Economics, Security, and International Relations in East Asia*. Stanford: Stanford University Press.
- Keohane, Robert O. 2002. 〈Introduction: From Interdependence and Institutions to Globalization and Governance〉. in Robert O. Keohane, ed., *Power and Governance in a Partially Globalized World*. London and N. Y.: Routledge.
- Keohane, Robert O. 2002. 〈International Liberalism Reconsidered〉. in Robert O. Keohane, ed., *Power and Governance in a Partially Globalized World*. London and N. Y.: Routledge.
- Kirshner, Jonathan. 1998. 〈Political Economy in Security Studies After the Cold War〉. *Review of International Political Economy vol.* 5, no. 1. Spring.
- Kivimaki, Timo. 2010. 〈East Asian Relative Peace-Does It Exist? What Is It?〉. *The Pacific Review vol.* 33, no. 4. September.
- Koo, Min Gyo. 2009. 〈The Senkaku/Diaoyu Dispute and Sino-Japanese Political-Economic Relations: Cold Politics and Hot Economics?〉. *The Pacific Review vol.* 22, no. 2. May.
- Krasner, Stephen D. 1976. 〈State Power and the Structure of International Trade〉. *World Politics vol.* 28, no. 3. April.
- Levy, Jack S. 1989. 〈The Causes of War: A Review of Theories and Evidence〉. in Philip E. Tetlock, et. al. eds., *Behavior, Society, and Nuclear War vol.* 1. Oxford: Oxford University Press.
- Mansfield, Edward D., Jon C. Pevehouse, and David H. Bearce. 1999. 〈Preferential Trading Arrangements and Military Disputes〉. *Security Studies vol.* 9 no. 1~2.
- Mansfield, Edward D., and Jack Snyder. 1995. 〈Democratization and War〉. *Foreign Affairs*

vol. 73, no. 3. May/June.

- Mastanduno, Michael. 1998. 〈Economics and Security in Statecraft and Scholarship〉. *International Organization vol.* 52, no. 4. Autumn.
- McMillan, Susan M. 1997. 〈Interdependence and Conflict〉. *Mershon International Studies Review vol.* 41, no. 1. May.
- Nesadurai, Helen E. 2009. 〈Is Depoliticized Functional Cooperation the Key to Advancing Cooperation in East Asia? Lessons from East Asian Financial Cooperation〉. in See Seng Tan, ed., *Collaboration Under Anarchy: Functional Regionalism and the Security of East Asia RSIS Monograph* No. 15.
- Pempel, T. J. 2010. 〈Soft Balancing, Hedging, and Institutional Darwinism: The Economic-Security Nexus and East Asian Regionalism〉. *Journal of East Asian Studies* 10.
- Pempel, T. J. 2012. *Economy Security Nexus in Northeast Asia*. London: Routledge.
- Pevehouse, Jon C. 2004. 〈Interdependence Theory and the Measurement of International Conflict〉. *Journal of Politics vol.* 66, no. 1.
- Ravenhill, John. 2009. 〈The Economics-Security Nexus in the Asia-Pacific Region〉. in William T. Tow ed., *Security Politics in the Asia-Pacific: A Regional-Global Nexus*. Cambridge: Cambridge University Press.
- Ravenhill, John. 2013. 〈Economics and Security in the Asia Pacific Region〉. *The Pacific Review vol.* 26, no. 1.
- Richardson, James L. 1997. 〈The Declining Probability of War Thesis: How Relevant for the Asia-Pacific?〉. in Stuart Harris and Andrew Mack, eds., *Asia-Pacific Security: The Economics-Politics Nexus*. Allen & Unwin.
- Ross, Robert S. 2003. 〈The US-China Peace: Great Power Politics, Spheres of Influence, and the Peace of East Asia〉. *Journal of East Asian Studies vol.* 3, no. 3.
- Solingen, Etel. 2007. 〈Pax Asiatica versus Bella Levantina: The Foundations of War and Peace in East Asia and the Middle East〉. *American Political Science Review vol.* 101, no. 4. November.
- Stubbs, Richard. 2000. 〈Signing on to Liberalization: AFTA and the Politics of Regional Economic Cooperation〉. *The Pacific Review vol.* 13, no. 2.
- Taylor, Brendan, and Bruce Buckham. 2006. 〈Economics and Security〉. in Robert Ayson and Desmond Ball, *Strategy and Security in the Asia-Pacific*. NSW: Allen & Unwin.
- Tønnesson, Stein. 2009. 〈What Is It That Best Explains The East Asian Peace Since 1979? A Call for a Research Agenda?〉. *Asian Perspective vol.* 33, no. 1.
- Tow, William T. ed. 2009. *Security Politics in the Asia-Pacific: A Regional-Global Nexus*. Cambridge: Cambridge University Press.
- Waltz, Kenneth. 1979. *Theory of International Politics*. McGraw-Hill Inc..

- Wan, Ming. 2003. 〈Economic Interdependence and Economic Cooperation: Mitigating Conflict and Transforming Security Order in Asia〉. in Muthiah Alagappa, ed., *Asian Security Order: Instrumental and Normative Features*. Stanford: Stanford University Press.
- Wan, Ming. 2010. 〈The Domestic Political Economy of China's Preferential Trade Agreements〉. in Vinod K. Aggarwal and Lee Seungjoo, eds, *Trade Policy in the Asia-Pacific: The Role of Ideas, Interests, and Domestic Politics*. N. Y.: Springer.
- White, Hugh. 2011. 〈Power Shift: Rethinking Australia's Place in the Asian Century〉. *Australian Journal of International Affairs vol.* 65 no. 1.
- Wu, Xinbo. 2012. 〈The Spillover Effect of the ASEAN-Plus-Three Process on East Asian Security〉. in Avery Goldstein and Edward D. Mansfield., eds. *The Nexus of Economics, Security, and International Relations in East Asia*. Stanford: Stanford University Press.

전후 일본 정치경제 시스템과 구조개혁론

| 이정환(서울대학교) |

* 본 장은 《일본연구논총》 제44호에 게재된 필자의 논문을 저서 형식에 맞추어 편집한 글이다.

I. 서론

본 장은 전후 일본 정치경제 시스템의 연속과 변화를 경제정책 자체보다는 경제담론을 통해 살펴보고자 한다. 경제담론을 분석하는 것은 정책 결정자들의 정책선호 배경을 이해하는 데 중요하다는 점에서 의의가 있다(寺西重郎 2013, 2). 본 장은 전후 일본 정치경제 시스템의 변화를 주장하는 구조개혁론이 전후 일본의 정치경제 체제에 어떠한 변화를 주장하고 있으며, 이러한 구조개혁론에 대한 대항담론의 대립 구도가 1990년대에서 2010년대에 어떻게 변화하였는지를 살펴보고자 한다. 1990년대에는 구조개혁론과 점진개선론[1]의 대립 구도가 장기불황 원인에 대한 논쟁 속에 존재하였다. 이 당시 대립 구도의 초점에는 성장 국면으로 어떻게 돌아갈 것인가에 대한 방법론적 대립의 성격이 존재했다. 반면에 최근 2010년대 구조개혁론에 대한 대항담론들은 탈성장 관점에서 성장 지향의 구조개혁론과 대립하고 있다.

1990년대 거품경제 붕괴 이전까지 비교적 관점에서 전후 일본은 고도성장과 공평한 사회재분배에 성공한 사례로 간주되었다. 효율성과 형평성의 가치에서 일본의 성과가 비교 집단(다른 서구 선진국들)에 비해 우수하다는 인식은 긍정적 관점의 일본적 모델을 찾으려는 노력으로 연결되었고, 이에 전후 일본 정치경제 시스템의 특수성이 무엇이고, 왜 효과적이었는가 하는 질문이 일본 정치경제 연구의 중심에 있었다. 하지만 1990년대 이래 20여 년간 장기불황 속에서 일본적 모델에 대한 긍정적 인식은 비효율성을 축으로 하는 부정적인 인식으로 변화되었고, 구조개혁론이 전후 일본 정치경제 시스템에 대한 이해의 중심으로 굳건히 자리 잡게 되었다.

구조개혁론은 일본 경제에 대한 담론 체계에서 주류적 위치에 서는 한편, 경제정책 방향성에도 크게 영향을 주었다. 구조개혁론은 비효율성의 관점에서 전후 일본 정치경제 시스템을 인식하고, 전후 일본 정치경제 시스템의 하위 시스템이라 할 수 있는 규제 중심의 정부 개입, 고용과 공공사업 중심의 재분배 체제, 일본형 기업 시스템, 일본형 고용제도의 각 부분이 효율을 낳을 수 있는 시대적 소명을 다했으며, 일본이 보다 '보편적' 제도를 도입하여야 한다고 주장한다. 구조개혁론은 전시경제체제의 유산인 전후 일본 정치경제 시스템이 고도성장기에는 효과적으로 작동하였지만 세계화된 시대에는 작동할 수 없다고 본다. 하지만 1990년대 장기불황을 전후 일본 정치경제 시스템의 실패로 파악하는 구조개혁론에 대해 불황의 원인이 시스템적 문제가 아니라는 점진개선론의 반론이 존재한다. 점진개선론에는 전후 일본 정치경제 시스템의 긍정적 성격을 인정하는 측면이 있다. 구조개혁론과 점진개선론은 1990년대 이후 일본 각 정권의 경제정책 방향에 크게 영향을 준다. 특히 2000년대 초반 고이즈미 준이치로小泉純一郎 정권은 구조개혁론의 정책 방향성을 경제정책에 가장 크게 반영하였다.

2000년대에 들어서 구조개혁론은 일본의 경제담론 논의에서 주류적 위치를 확실하게 차지하였다. 하지만 불황의 장기화가 구조적으로 극복될 수 없는 문제라는 인식 속에서 탈성장 담론이 등장하였다. 구조개혁론과 대립 구도를 형성하고 있는 탈성장 담론은 성장이 더 이상 '정상' 상태가 아님을 인정하자는 면에서, 성장의 '정상' 상태로 돌아가고자 하는 구조개혁론과 대립된다. 탈성장 담론은 사회연대적 탈성장 담론과 보수주의적 탈성장 담론으로 나뉠 수 있는데, 이러한 담론들은 구조개혁론이 주장하는 성장을 위한 제도 개혁의 문제점에 대한 비판을 제기하고 있다.

본 장에서 주된 연구 대상은 지난 20여 년 동안 존재했던 일본 경제의 현황과 문제점, 개선 방향에 대한 일본 국내외의 담론이다. 본 장은 구조개혁론, 점진개선론, 사회연대적 탈성장 담론, 보수주의적 탈성장 담론이 어떻게 전후 일본 정치경제 시스템을 바라보고 있는지를 주로 살펴보고자 한다. 하지만 전후 일본 정치경제 시스템에 대한 각 담론의 총론적 입장을 분석하는 것은 지양한다. 전후 일본 정치경제 시스템은 여러 공식적·비공식적 제도적 기제의 보완적 총체라 할 수 있다. 각 경제담론들은 전후 일본 정치경제 모델의 하위 제도 기제에 대해 총체적 부정 또는 수용의 자세를 가지고 있지 않으며, 선별적 수용 태도를 보이고 있다. 따라서 본 장에서는 각 경제담론들의 전후 일본 정치경제 모델의 하위 제도 기제에 대한 선별적 수용의 조합을 분석하여, 이를 통해 각 경제담론이 그리는 일본의 정치경제 시스템의 문제점과 개선 방향에 대한 보다 입체적 분석을 시도한다.

본 장의 구성은 다음과 같다. II절에서는 전후 일본 정치경제 시스템의 하위 기제들의 성격에 대해 살펴보고, III절에서는 1990년대 구조개혁론의 전후 일본 정치경제 시스템에 대한 비판 논리와 구조개혁론에 대한 대항담론으로서의 점진개선론의 주장을 살펴볼 것이다. IV절에서는 구조개혁론과 점진개선론이 지난 20여 년간 경제정책에 어떤 영향을 주었는지를 살펴볼 것이다. V절에서는 구조개혁론에 대한 최근의 대항담론들이 전후 일본 정치경제 모델의 하위 제도들에 대해서 어떠한 선별적 수용의 입장을 보이고 있는지를 분석할 것이다.

II. 전후 일본 정치경제 시스템

전후 일본 정치경제 시스템의 특성을 분석하는 것은 일본식 모델을 찾는 노력의 일환이다. 비교적 관점에서 일본의 공식적 · 비공식적 제도가 일본의 경제성장을 견인했다는 인식하에 일본적 모델을 유형화하는 노력의 시도이다. 이러한 시도는 일본의 경제 상황에 따라 긍정적 특수성을 찾는 시도로 연결되거나 부정적 특수성을 찾는 노력으로 연결된다. 물론 특수한 유형으로서 일본적 모델을 분석하려는 노력은 주로 미국적 시스템과의 차이를 찾는 방법을 통하기 때문에 일정한 한계를 지닌다고 볼 수 있지만, 특수한 일본적 모델로서 전후 일본 정치경제 시스템은 비교 정치경제론에서 하나의 유형으로 정립되어 이해되고 있다(Wilensky 2002, 89~91).

전후 일본 정치경제 시스템을 구성하는 하위 조합을 이해하는 데 있어서 데라니시 주로寺西重郎의 시도는 하나의 전형을 제시한다. 그는 경제 시스템을 정부와 시장의 역할 분담, 민간 부분의 경제 시스템, 정부와 민간의 인터페이스의 세 하위 시스템 사이의 상호보완적 총합적 체계로 파악하고 있다. 전후 고도성장기의 각 하위 시스템은 다음과 같은 특징을 갖는 것으로 분석된다. 정부와 시장의 역할 분담은 전후 일본에서 규제를 중심으로 하는 정부 개입의 성격을 지니고 있었고, 민간부분의 경제 시스템은 전후 일본에 일본형 기업 시스템과 은행 중심 시스템으로 나타났으며, 정부와 민간의 인터페이스는 전후에 산업 이해의 조정 시스템을 중심으로 이루어졌다는 것이다(寺西重郎 2013, 4). 하지만 이러한 세 하위 시스템은 일본형 고용제도의 특성과 재분배 기제에서 정부의 역할을 포괄하지 못하는 한계를 지닌다. 따라서 본 연구에서는 1) 정책 결정 과정의 성격, 2) 기업 지배 구조의 성격, 3) 고용제도의 특성, 4) 재분배 기제의 특성 등 네 부분으로 전후 일본 정치경제 시스템을 서술할 것이다.

정책 결정 과정에서 일본은 발전 국가developmental state로 상징되는 관료 주도 거버넌스가 일본적 모델로 부각된다. 또한 간접금융 위주의 자본조달, 메인뱅크 시스템, 게이레츠系列로 상징되는 기업 지배 구조와 종신고용, 연공서열, 기업노조로 상징되는 고용제도에서 전후 일본 정치경제 시스템의 특수성이 보인다. 더불어 재분배 기제에서는 복지정책이 아니라 고용과 지역을 통한 간접적 생활 보장의 특수한 모델이 발견된다.

1. 관료 주도 거버넌스

시장에 대한 정부 개입은 제2차 세계대전 이후 일본의 특수성이라기보다는 서구 선진국의 보편적 현상이었다. 국제무역 레짐에서 자유무역의 진전을 위한 관세 인하와 비관세 장벽 완화를 추구한 반면에 국내 경제정책에서는 정부의 적극적 개입이 양해되어 왔었다(Ruggie 1982). 시장에 대한 정부 개입 그 자체보다는 중앙 관료에 의한 계획과 규제를 통한 민간 부분의 투자와 생산에의 적극적 관여라는 성격이 시장에 대한 정부 개입의 일본적 특수성의 핵심이라 볼 수 있다.

찰머스 존슨Chalmers Johnson의 발전 국가론은 시장에 대한 정부 개입의 일본적 특수성을 산업정책을 통해 밝힌 대표적 성과이다(Johnson 1982). 그는 발전 국가의 핵심 성격을 시장 합리성market rational과 계획 이념성plan ideological 사이의 계획 합리성plan rational으로 보았다. 이는 시장 메커니즘에 따라 작동하는 미국과 사회주의 계획경제에 입각한 당시 소련의 경제체제와는 다른 일본적 특수성을 유형화하는 시도이다. 계획 합리성은 시장을 경제 운영의 핵심 원리로 수용하지만, 정부는 국가 경제의 계획자로 기능하는 형태를 의미하며, 미국과 소련의 경제 운영과 차별화되는 일본적 모델의 핵심적 요소이다.

발전 국가의 핵심 행위자는 중앙관료이다. 시장원리를 인정한 가운데, 경제 과정에 정부가 계획자로서 강력하게 개입하기 위해서는 경제성장의 필요성과 긴급성에 대한 국가적 합의가 필수이다. 존슨은 일본에서 전후 경제성장에 대한 국가적 차원의 합의는 관료들에 대한 권한의 인정으로 연결되고, 이 과정에서 정치인들로부터 관료들의 실질적 자율성이 확보된다고 주장하였다(Johnson 1999, 50~54). 일본에서 산업정책은 통상산업성通商産業省에 의해 주도되며, 금융과 재정에서는 대장성大蔵省의 민간 부분에 대한 지도가 경제정책의 중심에 있었다. 소규모 엘리트 그룹인 관료들이 국가 전체적 경제성장에 대한 계획을 입안하고 이를 기업들에 부과하는 형태이다. 관료 주도성은 '행정지도 行政指導'를 통해 작동한다. 행정지도는 관료와 기업 사이의 다양한 차원의 소통을 통해 가능하였으며, 관료와 소통을 위해 기업은 업계단체를 통해 각 산업 부분별로 관료와의 관계를 강화하였다(寺西重郎 2013, 252~255).

물론 이와 같은 관료 주도 거버넌스에 대해 반론도 존재한다. 전전의 관료 통제의 연속성에서 전후 일본의 정책 거버넌스를 이해하려는 존슨의 시도에 대해서, 이노구치 다카시의 '관료 주도 대중 포괄 다원주의', 사토 세이자부로와 마츠자키 테츠히사의 '채널화된 다원주의', 무라마츠 미치오와 엘리스 크라우스의 '패턴화된 다원주의', 아오키 마사히코의 '관료적 다원주의', 오타케 히데오의 '조합주의', T. J. 펨펠과 츠네가와의 '노동 없는 조합주의' 등의 개념 제시는 관료 단독의 거버넌스가 아니라는 차원에서 존슨의 발전 국가론에 대한 반론의 성격을 담고 있다(猪口孝 1983; 佐藤誠三郎·松崎哲久 1986; Muramatsu and Krauss 1987; Aoki 1988; 大嶽秀夫 1999; Pempel and Tsunekawa 1979). 하지만 이들 모두 전후 일본 정치경제 시스템에서 관료의 중요성이 적다는 것을 의미하지는 않는다. 부분적으로 관료가 아닌 정치인이 정책 결정 과정의 우위에 있다는 것을 주장하고 있으나 전후체제가 확립된 고도성장 시절에 관료 주도 거버넌스가 일본적 특성이라는 것은 부인하기 어렵다.

2. 일본형 기업 지배 구조

전후 시대 일본 기업들의 주된 자본조달 방법은 은행으로부터 차입을 통한 간접금융이었다. 간접금융을 매개로 한 메인뱅크 시스템이 일본형 기업 지배 구조의 형성에 핵심적인 역할을 하였다. 메인뱅크 시스템은 특정 은행이 특정 기업의 자금 조달에 있어서 가장 중요한 역할을 수행하는 체제이다. 기업이 장기적이고 지속적으로 가장 많은 융자를 받고 있는 은행이 그 기업의 메인 뱅크가 된다. 이를 통해 일본 기업들은 장기적이고 지속적인 자본조달의 안정적 확보가 가능하였다. 메인뱅크는 대상 기업에 최대의 융자를 수행하여, 장기적이고 계속적인 거래 관계를 유지하며 대상 기업의 채권발행과 관련된 업무를 수행할 뿐만 아니라 대상 기업의 주식도 보유하여 기업들의 안정적 지배 구조 확보에 결정적 역할을 수행하였다(寺西重郎 2013, 218~228).

국제적으로 비교해 볼 때, 일본의 기업 지배 구조는 확연하게 다르다. 미국의 경우, 주주의 이익을 중요시하는 전통적인 기업관 속에서 은행 등 금융기관과 기업 간에 서로 소유와 지배관계가 없는 독립적인 관계를 형성하였다. 독일의 경우에는 주주의 권한이 미국보다 낮지만 노동자의 감사회 참가로 인한 주주의 지배권과 경영자의 경영권에 일정한 제약이 존재했다(송지영 2013, 156~157). 일본의 경우에는 경영자에 대한 주주의 감시와 통제가 미약하고, 경영자에 의한 강한 지배권이 확립되어 있었다. 그 배경에는 주식 소유면에서 은행 등의 법인주주들에 의한 공동 지배가 존재한다. 즉 기업금융과 기업 지배 구조 사이의 제도적 상호보완성institutional complementarity[2]이 발전하여 왔다.

경영자의 기업 지배를 보장해 주는 수단은 주식 상호 보유와 안정 주주이다. 법인 사이의 주식 상호 보유를 의미하는 주식 상호 보유는 대부분 다른 법인들이 해당 법인의 경영에 적극적인 참여를 하지 않는 경우가 일반적이어서, 경영자들의 장기적 경영 장악에 도움이 되었다. 특정 기업의 경영권에 제3자가 매수로 혼란을 야기하지 못하게 하는 안전장치로서 우호적 주주의 지분을 안정적으로 확보하는 데 도움을 주는 안정 주주는 주로 금융기관(메인 뱅크)과 다른 기업들이었다(寺西重郎 2013, 214~218). 주식 상호 보유와 안정 주주를 핵심으로 하는 전후 일본의 기업 지배 구조는 법인 자본주의로 불린다(송지영 2013, 158~159). 법인 자본주의는 전후 개혁에서 재벌 해체 과정에서 주식이 분산되면서 이를 관계 회사들이 보유하면서 형성되었고, 고도성장기에 금융기관과 다른 기업들이 신규 발행 주식을 적극적으로 인수하면서 발전하였다.

이러한 법인 자본주의에서 눈에 띄는 존재가 게이레츠이다. 자이바츠 해체 후 등장한 게이레츠는 게이레츠 내 기업들 사이의 주식 상호 보유로 얽혀 있었고, 그 게이레츠의 중심에 있는 도시 은행이 이러한 상호 보유관계의 핵심에 존재했다. 각 게이레츠 내에 여러 산업 분야에서 기업이 하나씩 소속되어 있는 원세트one-set주의가 확립되었으며, 한 달에 한 번 개최되는 사장회의를 통해 게이레츠 내 기업들 사이의 커뮤니케이션 기능을 발달시켰다. 사장회는 정기적인 정보 교환과 멤버 기업 사이 의사 결정의 조정 기능을 수행하였는데, 사장회 멤버 기업 사이에는 자금이나 재화, 서비스의 직접적인 거래는 물론 상호간의 경영 자주성 보장, 의사 결정에 필요한 정보 교환, 위험 분담 등이 이루어졌다(Flath 2005, 238~244).

물론 이러한 일본의 특수한 기업 지배 구조는 글로벌화와 거품경제 붕괴로 많이 완화되었음이 사실이다. 1970년대 이래로 자금 조달에서 은행 차입으로부터 다각화를 추구한 일본의 대기업들은 은행 의존도를 낮추었다. 거품경제 붕괴 이후에는 부실채권 처리가 제1순위 목표가 되면서 주식 상호 보유도 낮아지고 장기불황 속에 계속되는 최고 경영층의 권력 남용과 이에 대한 견제 감시의 부실에 대한 지적과 함께 일본 기업 지배 구조의 모순이 부각되었다(송지영 2013, 164~172). 또한 글로벌화 속에서 일본 대기업들이 현지화를 진척하면서 글로벌 스탠다드에 맞출 필요성도 증가하였다.

3. 일본형 고용제도

일본형 고용제도의 중심에는 정년까지 고용하는 의미의 종신고용제가 존재한다. 종신고용제는 정규 종업원인 경우 커다란 잘못이 없는 한 정년까지 고용된다는 암묵적인 계약이 자율적으로 준수되어 온 일본 고용제도의 핵심이다. 고용 조정이 필요할 경우에도 노동시간 조정이나 임금 조정을 주로 사용하였고 종업원 해고는 최종 수단이었다. 고용 실태의 국제 비교에서 일본의 평균 근속연수는 긴 편에 속한다. 하지만 일본이 지극히 예외적이라고 볼 수는 없다. 독일, 프랑스, 스페인 등에서도 긴 평균 근속연수가 확인되기 때문이다. 하지만 미국과 비교하면 일본의 평균 근속연수는 약 2배에 이른다는 점에서 종신고용제가 일본형 고용제도의 특성으로 파악되었다(Flath 2005, 313~315).

종신고용은 연공서열의 임금제도를 통해 보완된다. 연공서열은 노동자의 임금이 근무 연차, 연령에 따른 승진 시스템과 연계되어 장기근속이 노동자에게 유리한 임금제도이기 때문이다. 물론 연령이나 근무 연차에 대한 획일적인 임금체계는 아니며 개인적 편차도 존재한다. 하지만 연령이나 근속연수에 따라 '최저 보장선'을 설정하는 관행이 존재해 왔다. 연령급과 근속급의 비중을 일정하게 유지하는 한편, 직능급도 종신고용하에서 승진과 함께 근속급, 연령급과 동일한 추세로 상승하는 경향이 있다(Flath 2005, 316).

일본에서 종신고용과 연공서열이 발전한 이유에 대한 해석으로는 문화론적 해석도 존재한다. 일본 특유의 고용제도는 화和를 중시하는 일본의 문화에서 나온 산물이라는 주장이다. 하지만 이러한 문화결정론적 해석은 메이지·다이쇼 시대의 일반적 고용 패턴이 종신고용과는 거리가 멀다는 측면에서 설득력이 없다. 종신고용과 연공서열의 제도화에 대한 합리주의적 해석은 종신고용과 연공서열이 노동자들이 일반 기술general skill보다 기업 특화기술company-specific skill을 연마하는 인센티브를 제공한다는 것이다. 연공서열의 임금 구조는 어느 정도 숙련된 핵심 노동자들이 회사를 이직할 인센티브를 저하시킨다. 고용주는 노동자들에게 이러한 임금 구조를 제공함으로써 노동자들의 충성심과 기술 숙련도를 고도화할 수 있으며, 이를 통해 인적 자원의 효율적 관리가 가능하다는 것이다(Flath 2005, 317~318).

이러한 일본 특유의 고용제도는 일본 근대화의 시작과 함께 형성된 것은 아니다. 메이지 시대, 일본의 노동시장은 매우 개방적인 편이었다. 회사들은 브로커 역할을 하는 보스를 매개로 해서 노동자들을 단기고용하는 성향이 존재하였다. 메이지 시대의 고용제도는 계약에 기초한 시장주의적 형태와 유사하다(Gordon 1985). 종신고용, 연공서열 등의 제도들은 전시경제 시에 진전되어 전후 고도성장 시절에 완성되었다고 주장된다.

한편 일본의 노동조합은 기업 단위로 조직화되는 특징을 지닌다. 기업별 노동조합이 직능별, 산업별 노동조합으로 결집되는 응집력이 약했다. 기업노조는 노동운동이 상정하는 총노동의 세력화와는 반대로 특정 기업에서 전문화된 기술을 지닌 종업원들의 이해관계만을 대변하는 형태로 발전하였다. 전후 한때 큰 힘을 발휘하던 전국 단위의 노동조합이 힘을 잃은 후 기업노조는 종신고용, 연공서열과 함께 일본형 고용제도의 중요한 특징으로 자리 잡았다.

하지만 종신고용과 연공서열은 고도성장 시절에도 일본 노동시장의 전체를 아우르는 제도는 아니었다. 종신고용과 연공서열은 주로 일본 대기업의 남성 노동자들에 국한되어 적용되어 왔다. 고도성장 시절에도 종신고용과 연공서열이라는 일본 고유의 고용제도 밖에 존재하던 노동자층이 여성 노동자를 중심으로 존재하여 왔다. 이는 이중노동시장이 단지 최근의 현상만은 아님을 의미한다(Flath 2005, 330~334). 하지만 장기고용 개념의 희석과 비정규직 확대는 일본에서 이중노동시장 문제를 본격화하게 만들고 있다.

4. 일본형 재분배 시스템

전후 일본의 소득 재분배 메커니즘에서 복지 프로그램을 통한 사회보장은 중심적이지 않았다. 저복지·저부담의 사회보장 체제를 유지하면서 정부의 복지 지출은 비교적 최소화하여 왔다. 대신에 기업고용을 통한 생활 보장과 농업·자영업자·중소기업·지역 등을 대상으로 하는 재정 지출이 소득 재분배에 중심적 역할을 수행하였다. 산업정책과 고용제도를 통해 임금노동자들을 산업과 기업에 묶고, 지역정책을 통해 자영업자들을 지역 경제에 연결시키면서, 임금노동자들과 자영업자들의 실질 소득을 증가시키는 국가정책이 일본의 고도성장 시절의 생활보장 체계의 특수성이다(미야모토 타로 2011).

전후 일본은 종신고용을 통한 소득 보장을 통해서 가장의 고용이 가족 전체의 생활을 담보하는 역할을 소득 재분배의 중심에 위치시켰다. 고도성장 속에서 가장의 고용이 일정한 안정성을 유지하는 한 사회보장 체제의 발전 없이도 고용 중심의 생활보장 체계는 사회 통합에 효과적으로 작동할 수 있었다. 기업 고용의 파급 효과는 정부가 선진적 산업 부분의 성장을 견인하고, 그 성과가 산업 내 모든 기업에 확산되는 것을 조정하며, 경쟁력이 부족한 산업 부분을 보조하고 지원하는 다양한 형태의 산업정책을 통해 산업 내와 산업 간 피고용인들의 임금 평준화를 유도하는 것을 토대로 한다(寺西重郎 2013, 265~271). 이러한 산업 내와 산업 간 이해 조정에 바탕을 두어, 일본의 기업들은 종신고용제와 연공서열제를 중심으로 하는 고용제도를 통해 임금노동자들의 안정적 기업 고착화를 추구하였다. 즉, 일본의 산업정책과 고용정책의 조합은 일본의 다수 임금노동자들을 기업에 묶어 두었다.

한편, 일본 소득 재분배 메커니즘에서 농업·자영업자·중소기업·지역 등을 대상으로 하는 재정 지출은 산업정책의 성과에서 배제되는 사회 부분에 대한 소득 수준 유지에 효과적으로 기능하였다(Calder 1988). 특히 지역정책을 통해 지역 간 균형 발전을 추구하여 지역 자영업자들의 소득 향상을 꾀하였고 이러한 지역정책의 결과는 지역 자영업자들의 소득 향상으로 이어졌다. 보편적 복지체계 대신, 지역 단위의 선별적 공공사업이 정치적 안정을 위한 소득 분배의 핵심 기제로 작동하게 되었다(DeWit and Steinmo 2002).

자민당 장기 지배 기간 동안, 산업 발전이 더딘 지역에 대한 공공투자가 매우 크게 진전되었다. 하지만 이러한 지역에의 공공투자를 중심으로 하는 토건국가의 등장은 이익 유도 정치와 함께 발전하였다(김은혜 2015). 집중 개발에서 산업 분산으로의 정책 전환은 다나카 가쿠에이 田中角栄가 정권을 잡은 1970년대에 본격화되었고, 다나카 가쿠에이의 《일본열도개조론》은 이러한 지역 균형 발전을 통한 재분배 전략을 상징한다. 다나카 정권 이후 이러한 지역 중심의 공공투자는 정치적 필요성 속에서 계속 증가하면서, 불황기에 적극적 재정정책의 핵심 대상으로 지속되었다. 증가하는 공공투자의 최대 수혜자는 건설업이었고, 공공사업이 건설업을 매개로 지방경제로 흘러가는 경제 효과가 지방 경기의 중요한 자원이 되었다.

III. 1990년대 구조개혁론과 점진개선론

1. 장기불황과 전후 일본 정치경제 시스템

긍정적 특수성 차원에서 인식되던 전후 일본 정치경제 시스템의 여러 특징에 대한 이해는 일본 경제가 혼란에 빠진 1990년대에 부정적 인식의 증가와 함께 변화하였다. 전후 일본 정치경제 시스템에 대한 부정적 특수성 인식은 구조개혁론으로 종합된다. 구조개혁론은 전후 일본 정치경제 시스템의 여러 특질들이 경제성장에 효과적으로 기능하던 시효가 만료되었으며, 잠재성장률 견인을 위해 기존 제도들에서 비효율성을 제거하는 개혁이 중요하다고 주장하였다. 구조개혁론의 관점에서는 더 이상 효율적이지 않은 전후 일본 정치경제 시스템의 문제는 전시경제와 이익 유도 정치에서 유래하는 체제의 특성에서 기인한다고 판단한다. 그리고 구조적 문제로 인한 경기 침체를 해소하기 위한 제도 개혁-전후 일본 정치경제 시스템의 해체-을 주장하였다. 하지만 일본의 경기 침체 원인을 구조적 문제가 아닌 정책 대응의 문제로 파악하는 정책실패론과 점진개선론이 구조개혁론과 대립되어 존재했다.

구조개혁론은 장기불황의 원인으로 구조 실패의 문제를 제기한다. 일본 경제 모델 자체가 1990년대 작동하지 않게 된 것을 근본적인 문제로 파악하고 있으며, 작동하지 않게 된 원인을 일본 경제의 환경 자체 변화에서 파악하고 있다(Dore 1999, 82~83). 노동력의 양적 팽창과 질적 성장이 한계에 도달하였고, 자본 투입이 높은 성장률을 보장하던 여건이 끝났기에 생산 요소의 측면에서 고도성장은 한계에 직면하였다는 것이다. 또한 수출을 통한 수요 창출도 일본의 통화가치 상승으로 한계가 있다는 것이다. 이러한 한계를 극복하기 위해서는 총요소 생산성을 중심으로 하는 혁신이 필요하고, 이러한 혁신을 위해서는 구조개혁이 필요하다는 것이다(Katz 2003). 즉, 고도성장 시절에 적합했던 정치경제 모델로서의 발전 국가는 한계에 도달하였고, 이를 해체하는 구조개혁을 통해 새로운 성장 동력을 확보해야 한다는 것이다. 특히 정부의 금융 부분에 대한 지나친 관여는 자본이 효율적으로 배분되는 것을 막고 있기 때문에 가장 중요한 개혁 과제로 간주되었다.

점진개선론이 정치경제 시스템 자체의 문제를 제기하고 있는 구조개혁론이 주장하는 개혁의 필요성에 대해서 부정하는 것은 아니다. 다만 시스템 개혁은 경기 침체 국면을 보다 악화시킬 요소이기 때문에 침체를 극복하는 효과적 재정·통화정책의 실행이 우선이라는 것에 방점을 둔다. 또한 장기불황의 원인을 구조가 아닌 부적절한 통화정책에서 찾고 있다. 거품경제 시절의 저금리 수준이 너무 지나쳤고, 부동산 경기 과열에 대한 대처로 도입된 총량 규제의 타이밍이 부적절했다는 것이다. 또한 1990년대 중반 경기 회복 조짐을 보일 때, 일본 정부가 경기 진흥의 통화정책에서 디플레 정책으로 너무 급하게 변화했다고 본다. 정책실패론은 정부의 과도한 개입이 아닌, 정부의 적절한 관리 실패로 장기불황을 파악하고 있다. 정책실패론의 관점에서 일본의 정치경제 시스템에 여러 문제가 있지만, 이러한 문제점들을 장기불황의 원인으로 볼 수 없다는 것이다(Posen 1988). 특히 구조개혁론은 일본의 경쟁력 약화 주장에 대해서 1990년대 일본 제조업 분야 기업들의 경쟁력이 저하되었다고 보기 어렵다고 반론한다. 이러한 판단과 결부되어 점진개선론은 점진적인 개혁이 아니라면 정치경제 시스템의 하위 제도들 간의 상호 보완성을 해쳐, 오히려 침체를 악화시킬 수도 있다는 점을 지적한다.[3]

전후 일본 정치경제 시스템에 대한 구조개혁론과 점진개선론의 대립 구도는 결국 일본적 모델 자체를 버려야 한다는 관점과 일본적 모델의 제도적 상호 보완성의 장점을 지켜 나가야 한다는 차이로 귀결된다. 이러한 관점의 차이는 전후 일본 정치경제 시스템의 기원에 대한 상반된 해석으로 연결된다.

2. 전시경제 유산에 대한 평가

구조개혁론은 전후 일본 정치경제 시스템의 기원을 전시 통제경제 체제에서 찾는다. 물론 전후 정치경제 시스템이 전전과 연속성에 있다는 관점은 보편적으로 받아들여지고 있다(Johnson 1982; 岡崎哲二·奧野正寬 1993). 하지만 구조개혁론자들이 전전과 전후의 연속성에서 강조하는 점은 전시경제체제와 그 이전 체제의 단절과, 전후 시스템의 특질적 성격이 전시경제에서 유래하고 있다는 점이다. 이러한 구조개혁론의 전후 일본 정치경제 시스템의 기원에 대한 주장은 노구치 유키오野口悠紀雄의 《1940年体制》로 대표된다(노구치 유키오 1996).

노구치 유키오는 관료 통제, 통제적 금융제도 등의 거시적 시스템과 미시적 차원의 기업 내 특질들(경영자 중심의 기업 지배 구조, 종신고용 등의 고용 제도) 모두 전시에 국가 자원을 총동원하기 위해 작동했던 통제경제체 제에서 기인하고 있다고 본다. 전쟁 전에는 정부와 기업 관계에서 관청 의 권한과 지도력이 처음부터 강력하지 않았으며, 기업 내부와 외부 모 두 경쟁적 시장 메커니즘이 작동하고 있었다고 본다(노구치 유키오 1996, 54~55). 그는 전시경제체제를 정상적 시장경제로부터의 이탈이라고 판 단하고 있으며, 이러한 전시경제체제의 특질들이 전후 개혁 과정에서 관료들의 권한과 지도력이 유지되는 가운데 존속하였다고 파악하고 있다(노구치 유키오 1996, 94~103). 1940년 체제의 이해는 일본 현대사 이해 에 대한 수정주의적 관점을 제공한다. 우선 전전경제에서 전시경제체 제와 그 이전 체제를 상이한 유형으로 구분하고 있으며, 전후체제가 전 전체제로부터 단절적이라는 것을 부정하고 있다. 구조개혁론자들은 '정상적' 전전체제와 전시경제를 분리해서, 전시경제 유산이 지속되고 있는 전후 일본 정치경제 시스템에서 벗어날 필요성이 있다고 주장한 다(노구치 유키오 1996, 7).

일본 현대사에 대한 구조개혁론자들의 이러한 관점에 대해서 다음 과 같은 문제 제기가 가능하다. 우선 메이지 시대부터 지속되어 온 식 산흥업의 관점에서의 산업정책, 부국강병의 이데올로기 아래에서의 산업입국 경향이 전시경제의 통제경제와 다른 유형인가 아니면 정도 의 차이인가의 문제이다(Gao 2000, 445). 또한 정부의 적극적인 시장 개입 은 후발 국가의 일반적 유형이며, 시장주의적 경쟁 체제가 보편적인 것 인가에 대한 의문이 제기된다(Chang 2002). 1940년 체제론은 다이쇼 시 대에 서구제도 수용에 높은 가치를 부여하던 올드 리버럴리스트의 사고와 동일한 맥락에서 이해될 수 있다(小熊英二 2002, 196~199).

또한 전시경제의 여러 특징들이 전후에 연속되었다는 것을 부정할 수 없지만, 전후 개혁과 고도성장 시절의 여러 제도들의 점진적 변화와 그 속에서의 변화된 성격을 완전히 부정할 수는 없다는 비판도 제기된다(Gao 2000, 445~447). 전시경제체제의 유산이 있는 것을 부정할 수는 없지만, 전후 일본 정치경제 시스템의 특질을 전시경제체제로 환원하는 것은 일본이 전후 오랫동안 발전시켜 온 시스템을 공격하기 위한 프로파간다적 성격도 있다는 지적이다.

3. 글로벌 스탠다드 대 상호 보완성

구조개혁론은 전시경제체제에서 유래하고 있으며 장기불황의 원인인 전후 일본 정치경제 시스템의 개혁은 글로벌 스탠다드 제도에 맞추어 일본 제도들을 바꾸는 것이라고 본다. 하지만 구조개혁론자들에게 글로벌 스탠다드가 일본의 현재 문제의 해결책으로 선택된 것인지, 아니면 글로벌 스탠다드에 대한 신념 속에 일본의 여러 제도들을 맞추어야 한다는 이념적 판단인지는 구분하기 어렵다(Dore 1999, 66). 글로벌 스탠다드 관점은 신고전주의 경제학의 이론적 모델을 정상적인 것으로 간주하고 거기에 가까운 미국의 정치경제 시스템을 글로벌 스탠다드로 파악하고 있다. 따라서 구조개혁론에 반대하는 자들은 글로벌 스탠다드가 무엇인지에 대해서 의문을 표하며, 글로벌 스탠다드의 주장은 각각 상이한 정치경제 시스템의 내부적 상호 보완적 제도 설계의 장점을 앗아 갈 것이라고 우려한다.

관료 주도 거버넌스, 일본형 기업 지배 구조, 일본형 고용제도는 구조개혁론자들에 의해 글로벌 스탠다드에서 벗어나 있는 것으로 간주된다. 구조개혁론의 글로벌 스탠다드를 주장하는 관점은 경쟁과 효율성의 가치를 중심으로 모든 정치경제 시스템이 동일화될 것으로 바라보는 수렴론적 세계관에 입각해 있다. 관료 주도 거버넌스에 대한 글로벌 스탠다드에 걸맞은 개혁은 규제 완화 주장으로 나타난다. 1990년대 규제완화론의 중심에 있던 대상은 금융 부분이다. 정부에 의한 권한과 지도력이 강했던 금융 부분이 낳은 부실채권 처리 문제는 규제 완화를 통해서 관료 주도 거버넌스를 탈각해야 한다는 주장이 널리 설득력 있게 받아들여진 배경이 된다(Dore 1999, 67). 또한 1990년대 관료사회의 여러 사건들과 결부된 대중의 관료 불신도 구조개혁론의 규제완화론이 일본 사회에 강하게 어필되었던 토대를 제공했다. 한편, 기업 지배 구조에서 주주 역할을 강조하는 개혁이 필요하다는 주장과 종신고용제도를 경직된 노동시장의 문제로 간주하던 주장이 함께 결부되어 제기되었다(Dore 1999, 77~80). 이러한 구조개혁론의 각론들은 관료 주도가 아닌 민간 자율, 경영자 중심이 아닌 주주 중심, 종신고용이 아닌 노동 유연성으로 정리된다. 그리고 이러한 주장들은 모두 일본적 모델의 미국적 모델로의 수렴을 의미한다.

구조개혁론에 대한 반론은 글로벌 스탠다드의 존재 자체에 대한 의문으로 제기된다. 시장경제 원리에 입각해 있는 자본주의 체제도 그 내부적 제도는 각자 상이하며, 글로벌 스탠다드론은 결국 미국적 제도들로의 수렴을 주장하는 이데올로기적 관점에 불과하다는 것이다(Gao

2000, 447). 환경 변화에 따라 특정 체제의 제도들의 변화가 필요하다는 것은 당연하지만, 그 변화의 방법이 미국적 제도의 수용이라는 것은 받아들일 수 없다는 관점이다. 나아가 특정 체제의 세부 제도들은 상호 보완적으로 연결되어 있기 때문에, 섣부른 개혁은 제도의 상호 보완성의 위기를 통해 체제 자체의 작동에 문제를 제공할 수 있다는 것이다. 더 나아가 글로벌 스탠다드로 간주되는 미국적 제도들이 일본적 제도에 비해 우수하다는 증거가 무엇이냐는 질문을 제기한다. 역설적이게도 금융 개혁에 적극적으로 관여했던 사카키바라 에이스케榊原英資는 글로벌 스탠다드에 반대하는 입장을 피력하였다. 그는 일본은 미국과 다르며 오히려 보다 긍정적인 요소가 많은 자본주의의 형태를 발전시켰다고 주장한다. 그는 사회통합과 형평성 같은 일본 자본주의의 긍정적 성격은 버릴 수 없다고 본다(榊原英資 1996).

구조개혁론과 점진개선론는 결국 일본적 모델을 부정적 특수성으로 파악하느냐 긍정적 특수성으로 파악하느냐의 대립 구도 속에 서 있다.

4. 일본형 재분배 시스템과 이익 유도 정치에 대한 평가

구조개혁론과 점진개선론이 전후 일본 정치경제 시스템의 성격에 대한 해석에서 부정적 특수성 인식과 긍정적 특수성 인식으로 갈리는 가운데, 하나의 부분에 대해서는 공통된 인식을 지니고 있다. 일본형 재분배 시스템에서 기인하고 있는 이익 유도 정치의 부정적 성격에 대해서는 양쪽이 동의하고 있다.

하지만 구조개혁론은 이익 유도의 부정적 영향보다는 재분배 시스템이 피할 수 없이 가지게 되는 비효율성에 대해 비판적이다. 재분배 시스템은 효율성의 관점에서 부정적이기 때문이다. 농업, 자영업자, 중소기업, 지역 사회에 대한 보호의 특징을 가지는 일본형 재분배 시스템뿐만 아니라 의료와 연금의 보편적 복지제도에서도 비효율성이 존재한다고 본다. 신자유주의의 자기 책임의 가치관에서 재분배 시스템은 최소한의 사회보장으로 축소되어야 하는 것이다. 구조개혁론은 성장 분야에 자원을 집중하여 성장을 회복하는 것을 가장 효과적인 재분배 방법으로 파악하고 있다(Gao 2000, 448).

재분배 시스템의 필요성에 대해 긍정하는 측에서는 일본형 재분배 시스템에 중첩되어 있는 이익 유도 정치에 대해 특히 비판적이다. 사회 통합과 형평성의 가치 차원에서 재분배 시스템은 필요하지만, 선별적 집단에 대한 정치적 차원의 혜택으로서의 재분배와 이에 대한 반대급부로서의 정치적 지지가 결부되어 있는 한, 일본형 재분배 시스템은 형평성과 효과성 모두에서 긍정적인 성격을 지니고 있다고 보기 어렵다. 특히나 이익 유도 정치의 중심에 있는 지역 사회에 대한 재분배는 수요 계산과는 거리가 먼 지방에 대한 여러 사회 인프라의 과잉 투자 문제를 낳는다. 토건국가로 상징되는 지방에 대한 과잉화된 공공사업은 다른 비교 대상 선진국에 비해서도 월등히 높으며, 이러한 공공사업과 관련된 재정 지출에 얽혀 있는 정치적 선택은 개인의 일탈이 아닌 제도화된 부패 문제를 낳는다(Sakakibara 35~37). 따라서 재분배 시스템의 효과성을 높이는 차원의 재분배 시스템의 개혁은 필요하며 이는 전후 일본 정치경제 시스템의 다른 요소들인 일본형 기업 지배 구조와 일본형 고용제도에 대한 긍정적 인식과는 별개로 여겨진다. 다만 이익 유도 정치에 대한 비판은 관료 주도 거버넌스가 정치인들의 이해관계와 결부되어 증폭되어 있다는 관점하에서 관료 주도 거버넌스에 대한 부정적 인식과 병행되었다.

IV. 경제담론과 경제정책

전후 일본 정치경제 시스템의 부정적 특수성 인식과 긍정적 특수성 인식을 배경으로 하는 구조개혁론과 점진개선론의 경제담론들은 1990년대 이래로 일본 정부의 경제정책의 성격에 투영된다. 이 두 관점은 1990년대와 2000년대 일본 정부의 장기불황 탈출의 경제정책 형성 과정에서 대립적인 담론을 제공하였다. 하지만 2001년 고이즈미 준이치로 정권이 들어서기 전까지 구조개혁론이 일본 정부의 경제정책에 적극적으로 반영되었다고 보기 어렵다. 1990년대에는 구조개혁을 통한 전후 정치경제 모델의 근본적 변화를 주장하는 관점이 경제정책에 대폭 반영되지 못했다.

1990년대 중반 하시모토 류타로橋本龍太郎 정권에서 금융 개혁을 중심으로 신자유주의적 구조개혁을 본격적으로 전개하려고 시도하였으나, 전후 일본 정치경제 시스템의 근본적 변화 자체를 가져오지는 못했다. 하지만 일본 정부가 1990년대 점진개선론에 입각한 일관된 기조를 지니고 경제정책을 수립·집행했다고도 보기 어렵다. 1990년대 일본 정부의 경제정책은 제도 변화 자체의 폭과 속도에 대한 구체적인 계획을 가지고 있었다기보다는, 재정정책을 중심으로 하는 단기적 경기 부양에 초점이 있었다. 물론 하시모토 정권에서의 금융 개혁은 구조개혁론의 과감한 개혁 노선에 입각해서 계획이 수립되었고, 가장 눈에 띄는 구조개혁론의 경제정책에의 반영 사례이다. 하지만 금융 개혁이 일본형 기업 지배 구조와 일본형 고용제도의 성격을 근본적으로 바꾸는 개혁으로 연결되지는 않았다. 더불어 구조개혁론과 점진개선론 모두 동의하는 일본형 재분배 시스템의 개혁에서 가장 핵심적인 공공사업 예산의 삭감은 선택되지 않았고, 반대로 단기적 경기 부양을 위해서 오히려 증가하는 양상을 보였다.

하지만 2000년대 이후에는 전후 정치경제 모델에 대한 구조개혁이 일본 경제정책에서 주류적 위치를 차지하게 된다. 2000년대 고이즈미 정권에서 구조개혁론은 경제정책의 중심에 자리 잡게 되었다. 자민당 총재 선거에서부터 구조개혁의 중요성을 강조하였던 고이즈미는 '구조개혁 없이는 성장 없다'는 슬로건 아래 전후 일본 정치경제 모델의 근본적 변화를 주장하였고, 다케나카 헤이조竹中平蔵를 중심으로 하는 구조개혁론자들의 자문 속에서 규제 완화와 노동시장의 유연화, 공공사업 예산 축소, 연금과 의료의 자기 부담 증가, 그리고 민영화를 통해서 전후 일본 정치경제 시스템의 변화를 실행에 옮겼다(竹中平蔵 2006). 일본 경제사에서 고이즈미 시대는 가장 순수한 형태의 구조개혁 경제정책이 실현되었던 시대로 볼 수 있다. 더불어 정부 주도로 상징되는 정치 위주의 정책 거버넌스를 작동시켰다(清水真人 2005). 정치인들의 정책 권한과 지도력은 1990년대 금융 개혁에서도 찾아볼 수 있지만, 관료 주도 거버넌스가 대폭적으로 약화되던 시기로 고이즈미 시대는 확고한 위상을 갖는다.

고이즈미 시대의 전형적 구조개혁론에 입각한 경제정책에 대한 반작용은 2000년대 후반 경제 격차에 대한 사회적 반감 속에서 반구조개혁론에 입각한 민주당의 보편적 복지노선으로 전개된다. 민주당의 보편적 복지노선은 관료 주도 거버넌스를 탈각하는 한편, 일본형 재분배 시스템을 보편적 재분배 시스템으로 변화하는 기조에 서 있었다(山口二郎 2007). 민주당 정권의 경제정책은 민주당의 원래 기조였던 탈관료화와 이익 유도 정치와 연관된 공공사업 중심의 기존의 재분배 시스템의 해체와 더불어 2000년대 중반 이후 강조하였던 보편적 성격의 재분배 시스템의 강화를 중심으로 설계되었다. 전후 일본 정치경제 시스템의 여러 특징적 성격에서의 변화 지향의 관점에서 판단하면, 민주당 정권은 구조개혁론의 상당 부분을 수용하고 있다. 하지만 민주당 정권의 경제정책 기조는 구조개혁론과 점진개선론의 대립 구도에서 해석하기 어렵다. 오히려 스스로 사용한 제3의 길-전후 일본 정치경제 시스템의 제1의 길, 고이즈미 구조개혁 노선의 제2의 길에 대한 대비-로써 새로운 모델을 제시하려 했다. 하지만 소비세 인상과 관련된 정책 혼선과 리더십의 문제에서 가시적인 변화를 가져오지 못했다.

민주당 정권 이후 2012년에 출범한 제2차 아베 신조安倍晋三 정권은 잘 알려져 있다시피 리플레이션파의 주장을 경제정책의 중심에 놓고 있다.[4] 리플레이션파의 경제 이론은 제도 개혁보다 디플레이션 탈피가 우선이라는 1990년대의 정책실패론의 연장선상에 있다고 볼 수 있다. 리플레이션파는 구조개혁의 필요성에 대해서 부정하지 않지만, 구조개혁의 속도와 폭은 경기 부흥에 장애가 되지 않는 선에서 조절되어야 한다는 관점에 서 있었다. 물론 아베노믹스에는 리플레이션파의 주장에 구조개혁론의 관점이 종합되어 있다. 아베노믹스의 제1의 화살인 양적 완화와 제2의 화살인 적극 재정은 리플레이션파의 관점에 기반을 두고 있고, 제3의 화살인 성장 전략은 구조개혁론의 관점에 서 있다. 구조개혁론과 리플레이션파의 정책 조합의 성격을 지니는 아베노믹스는 내부적 정합성에서 모순점을 지니고 있다. 그러한 모순점이 가장 두드러지게 드러나는 곳이 재정 건전이나. 리플레이션파는 재정 건전의 가치에 우선순위를 두지 않는 반면 구조개혁파는 재정 건전을 매우 중요하게 간주하고 있다. 이러한 재정 건전을 둘러싼 상이한 관점은 소비세 제2차 인상을 놓고 대립하였다. 아베 정권의 경제정책은 디플레이션 탈피 우선에 초점을 두고 있지만, 전후 일본 정치경제 시스템의 여러 제도들에 일관되지 않은 변화 지향성을 지닌다. 우선 아베 정권의 관저 중심의 정책 거버넌스의 영향력은 관료 주도 거버넌스의 최후의 보루로 보이던 재무성을 넘어서고 있는 것으로 보인다. 하지만 일본형 재분배 시스템은 재정 팽창 기조 속에 공공사업의 증가가 일어나면서 회귀적 양상을 보인다(小峰隆夫 2013, 59~88). 또한 일본형 고용제도의 개혁에 있어서는 유연한 노동시장으로의 변화와 임금 상승을 병행하는 점진적인 양상을 보인다.

경제담론은 각 정권의 경제정책에 영향력을 주지만 하나의 경제담론의 모든 내용이 한 정권의 경제정책에서 여러 분야의 정책 과제에 일관되게 적용되기는 어렵다. 구조개혁론의 순수한 형태의 적용으로 부를 수 있는 고이즈미 정권기의 경제정책을 제외하고, 모든 정권의 경제정책에는 전후 일본 정치경제 시스템의 여러 성격들의 변화와 유지에 대한 판단에 있어서 다양한 조합 형태가 나타나고 있다.

V. 구조개혁론의 대항담론으로서의 탈성장론

전후 일본 정치경제 시스템에 대한 차별화되는 인식 속에서 대립 구도를 이루었던 구조개혁론과 점진개선론은 일본이 성장으로 복귀하기 위한 방법론과 속도론에 있어서의 차이이다. 즉 목표로서의 일본 경제의 성장으로의 복귀를 부정하지 않는다. 하지만 일본의 향후 성장 가능성에 대한 회의적인 시각인 탈성장론이 대두되면서, 구조개혁론과 점진개선론의 차이점은 흐려졌다. 대신에 성장론 대 탈성장론의 대립 구도가 부각되고 있으며, 구조개혁론은 성장을 위한 제도 개혁으로 보다 넓게 사용되는 경향이 증가하고 있다. 이 과정 속에서 현재 일본의 경제담론의 대립 구도는 성장 지향의 구조개혁론과 탈성장을 인정하는 탈성장론 사이에서 선명해져 가고 있다고 판단된다.

하지만 탈성장 담론은 성장이 지속 가능하지 않다는 점을 넘어서서 바라는 이상적 정치경제 모델이 무엇인지에 대해서 하나의 관점으로 수렴되지 않는다. 최근 일본에서의 탈성장 담론은 사회연대적 탈성장론과 보수주의적 탈성장론으로 구별되며, 이 담론들은 지향하는 모델의 가치에 입각해서 전후 일본 정치경제 시스템의 개별 특징들에 대해서 상이한 해석을 담고 있다.

우선 사회연대적 탈성장론은 기본적으로 자본주의 경제체제에 대한 비판적 인식에 기반을 두고 있다. 자본주의의 풍요가 과연 인간다운 삶의 가치 증진에 도움이 되는가에 대한 기본적인 질문을 제기하며 수요와 공급의 증가를 통한 자본주의 성장을 추구하지 않으면서 삶의 만족도를 높이는 변화가 필요하다고 주장한다. 프랑스 지식인 세르주 라투슈Serge Latouche 등의 탈성장 담론과 유사한 형태의 탈성장론은 산촌 자본주의, 골목길 자본주의 등의 형태로 일본에서도 진전되고 있다(세르주 라투슈 2014; 모타니 고스케 2015; 히라카와 가쓰미 2015). 이러한 사회연대적 탈성장론은 구조개혁론이 지향하는 글로벌 스탠다드로의 수렴을 강하게 비판한다. 글로벌 스탠다드는 물신적 자본주의 체제로의 삶의 종속을 의미하기 때문이다. 또한 사회연대적 탈성장론은 전후 일본 정치경제 시스템 운영의 중심에 존재하는 정부의 적극적 역할에 대해서도 비판적이다. 왜냐하면 정부의 목표가 시민의 삶의 질 개선에 있지 않고, 산업 이익 보호에 집중되어 있다고 파악하기 때문이다. 더불어 일본형 재분배 시스템의 공공사업은 사회적 연대와 공동체 보호의 기능이 아니며 오히려 개발을 통해 공동체 해체를 야기하는 것으로 비판된다. 일본형 고용제도에 대해서도 일본 시민들의 삶에 도움을 주었는지에 대해서 비관적이지만, 글로벌 자본주의 메커니즘에 대한 일종의 보호막으로서 어느 정도 유지되어야 한다는 중립적 입장을 보인다. 사회연대적 탈성장론은 행복이라는 관점에서 경제·사회 정책들을 새롭게 파악하여야 한다는 주장과도 연결된다.

보수주의적 탈성장론은 사회연대적 탈성장론과 함께 공동체를 강조한다는 점에서 일치하는 것으로 보인다. 하지만 보수주의적 탈성장론의 공동체와 사회연대적 탈성장론의 공동체는 의미가 다르다. 사회연대적 탈성장론에서 강조하는 공동체는 개인들의 자립과 연결된 지역 단위의 자생적 경제 운영체라고 한다면, 보수주의적 탈성장론이 강조하는 공동체는 일본인으로서 소속되어 있는 고향과 국가이다(中野剛志 2010, 27~28). 즉 일본 구성원들에게 향토애와 애국심의 대상이 되는 공동체를 강조한다. 보수주의적 탈성장론은 물질적 차원의 성장이 더 이상 가능하지 않은 상황에서 향토애와 애국심의 대상이 되는 공동체가 안정적으로 유지되는 방법론으로 제기되고 있다. 보수주의적 탈성장론은 전후 일본 정치경제 시스템의 관료 주도 거버넌스에 대한 비판적 관점에서 사회연대적 탈성장론과 유사하지만 그 판단의 근거가 다르다. 보수적 탈성장론의 관료 주도 거버넌스에 대한 비판적 판단은 전후 일본의 정부 제도가 향토애와 애국심을 중심으로 일본 사회를 묶어 내지 못했다는 점에서 기인한다. 한편 보수주의적 탈성장론은 전후 일본 정치경제 시스템의 일본형 재분배 시스템, 일본형 고용제도에 대해서 일부 긍정적이다. 이것은 전후 일본 정치경제 시스템이 제공했던 가족과 기업을 중심으로 하는 사회 안정성에 복고적 향수를 가지고 있기 때문이다. 사회 안정성이 향토애와 애국심이 기초가 되는 일본 사회 공동체의 유지에 필요하기 때문에 이러한 일본 사회 공동체 가치를 훼손할 수 있는 구조개혁에 대해 비관적이다.

　아베 정권이 아베노믹스를 통해 강조하고 있는 성장으로의 복귀와는 달리 탈성장 담론들은 성장을 더 이상 '정상' 상태로 파악하지 않는다. '새로운 정상' 상태로서 탈성장의 조건을 인정하고, 그 상황에서 어떠한 정치경제 시스템이 필요하냐는 관점에서 이러한 주장을 내세우고 있다. 이러한 탈성장 담론들에 대해서 구조개혁론자들은 강하게 비판한다. 탈성장론이 성장 지속 불가능의 조건으로 제기하고 있는 인구감소와 고령화가 반드시 성장률의 정체로 연결되는 것은 아니며 시스템 개혁을 통해서 잠재성장률을 제고할 수 있다는 점을 강조한다(小峰隆夫 2013, 15~39). 탈성장론은 아직 일본 사회에서 주류적 경제담론 구조에 들어왔다고 보기 어렵다. 하지만 일본 경제가 성장의 선순환으로 복귀하지 못한다면, 일본 사회에서 성상을 위한 구조개혁에 대한 재고의 목소리가 강해질 가능성이 크다.

VI. 결론

1990년대 이후 일본의 경제담론은 전후 일본 정치경제 시스템으로부터의 변화를 위한 방법론 차원에서 구조개혁론과 점진개선론의 대립 구도 속에 존재하여 왔다. 구조개혁론과 점진개선론은 일본 내부와 외부에서 일본의 정치경제 시스템에 대한 이해와 전망의 중심적 프레임을 구축하여 왔다. 그리고 일본의 경기 침체가 장기화되면서 구조개혁론이 담론과 정책 양 측면에서 힘을 얻어 가고 있던 것도 사실이다. 하지만 실제적 변화의 폭은 비교적 속도감 있게 진척되고 있다고 보기

어렵다. 특히 한국과의 비교에서 보면, 일본의 정치경제 시스템은 고도
성장 시절 구축된 제도적 설계들이 여전히 강력한 탄력성을 지니고 유
지되고 있다. 이러한 정치경제 시스템의 변화를 가장 속도감 있게 전개
하였던 정권은 고이즈미 정권과 현재의 제2차 아베 정권이라 할 수 있
다. 따라서 현재 제2차 아베 정권이 얼마나 기업 지배 구조, 고용제도,
재분배 시스템 등에서 큰 폭의 변화를 가져오는가에 따라 일본의 정치
경제 시스템의 연속과 단절의 정도에 큰 영향을 줄 것이다. 그리고 제2
차 아베 정권의 성과에 따라서 일본의 경제담론에서 구조개혁론과 탈
성장론의 향후 영향력이 변화될 것이다.

✚ 주 석 ✚

1) 본 연구에서는 1990년대 구조개혁론에 대한 반대 담론으로 점진개선론을 칭하고자 한다.
2) 제도적 상호보완성에 대해서는 Aoki(1994) 참조.
3) 스티브 보겔은 일본의 재계도 이러한 제도적 상호 보완성에 대한 인식 속에서 구조개혁에 대해서 점진적인 접근을 취하고 있다고 주장한다(Vogel 2006, 52-53).
4) 리플레이션파의 아베 정권에의 영향에 대해서는 김양희(2013)를 참고.

✚ 참고문헌 ✚

- Aoki, Masahiko. 1988. *Information, Incentives, and Bargaining in the Japanese Economy.* Cambridge: Cambridge University Press.
- Aoki, Masahiko. 1994. 〈The contingent governance of teams: analysis of institutional complementarity〉. *International Economic Review* 35(3), 657~676.
- Calder, Kent E. 1988. *Crisis and Compensation: Public Policy and Political Stability in Japan, 1949~1986.* Princeton: Princeton University Press.
- Chang, H. J. 2002. *Kicking Away the Ladder: Development Strategy in Historical Perspective.* Anthem Press.
- DeWit, Andrew, and Sven Steinmo. 2002. 〈The political economy of taxes and redistribution in Japan〉. *Social Science Japan Journal* 5(2), 159~178.
- Dore, Ronald. 1999. 〈Japan's Reform Debate: Patriotic Concern or Class Interest? Or Both?〉. *Journal of Japanese Studies* 25(1), 65~89.
- Flath, David. 2005. *The Japanese Economy, second edition.* Oxford University Press.
- Gao, Bai. 2000. 〈Globalization and Ideology: The Competing Images of the Contemporary Japanese Economic System in the 1990s〉. *International Sociology* 15(3), 435~453.
- Gordon, Andrew. 1988. *The Evolution of Labor Relations in Japan: Heavy Industry, 1853~1955.* Harvard Univ Asia Center.
- Johnson, Chalmers. 1982. *MITI and the Japanese miracle: the growth of industrial policy: 1925~1975.* Stanford University Press.
- Johnson, Chalmers. 1999. 〈The developmental state: Odyssey of a concept〉. *The developmental state, edited by Woo-Cumings, Meredith.* Cornell University Press.
- Katz, Richard. 2003. *Japanese Phoenix: The Long Road to Economic Revival.* ME Sharpe.
- Muramatsu, Michio and Ellis S. Krauss. 1987. 〈The Conservative Policy Line and the Development of Patterned Pluralism〉. *The Political Economy of Japan, Vol. 1.* edited by Yamamura Kozo and Yasuba Yasukichi. Stanford: Stanford University Press.
- Pempel, T. J. and Tsunekawa, Keiichi. 1979. 〈Corporatism without Labor? The Japanese Anomaly〉. *Trends Toward Corporatism Intermediation,* edited by Phillip Schmitter and Gerhard Lehmbruch. London: Sage Publications.
- Posen, Adam. 1998. *Restoring Japan's Economic Growth.* Peterson Institute.
- Ruggie, John Gerard. 1982. 〈International regimes, transactions, and change: embedded liberalism in the postwar economic order〉. *International organization* 36(2), 379~415.

- Sakakibara, Eisuke. 2003. *Structural Reform in Japan: Breaking the Iron Triangle*. Washington D.C.: Brookings Institute.
- Vogel, Steve. 2006. *Japan Remodeled: How Government and Industry Are Reforming Japanese Capitalism*. Ithaca: Cornell University Press.
- Wilensky, Harold L. 2002. *Rich democracies: Political economy, public policy, and performance*. Univ of California Press.

- 김양희. 2013. 〈아베노믹스의 이론적 메커니즘과 파급 경로의 현실적 작동 가능성〉.《동향과 전망》89호(2013), 291~321.
- 김은혜. 2015. 〈전후 일본 발전국가의 구조 전환-토건국가에서 신자유주의까지〉.《일본학보》105, 77~90.
- 노구치 유키오. 1996.《여전히 전시체제하에 있는 일본의 경제 구조》. 비봉출판사. (野口悠紀雄. 1995.《1940年体制―さらば戦時経済》, 東洋経済新報社.)
- 모타니 고스케. 2015.《숲에서 자본주의를 껴안다》. 동아시아. (藻谷浩介. 2013.《里山資本主義 日本経済は'安心の原理'で動く》. 角川書店.)
- 미야모토 타로. 2011.《복지정치: 일본의 생활보장과 민주주의》. 논형 (宮本太郎. 2008.《福祉政治-日本の生活保障とデモクラシー》. 有斐閣.)
- 세르주 라투슈. 2014.《탈성장사회》. 오래된생각. (Latouche, Serge. 2010. Sortir de la société de consommation. Mayenne, Les liens qui libérent.)
- 송지영. 2013.《현대일본경제론》. 청목출판사.
- 히라카와 가쓰미. 2015.《골목길에서 자본주의의 대안을 찾다》. 가나출판사. (平川克美. 2012.《小商いのすすめ'経済成長'から'縮小均衡'の時代へ》. ミシマ社.)

- 岡崎哲二・奥野正寛. 1993.《現代日本経済システムの源流》. 日本経済新聞社.
- 大嶽秀夫. 1999.《高度成長期の政治学》. 東京大学出版会.
- 寺西重郎. 2003.《日本の経済システム》. 岩波書店.
- 山口二郎. 2007.《ポスト戦後政治への対抗軸》. 岩波書店.
- 小峰隆夫. 2013.《日本経済論の罪と罰》. 日本経済新聞出版社.
- 小熊英二. 2002.《〈民主〉と〈愛国〉-戦後日本のナショナリズムと公共性》. 新曜社.
- 榊原英資. 1996.《進歩主義からの訣別 日本異質論者の罪》. 読売新聞社.
- 猪口孝. 1983.《現代日本政治経済の構図: 政府と市場》. 東洋経済新報社.
- 佐藤誠三郎・松崎哲久. 1986.《自民党政権》. 中央公論社.
- 竹中平蔵. 2006.《構造改革の真実: 竹中平蔵大臣日誌》. 日本経済新聞社.
- 中野剛志. 2010.《成長なき時代の'国家'を構想する 経済政策のオルタナティブ・ヴィジョン》. ナカニシヤ出版.
- 清水真人. 2005.《官邸主導: 小泉純一郎の革命》. 日本経済新聞社.

일본의 안보 담론과 시민사회:
2015년 안보법제 반대 운동을 중심으로

| 박명희(국립외교원) |

Ⅰ. 문제 제기

2015년 9월 19일, 자위대법 등 10개의 기존 법규에 대한 개정을 하나로 묶은 〈평화안전법제정비법〉과 1개의 신규 법안(〈국제 평화지원법〉 이하 안보법제)이 참의원 본회의를 통과하였다. 이로써 전후 70년간 일본 헌법 9조에 의해 허용되지 않았던 집단적 자위권이 인정되고, 자위대의 해외 무력행사가 가능하게 되었다.[1] 이번 법 개정은 일본 안보정책의 역사적으로 대단히 중요한 전환임에도 불구하고, 정부의 일방적인 헌법 해석 변경으로 추진되면서 전력戰力 보유와 무력행사를 금지한 헌법 9조에 위배된다는 국내 저항이 커졌다.

전후 일본의 보수-리버럴 정치 지형은 평화헌법을 둘러싼 외교·안보 노선 대립으로 구성되었으며, 안보법제 개정은 평화헌법 개정, 자주 국방 구현을 지속적으로 주장해 왔던 보수 우파와 평화헌법 수호, 평화 국가 유지를 주장해 왔던 리버럴 세력 간에 양보할 수 없는 사안이기도 하였다. 안보법제 성립 과정에서 전국적으로 청년층, 여성 등 다양한 계층의 시민단체가 자발적으로 생겨났고, 대규모 안보법제 반대 운동이 일어났다. 특히, 2015년 8월 30일 국회 주변에 12만 명, 전국 100만 명이 참가한 대규모 반대 시위는 1960년 안보투쟁 이래 '55년 만의 시위'로 간주되고 있다. 이는 지역 사회를 중심으로 소규모로 진행되는 일본 시민운동의 특성에 비추어 볼 때 매우 이례적인 현상이라 할 수 있다. 하지만 이러한 시민들의 반발은 정치 지형의 변화를 유도하지 못한 채, 2016년 7월 참의원 선거에서 자민당 등 개헌 추진 세력이 전체

의석의 2/3를 차지하게 되었다.[2]

본 연구는 평화주의가 보수와 혁신을 구분하는 큰 잣대였음에도 불구하고, 평화수호의 움직임이 리버럴 세력의 부활로 이어지지 못하는 일본의 정치·사회적 변화를 고찰해 보겠다. 이를 위해 1960년 안보투쟁과 비교 관점에서 2015년 안보법제 반대 운동의 배경과 방향, 일본 시민사회의 안보 담론의 성격을 파악해 보기로 한다. 나아가 1960년 시민사회에 제기되었던 안보투쟁이 2015년 현시점에서 왜 다시 안보법제 문제로 대두되었는가, 이것이 가지는 일본의 정치·사회적 변화의 의미는 무엇인가에 대해 생각해 보고자 한다.

Ⅱ. 2015년 안보법제 성립의 배경

안보법제 반대 운동이 왜 발생하게 되었는가를 검토하기 위해 안보법제의 주요 내용과 안보법제가 성립되기까지 경과와 특징을 살펴보기로 한다.

1. 안보법제의 핵심 내용[3]

2015년 성립된 안보법제의 주된 내용은 집단적 자위권의 한정 행사

(존립 위기 사태에 대한 대처), 일본의 평화와 안전에 해당하는 활동과 동반된 타국 군대에 대한 지원(중요 영향 사태에 대한 후방 지원 등), 국제사회 평화와 안전을 위한 활동을 하는 타국 군대 지원(국제 평화 공동 대처 사태에 대한 협력 지원 활동), 선박 조사 활동 확충, 국제적 평화 협력 활동 확충(유엔 PKO 업무 확대, 무기 사용 권한 수정, 유엔 활동 이외 국제 평화 협력 활동 참가, 평시 미군 등 부대의 무기 방호, 재외방인 구호 조치, 평시 미군 등 물품역무 제공 대상 확대) 등이다.

안보법제 개정 과정에서 새로운 개념이 다수 등장하였는데, 그중에서 주목받는 것은 '존립 위기 사태'로서 이는 일본과 밀접한 관계에 있는 타국에 무력 공격이 발생하여 일본의 존립이 위협받고, 국민의 생명과 자유 및 행복 추구의 권리가 전복될 명백한 위험이 있는 사태를 의미한다. 현행법에서 일본의 무력행사는 일본이 직접 무력 공격을 받았을 때 개별적 자위권 차원에서 최소한도로 허용되었으나 개정법에서는 '존립 위기 사태'로 판단될 경우 집단적 자위권 차원에서 무력행사가 가능하게 되었다.

이 외에 '중요 영향 사태'는 그대로 방치하면 일본에 대한 직접적인 무력 공격으로 연결될 우려가 있는 사태 등으로 일본의 평화와 안전에 중요한 영향을 미칠 수 있는 사태로 정리할 수 있다. 개정법에서는 '중요 영향 사태'하에서 미군과 여타 외국군에 대한 후방 지원이 가능하며, 현행법상 일본 주변 지역에서 허용된 활동이 '중요 영향 사태'로 개정되어 지리적 한계가 없어지게 되었다.

'국제 평화 공동 대처 사태'는 국제사회의 평화와 안전을 위협하는 사태가 발생하면 그 위협을 제거하기 위해 국제사회가 유엔의 목적에 따라 공동 대처 활동을 하며, 여기에 일본은 국제사회의 일원으로 주체적이고 적극적으로 기여함을 의미한다. 개정법에서는 '국제 평화 공동 대처'를 위해 자위대의 상시적인 해외 파병이 가능하다. 이 경우 자위대는 유엔 결의를 전제로 외국군에 대한 후방 지원 활동을 수행하게 된다.

2015년 안보법제의 성립으로 전후 70년간 일본 헌법 9조에 의해 허용되지 않았던 전수방위 원칙이 사실상 폐기되고, 자위대의 해외 무력 행사가 가능하게 되었다.

2. 안보법제 성립의 주요 경과와 특징

아베安倍晋三 정권은 2014년 7월 헌법 해석 변경을 통해 집단적 자위권 행사를 용인하는 각의 결정을 내린 바 있으며, 이를 바탕으로 안보법제 법률안을 작성, 2015년 5월 중의원에 제출, 법안 심의가 시작되었다. 이 과정에서 아베 정권의 정치적 전략과 이에 대한 대중적 반발이 분출하게 되었다.

아베 정권은 안보법안 성립을 최우선 과제로 추진한다는 방침하에 국회 회기를 대폭 연장(6. 24.~9. 27.)하는 한편 중의원 특별위원회 심의(116.5시간) 후 중의원 본회의에서 강행 처리(7. 16.), 참의원 특별위원회 심의(103.5시간) 후 참의원 본회의에서 법안을 강행 처리하였다(9. 19.). 당시 중의원 심의 과정에 참여한 헌법학자 3인은 헌법 9조가 개별적 자위권만을 허용하고 있다는 점, 준유사시 자위대의 후방 지원 활동이 사실상 무력행사와 일체화될 수 있다는 점, 헌법 9조가 해외에서 무력행사를 금지하고 있다는 점 등을 들어 금번 안보법제가 위헌이라는 의견을 내놓았으며, 이후 대중의 반발이 본격화되었다.

안보법제는 중의원 심의에서 참의원 본회의 통과까지 4개월 동안 급속히 진행되었지만 아베 정권은 법안 통과를 위해 다양한 사전 준비를 한 것으로 보이며, 이는 크게 두 가지로 집약된다.

첫째, 전문가 집단의 의견과 국민적 논의의 부재이다. 아베 총리는 2007년 1차로 구성하였던 '안전 보장을 위한 법적 기준의 재구축에 관한 간담회(좌장 대리: 기타오카 신이치北岡伸一)'를 아베 제2차 내각 출범과 동시에 재소집하고, 일본의 안전 보장 확보를 위한 법적 기준을 만들 것을 지시하였다. 이를 위해 2013년 9월부터 2014년 5월까지 총리관저에서 6번의 간담회가 진행되었고, 아베 총리도 매번 참석하였다. 당시 간담회 논의 내용은 최종 보고서 발표 이전까지 공개되지 않았다(中内康夫·橫山絢子·小檜山智之 2015).

안보법제 제·개정의 기초가 된 최종 보고서에는 안전 보장을 위한 법적 기준이 일본을 둘러싼 안보 환경 변화에 따라 변경될 필요가 있으며, 집단적 자위권에 대한 기존의 헌법 해석이 반드시 수정되어야 한다는 내용이 포함되었다. 이후 간담회 구성원들이 안보법제 개정의 필요성을 언론을 통해 피력하였다. 아베 수상도 2015년 5월 중순 보고서가 발표됨과 동시에 아시아안전보장회의에서 집단적 자위권 행사를 포함한 적극적인 평화주의를 대외적으로 공표하였다. 일본 국민들은 충분한 설명을 들을 기회조차 없이 미디어를 통해 헌법 해석 변경을 듣게 되었고, 7월 1일 최종 합의로서 각의 결정이 이루어졌다.

2015년 4월, 아베 정권은 미일 가이드라인 개정을 선행시키고, 미국 상하원 합동 연설을 통해 사실상 법 정비를 기정사실화하였다.

〈표 1〉 집단적 자위권 관련 여론조사 결과

	설문 내용	결과
〈아사히신문〉 2014. 4. 11.	· 집단적 자위권은 미국과 같은 동맹국이 공격받았을 때 일본이 공격을 받지 않아도, 일본이 공격을 받은 것으로 간주하고, 함께 싸울 권리를 말합니다. 지금까지 정부는 헌법상 집단적 자위권을 사용할 수 없다고 해석해 왔습니다. 헌법 해석을 바꾸어 집단적 자위권을 행사하는 것에 대해서 찬성하십니까, 반대하십니까.	· 찬성: 27% · 반대: 56%
〈요미우리신문〉 2014. 5. 12.	· 일본과 밀접한 관계에 있는 국가가 공격을 당할 때, 일본에 대한 공격으로 간주하고 반격할 수 있는 권리를 집단적 자위권이라고 말합니다. 정부는 지금까지 헌법상 이 권리를 사용할 수 없다고 하였습니다. 집단적 자위권에 대해서 당신과 가장 가까운 생각은 무엇입니까.	· 전면적으로 사용해야 한다 : 8% · 최소한도에서 사용되어야 한다 : 63% · 사용할 필요가 없다: 25% · 답할 수 없다: 4%

안전 보장과 관련된 논의가 충분히 이루어지지 못한 것은 헌법 재해석과 관련된 각 여론조사 결과의 차이에서 나타난다. 집단적 자위권 행사를 반대하는 〈아사히신문〉의 2014년 4월 여론조사에서는 응답자의 27퍼센트만이 헌법 재해석을 지지한 반면, 56퍼센트는 반대했다. 한편, 2014년 5월 〈요미우리신문〉의 여론조사에서는 71퍼센트가 헌법 재해석을 지지하고, 25퍼센트가 반대한다는 결과를 보이고 있다. 전통적으로 반전주의자가 많은 일본이지만, 안보 문제에 대한 이해가 충분치 않은 상황에서 조사기관의 의도에 따라 응답자가 일관성을 잃고 있는 것으로 판단된다.[4]

2014년 성립된 '특정 비밀 보호법'으로 안전 보장 부분에 대해 시민이 정부에 이의를 제기할 수 있는 장벽이 높아졌다. 이런 가운데 아베 정권은 정책 결정 과정에 동원된 전문가 그룹을 수상과 일부 통치 엘리트만으로 국한시켜 입헌주의를 소외시킬 수 있다는 우려를 가중시켰다(三谷太一郎 2015, 64~68; 中野晃一 2015).[5]

둘째, 안보법제에 대한 정치 쟁점화를 억제한 아베 정권의 전략이다. 집단적 자위권 행사가 가능한 안전보장법제 정비는 2012년 이래 아베 내각의 주요 정책과제였으나 2012년, 2014년 선거의 쟁점은 아베노믹스를 비롯한 경제 재생이었다. 따라서 2015년 안보법제 제·개정이 진행되었지만 본격적인 선거 쟁점이 되지는 못하였다. 하지만 2014년 중의원 선거 후 관방장관은 집단적 자위권을 포함한 신임을 얻었다는 인식을 표명한 바 있다. 이러한 일련의 과정을 통해 아베 총리와 일부 통치 엘리트가 헌법과 국민의 여론을 무시한 채 국가의 근간을 바꾸는 안전 보장을 결정하는 것은 민주주의를 부정하는 것이라는 불만이 고조되었다.

III. 안보법제 반대 운동과 여론

1. 안보법제 반대 운동의 주요 세력과 특징

아베 내각의 헌법 해석 변경에 의한 집단적 자위권 행사 용인에 대한 반대 여론은 2014년 이후 지속되었지만, 본격적으로 안보법제 반대 운동이 전개된 것은 2015년 6월 중의원 심사과정에서 헌법학자의 위헌 견해 표명 이후이다. 특히, 2015년 안보법제 반대 운동은 그간 정치에 무관심했던 청년층을 비롯한 여성, 학자 등 다양한 계층이 참여했다는 점, 정치적 노선 차이로 분열되었던 기존 평화운동 단체가 연대했다는 점, 시민사회가 야당에 동참할 것을 적극적으로 요구한 점도 특기할 만하다. 공산, 사민, 생활의 당 등은 1월부터 '전쟁법안 폐안', '헌법 옹호'의 방침을 명확히 하였으며, 당내 다양한 세력이 존재한 민주당은 초기에 소극적이었으나 5월 이후부터는 적극적으로 참여하였다.

안보법제 반대 운동의 대표 조직으로는 '전쟁 반대, 9조 부수지마 총궐기실행위원회(戰争させない9条壊すな総がかり実行委員会, 이하 총궐기실행위원회)'와 '자유와 민주주의를 위한 학생긴급행동(SELEDs: Students Emergency Action for Liberal Democracy-s, 이하 실즈)'을 들 수 있다.[6]

총궐기실행위원회는 〈전쟁 반대 1,000인 위원회〉, 〈해석으로 9조를 부수지마 실행위원회〉, 〈전쟁하는 국가 스톱, 헌법을 지키고 살리는 공동센터〉 등 3개 평화운동 네트워크 조직이 중심이 되어 2014년 12월 발족하였다. 현재 18개 단체가 회원으로 참여하고 있고, 실즈 등 9개 단체가 준회원으로 활동하고 있다. 중심이 된 3개 단체는 1960년대 이후 평화운동을 지속해 온 단체들의 네트워크이며, 구총평계 노동조합이 주도하는 민주당 지지 단체, 공산당 지지 단체 등으로 구분된다.

실즈는 안보법제에 반대하는 10~20대 학생 그룹으로 '특정 비밀 보호법'에 반대하는 학생들(SASPL: Students Against Secret Protection Law)[7]을 전신으로 한다. 실즈는 2015년 5월 설립되었으며, 간사이, 도호쿠, 오키나와 지부가 있다. 이들은 특정 지지 정당을 가지지 않은 무당파 조직이며 횡적인 연대 조직으로 그룹의 대표는 없다. 핵심 멤버는 30명, 라인에 등록된 학생은 200명 정도이지만 SNS 등을 통해 수만 명이 집회에 참여하며, 참의원 특별위원회 공청회에서 오쿠다 아키奧田愛基가 대표

진술하는 등 현재 대표적인 안보법제 반대 운동 그룹으로 간주되었다. 이들의 주장은 '전쟁 법안 반대'로 집약되어 알려지고 있지만, 경제, 사회 등 보다 포괄적이다. 실즈는 개인의 자유와 권리를 보장하는 헌법에 입각한 정치, 사회보장시스템 확충을 주장한다.

각 운동 세력이 중점 부분은 다르지만 안보법제 반대 운동에 공유하고 있는 비판은 크게 '평화주의 및 입헌주의 파괴', '의회민주주의 부정' 두 가지로 집약된다. 20대 청년층의 반대 운동 참가가 두드러졌으나, 이들의 운동은 생활 및 장래에 대한 불안감을 배경으로 한 것으로 과거 이념 지향적 학생운동과 차이가 있다. 각종 인터뷰에 나타난 이들의 정치 참여 계기는 3.11 대지진이 공통적으로 존재한다. 갑작스러운 일상의 붕괴에 대한 불안감, 원전 사고의 참상 목격, 피해자는 있으나 가해자 책임이 불분명한 데서 오는 문제의식에서 비롯된 것이다. 2015 안보법제 반대 운동의 대중 참여 계기는 복합적이었지만 그 속에 나타난 일본의 사회적 특징 두 가지를 관찰할 수 있다. 첫째, 일본 사회가 가지고 있는 '헌법 9조와 평화주의'에 대한 애착이 예상보다 크다는 것이다. 둘째, 안보법제 성립의 절차적 측면에 대한 반발이 안보법제 반대 운동 확대의 기폭제가 된 점이다. 이는 2012년 민주당 정권의 퇴진 이후 자민당 견제 세력이 부재한 가운데, 특정 비밀 보호법, 원자력 발전 재가동 등 반대 여론이 강한 정책들이 의회에서 자민당의 수적인 우위를 기반으로 통과되고 있는 것에 대한 누적된 불만이다. 1960년 안보투쟁 과정에서도 강행 타결을 추진하고자 하는 자민당 정권에 대한 정치적 반발이 운동을 활발하게 한 이유가 되었다.

안보법제 반대 운동은 '안전 보장 관련 법안에 반대하는 학자의 회'

를 중심으로 호르무즈 해협 기뢰 제거 등 정부 설명의 현실성 결여, 헌법 9조의 해석 변경, 주변국과의 신뢰 문제, 동아시아의 안보 딜레마 초래, 국제분쟁 연루 가능성 등 안보적 관점에서 문제 제기가 있었으나, 안보법제에 관한 논의보다는 성립 절차에 대한 문제로 핵심이 바뀌었다. 실제로 2015년 5월 15일 〈아사히신문〉의 여론조사에 따르면 안보법제 자체에 대한 반대(54퍼센트)보다 안보법제 성립 절차에 대한 반대(68퍼센트)가 더 높게 나타났다. 안보법제 성립 후 각 신문사의 여론조사 결과를 보면, 안보법제에 관한 정부 설명이 불충분하였다는 의견이 〈요미우리신문〉 82퍼센트, 〈니혼게이자이신문〉 70퍼센트, 〈마이니치신문〉 78퍼센트, 〈아사히신문〉 74퍼센트에 이르고 있다. 2015년 안보법제 반대 운동이 활발히 전개되었음에도 불구하고 실제로 일본의 안보에 관한 본격적인 논의와 공론 형성이 이루어지지 않은 것은 이후에도 갈등의 소지가 이어질 수 있음을 의미한다.

2. 안보법제 성립 전후의 여론 동향

2012년 재집권 후 아베 내각은 50퍼센트 내외의 높은 지지율을 유지하였다. 그러나 2015년 6월, 중의원 심의 과정에서 여야 추천 헌법학자 3인의 안보법제 위헌 견해 표명, 7월, 법안 중의원 강행 통과, 9월, 참의원 강행 통과 과정을 거치며 지지율이 하락하여 안보법제 통과 직후(9. 20.)에는 부不지지율(45퍼센트)이 지지율(35퍼센트)을 상회하는 것으로 나타났다(〈아사히신문〉 여론조사).

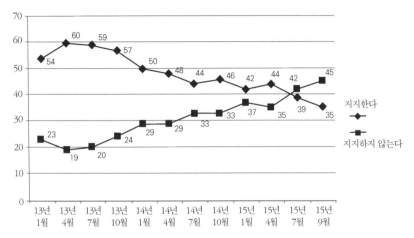

〈그림 1〉 내각 지지율 변화(2013년 1월~2015년 9월)

지지한다

지지하지 않는다

* 출처: 朝日新聞 http://www.realpolitics.jp/research/asahi.html(검색일: 2016년 6월 6일)

안보법제에 대한 각 신문사의 여론조사 결과를 보면, 안보법제 반대가 찬성을 크게 상회하고 있다.[8] 안보법제 성립 직후인 2015년 9월 21일 〈아사히신문〉 여론조사 결과를 보면 안보법제 관련 찬성 30퍼센트, 반대 51퍼센트로 나타나고 있다.

한편, 안보법제 성립 이후 아베 내각에 대한 부지지율이 급증하였지만 이것이 야당의 지지로는 이어지지 않았다. 안보법제 통과 직후인 9월 21일 〈요미우리신문〉의 정당 지지도를 보면 자민 33(37)퍼센트, 민주 11(10)퍼센트, 유신 3(2)퍼센트, 공산 4(4)퍼센트, 사민 1(1)퍼센트, 지지 정당 없음 42(39)퍼센트로 나타났다. 〈아사히신문〉에서도 자민 36(35)퍼센트, 민주 10(10)퍼센트, 유신 2(2)퍼센트, 공명 3(3)퍼센트. 공산 4(3)퍼센트, 지지 정당 없음 40(37)퍼센트[9]로 자민당에 대한 지지가 여전히 압도적이었다. 〈아사히신문〉의 동일 조사에서 안보법제에 반대한 야당에 대한 평가에서는 평가한다 34퍼센트, 평가하지 않는다 49퍼센트로 안보법제 성립에 대한 불만과 함께 야당에 대한 불만도 고조되었음을 알 수 있다.

이러한 결과는 탈냉전 이후 25년 동안 일본 사회가 평화주의, 헌법 9조 수호 등의 이념적 문제를 보류하고, 경제·생활 문제 등 현실적인 위협에 적극 몰입한 '생활중심화'의 변화상이다. 실제로 〈일본경제신문〉의 여론조사에 따르면, 안보법제 반대 여론이 55퍼센트로 찬성 27퍼센트를 압도하지만, 일본 유권자들은 아베 정권이 우선적으로 처리해야 할 정책과제로 연금 등 사회보상 제도 30퍼센트, 경기 대책 35퍼센트, 원자력 발전 및 에너지 정책 31퍼센트, 외교·안보 26퍼센트, 재정 재건 16퍼센트, 헌법 개정 15퍼센트 순으로 꼽았다.[10]

IV. 1960년 안보투쟁과 안보 담론

일본 시민사회 내에서 평화주의 안보 담론은 어떻게 구성되어 왔는가? 미일 안보조약 개정 반대 운동(이후 안보투쟁)은 기시 정권이 추진하던 미일 안전보장조약 개정을 저지하기 위해 시작되었고, 1960년 5월 19일 자민당이 경찰대를 국회에 배치한 가운데 단독으로 신안보조약을 타결한 후 비민주적인 폭거에 항거하는 민주주의 운동으로 확대되었다. 안보투쟁은 전후 일본 민주주의의 최대 고양점이며, 시민운동이 발생하는 계기로 간주된다(大嶽秀夫, 2007; 安藤丈將 2013; 小熊英二. 2014).

1951년 성립된 미일 안보조약의 개정 요구는 일본의 보수·혁신 세력에서 모두 인지하고 있었다. 이 조약은 일본이 패전한 시기에 맺어진 것으로서 당시 일본 경제는 한국전쟁 특수를 누리며 전쟁 이전 수준으로 회복하였다. 그러면서 1955년 가트GATT, 1956년 유엔 가입 등 신흥 강국으로 급속히 성장하며 안보조약을 비롯한 국제관계 재구축이 새로운 과제로 떠올랐다.

1957년 2월 27일, 혁신 세력은 지식인 500여 명이 서명한 안보 문제 재검토 성명서를 발표하였다. 이 성명서는 1956년 도쿄도 다치가와시立川市 미군기지 확장을 둘러싸고 경찰관과 시민이 충돌하여 다수의 사상자가 발생한 사건이 배경이 되었다. 마루야마 마사오丸山眞男는 일본의 대미종속 해소, 군사동맹의 중립 등을 주장하기도 하였다.[11]

1957년부터 1959년까지 미일 사전교섭에 의해 안보조약 개정의 내용이 결정되었다. 핵심은 첫째, 일본 내 미군기지가 공격받은 경우에도 일본이 공격당했다고 간주하고 대응한다. 둘째, 극동의 안정을 위해 미군에 기지를 제공할 것. 셋째, 구안보조약이 무기한이었던 것을 10년 기한으로 설정할 것. 넷째, 핵병기 보유는 사전 협의를 할 것 등이 포함된다.

기시 정권 입장에서는 신조약이 구조약에 비해 대등한 조약이었으나 주일 미군기지에 대한 공격에 의해 일본이 전쟁에 휘말릴 가능성이 있다는 점, 극동의 범위가 불명확하다는 점, 변화하는 국제 정세 속에서 10년의 기간이 장기간의 구속이라는 점, 핵병기 보유 사전 협의는 사실상 형식적이라는 점 등이 문제로 남았다.

1959년 3월, 혁신 세력은 총평, 원수협, 호헌연합, 중일국교회복국민회의 등을 중심으로 안보조약 개정 저지 국민회의를 결성하였고, 지식인을 중심으로 안보문제연구회가 결성되면서 10년 전 강화조약에 관련된 단독 강화 반대와 마찬가지로 비무장 중립주의와 평화주의를 기본으로 하는 의견을 표명하였다.

　　하지만 엘리트 지식인을 중심으로 진행된 안보조약 개정에 대한 문제 제기가 일반 시민들에게는 충분히 받아들여졌다고 보기 어렵다. 1960년 1월 18일 〈아사히신문〉의 여론조사에 따르면, 안보 개정이 문제가 된다는 것을 알고 있다 66퍼센트, 모른다 34퍼센트로 나타나며, 문제가 되고 있다고 답한 응답자 중 어떤 점이 문제가 있는지에 대한 질문에 대해서는 17퍼센트만이 알고 있다고 답했다. 더욱이 안보조약 개정이 불평등을 없애고, 일본이 자주적이 된다는 정부의 발표에 대한 물음에는 그렇다 24퍼센트, 그렇지 않다 30퍼센트, 모른다 44퍼센트로 나타났다. 안보조약 개정이 좋은 것인가에 대한 질문에는 좋다 29퍼센트, 좋지 않다 25퍼센트, 모른다 40퍼센트로 나타났다(〈그림 2〉 참조).[12]

〈그림 2〉 안보개정 어떻게 볼 것인가 〈아사히신문〉 여론조사 결과(1960년 1월 18일)

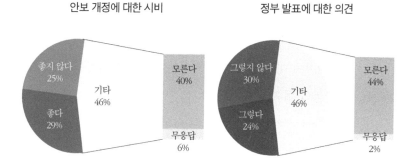

안보 개정에 대한 시비　　　　　　　　정부 발표에 대한 의견

1960년 5월 19일, 자민당이 경찰대를 국회에 배치한 가운데 단독으로 신안보조약을 강행 타결한 후 안보에 대한 찬반 논의는 시민사회에서 보류되었고, 민주주의의 문제로 논점이 옮겨졌다. 전쟁 이전을 연상시키는 기시의 강권적 자세로 인해 '의회정치를 지켜라'라는 운동에 대중적 참여가 확대되었고, 지식인이 이를 주도하였다. 마루야마 마사오는 강행 타결로 '안보문제는 지금까지와는 질적으로 다른 단계에 접어들었다'고 평가하고, 신안보조약에 찬성하는 사람들도 의회민주주의를 지키기 위해 일어나지 않으면 안 되는 의의를 강조하였다.

1960년 5월 26일, 국민회의가 개최한 집회에 17만 5천 명이 참여하였다. '민주인가 독재인가'가 최대의 초점으로 여기에 안보를 포함하는 것은 무익한 것으로 간주되었다.[13] 1960년 6월 17일 〈아사히〉, 〈마이니치〉, 〈요미우리〉, 〈산케이〉, 〈도쿄〉, 〈도쿄타임즈〉, 〈닛케이〉 신문은 '폭력성을 배제한 의회민주주의를 지켜라'라는 공동 선언을 게재했다. 1960년 6월 2일, 〈아사히신문〉이 실시한 신안보조약 중의원 타결을 어떻게 볼 것인가에 대한 여론조사에서 자민당 및 정부 방식에 대해 50퍼센트가 옳지 않았다고 평가하며, 56퍼센트가 국회에 불신을 나타냈다.[14] 결론적으로 1960년 안보투쟁은 국가권력에 대한 불신과 민주주의를 지키려는 일본의 사회운동으로 평가되며, 대중적으로 일본 사회 내 안보 담론이 내재화되는 계기로 보기는 어렵다.

V. 결론

본 연구는 헌법 9조 수호와 평화주의가 보수와 혁신을 구분하는 큰 잣대였으며, 2016년 현재까지도 헌법 9조 개정에 대한 반대 여론이 찬성 여론을 크게 상회하고 있음에도 불구하고,[15] 평화주의 수호의 움직임이 리버럴 세력의 부활로 이어지지 못하는 일본의 정치 · 사회적 변화를 고찰해 보는 데 그 목적이 있다. 1960년 안보투쟁과 2015년 안보법제 반대 운동의 배경과 신생 경위, 안보 담론 내용을 검토한 결과 일본 리버럴 세력의 부활이 이루어지지 못하는 원인을 정치권과 사회권의 변화에서 각각 발견할 수 있었다.

정치적 측면의 특징은 정책 결정 과정에서 전문가의 역할 강화와 시빌리안 컨트롤의 약화이다. 안보법제 성립 과정에서 '안전 보장을 위한 법적 기준의 재구축에 관한 간담회'의 역할이 컸고, 과정은 비공개되었다. 2014년 성립된 특정 비밀 보호법에 의거한 안전 보장 부분에 대해서도 시민이 정부에 이의를 제기할 수 있는 장벽이 높아진 가운데, 정책 결정 과정에서 전문가 동원은 수상과 일부 통치 엘리트만이 국가의 안전 보장에 대한 의사결정에 관여하고, 의회정치를 약화시키게 되었다.

사회적 측면의 이유는 크게 두 가지로 집약된다. 첫째, 일본 사회 내에서 평화와 안보에 대한 논의가 충분하지 못하다는 점이다. 이는 1960년 안보투쟁과 2015년 안보법제 반대 운동에서 동시에 발견되는 현상이다. 1960년 안보조약 개정, 2014년 집단적 자위권 행사에 대한 대중적 인지도는 사실상 높지 않다. 이보다 1960년 안보투쟁과 2015년 안보법제 반대 운동은 민주적 과정 부재에 대한 반발, 민주주의 수호를 위한 대정부 저항이었다. 이러한 현상은 1960년 기시 노부스케가 정치가로서 대중적 지지가 높았다면 안보 개정에 대한 반발이 크지 않았을 것임을 의미하며, 이는 2015년에도 마찬가지였다.

둘째, 탈냉전 이후 25년간 일본 사회는 이념이 아닌 생활중심형으로 변화했다는 점이다. 2015년 일본 사회는 국가 권위에 대해 저항했지만 그 근본은 이념적 논의와 무관하며 생활을 지키려는 것이었다. 2015년 안보법제 반대 운동에 20대 청년층의 참여가 두드러졌으나 이는 생활 및 장래에 대한 불안감이 배경이 된 것이었다. 이들은 생활 실감을 통해 시민생활에 대한 정부의 폭거에 저항한 것이다. 비단 청년층뿐만 아니라 2015년 자위대, 방위 문제에 대한 내각부의 조사 결과[16]를 보면 여론은 변화보다 현상유지를 희망한 것으로 나타난다.

정치권 내 시빌리안 컨트롤의 약화, 일본 사회 내 안보 논의의 부재, 생활중심형 사회로의 변화가 일본의 '사라지지 않았으나 보이지 않는 평화주의'를 노정하고 있으며, 이것이 정치적 리버럴 세력의 부활에 장애가 되는 것으로 관찰된다. 아울러, 2015년 안보법제 반대 운동에도 불구하고 일본 사회 내 안보에 대한 본격적인 논의와 공론 형성이 이루어지지 못한 만큼 향후 일본 사회 내 안보 문제를 둘러싼 갈등의 소지로 남게 될 것이 예상된다.

✚ 주석 ✚

1) 안보법제는 자위대법, 국제 평화 협력법, 주변 사태 안전 확보법(중요 영향 사태 안전 확보 법으로 변경), 선박 검사 활동법, 사태 대처법, 미군 행동 관련 조치법(미군 등 행동 관련 조 치법으로 변경), 특정 공공시설 이용법, 해상운송 규제법, 포로 취급법, 국가안전보장회의 설치법 등 10개 법안의 개정(일괄 개정 법안: 평화 안전법 제정비법)과 1개 신규 법안(국제 평화 지원법)으로 구성되어 있으며, 동법은 2016년 3월 29일 시행이 개시되었다.

2) 2016년 7월 10일 제24대 참의원 선거 결과 개헌 추진 세력이 78석을 차지(자민당 56석, 공 명당 14석, 유신 5석, 고고로 3석)하여, 비개선 개헌 지지 세력(무소속 4석 포함) 84석을 포 함한 개헌 찬성 긴게 미서의 2/3(162석)를 넘어서게 되었다.

3) 2015년 안보법제의 내용과 의미, 문제점에 대해서는 조세영. 2015. 〈집단적 자위권과 안보 법제 정비동향〉. 《통일연구원 온라인시리즈》(2015. 6. 11.), 정미애 · 전진호. 2016. 〈안보법 제의 문제점과 일본 국내적 함의〉. 《한일군사문화연구》 Vol. 1, pp.28~54.에서 자세히 검토 하고 있다.

4) 〈朝日新聞〉 2014年 4月 22日, 〈読売新聞〉 2014年 5月 11日.

5) 한편, 시바타(柴田晃芳)는 근본적으로 헌법 9조, 즉 군사력 보유 자체에 대한 보수/혁신 간 시비논쟁이 이루어졌고, 방위 문제에 대한 민주적 컨트롤 확보의 논의 자체가 군사력 보유 를 전제로 하는 것이기 때문에 시빌리안 컨트롤에 대한 혁신 세력의 입장이 소극적이었다 고 지적한다. 이러한 태도가 군사 및 방위 정책을 민주적으로 컨트롤하기 위한 정치적 환경 형성에 부정적으로 작용하였다고 분석한다(柴田晃芳 2013).

6) 인터뷰: 福山眞劫(フォーラム平和 · 人権 · 環境共同代表, 2015년 10월 19일), 山口二郎 (安全保障関連法に反対する学者の会 2015년 10월 22일)

7) SASPL은 2013년 12월 6일 메이지가쿠인대, 국제기독교대 학생들이 주축이 되어 만들었으 며, 특정 비밀 보호법이 발효된 2014년 12월 10일 도쿄 총리관저에서 마지막 집회를 하고 해산하였다. 실즈는 2016년 8월 15일 전후 71주년 기념일을 계기로 해산하였다.

8) 2015年 9月 21日 〈朝日新聞〉 안보법제 찬성 30퍼센트, 반대 51퍼센트, 〈読売新聞〉 안보법 제 성립 평가한다 31퍼센트, 평가하지 않는다 58퍼센트, 〈日本経済新聞〉 안보법제 성립 평 가한다 31퍼센트, 평가하지 않는다 54퍼센트로 나타났다. 이후, 2015년 11월 한중일 정상 회담, 12.28 위안부 합의 등 외교 성과를 통해 아베 내각의 지지율이 다시 상승하여, 2016년 5월 기준 아베 내각의 지지율은 45퍼센트로 부지지율 34퍼센트를 상회하였다.

9) 〈朝日新聞〉 2015年 9月 21日, 〈読売新聞〉 2015年 9月 21日, 괄호 안은 이전 조사.

10) 〈日本経済新聞〉 2015年 8月 31日.

11) 《世界》 1959年 10月.

12) 〈朝日新聞〉1960年 1月 18日.

13) 〈図書新聞〉1960年 6月 4日.

14) 〈朝日新聞〉1960年 6月 2日.

15) 〈朝日新聞〉2016年 5月 4日, 헌법 개정 관련 여론조사 결과 헌법 개정 찬성 25%, 반대 58%, 9조 바꾸지 않는 편이 좋다 68%, 바꾸는 편이 좋다 27%.

16) 自衛隊・防衛問題に関する世論調査(2015年 1月). 본 조사 결과에 따르면 일본 자위대를 증강시키는 것이 좋다고 생각하는가라는 질문에 증강시키는 것이 좋다 29.9%, 지금 정도 가 좋다 59.2%, 축소하는 편이 좋다 4.6%로 나타나고 있다.

✚ 참고문헌 ✚

- 권혁태. 2005. 〈일본 진보 진영의 몰락〉. 《황해문화》 vol. 48. pp. 63~77.
- 남기정. 2014. 〈일본의 전후 평화주의 : 원류와 전개, 그리고 현재〉. 《역사비평》 vol. 106. pp. 94~134.
- 마쓰이 다카시. 2012. 〈1960년대 일본의 사회운동 : 학생운동을 중심으로〉. 《역사문제연구》. vol. 28. pp. 135~159.
- 박명희. 2015. 〈일본 리버럴 세력 동향 : 안보법제 반대 운동을 중심으로〉. 〈주요국제문제분석〉. 2015-40.
- 소세녕. 2013. 〈입민피 기이킨과 압보번제 정비 동향〉. 〈통일연구원 온라인시리즈〉 2015. 6. 11.
- 정미애 · 전진호. 2016. 〈안보법제의 문제점과 일본 국내적 함의〉. 《한일군사문화연구》 Vol. 21. pp. 28~54.
- 山口次郎. 2007. 《ポスト戦後政治への対立軸》. 東京: 岩波書店.
- 大嶽秀夫. 2007. 《新左翼の遺産》. 東京: 東京大学出版会.
- 蒲島郁夫 · 竹中佳彦. 2012. 《イデオロギー》. 東京: 東京大学出版会.
- 安藤丈将. 2013. 《ニューレフト運動と市民社会─'六〇年代'の思想のゆくえ》. 東京: 世界思想社.
- 鹿毛利枝子. 2013. 〈憲法改正をめぐる世論〉. 新川敏光 編 《現代日本政治の争点》. 東京: 法律文化社.
- 竹中佳彦. 2014. 〈保革イデオロギーの影響力低下と年齢〉. 《選挙研究》. 30(2). pp. 5~18.
- 小熊英二. 2014. 《民主と愛国》. 東京: 新曜社.
- 三輪洋文. 2014. 〈日本における争点態度のイデオロギ的一貫性と政治的洗練〉. 《年報政治学: 民意》. 2014(1): 148~174.
- 中内康夫 · 横山絢子 · 小檜山智之. 2015. 〈平和安全法制整備法案と国際平和支援法案〉. 《立法と調査》 No. 366.
- 中野晃一. 2015. 《右傾化する日本政治》. 東京: 岩波書店.
- 池田信夫. 2015. 《戦後リベラルの終焉》. 東京: PHP親書.
- 谷口将紀. 2015. 〈日本における左右対立(2003~2014年) - 政治家 · 有権者調査を基に─〉. 《レヴァイアサン》57号, pp. 9~24.
- 竹中佳彦 · 遠藤晶久. 2015. 〈有権者の脱イデオロギーと安倍政治〉. 《レヴァイアサン》57号, pp. 25~46.
- SEALDs(自由と民主主義のための学生緊急行動) 編. 2015. 《SEALDs 民主主義ってこれだ》. 東京: 大月書店.

아시아·태평양 지역의 중층적 경제협력 구도와 일본의 경제적 리스크 관리

| 김영근(고려내학교) |

* 이 글은 다음 논문을 수정·가필한 것임. 김영근(2017), 〈아시아·태평양 지역의 중층적 경제협력 구도와 일본의 경제적 리스크 관리〉, 《한일경상》, 한일경상학회, 제74권, pp. 163~194. 또한 이 논문은 2007년 정부(교육과학기술부)의 재원으로 한국연구재단의 지원을 받아 수행된 연구임(NRF-2007-362-A00019).

Ⅰ. 서론

제2차 세계대전 이후 GATT 체제는 1995년 법제화legalization의 진전
으로 평가되는 WTO(World Trade Organization, 세계무역기구) 설립을 통해 상
호 의존 심화에 기여해 왔다. 이후 지역주의 확대로 제도화 진화에 난
항을 겪고 있는 WTO 중심의 자유주의 질서가 붕괴되는 것은 아닌가
라는 우려마저 대두되고 있다. 또한 전후 70년을 맞은 일본 경제는 전
후 패러다임의 연속과 단절이라는 두 측면을 동시에 보이고 있다. 일본
은 전후 경제정책의 핵심이라고 할 수 있는 '지속 가능한 성장' 및 '균
형 재분배'를 거듭 강조하며, 신성장동력 모색을 위한 새로운 경제정책
이자 패러다임인 '아베노믹스'가 진행 중이다.

본 논문은 아시아·태평양 지역의 중층적 경제협력 구도하에서 일
본이 경제적 리스크를 관리하며 선택한 대외 전략이 어떻게 변화했는
가에 대한 분석이다. 일본은 2006년 전후세대로는 처음으로 총리가 된
아베 신조安倍晋三 제2차 내각(2012년 12월)과 더불어 정치권 전면에 본격
등장하여 정책선호preference를 표출하는 전후세대가 소통(협력)하거나
대립(마찰)하며 일본의 경제·통상 정책을 변용하고 있다. 이를 확인하
기 위해서는 환태평양경제동반자협정(Trans-Pacific Partnership, TPP) 교섭 과
정 등 사례 연구를 중심으로 일본의 국제정치·경제협력 프로세스 및
메커니즘 분석을 통해 일본 정치·경제의 연속과 단절을 고찰할 필요
가 있다. 이때 일본 정치·경제의 연속성 측면에서 전후 성장경제(요인)
를 지속하려는 움직임과[1] 성장 저해 요인과 단절하려는 움직임 속에서
행정, 금융, 세제, 노동, 경영 시스템 등을 포함한 구조개혁 추진 과정으

로 구별된다. 전후 패러다임이 강력하게 잔존하고 있는 현재 일본 경제의 특징을 개관하며, 전후 레짐(regime, 체제)으로 불리는 '전후의 정치·경제 패러다임'의 변화와 그 결과에 대해 분석한다. 본 논문의 목적(유용성)은 이러한 변화 및 결과가 아시아·태평양 지역의 중층적 경제협력 구도와는 어떻게 관련되어 있는지, 그 메커니즘은 무엇인지를 이론적으로 규명하는 데 있다.

전후 세계적인 무역 관련 국제기구로는 1947년 제네바에서 23개국이 관세 철폐와 무역 증대를 위하여 조인한 '관세 및 무역에 관한 일반협정(General Agreement on Tariffs and Trade, GATT)'을 들 수 있다. 1995년 WTO로 대체되기 전까지 128개국이 가입하였으며, 일본은 1955년에 정회원국이 된 이후 GATT 중심의 통상정책을 전개해 왔다. 주지하다시피 일본은 WTO가 설립된 이후에도 1990년대 후반까지 지역주의적 무역 질서보다는 WTO 중심의 다자주의적 통상(무역)정책을 중시하는 스탠스를 유지하고 있었다. 2000년에 들어서 '잃어버린 10년'의 굴레에서 벗어나려는 구조개혁의 프로세스에서 지역주의에도 관심을 표명하는 투트랙 혹은 멀티트랙 정책으로 전환되었다. 그 배경으로는 1995년 WTO가 설립된 지 20년이 훌쩍 지났음에도 불구하고 한 번의 다자간 무역 협상(라운드)도 성공시키지 못했다는 WTO의 정체를 들 수 있다. 이러한 글로벌 경제 환경의 변화 속에서 양자 간 무역교섭(Free Trade Agreement, FTA, 자유무역협정)이나 TPP 혹은 EU 등 여러 소小다자주의mini-multilateralism가 전개되고 있다. 이러한 글로벌 무역 환경(레짐)이기에 더더욱 양자 간 경제협력과 대립관계에 관심이 증대되고 있다. 특히, 2국간 경제협력의 대표적 사례라 할 수 있는 미국은 물론 주된 대상국인 일본(미일 경제관계)에 주목할 필요가 있다. 미일 간 경제관계가 가장 대립(마찰)으로 전개되었던 1980년대 중반과 WTO 설립을 전후로 한 1990년대, '잃어버린 일본 경제 20년'의 터널에 진입한 2000년대 초반 이후 2007년 서브프라임 금융위기 및 2008년 리먼 쇼크에 이은 글로벌 경제 불황이 낳은 현재까지 상황을 유형화 하고 분석함으로써 미일 경제협력의 현황을 점검하고 향후 글로벌 정세 변화 속에서 일본의 선택을 전망하고자 한다. 아울러 미일 간 경제협력의 경로를 개관하고 양국 간의 대표적인 협력 분야는 어떻게 변해 왔으며 심화(혹은 약화)되어 왔는지에 관해서도 고찰한 결과를 바탕으로 한국이 나아가야 할 전략에 관해서도 알아보고자 한다. 최근 미일 경제관계 변화에 관한 가늠자 역할을 해 온 것은 TPP 교섭과 미일동맹(관계 복원)의 강화 교섭, 상대국의 구조개혁을 통한 공정한 경쟁정책 실현을 들 수 있다.

1995년 WTO 설립 이후 변화된 아시아·태평양의 지역주의란 미국의 주도적인 개입 의지 혹은 패권주의적 질서에 대응하는 일본의 유형별 협력과 대립 메커니즘이 중층적으로 결합되어 있는 구조라 할 수 있다. 무엇보다 미일 간 동맹관계에 영향을 미치는 법제도화 정도, 국내 시스템(권력 구조 및 선호) 변화 등은 이 협력틀의 성격을 규정한다고 가정한다.

이상의 문제의식을 바탕으로 한 본 논문의 구성은 다음과 같다. 제 II 절에서는 아시아·태평양 지역의 제도화에 관한 기존 논의들에 유형 개념화를 시도한다. 아울러 본 논문의 분석틀을 제시하고, 〈국가 간 상호작용과 다자주의〉 구도를 고찰한다. 제 III 절에서는 일본 경제정책이 리스크를 어떻게 관리하며 변화했는지를 점검한다. 제 IV 절에서는 일

〈표 1〉 제2차 세계대전 종전 후 경제·안보 블록화(지역주의)

	글로벌 환경	경제 안보 블록화(지역주의)	일본
1944년	브레튼우즈 협정 체결		
1945년	유엔(UN) 창설		전후 복구 및 국제무역 체제로 복귀
1946년	국제무역기구(ITO) 설립 논의		
1947년	GATT(관세 및 무역에 관한 일반 협정) 창립		
1949년		북대서양조약기구(NATO) 창설	
1951년		유럽석탄철강공동체(ECSC) 창설	
1952년			IMF와 세계은행 가입
1955년		바르샤바조약기구(WTO) 창설	GATT 가맹(cf. 한국: 1967년)
1957년		유럽경제공동체(EEC) 창설	
1960년		석유수출기구(OPEC) 창설	
1961년	경제개발협력기구(OECD) 창설		OECD 가입
1964년			도쿄올림픽/외환규제거래금지법
1965년			한일국교정상화*
1967년	케네디라운드 (~1972년)	-유럽경제공동체(EEC)-유럽공동체(EC)로 확대, -동남아시아국가연합(ASEAN) 설립	자본자유화
1971년	브레튼우즈 체제 붕괴/닉슨 쇼크(8월)		
1973년	제1차 석유위기/제2차(1979년)		
1978년	GATT 도쿄 라운드		
1981년		걸프협력회의(GCC) 결성	
1982년		미일 원자력 협정 개시	미일 대립: 과거사 및 안보, 경제 이슈
1985년	플라자 합의		엔화 평가 절상(円高) 압력
1986년	GATT 우루과이라운드		농산물 개방 vs 국내 보호 산업
1989년	탈냉전 시대	아시아·태평양 경제협력체(APEC) 창설	
1990년		독일 통일	
1991년		소련 붕괴/바르샤바조약기구 와해	
1992년		-유럽연합(EU) 출범 -북미자유무역협정(NAFTA) 체결	'일본 잃어버린 10년'의 서막
1995년	WTO(세계무역기구) 출범 > 지역 경제 협정(제24조) 조항		한신아와지 대지진(1. 17.)
1997년		아시아 금융위기	AMF(아시아통화기금) 구상
1998년		21세기를 향한 새로운 한일 파트너십	
1999년		유로화(Euro) 도입	
2002년		태평양 3국(뉴질랜드-싱가포르-칠레) 경제협력체제:TPP 개시	
2003년		집단안보조약기구(CSTO) 창설	
2005년		동아시아정상회의(EAS)	
2007년	서브프라임 금융위기		'일본 잃어버린 20년' 인식
2008년	글로벌 금융위기← 리먼 쇼크/미국-호주-페루 TPP 참가 선언		
2011년			3·11 동일본 대지진
2012년	역내포괄적경제동반자협정(RCEP) 협상 개시(12월)		-TPP 협상 개시(2013. 7.), - 아베노믹스: 신성장동력 확보(구조개혁)
2015년	환태평양경제동반자협정(TPP) 타결(2015.10.5)		
2016년	글로벌 보호무역주의	-아시아인프라투자은행(AIIB) 설립 -영국, EU 탈퇴 국민투표 통과	지방개혁과 부흥·창생(蒼生)

주: *는 1965년 6월 22일 한일기본조약 및 부속 협정 서명, 12월 한일기본조약 및 협정 발효. 자료: 필자 작성.

본의 대미美國 TPP 교섭과 한국의 대응에 관한 사례 분석을 한다. 우선 상호주의를 중심으로 미국의 TPP 정책과 일본의 대응 과정에 주목하고,[2] 일본의 TPP 교섭이 한국에 주는 시사점을 점검한다. 미일 무역마찰 경로를 살펴봄으로써 일본의 TPP 교섭 참가에 전후 미국 통상정책 기저로 작동해 온 상호주의의 전개를 고찰한다. 아울러 일본의 외교·통상정책 대응이 어떻게 유지(연속성)되고 단절되어 왔는지 분석한다. 마지막으로 결론에서 아시아·태평양 지역의 갈등을 넘어 협력 방인도 제시한다.

Ⅱ. 아시아·태평양 지역의 중층적 제도화

1. 글로벌시대, 국가 간 상호작용과 다자주의

2000년 이후 아시아 지역에서 FTA 체결 및 발효가 가속되고 있다. 이미 50여 개의 FTA가 발효된 상태이다. 아세안을 축(허브)으로 하는 아세안ASEAN+1이 2010년에 거의 완성(2003년 중-아세안[3] 및 2008년 한-아세안,[4] 2008년 일-아세안[5])되었고, 한중일 FTA와 함께 역내포괄적경제동반자협정 (Regional Comprehensive Economic Partnership, RCEP), 아세안+3, 아세안+6 등 아시아 지역에 있어서 여러 FTA 교섭이 중층적으로 전개되고 있다(〈그림 1〉 참조).

〈그림 1〉 아시아 · 태평양 지역의 중층적 경제협력 관계

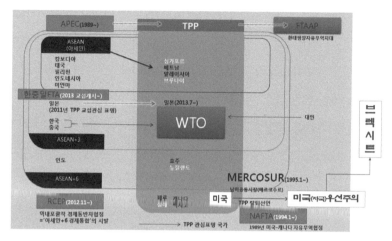

*자료: 필자 작성, 김영근(2012: 130).

　아시아 · 태평양 지역의 경제협력 구도는 어떠하며(현상 이해), 어떻게
변화했는지(프로세스 및 메커니즘)에 관한 기존 연구는 4가지 관점에서 주
장되어 왔다. ① 국제시스템론(패권안정론, 제도를 중시하는 시점에서는 WTO/TPP
등 국제제도가 가지는 규범의 영향력 변화에 주목하는 국제제도론), ② 이익집단, 일본
국회, 일본 정부를 둘러싼 국내정치 과정을 중시하고 있는 제2이미지
론(국내정치 결정론), ③ 역逆 제2이미지론(국제시스템 요인이 국내정치에 미친 영
향), ④ 국가 간 상호작용론(예를 들어, 미일 간의 통상 마찰 혹은 경제협력 등)이라
는 4개 분석틀을 바탕으로 설명하고 있다. 본 논문의 분석 시각이자 결
론은 '역逆 제2이미지론'에 근거한 것이다(〈그림 2〉 참조).

　본 연구는 선행 연구의 분석 시각이 융 · 복합적으로 상호작용하고
있다고 전제하고, 특히 일본의 외교 · 통상정책에 있어서 다자간 제도
를 둘러싼 전략 구상 및 정책 결정의 주요 행위자에 주목하여 국내 정

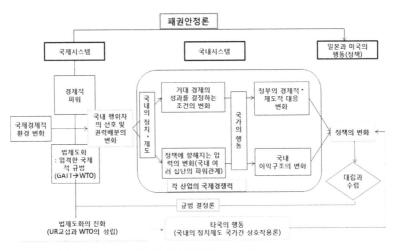

〈그림 2〉 본 논문의 분석 시각: 역(逆) 제2이미지론

패권안정론

국제시스템 | 국내시스템 | 일본과 미국의 행동(정책)

경제적 파워

국제경제적 환경 변화

국내 행위자의 선호 및 권력배분의 변화

법제도화 : 엄격한 국제적 규범 (GATT→WTO)

국내의 정치·제도

거대 경제의 성과를 결정하는 조건의 변화

정책에 향해지는 압력의 변화(국내 여러 십난의 파워관계)

각 산업의 국제경쟁력

국가의 행동

정부의 경제적·제도적 대응 변화

국내 이익구조의 변화

정책의 변화

대립과 수렴

규범 결정론

법제도화의 진화 (UR교섭과 WTO의 성립)

타국의 행동 (국내의 정치제도 국가간 상호작용론)

* 자료: 필자 작성, 김영근(2007) 박사학위 논문의 분석틀을 수정·보완.

책 조정이 어떻게 이루어졌는지 그 프로세스 및 변화 메커니즘을 규명하고자 한다.

아시아·태평양 지역의 제도화 과정을 이해하기 위한 분석틀로 국제적 상호 의존을 유용하게 설명하는 호혜적 〈상호주의〉 모델을 바탕으로, 국가 간 외교·통상정책의 대립과 협력 구조를 이해하고자 한다. 각 유형별로 미국(혹은 국제제도)과 관련한 한 국가의 통상정책이 어떻게 귀결되는지, 즉 미일 간 정책 대립과 협력이라는 정책(제도) 선택이 어떠한 경로를 취하는지 살펴보고자 한다. 여기서는 미일 간 외교·통상정책을 전개하는 데 중요한 〈상호주의〉 모델과 밀접하게 관련된 다자주의multilateralism 분석틀을 바탕으로 하고자 한다.

국제적 정책 조율 및 국가 간 관계를 설명하는 이론 중 하나인 다자주의는 아시아·태평양 지역의 중층적 경제협력 구도를 이해하는 데 있어서도 중요하다. 다자주의는 '특정한 이슈(문제)에 대해 상호 협의 또는 공동 행동을 취하도록 권유하거나 규율하는 공식(명시적) 또는 비공식(암묵)적인 원리, 원칙 등의 약속과 협정(분쟁해결절차를 포함)의 총체'를 의미한다. 아울러 다자적 활동을 증진시키기 위하여 고안된 이데올로기로서,[6] 일반화된 행위 원칙generalized principles of conduct에 따라 셋 이상의 국가들이 관계를 조정해 나가는 제도적인 형태를 말한다.[7] 지역 내 국가들의 제도 선택에 있어서 가외성(加外性, Redundancy)의 원칙이 작동하는 아시아·태평양 지역의 중층적 제도 혹은 경제협력 관계야말로 다자주의 방식에 근거한다.[8] 다만 단순히 다수의 국가들 간 협력이 아니라 '국가 간의 관계를 조정해 나가는 방식의 하나이며, 3개국 이상의 국가들이 모인 집단에서 그 국가들의 행동이나 일반화된 행위 원칙을 상호 조정·조화시키는 것'[9]이라는 의미이다. 무엇보다도 실체(내용)적인 측면에서 본다면 다자주의는 '정치체제나 이념, 국가적 이해관계가 상이한 3개국 또는 그 이상의 다양한 국가들이 참여하여 서로 간의 국가정책을 상호 조정하고 어떠한 원칙과 규범의 형성을 바탕으로 제도적 국제 질서를 추구하려는 일련의 과정까지도 포함한다.'

코헤인과 마틴Martin에 의하면, '다자주의를 기반으로 하는 제도는 정보를 제공하고 거래 비용을 줄이며, 신뢰를 증진시키고 조정의 접점을 제공하여 전반적으로 상호성reciprocity의 작용을 촉진한다.' 이때 글로벌주의, 소다자주의, 지역주의로 나뉘는 〈다층적 거버넌스의 수준별 유형〉에 관해서도 유의할 필요가 있다.

주지하다시피 미국과 일본 주도하에 타결(합의)된 TPP의 진로 역시 영국의 브렉시트 및 미국의 신고립주의(보호무역주의)적 움직임이 가속화될 경우 신지역주의 시대에 접어들 가능성도 배제하기 어렵다. 자칫 하면 글로벌 경제전쟁으로 치닫게 될 수 있다. 다만 글로벌 경제는 지금까지 국제제도(GATT, WTO 등)의 혜택을 경험한 대부분의 국가들이 다자주의 이익 구조에서 벗어나 비상호적non-reciprocity 행위를 선호하기에는 적지 않은 비용을 감수해야 한다. 말하자면 각국은 글로벌 시대의 정책 선택에 있어서 국제제도 혹은 레짐(원리, 원칙, 룰, 분쟁해결절차 등)의 효용 및 구속력을 중요한 기준으로 삼는다. 이러한 다자주의적 틀 속에서 지속적이고 안정적인 기대를 공유하는 국가 간의 긍정적인 상호작용이야말로 중층적인 협력 관계를 강화시킬 가능성이 높다.

2. 제도 변화의 유형과 거버넌스의 변화

외교 · 통상 및 경제협력에 관한 일본 거버넌스의 변용과 지속을 고찰하기 위해서는 다자주의 논의에 더하여 전후 일본이 처한 국내외 환경의 취약성vulnerability과 민감성sensitivity이라는 관점의 도입이 유용하다. 제도(전후 레짐)에 대한 취약성의 정도와 정책 수용의 지향(단절과 연속성)이라는 두 가지 요소를 조합한 4가지 제도 변화 분석틀(〈표 2〉 참조)을 바탕으로 고찰해 보자.

여기서 취약성이란 이전 체제와 단절(혹은 제한)했을 때 입는 손해 damage를 의미하는데, 어떤 주체의 취약성이란 '해당 주체가 외생적 변화에 의해 받는 즉, 민감성에 기초한 영향이나 비용을 기존 정책이나 제도적 틀(체제)의 전제前提를 바꾸는 행동을 취함으로써 비교적 단기에 또는 저비용으로 경감하거나 해결할 수 있는 정도를 포함한다.'[10] 만일 전후의 재해 부흥 과정에서 일본(해당 주체)이 경제협력 거버넌스 혹은 경제정책의 변화 등 다양한 행동을 취하더라도 그 영향을 벗어날 수 없다면 주체는 변화에 대해 취약하다. 만일 기존 체제에서 벗어나 제도치환(D)이 가능하다면 주체는 취약성이 낮다(혹은 비취약하다)고 할 수 있다.[11] 일본의 거버넌스 변화 및 제도(체제) 선택에 관해서는 〈표 2〉를 바탕으로 분석하고자 한다.

제2차 세계대전 이후 GATT 체제는 상호 의존이 심화된 과정과 맞물려 1995년 WTO 설립으로 이어졌다. 이를 통해 진화하고 임팩데긴 법제화legalization의 성과가 있었음에도 불구하고 제도 자체의 취약성 때문에 지역주의가 확대되었다. 결과적으로 새로운 라운드의 성공을 거쳐 (법)제도화를 더욱 진화(진전)시키려는 목표는 용이하지 않았다. 설립 후 20여 년이 지난 지금까지 난항을 겪고 있는 WTO 중심의 자유주의 질서가 붕괴되는 것이 아닌가라는 우려마저 대두되고 있다. 이때 제도의

〈표 2〉 제도 변화의 유형과 거버넌스의 변화

		제도 자체의 개혁(변화)에 대한 저항	
		강	약
정책에서의 현상유지 지향	강(연속)	A 제도 표류(drift)	B 제도 전용(conversion)
	약(단절)	C 제도 중층화(layering)	D 제도 치환(displacement)

* 자료: 기타야마(2011) 도표(p. 54)를 수정 · 보완한 마쓰오카 슌지(2011), p. 54의 〈제도 변화 유형도〉를 재인용, 수정 · 보완.

표류(A) 혹은 제도의 치환(D)이라는 정책 대립이 발생할 수 있다. 실제로 전후 70년을 맞은 일본 경제는 전후 패러다임의 연속(A)과 단절(D 혹은 B)의 두 측면을 동시에 보이고 있다. 전후 일본 경제정책의 핵심이라고 할 수 있는 '지속 가능한 성장' 및 '균형 재분배'를 새로이 강조하며, 새로운 성장 동력을 모색하려는 아베노믹스라는 새로운 경제정책(D) 혹은 패러다임의 재편(B)이 진행 중이다. 특히 제도의 중층화(B)는 가외성Redundancy과 밀접하게 연계된다. 즉, 국내정치의 신뢰성을 확보하기 위해 중첩적 또는 이중적으로 제도를 선택하여 운용하는 행위를 말한다. 주로 다자주의 원칙에 따라 설립된 국제제도 혹은 대☆지역제도에 복수로 가입(가맹)하는 목적과 부합된다.[12]

Ⅲ. 미일 vs 글로벌 경제 리스크: 협력과 마찰의 메커니즘

미일 간 협력과 마찰 메커니즘을 이해하기 위해서는 일본이 글로벌 혹은 미국과의 경제 리스크(연속과 변화)를 어떻게 관리(조정)했는지를 점검할 필요가 있다. 특히, 어떠한 경제정책 즉, 경제제도 및 산업구조의 조정을 통하여 지속적인 경제 발전(성장)을 이룩하였나, 일본이 잃어버린 일본 경제라는 리스크(마찰 요인)에 대응한 프로세스는 어떠했으며, 미국과 어떤 정책을 실현했는가를 분석하는 것이 주요 목적이다.

1. 전후 일본의 부흥과 구조개혁(변용)

전후 선진국의 통상정책의 주된 목표는 무역 자유화였으며, 이를 뒷받침하기 위한 국제기구로는 브레튼우즈 협정, 세계은행, 국제통화기금IMF, GATT 등을 들 수 있다. 1944년 설립된 IMF를 중심으로 한 제2차 세계대전 후의 국제통화체제(IMF 체제)는 활동 개시 이후 1971년 8월 15일 소위 〈닉슨 쇼크〉까지 금본위제도하에서 금태환(1온스=35달러, 공정 가격) 기조였다. 반면 무역 분야는 GATT 체제로 세계 경제와 일본의 무역 성장은 맞물려 전개되었다. 이러한 국제 경제 환경의 변화 속에서 일본의 1950년대는 개혁과 부흥의 시기로, 전후(1945) 10여 년간 경제적 기반이 마련되었다. 일본은 1955년부터 1970년까지 15년간 연평균 경제성장률이 9.6퍼센트에 이르렀으며, 1960년대에 고도성장기로 진입하였다. 1970년대는 석유위기 및 경제 구조 전환의 시기였으며, 이어 1980년대에 들어서는 1985년 대외 순자산이 미국을 능가하는 경제대국화에 이르며 전후체제가 연속성을 띠었다고 평가할 수 있다.

일본 경제는 냉전 종식(1985~1991년) 과정에서 전후체제에서 벗어나 생활 중시, 환경 보전형, 안정 성장 지향을 목표로 삼았고, 주된 성장 요인은 수출 주도형에서 내수 주도형으로 전환하였다. 주력 산업은 중후장대 산업에서 경박단소형(전자·기계 등) 고부가가치 산업으로 바뀌었고, 노동력 부족, 고령화 사회, 다양화, 다원화, 정권교체 시대, 작은 정부, 지방분산 등의 특징이 나타났다. 국가의 목표는 구미 지향 및 추월에서 기술혁신을 통한 개방된 과학기술 국가 구축에 주안을 두었다(〈표 3〉 참조).

다만 국제무역이 재화의 생산 공급과 소비 증대를 통하여 참여국의 사회 후생복리를 향상시키려는 목적이라면, 각국은 이와 부합된 혹은 대립된 형태의 산업·통상정책을 실시하였다. 예를 들어 미국은 일본의 주요 수출품인 자동차, 철강, 전자제품 등에 대하여 수입제한조치(세이프가드)를 취하면서 자국 산업 보호 및 육성을 도모하고자 하였다. 일본 자체만으로는 전후 경제성장이라는 목표가 지속되는 프로세스로 이해할 수 있으나 무역상대국인 미국의 대일 수정 요구(단절)로 대비된다. 그러나 일본식 경영과 경영체제에 관한 여러 리스크 요인들이 두드러진 결과로 초래된 1990년대 거품경제 붕괴는 곧 잃어버린 10년lost decade의 시대로 지속된다. 일본은 구조개혁과 글로벌 경쟁력 회복을 통해, 부활의 10년으로 방향을 전환하고자 다양한 경제 리스크를 관리하려고 노력하였다. 여기서 주목해야 할 것은 1980년대까지 일본 경제

〈표 3〉 일본의 전후 경제 부흥 vs 탈냉전 후 경제 리스크 관리

	전후(냉전시대) 일본 경제	냉전 후 일본 경제	글로벌 시대의 일본 경제
경제 목표	생산 중시, 양적 확대형, 고도성장 지향	생활 중시, 환경 보전형, 질적 우선형, 안정 성장 지향	지속 가능 성장 지향, 리질리언스
성장 요인	수출 주도형	내수주도형	지역사회소비형
세계의 정치·경제체제	냉전, 미소 지배, 자본주의 대 사회주의	탈냉전, 미·일·유럽 3국 경제권(+중국), 자본주의 대 자본주의	소다자주의 및 메가 FTA, 트랜스 자본주의
국제 공헌	소극적, 세계 GDP 10% 이하	적극적, 세계 GDP 15%	적극적, 세계 GDP 10% 전후
정치·정부의 성격	자민당 단독 집권 시대, 큰 정부, 중앙집권	정권교체 시대, 작은 정부, 지방분산	자민당 2.0시대, 지방의 몰락, 글로벌 시빌리언 파워 중시
국가 목표	구미 지향 및 추월	개방된 과학기술 국가 구축: 기술혁신	글로벌 과학기술의 선도 및 협력 기반 구축
가치관	동질화	다양화, 다원화	융합화
생산기술의 성격	에너지 혁신·집적형, 에너지 및 자원 다소비형	정보 혁신·분산형, 에너지 및 자원 절약형	지식융합형·인공지능(AI)
주력 산업	중후장대 산업	고부가가치 산업: 경박단소형 (전자·기계 등)	제4차 산업 및 제6차 산업
조세 및 금융 제도	직접세 중시, 규제 금리, 간접금융(은행 대출)	간접세 중시, 자유 금리, 직접금융(채권 발행)	글로벌 금융제도 수용
노동력, 연령 구성	노동력 풍부, 청장년 사회	노동력 부족, 고령화 사회	초고령화 사회: 인구 절벽

* 자료: 필자 작성, 김연석·정용승(2002), p. 18의 〈표 1-5〉 수정·보완.

가 성공한 배경, 1990년대에 성공이 실패하는 과정, 이후 2000년대 중반에 10여 년의 장기불황을 벗어나는 과정, 2011년 3·11동일본대지진을 계기로 다시금 20여 년의 장기불황(잃어버린 20년)에 빠지는 과정으로 분류하여 살펴볼 필요가 있다. 시기별 일본의 경제 리스크 요인은 다양하다(〈표 4〉 참조).

일본적 기업 시스템의 특성에 관해 한정하자면 환율, 재정, 금리, 투자, 디플레이션, 생산성 등 거시경제의 관점이 중요하다. 또한 일본이 경제성장하는 과정에서 산업정책 및 기업의 역할에 주목하자면 발전지향적 국가, 계획된 합리성, 관료에 의한 경제 운영을 낳면시킴으로써 상충되는 결과가 나타나기도 한다. 수출입 관련 직접 규제 등 보호무역주의적 산업정책은 결과적으로 일본 경제에 리스크(폐해)를 초래한 바 있다.[13]

〈표 4〉 일본 경제가 직면하고 있는 대내외 리스크

시기 구분	국내적 리스크 요인	국제적 리스크 요인
전후 레짐: 경제 부흥	· 전후 개혁과 경제 부흥의 제약: 전후 인플레이션 · 전후 특수(국제적 군수산업)의 소멸 · 경제 비군사화 및 민주화: 재벌 해체 · 농지개혁·노동개혁	· GATT(관세 및 무역에 관한 일반협정) 체제의 취약성 · 지역주의(보호무역 블럭화)
재간(災間) 레짐: 경제대국	· 일본의 고도성장 · 일본형 고용 및 기업 경영의 개혁 · 기술혁신, 산업구조 변화 · 행·재정 개혁(재정 적자, 우정민영화 등) 추진 · 사회보장(연금, 의료 등) 개혁 · 경기 침체(잃어버린 20년)로부터 탈피: 실업 문제 해결, 불량 채권 처리	· 석유 가격 상승의 영향 · 미국 쌍둥이 적자와 세계 경제 · 중국의 경제성장과 글로벌 차이나 리스크 · 세계적인 빈곤 추방(박멸) · WTO 정체: 도하개발라운드(DDA) 및 그린라운드 · 중국의 국제무역제도 수용 및 인민화 정책 대응 · 일본형 메가 FTA 추진
재후(災後) 레짐: 포스트 3·11	· 인구 감소, 초고령사회에 관한 대응 · 지속 가능 성장 지향, 리질리언스 · 아베노믹스 경기(景氣)의 향방	· 글로벌 금융위기 및 글로벌 경제 전쟁 · 지구온난화 대응 · TPP 비준과 국제제도 수용 · 동아시아경제공동체 형성

* 자료: 필자 작성, 고미네(2010), p. 18의 〈표〉를 일부 인용하여 대폭 수정·보완.

2. 일본 경제, 잃어버린 20년과 아베노믹스

미일 무역(통상) 마찰, 잃어버린 10년, 잃어버린 20년 등 경제 리스크 (위기)가 닥쳤을 경우, 일본은 국내적으로 안고 있던 여러 시스템의 문제점을 지적하고 극복(관리)하려는 노력을 어떻게 경주했는가를 검토하는 것이 매우 중요하다. 예를 들어 AMF(아시아통화기금) 같은 새로운 국제금융체제를 구축하려는 일본의 정치 과정도 주목할 만하다.

아베 신조 수상이 2012년 12월 취임 이후 추진해 온 아베노믹스는 집중적 양적 완화 및 재정 지출 확대 전략, 구조개혁을 통한 신성장동력新成長動力 확보로 요약될 수 있다. 특히 아베노믹스의 배경에는 잃어버린 일본 경제 20년 시기가 맞물려 있다. 말하자면 전후체제의 연속성을 위해 경제 리스크를 관리(단절)하려는 노력이다. 아베노믹스가 추진(확보)하는 신성장동력 자체는 그야말로 하나의 산업 개혁, 나아가 구조개혁 부분에 중점을 두고 있다. 일본은 이른바 국제정치와 국내정치의 상호작용에 주안을 둔 연계정치Linkage Politics를 기조로 하여 구조개혁을 시도하고 있으며, 국제제도의 효율성을 설득 재료로 활용하고 있다. 특히 이와 관련하여 '국제제도(WTO 체제)의 규범이나 패권, 법제도화legalization 정도 등 탈脫지정학 혹은 탈脫지경학 요소가 양자 간 정치 과정에 비해 우위를 점하고 있다'는 정치효용론에 주안을 두고 있다. 그 배경에는 다자간 자유무역협정Mega FTA이 가져다주는 경제적 효용 및 정치적 네트워크의 기대치가 작용하고 있다(〈표 5〉 참조).[14] 바꾸어 말하면 다자간 협력으로 죄수의 딜레마prisoner's dilemma를 해결하려는 시도로 해석된다.

<표 5> 다자간 자유무역협정(Mega FTA) 추진 현황

구분	경제 규모(GDP)	인구	참여 국가
환태평양경제동반자협정(TPP)	27조 7000억	8억 명	미국, 일본, 캐나다, 호주, 칠레 등 12개국
역내포괄적경제동반자협정(RCEP)	21조 6000억	34억 명	중국, 한국, 일본, 아세안(ASEAN) 등 16개국
아시아·태평양자유무역지대(FTAAP)	42조 5200억	28억 명	미국, 중국, 한국, 일본, 러시아 등 21개국
범대서양무역투자동반자협정(TTIP)	35조 9100억	8억 명	미국, 유럽연합(EU) 등 29개국
한·중·일자유무역협정(FTA)	16조 4100억	15억 명	중국, 한국, 일본 3개국
아세안경제공동체(AEC)	2조 4000억	6억 명	아세안(ASEAN) 10개국

* 자료: 세계은행(World Bank), 국제통화기금(IMF).[15]

　한편으로는 국가 주도의 구조개혁에서 벗어나 국제 환경 변화에 따른 중소기업 등 국내 비정부 행위자가 정책에 영향을 미칠 수 있는 여지가 확대되고 있으며, 국제제도를 선호하고 지지하는 메커니즘이 반영되는 구조이다. 즉 역逆이미지의 프로세스에 주목할 필요가 있다.

　특히 역逆이미지가 주목받는 배경으로는 아베노믹스가 시행된 지 5년이 지났지만 정책 실효성에 대한 논란은 끊이지 않고 있기 때문이다. 아베노믹스의 경제성장 전략은 산업 개혁, 나아가 구조개혁에 중점을 두고 있으나 적지 않은 경제 리스크(저해 요인)를 안고 있는 국내정치 과정과 밀접하다. '주지하다시피 3·11동일본대지진(2011년) 이후 경제 부흥內政에 힘을 쏟아야 할 일본 자민당의 리더십은 지금까지 대외통상 과정에서 걸림돌이 되었던 농업 보호, 규제 완화, 외국인 투자 촉진, 노동력 이동 증대, 유연한 이민 규제, 인적 교류 등 다양한 리스크 요인들을 극복해야 한다(김영근, 2013).' TPP 교섭(비준) 혹은 한중일 FTA 추진, 한일 FTA 교섭 재개, 미일 FTA, 일중 FTA, EU일 FTA 등 국제정치·경제外政 프로세스에서 지금까지 국가 주도에서 벗어나 비정부 행위자까지 포함한 국내적 선호가 반영되고 있다. 이는 농업 분야 등 전통적인 국내 산업보호 문제를 안고 있는 일본이 TPP에 관한 정책 스탠스를 국내적으로 타협(수용)하는 과정에서 다자주의의 효용에 관해 국민 스스로 인정하고 선택하는 프로세스로 작동되고 있는 것으로 해석된다.

IV. 사례 분석: 일본의 TPP 교섭과 제도 선택

1. 일본의 구조개혁과 미일 통상교섭

전후 미일 통상 마찰 프로세스에서 항상 관건이 되어 왔으며 일본이 안고 있던 구조개혁 문제는 일본의 경제 리스크 관리의 문제와 전후 패러다임의 연속과 단절이라는 일본 경제의 변용 및 아시아·태평양 지역의 중층적인 구도하의 제도 선택을 통찰(분석)하는 데 중요한 이슈 혹은 아젠다라고 할 수 있다. 아베노믹스의 구조개혁을 보다 잘 이해하기 위해서는 미일 통상교섭 과정에서 일본의 구조개혁 논의를 살펴볼 필요가 있다. 일본 구조개혁의 기원과 전개에 관한 사례 분석을 통해 정책 변용과 지속에 관해 살펴보자(〈표 6〉 참조).

일본(아베 정권)이 신성장 전략으로 삼겠다는 세 번째 화살(구조개혁)의 배경을 살펴보면 과연 일본이 어떠한 요소를 신성장동력으로 삼고 있는지, 3·11동일본대지진 이후 일본이 처한 경기 회복·재생, 지방 창

〈표 6〉 일본의 구조개혁과 미일 통상교섭

	SII 미일 구조협의 (1989~1991년)	미일 포괄경제 협의 (1993~1996년)	아베노믹스의 구조개혁 (2012년 12월~)	TPP 교섭
일본의 시스템	버블경제체제	버블경제체제	잃어버린 10년 체제	-
글로벌 환경 변화	GATT 체제	·WTO 설립(1995. 1.) ·WTO 교섭의 정체	·세계금융위기 이후 경기 침체 ·WTO 침체와 FTA 확산	보호무역주의적 글로벌 경제 부활(미국 정권교체, EU 브렉시트)
일본의 대미정책	일본의 대미 협조	국제제도 우선 정책	미국의 대일 협조	미국의 대일 협조: 정책 조율과 확산
일본의 경제 구조	·경제대국 ·버블경제	·버블경제 붕괴 ·잃어버린 10년	잃어버린 20년의 연속 vs 탈피(산업공동화 가속화)	-
일본 성세싱패이 변화	긴랴서 무여정챔	디플레이션 가시화	·아베노믹스와 구조개혁 ·TPP 교섭 참가, 협상 개시(2013. 7.) ·아베노믹스 단층과 주장기적 경제 재정 운영	·TPP 협상 타결(2015. 10.) ·TPP 비준 지지(2016. 11.)
미일 마찰의 형태 및 분야	GATT 체제하의 미일 2국간 교섭: 정부 조달 부문 등에서 유통 장벽, 계열 문제	WTO 체제하의 국제(다국간)제도(DSU) 활용: 후지·코닥 필름 분쟁	소(小)다자주의(TPP) 체제하의 미일 교섭: 농산물	소(小)다자주의(TPP) 체제의 한계: 미국 이외의 TPP 발효 움직임과 미국의 대응
일본의 구조개혁	대장성 주도의 국가 자원 배분→정부 주도의 산업정책 변화	일본의 유통 구조(리베이트 등)→하시모토 내각: 금융 개혁, 행정 개혁, 재정 개혁→대장성 해체(2001년)	·신성장 전략 ·일본 기업의 규제 완화: 경영환경 개선	·농산물 보호 철폐 ·지방 창생

*자료: 필자 작성, 김영근(2015) 재인용하여 수정 · 보완.

생, 농산물 보호 철폐 등 경제 리스크 관리(요인)를 어떠한 방법으로 하고 있는지 알 수 있다. 아베노믹스의 주된 수단인 TPP 논의는 일본의 잃어버린 20년 지속 혹은 30년 터널 진입이라는 상황으로 빠지지 않기 위한 탈출구로 간주된다.

일본은 엔화 약세 또는 시장 금융 완화 정책을 통한 경기 부양(회복) 정책만으로는 성과를 담보하기 어렵다는 점을 고려해 TPP, 한중일 FTA, RCEP 등 국제무역제도 선택에 관해서도 전략적으로 전개한 바 있다.

미국의 자국우선주의, EU의 브렉시트 등 보호무역주의적 글로벌 경제의 움직임이 대두되고 있는 가운데, 정책 조율을 통한 미일 협조정책이 관건이다. 또한 트럼프 정권 출범 이후 미국의 TPP 폐기라는 대응 과정에서 미국을 제외하고 TPP가 발효될 경우 소ᵕ다자주의TPP 체제 리스크(한계)를 우려하는 목소리도 제기되고 있다.

일본 경제가 풀어야 할 경기 회복의 선순환 구조, 투자심리 회복, 소비심리 회복, 새로운 일자리 창출 등 리스크 요인들이 어떻게 관리될 것인가를 예견하기는 쉽지 않다. 다만 TPP 반대파의 주장(리스크)을 극복하는 데 미국 혹은 국제제도로 해결해야 한다는 점에는 이견이 없다. 여기서 '아베노믹스의 가장 중요한 목표라 할 수 있는 일본의 구조개혁이 자발적 위기 관리가 아니라 미국 요구에 대응하는 수동적 개혁에 그칠 경우 일본의 성장을 가져올 것인지는 미지수이다(김영근, 2016).' 무엇보다도 일본의 수출입 무역상대국 위상이 높은 미국의 역할 및 아시아·태평양 지역의 경제협력 상황을 고려해 볼 때 미국 주도의 TPP 교섭 및 국제무역제도의 효용성을 포기할 만한 대안을 찾기는 쉽지 않다고 할 수 있다.

일본이 경제 침체 상황에서 벗어나기 위한 전략의 하나로 아베 정권이 추진하고 있는 정책 중의 하나가 엔저에 따른 수출 확대 전략이다. 이는 곧 다자주의의 효용과 관련된다. 각국의 TPP 비준 과정을 앞둔 현재, 미국 대통령 당선자의 보호무역주의에 기반한 선거공약대로라면 조속한 TPP 발효는 어려울 것으로 예상된다. 만약 TPP 교섭 참가국 총 GDP의 80퍼센트를 차지하는 미국과 일본이 비준에 실패할 경우 중국이 적극적으로 구상하고 있는 역내포괄적경제동반자협정RCEP 교섭 등에 주도권을 넘겨주는 시나리오가 가능하다. 이때 일본과 미국이 예상 밖의 타격을 우려하여 제도 표류(A)라는 극단적 선택을 하기는 쉽지 않다. 결국은 TPP를 반대하는 공약과는 달리 오바마 정부의 통상정책을 유지하여 보완하는 형태로 미일 간 경제협력이 진행될 것으로 예측된다. 일본 민주당이 적극적으로 추진해 왔던 TPP는 자민당의 아베 정권으로 교체된 이후 불분명한 통상정책 스탠스에서 벗어나 전후 자유무역 기조를 강조하며 지속적인 통상 기조를 유지하여 TPP 교섭이 개시되었다. 이러한 상황에서 미국과 협조하여 WTO 등 국제무역체제의 활용 방안을 제시하고, 나아가 지역주의(혹은 보호무역주의) 추진 과정의 여러 걸림돌을 제거하려는 노력이 우선될 것으로 전망된다.

2. 미국의 TPP 정책과 일본: 상호주의를 중심으로

아시아 · 태평양 지역의 중층적인 경제 구조하에서 과연 일본의 선택을 어떻게 이해할 것인가. 미일 무역마찰의 경로를 살펴보고, 특히 일본의 TPP 교섭 참가를 통해 전후 미국 통상정책의 기저로 작동해 온 상호주의를 중심으로 일본의 정책 대응이 어떻게 유지(연속성)되고 단절되었는지 고찰해 보자(〈표 7〉 참조).

1995년 WTO 설립 이후 일본에서는 잃어버린 10년의 시작으로 국내적으로 안고 있었던 경제 리스크 요인들을 구조개혁(단절)을 통해 극복하려는 정책 전환이 두드러졌다. 이러한 구조개혁은 고이즈미 구조개혁(2001~2006년) 및 민주당 정권의 개혁(2009~2012년), 아베노믹스(2012년

<표 7> TPP 협상의 미일 간 쟁점 부문

쟁점 부문	찬성		반대	비고
자동차 및 부품 관세 철폐	일본	미국	미국 기업이 소송을 남발할 우려	정책대립
쌀 및 소맥 관세 철폐	미국, 호주, 뉴질랜드, 캐나다	일본	값싼 외국 농산물로부터 자국 시장 보호	정책대립
자국 기업의 글로벌 경쟁 환경 개선	미국, 일본	베트남	미국 주도(중심)의 글로벌 통상규범에 반발 (대립): 국영기업 우대 조치	정책협조

↓

일본의 TPP 참여 배경-->)미일 사전 협의 과정
① 자국 산업 및 기업의 글로벌 경쟁력 및 환경 개선
② 한·중 견제 / 미국 중심의 글로벌 통상규범에 편승
③ 미국의 셰일가스 수출 승인 획득
- TPP 교섭 과정을 활용한 농업 보호정책(리스크) 관리

* 자료: 필자 작성

12월~현재) 등으로 구별된다. 일본 경제 잃어버린 20년 프로세스는 일본 정부·관료의 위기관리 능력 미숙과 불안한 정치 구조로 인해 초래된 결과라 할 수 있다.

이와는 반대로 1990년대 중반 이후 미국 경제가 회복됨에 따라 WTO 레짐에 부응하는 호혜적 상호주의로 대일정책의 기조가 전환되었다. 당시 일본의 장기불황이라는 환경을 감안한 미국의 대일 전략은 유연한 상호주의였다. 하지만 미국은 2007년 서브프라임 금융위기 및 2008년 리먼 쇼크를 경험하며 정책 전환을 시도하였다. 이후 미국은 일본의 강력한 경제 구조개혁에 관한 노력이 부족(부재)하다는 점을 지적하고 양국 간 경제회의를 통해서 개선하려 하고 있다. 이러한 일련의 경제협력은 TPP 협상을 통해 전개되었다.

일본은 3·11동일본대지진(2011) 이후 재해 복구 및 부흥 전략을 우선하여 TPP 교섭 참가에 신중한 스탠스를 표명한 바 있다. 이는 국내 상황의 심각성을 고려한 결정이었으나 역으로 국내 리스크 관리를 하

며 경제 회생의 돌파구를 마련하려는 계기로 TPP 교섭을 개시했다 (2013년 7월).

　TPP 협상에서 미일 간 쟁점 부문을 관리하기 위해서는 양국의 상호 주의적 정책 스탠스가 관건이었다. 예를 들어 일본의 농산물 자유화 문제 및 개방 수준 등에 관해 미국이 어떻게 국내 산업을 설득하고 조율할 것인가는 통상(무역)교섭의 주된 관심 사항이다. 아베노믹스의 정책 중 하나인 엔저 및 자동차 및 부품 관세 철폐 정책에 대해서 쌀 및 소맥의 관세 철폐 정책을 지지(찬성)하는 미국이 맞서는 형국이다. 이는 곧 미일 양국의 정치와 정책 영역이 균형섬trade-off을 이끌어 내는 과정이라 할 수 있다. 특히 미국은 일본이 경기 회복의 대책으로 요구해 온 엔저를 용인하는 대신 일본의 구조개혁을 요구해 왔다. 그러나 정책 선택의 결과가 미국은 물론 글로벌 경제의 선호와 일치하지 않을 경우 정책의 연속성을 보장해 줄 가능성은 매우 낮다.

　주지하다시피 현재 아시아 · 태평양 지역은 새로운 전환 국면에서 협력과 경쟁의 새로운 시대를 맞이하고 있다. 따라서 미국과 일본의 TPP 발효 구상이 지역의 정치 · 경제적 우위를 확고히 하려는 움직임으로 평가되거나 아시아 · 태평양 지역에 리더십을 확보하려는 의지로 해석되는 경우를 지양해야 할 것이다.

V. 결론: 리스크 관리 및 제도적 협력을 위한 제언

본 논문에서는 TPP를 둘러싼 아시아·태평양 지역의 중층적 경제협력 프로세스 및 메커니즘을 분석하였다. 일본이 동아시아 경제협력 구조틀 속에서 구상하는 중층적인 지역 협력 구도하에서 일본의 정책 방향성은 중요하다고 할 수 있다. 본 논문의 결론은 일본의 TPP 비준이야 말로 정책 변용(단절)으로, 제도 치환(D)이라는 제도(체제) 선택이다. 그렇다면 일본의 외교·통상정책이 주는 구체적인 교훈 및 시사점은 무엇인가. 전후 일본의 경제정책 및 거버넌스 변용 및 제도(체제) 선택에 관한 분석 결과를 본 논문의 분석틀을 바탕으로 요약하면 다음과 같다 (〈표 8〉 참조).

〈표 8〉 일본 거버넌스의 변화와 아시아·태평양 지역, 그리고 제도(체제) 선택

		제도 자체의 개혁(변화)에 대한 저항	
		강	약
정책에서의 현상유지 지향	강 (연속)	A 제도 표류(drift) 환경 변화에 대한 미대응으로 기존 정책의 비효율적 대응 ☞체제 변화 및 거버넌스 미흡 　예: 경제정책의 한계와 잃어버린 20년의 지속	B 제도 전용(conversion) 기존 정책의 전략적 재정의 혹은 전용 예: 유치산업에 관한 정부 역할 재편―비정부 행위자 주도의 산업 경쟁력 확보 전략, 원자력 이용 재논의 및 보완·대체 방안 강구, 아베노믹스 재정 완화 정책
	약 (단절)	C 제도 중층화(layering) 기존 정책을 유지하며 새로운 정책 수립 예: 다각적 지역주의 정책 전개, 해외 원전사업 수주, 전후 미국 주도의 자유무역체제 구축, TPP 타결, RCEP 교섭	D 제도 치환(displacement) 새로운 제도 도입 체제 전환이 용이해 새로운 체제 도입 및 대응 원활 예: 전후 일본의 국제무역제도 선택(GATT→WTO→Multi FTA), 글로벌 시대의 지방 창생 정책, 브렉시트 등

자료: 필자 작성, 〈표 2〉의 재사용.

첫째, 아시아·태평양 지역에서 일본의 거버넌스는 1947년 GATT 설립과 WTO 성립을 계기로 정책 변용(단절)에 성공함으로써 제도 치환 (D)이라는 선택으로 요약된다. 특히 WTO 성립과 수용 배경으로는 일본이 새로이 도입한 체제에 대응 실패(A)가 작용했다고 할 수 있다.

또한 2000년대에 들어서 WTO 체제하의 일본이 구조개혁을 추진한 배경은 제도 표류(A)가 작동한 결과이다. "……1995년 WTO 성립 이후 일본의 통상정책이 과거 미국 통상법 301조를 바탕으로 한 양국 간 교섭에 응하는 수동적인 대응에서 벗어나 능동적이고 적극적으로 WTO 체제를 이용하려는 방향으로 싱책 진환이 이루어졌다(김영근, 2007).……" 그러나 WTO의 정체는 곧 제도 표류(A)형에서 탈피하려는 움직임으로 이어져 결국 각국의 선호 및 이익을 반영한 FTA에 큰 관심을 표명하며 제도의 복수(중층적) 선택(C)으로 나타났다. 일본 역시 잃어버린 20년을 보내는 과정에서 다시 제도 치환(D)[16] 혹은 제도 중층화(C)를 우선하는 정책 수용의 단절이 우위를 차지하였다.

법제도화의 진전 혹은 정도가 낮은 GATT 체제하의 1980년대는 미일 마찰이 격렬했던 상황으로, 미국의 대일 요구 사항이 곧 일본이 개선해 나가야 할 경제 리스크로 작동하였다. 결과적으로는 제도 치환 (D)이 어려웠으며 효율적인 거버넌스 제시가 제대로 이루어지지 못한 경우(A)였다. 또한 일본은 1990년대 초반 버블경제가 붕괴되어 잃어버린 10년이라는 리스크와 맞물려 경제 회생(부활·재생) 정책이 효율적으로 시행되지 못했다는 점도 작용하였다.

반면에 WTO 설립 직후 혹은 새로운 국제제도 도입이나 비준(발효)이 기대되는 시기에는 취약성의 정도가 중요한 요인으로 작동한다. 이는 체제 내 변화에 따른 일본의 제도적 협력 거버넌스 및 경제정책 추진 (변용)에 있어서 가장 중요한 상관변수라 할 수 있다. 예를 들어, 1990년 대 잃어버린 10년 시기에 비해 아베노믹스에 의한 경제 회복(성장)과 맞물려 취약성이 낮은 새로운 정책(제도) 제시displacement, 즉 제도 치환(D) 이 용이한 환경이었다.

둘째, 잃어버린 20년을 극복하려는 경제정책, 즉 버블경제 환경이 초래한 파행적 구조 및 리스크 요인들이 구조개혁 및 다양한 정책 실시에도 불구하고 지속적으로 영향을 미치는 정책(환경)의 연속성이 저해 요인으로 작용하였다. 게다가 경제 리스크 요인을 극복하려는 단절이라는 정책이 존재했다 하더라도 실행 메커니즘이 효율적이지 않을 경우 정책 수용이 지속(A)될 가능성이 낮다. 또한 일본은 정책 추진 메커니즘의 부재 혹은 비효율적 작동으로 인해 기존 정책을 전략적으로 새롭게 정의하거나 변화conversion시키려는 제도 전용(B) 정책을 실행하는데 실패한 것으로 분석된다.

일본은 TPP 교섭에 참가하여 제도 중층화(C) 정책을 효율적인 수단으로 추진하였으나 그 실행이 용이하지 않은 국제적 환경 요인이 작동하고 있다. 만약 TPP가 발효하지 못하거나 효율적으로 작동하지 못할 경우, 결과적으로는 새로운 '제도 치환(D)'으로 정책의 전환(귀결)이 예상된다. 미국의 외교·통상정책 기조가 정권교체 후 보호무역주의로 변화할 경우 이러한 움직임과 맞물린 미일 경제협력(경협)은 가장 격렬했던 1980년대 중반과 유사한 마찰 프로세스를 경험할 가능성이 매우 높다. '트럼프 리스크 시대'에 신형 '슈퍼 301조'의 부활이 우려되는 대목이다. 하지만 전후 선진국 중심으로 글로벌 통상규범을 확립하려는 미국의 패권주의적 의도(의지)가 급격하게 수그러들 가능성은 매우 낮다.

한편으로는 '미일 무역마찰의 경로가 제시하는 교훈을 살펴보면, 일본이 TPP 교섭에 참가하며 보여 준 호혜적 상호주의에 기초한 협조적 국제무역 질서가 유지되고 선호(국내 수용)될 여지도 크다. 바꾸어 말하면 전후 미국 통상정책의 기저로 작동해 온 상호주의를 중심으로 일본의 정책 대응이 유지(연속성)될 것이다. 역으로 보면 미국의 대일 경제협력에 관한 정책 대응이 관건이 된다(김영근, 2016).'

셋째, 현재 일본의 경제정책을 안나디고 요약하면 국제제도 및 다자주의에 대한 취약성이 크지 않고, 정책 수용의 지향에 관해서는 단절이 우선되는 상황이다. 즉, 경제 리스크를 관리하려는 체제를 선호하여 새로운 제도 도입이라는 제도 치환(D)의 수요(요구)가 강하다. 예를 들어, 전후 제도 전용(B), 제도 중층화(C) 정책을 통해 일본 정부(옛 통상산업성/현재 경제산업성이 주도)가 경사생산 방식 등 적극적이고 효율적인 산업정책을 추진하여 경제대국의 발판을 마련하게 된 과정은 주목할 만하다. 다만 1980년대 중반 이후 미국과 외교·통상 마찰 사례에서 보았듯이, 양국의 이해관계가 앞으로도 재충돌(대립)할 수 있는 상황에서 제도 표류(A)형 정책 기조로 리스크를 관리하기는 어려운 국제적 요인도 작동하는 형국이다. 향후 일본과 미국은 쌍방의 이익을 위해 제도 치환(D) 기조하에 중·장기 전략을 바탕으로 추진할 과제를 고려하면서 경제협력의 저해 요인을 제거해 나가야 할 것이다. 물론 제도 중층화(C) 전략도 아시아·태평양 지역의 협력 거버넌스를 주도할 가능성이 높다는 점도 유의할 필요가 있다.

1) 예를 들어, 최근 일본의 국가 채무가 거의 한계 상황에 달한 가운데 과연 일본 재정은 지속 가능한(sustainable) 것인지, 만약 불가능할 경우 어떻게 극복(단절)할 것인지에 관해 분석할 필요가 있다. 일본 재정의 지속 가능성에 대한 검증 방법론이나 사례 연구에 관해서는 김규판 외(2013), pp. 48~55를 참조할 것.

2) 본 논문의 상호주의는 영어 'Reciprocity'의 번역어이다. '호혜주의', '호혜의 원칙', '상호성', '상호주의', '상호주의의 원칙' 등으로도 표현(번역)된다. 高瀬(다카세)는 호혜주의를 'GATT(관세 및 무역에 관한 일반 협정) 협상처럼 서로의 이익을 증가시키는 긍정적인 정책'으로 정의한다. 한편, 상호주의를 '상대국이 일방적인 혹은 형평에 어긋난 이익을 얻고 있거나 얻으려고 하는 경우에는 이에 대항하여 상대국의 이익이 되는 조치를 철회할 수도 있는 부정적인 정책'으로 구분하여 사용하고 있다. 그러나 본 논문에서는 미국의 'Reciprocity'가 GATT/WTO(세계무역기구)와 어떻게 연관되어 왔는지를 고찰하는 데 있어서 호혜주의와 상호주의의 구별은 적당하지 않다고 보며 양쪽 모두를 상호주의라고 부르기로 한다.

3) 2002년 11월에 〈중국-ASEAN 포괄적 경제협력에 관한 기본 협정〉 서명 후 2003년 11월 발효, 2007년 1월 15일에 서비스 무역 협정 서명 후 같은 해 7월 발효되었다. 이후 2009년 8월에 투자 협정에 서명하고 2010년 1월에 중-ASEAN 자유무역지역(ACFTA)이 성립되었다.

4) 2007년 6월 1일에 기본 협정 및 상품 무역 협정 발효 후, 2009년 5월 1일에 서비스 무역 협정이 발효되었다. 이후 2009년 6월 2일에 투자 협정에 서명하고 2010년 시점에 싱가포르, 태국, 베트남, 미얀마 등에 발효로 이어졌다.

5) 일본-아세안 간의 무역 협정은 FTA(EPA)라는 용어 선택 대신에 2008년 12월 일본-아세안 CEP(포괄적 경제 제휴) 협정이 체결되었다. 이는 FTA 후진국이라 불리는 일본 입장에서 볼 때 최초의 다국(다자)간 경제 제휴 협정으로, 2013년 3월 현재 아세안 10개 가맹국 중 인도네시아를 제외한 9개국과 일본의 협정이 발효되고 있다.

6) James A. Caporaso(1993), p. 55.

7) John G. Ruggie(1993), pp. 6~11.

8) 란다우(Landau)는 '가외성이 조직 운영에 있어서 신뢰성과 안정성을 높여 주는 순기능(順機能)에 주목하고, 이 때문에 오히려 가외성을 필요로 한다고 주장한다.' Martin Landau(1969), pp. 346~358.

9) John G. Ruggie(1993), p. 571; John G. Ruggie(1996), p. 568.

10) 야마모토 저/김영근 옮김(2014), p. 22, pp. 121~123; 《21세기 정치학 대사전》, 〈취약성(vulnerability, 脆弱性)〉. 한편 어떤 행위자의 민감성(sensitivity, 敏感性)이란 '해당 주체(행

위)가 외부(외생)적 변화, 즉 상정 외의 사건이나 다른 주체의 행동에 의해 기존 정책이나 제도의 틀 자체를 바꿀 수 없는 단기간 내에 받게 되는 영향이나 자극의 정도'를 의미한다.

11) '주체의 취약성 · 비취약성은 해당 주체의 구조적 파워(파워 능력이나 파워 자원의 유무)에 의해 결정된다. 왜냐하면 파워 능력이나 파워 자원을 풍부하게 가지고 있는 주체는 다양한 상황에서 보다 넓은 선택 폭을 가지고 있으며, 기존의 정책이나 제도적 틀 등을 재평가할 수 있기 때문이다.'《21세기 정치학 대사전》〈취약성(vulnerability, 脆弱性)〉.

12) 행정학에서는 '가외성, 합리성 그리고 중복의 문제' 분석을 통해 신뢰성을 확보하기 위해 중첩적 또는 이중적으로 일을 하거나 조직을 만드는 것이 중요하다는 논의가 활발하다. 다음 논문을 참조할 것. Martin Landau(1969), pp. 346~358.

13) 미와 료이치(三輪) 교수는 철강 산업에 불황카르텔보다는 공개 판매제를 통한 가격 조정 정책이 보다 효과적이라고 주장하고, 철강 산업의 설비 투자 조정과 석유정제업의 생산 조정 사례에서 산업정책의 효과에 의문을 제기한다.

14) 일본 정부가 제시하는 TPP가 일본에 미치는 경제 효과에 관한 분석에 의하면, TPP 협상 참여가 이루어질 경우(100% 자유화 전제) 그것이 수출 증가 및 일본 국내 투자 증가에 의고용 확보 등으로 연결되어 향후 10년간 일본의 실질 국내총생산(GDP)이 2조 4000억 엔에서 3조 2000억 엔(0.48%에서 0.54% 전후)으로 증가할 것으로 전망하고 있다. 내각부경제사회총합연구소(內閣府経済社会総合研究所), 경제산업성, 농림수산성(農林水産省)이 각각 독자적인 입장에서 시뮬레이션 분석을 행한 자료를 바탕으로 내각관방이 정리한 내용(내각관방〈2011. 10. 18.〉)을 참조. 최관 · 서승원 편(2012), p.132에서 재인용.

15) 삼정KPMG경제연구원(2016), p. 57 〈표〉 재인용.

16) 일본 정부가 TPP 교섭 참가에 관심을 표명하는 배경(이유)은 향후 FTAAP(환태평양자유무역지구)의 구축이라는 목표와 맞물려 있다. APEC 정상회담, 2011 자료, 최관 · 서승원 편(2012) p. 139에서 재인용.

✚ 참고문헌 ✚

- 김규판 · 이형근 · 김은지 · 서영경(2013). 〈일본 재정의 지속 가능성과 재정 규율에 관한 연구〉.《연구보고서》12~23. 대외경제정책연구원.
- 金基石(2007). 〈일본의 동아시아 지역주의 전략: ASEAN+3, EAS 그리고 동아시아 공동체(日本の東アジアにおける地域主義: ASEAN+3, EAS, そして東アジア共同体)〉.《국가 전략(国家戦略)》제13권 1호.
- 김연석(1992).《일본 경제 · 무역의 분석: 한국 경제를 위한 교훈의 모색》. 분음사.
- 김연석 · 정용승(2002).《일본경제론》. 문음사.
- 金暎根(2012), 〈일본과 미국의 대립적 · 협조적 통상정책의 기원과 전개: 미국 통상 법안(88년 통상법 vs 94년 UR 실시 법안) 비준의 프로세스와 메커니즘(日本とアメリカの対立的 · 協調的通商政策の起源と展開—米国通商法案(88年通商法 vs 94年UR実施法案)批准の政治経済学)〉. 통상법률(通商法律) 第106号. 109~142.
- 金暎根(2007). 〈미일 통상 마찰의 정치 · 경제학(日米貿易摩擦の政治経済学): GATT / WTO 체제하의 대립과 협력의 프로세스〉.《일본연구논총》Vol. 26. 현대일본학회(現代日本学会), 71~111.
- 김영근(2012a). 〈동일본 대지진 이후의 일본 경제와 통상정책: TPP정책을 중심으로(東日本大震災後の日本経済と通商政策 : TPP政策を中心に)〉.《일본연구논총》Vol. 35. 현대일본학회, 33~66.
- 김영근(2012b). 〈3 · 11동일본대지진 이후 일본 경제와 동북아 경제협력의 진로: TPP를 중심으로〉.《3 · 11동일본대지진과 일본》(저팬리뷰 2012). 도서출판 문. 130 재인용.
- 김영근(2013). 〈대재해 이후 일본 경제정책의 변용: 간토 · 한신아와지 · 동일본 대지진, 전후의 비교 분석〉. 김기석 엮음/김영근 외.《동일본 대지진과 일본의 진로: 일본 사회의 패러다임 변화》. 한울, 90~126.
- 김영근(2013). 〈災害後日本経済政策の変容-関東 · 戦後 · 阪神淡路·東日本大震災の比較分析-〉.《일어일문학연구》제84집 2권. 375~406(일본어).
- 김영근(2016). 〈글로벌 시대, 미일 경제협력의 현황과 전망〉.《정세와 정책》2016년 11월호, 9~13.
- 최관 · 서승원 편(2012).《저팬리뷰 2012: 3 · 11동일본대지진과 일본》. 도서출판 문.
- 고미네(2010).《일본 경제의 기초 지식》, 일본경제신문사.
- 다카하시 조센 편저/곽해선 옮김(2002).《일본 경제 50년사: 사라진 일본 경제의 기적》. 다락원.
- 마쓰오카 슌지(松岡俊二)(2012)/김영근 옮김(2013). フクシマ原発の失敗—事故対応過程

の検証とこれからの安全規制(일본 원자력 정책의 실패), 早稲田大学出版部/고려대학교출판부.

• 미와 료이치 저/권혁기 옮김(2005). 근대와 현대 일본경제사. 보고사.
• 삼정KPMG경제연구원(2016). 리질리언스(Resilience): 기업의 미래를 결정하는 유전자. 올림.
• 야마모토 저/김영근 옮김(2014). 국제적 상호 의존. 논형.
• 田中祐二・内山昭編(2012). TPPと日米関係. 晃洋書房.

• Caporaso, James A.(1993). 〈International Relations Theory and Multilateralism: The Search forFoundations〉. in John G. Ruggie(ed.). *Multilateralism Matters: The Theory and Praxis of an Institutional Form*. New York: Columbia University Press, 55.
• Landau, Martin(1969). 〈Redundancy, Rationality, and the problem of duplication and Overlap〉. *Public Administration Review*, Vol. 29, No. 4, 346~358.
• Ruggie, John Geard(1983). 〈International Regimes, Transactions, and Change: Embedded Liberalism in the Postwar Economic Order〉. *International Organization*, 379~415.
• Landau, Martin(1993). 〈Multilateralism: The Anatomy of an Institution〉. in John G. Ruggie(ed.). *Multilateralism Matters: The Theory and Praxis of an Institutional Form*. New York: Columbia University Press, 6~11.
• Landau, Martin(1996). *Winning the Peace: America and the World Order in the New Era*. New York: Columbia University Press, 568.

미일관계와 일본의 국가 전략:
전후체제로부터의 탈각?

| 최운도(동북아역사재단) |

* 본 연구는 동북아역사재단의 지원을 받아 수행된 연구(동북아 2016-한일-기획-3-1)임.

Ⅰ. 서론

아베 총리는 2006년 제1차 내각을 출범시킬 때부터 '전후체제로부터의 탈각'을 정권의 핵심 이념으로 내걸었다. 그는 1년 남짓한 짧은 임기 동안 교육 기본법 개정과 방위청의 성(省) 승격을 실현했다. 2012년 12월 그의 정권 복귀를 위한 총선 준비 과정에서부터, 그리고 제2차 내각이 시작되었을 때부터 '전후체제로부터의 탈각'은 또다시 그의 통치 구호가 되었다. 2016년 7월 참의원 선거에서 압승하면서 아베 정권은 탈각의 최대 목표라 할 수 있는 헌법 개정을 향해 달려 나가고 있다. 그는 정권 복귀 이후 4년간 이미 탈각을 실현하기 위한 수많은 정책들을 실현시켜 왔다. 해석 개헌을 통해 집단적 자위권 행사 허용을 법제화하고 그와 직접 연관이 있는 미일 안보 가이드라인을 개정하였다. 기존의 헌법 해석하에서는 불가능했던 것이 가능하게 된 것이다. 또한 전후 70년 담화를 통해 일본 제국주의의 침략과 전쟁 범죄와 관련한 그의 역사 인식에 대한 논란을 일단락 지었다. 제도와 인식에서 성과를 올린 그 여세를 몰아 헌법 9조 개헌을 달성하겠다는 것이다. 아직 개헌 가능성은 안개 속에 있다. 그렇다면 그가 목표로 했던 '전후체제로부터의 탈각'은 현재 진행되고 있는 것인지, 그리고 얼마나 진행되었는지 평가해 볼 필요가 있다.

2015년은 일본의 안보 전략과 미일관계에 큰 변화가 있었던 해이다. 그런데 1991년 PKO 법안이 통과되었을 때, 1999년 주변사태법이 통과되었을 때, 그리고 2004년 미군 재배치가 실행되었을 때도 '획기적 변화' 혹은 '전기轉機'라는 평가가 따라다녔다. 이들과 비교했을 때 2015년 안보법제 성립과 미일 신가이드라인 수립은 그때까지의 일본 안보 정책과 분리될 수 있는 결정적 변화인 것인지, 집단적 자위권 행사 허용이 이전과 같은 점증주의incrementalism의 프레임웍 속에서 계속되는 제한적인 변화인지, 새로운 일본의 국가 전략 등장을 의미하는 것인지 살펴보아야 한다. 집단적 자위권 행사 허용을 두고도 사실상 개헌이라는 주장과 기존 해석의 기본 논리를 유지하고 있다는 주장이 엇갈린다.

본 연구는 이러한 논의를 일본의 국가 전략이라는 차원에서 분석하고자 한다. 최근 아베 내각은 전후체제에 대한 새로운 인식 수립을 위해 '역사를 배우고 미래를 생각하는 본부'를 설치하였다.[1] 체제 변화를 위한 정지작업 성격이 짙다는 설명이 지배적이다. 헌법 개정이 하드웨어적인 변화라면 새로운 역사 인식은 그것을 뒷받침하는 소프트웨어적 변화라 할 수 있다.

내용을 살펴보면 현재 제2차 아베 내각 출범 이후 일본은 전후체제로부터 벗어나고 있는가? 미국은 '전후체제로부터의 탈각'을 어떻게 받아들이고 있는가? 정책 추진 과정에서 미국에 대한 전략은 무엇인가? 미국은 일본의 방위 분담 대가로 전후 질서에 대한 변화를 용인할 것인가? 일본의 변화가 체제 전환적인 것이라면 중국의 해양정책에 대해 현상status quo 변경 시도라는 비판에 대한 모순은 어떻게 정리할 수 있을 것인가? 아베 총리가 추구하는 '전후체제로부터의 탈각'이 '긴밀한 미일관계' 속에서 진행되고 있는가? 등이다. 그러므로 본 연구에서는 일본의 국가 전략을 미일 안보의 틀 속에서 분석하고자 한다.

Ⅱ. 일본의 국가 전략에 대한 기존 논의들

아베 정권의 국가 전략을 평가하기 위해 먼저 일본의 국가 전략에 대한 논의를 살펴볼 필요가 있다. 일본의 개별적인 정책과 전략에 대한 논의들을 제외한 국가 전략 자체에 대한 기존 연구들은 대부분 일본에는 국가 전략이 '있다' 혹은 '없다'에 대한 평가에서 출발한다. 물론 '있다' 편에 서 있는 연구들은 국가에 전략이 있는 것이 당연하다는 입장에서 출발하는 반면, '없다' 편에 서 있는 연구들은 국내외 수많은 제약들로 인해 전략에 따라 국정을 수행할 수 없는 상황으로 전략 수립 자체가 어려움을 강조한다. 일본 연구자들은 일본에 전략이 없는 부정적 상황을 개탄하고 경각심을 일깨우기 위해서, 미국 연구자들은 일본이 기존 책임을 회피하고 있다는 점을 강조하는 경향을 보인다. 그런가 하면 한국 연구자들(배정호 2006, 손기섭 2012, 송주명 2009)은 일본에는 합리적이며 확고한 국가정책이 있는 것으로 평가한다.

국가 전략이란 국가 발전과 관련된 모든 분야에 자체적인 발전 전략이 있으며, 그들을 모두 총괄하는 전략을 말하며 거대 전략이라고도 한다. 그러나 일본의 경우 패전국이라는 멍에와 세계적으로 독특한 헌법으로 인해 종전 이후 국가 진로나 국가 전략에 대한 논의는 안보 분야를 떠나서는 이루어질 수 없었으며, 안보 분야의 전략이 오히려 논의의 중심을 이루어 왔다. 본 논문에서도 국가 전략 중에서도 안보 전략을 중심으로 논의를 진행하고자 한다.

2007년 일본의 대표적인 두 언론사가 출간한 책 제목이 일본에 국가 전략이 없음을 강조한다. 〈요미우리신문〉은 《검증: 국가 전략 없는 일본》, 〈아사히신문〉은 《일본에 국가 전략이 있는가?》를 출간했다.[2] 〈요미우리신문〉은 정치, 경제, 과학기술, 교육, 환경 등 모든 분야에서 전문가들의 견해를 들어 국가 전략이 없음을 강조하며 일본 정부와 사회에 경종을 울렸다. 〈아사히신문〉은 40여 명의 전문가들에게 일본의 국가 전략의 유무를 물어 대부분 '없다'는 답을 게시했다. 이 조사를 기초로 탠터와 혼다(Tanter and Honda 2005)는 일본의 '전략 없음'을 분석했다. 전후 여러 가지 상황 속에서 생겨난 요시다 독트린은 국가 전략이라 할 수 없을 뿐 아니라 부작용으로 국가 전략의 빙태나서 이렵게 했다고 주장한다. 이 같은 '전략 없음'에 대해 혼다 마사루(本田 優. 2007)는 '전략 알레르기'라 불렀다.

　요시다 독트린은 일본 사회에 '거버넌스의 위기'를 초래하였다. 방위 분야의 무임승차와 경제 분야에의 국력 집중은 외교, 방위력, 경제력 등 정책기구들의 효율적 통합을 가로막았다. 자위대가 보통국가의 군대로서 행동할 수 없도록 하는 헌법적·행정적 한계가 지속되면서 안보정책을 수립하는 적절한 기구를 창설하지 못했다. 따라서 이러한 상황하에서는 국가 전략의 부재가 필연적이다(Tanter 2005). 오히라 수상의 '종합 안전보장' 개념, 나카소네 수상의 '국제국가 일본'과 '불침항모'론, 미야자와 수상의 전략적 ODA, 미야자와 수상의 대아시아 ODA, 1990년대 후반의 신미야자와 구상 등은 모두 고도성장을 이룬 일본이 미국의 거센 분담 요구와 요시다 독트린의 한계를 극복하고자 대안을 모색하는 과정에서 나온 것들이다. 그러나 이들은 요시다 독트린 틀 속에서 해답을 찾는 대응적reactive 성격 때문에 지속 가능한 전략으로 자리를 잡지 못하였다.

다카하타 아키오(高畑昭男 2016)도 요시다 독트린의 폐해를 지적한다. 그것은 일본의 성공 스토리라고 할 수는 있지만 외교·안전 보장의 대부분이 '미국 추종' 노선을 따름으로써 주체적인 외교와 안보정책의 발휘가 불가능하였다. 또한 과거 군국주의에 대한 반성과 속죄감에 매몰되어 일국평화주의에 집착하느라 국제사회의 요구에 부응하지 못하였다. 이라크 전쟁에 대한 대응 실패는 일본 사회에 트라우마를 남겼다. 또한 냉전이 끝나자 자국의 국경을 둘러싸고 발생해 온 전쟁 행태가 평화 유지를 위한 전쟁으로 변화하였다. 그러나 일본은 이러한 세계의 조류를 읽지도, 따라가지도 못하였고, 주체적 판단을 내리지도 못하였다 (高畑昭男 2016, 171). 결국 오랫동안 지속된 요시다 독트린은 일본의 외교·안보에 대한 전략적 사고에 큰 자국을 남겼다. '친미, 반공'과 '경무장, 경제 최우선', '경제는 일류, 정치는 삼류', '경제는 대국, 정치는 피그미', '이코노믹 애니멀' 등은 국제사회가 일본의 외교·안보 전략을 부를 때 쓰는 표현이 되었다. 이 같은 일본의 한계를 나타내는 또 다른 표현이 '가라오케 외교'다(Jain and Inoguchi 1996). 배경 음악과 가사는 모두 미국이 제공하고 일본은 어떻게 누가 노래할 것인가만 결정한다는 것에 빗댄 것이다.

한편, 소에야 등(Soeya et. al. 2011)은 2006년 〈아시히신문〉의 전문가 설문조사에 대해 이야기하였다. 일본 학자들 중에서는 교토대학의 나카니시 히로시中西寛 1명만 요시다 독트린이 국가 전략으로 분류될 수 있다고 답하고 나머지 학자들은 '없다'로 답하였다. 냉전 기간에는 국가 전략에 대한 적절한 마인드셋이 부족했었다. 그것은 미일동맹과 평화

헌법 등 많은 제약 속에서 전략에 대해 생각할 필요가 없었기 때문이라고 설명한다.

일본에 국가 전략이 없다고 주장하는 연구들은 새로운 국가 전략 수립을 위해서는 1차적으로 제도와 기구가 필요하다고 제안한다. 다카하다 아키오(高畑昭男. 2008)는 미국이 국가 전략 수립을 위해 논의 과정 분석을 기초로 한 것처럼, 일본도 개방적인 국가 전략 수립 프로세스 구축이 급선무라고 지적하였다. 나카소네(2000)는 일본에는 방위성의 정보본부, 내각정보조사실, 외무성 국제정보총괄과, 공안조사청, 해상보안청 등 정보기관이 다수 존재하나 CIA와 같은 정보봉합기구가 존재하지 않는다는 점이 국가 전략 형성에 큰 걸림돌이 되고 있음을 강조한다. 거기에다 국가 전략 수립을 전담할 수 있는 인재가 절실하며, 이를 육성하는 대학이나 민간 연구기관에 대한 빠른 개선도 필요하다고 했다.

역사가인 케네스 파일(Pyle 2007)은 국제정치 이론을 활용하여 메이지 유신 이후 일본의 대외정책 결정의 특징을 보여 주었다. 그는 각 시대에 일본이 선택한 국가의 진로는 정책 결정 그룹의 합리적인 선택을 위한 노력의 결과물이기는 하나, 국제사회의 환경이 일본의 제도와 외교 행태를 결정해 왔다는 점을 강조한다. 다시 말해 일본 자신이 수립한 국가 전략에 기초하여 계획된 진로를 지나왔다기보다는 일본은 국제 체제가 근본적인 변화를 겪을 때마다 그 변화된 질서에 맞추어 외교 정책과 내부 조직을 변화시켰다고 보는 것이다. 그러므로 그의 주장은 '없다'는 쪽으로 분류된다.

반면, 카첸쉬타인(Katzenstein 1996)은 전후 일본의 헌법과 교육제도, 그리고 국내정치의 흐름 속에서 형성된 평화주의 아이덴티티가 전략 문화를 형성하게 되었다는 주장에서 시작한다. 그는 요시다 독트린이라고 하는 외교정책이 더 이상 국제 환경에 대한 소극적 대응을 의미하는 정책이 아니라 일본의 사회규범과 정체성에 기초한 사회적 합의에 따른 국가 전략의 표현이라고 본다. 또한 국내 환경이 국제사회의 세력균형보다 더 중요하게 작용한 만큼, 국가 전략에 기초한 외교·안보정책으로 인식한다.

새뮤얼스(Samuels 2008)의 입장은 일본에 국가 전략이 '있다'와 '없다' 사이에 위치한다. 그는 보는 입장에 따라 이 질문에 대한 답은 달라질 수 있음을 전제로 한다.[3] 일본은 역사 속에서 '불안감vulnerability'이 중심이 된 전략 문화와 아이덴티티를 만들어 왔으며, 그렇다고 해서 안보정책의 역사는 비이성적이거나 비합리적인 트라우마의 결과가 아니라 적극적이면서도 때로는 분열적일 정도로 열띤 국내 행위자들 사이의 토론과 합의 형성 과정을 거친 것Goldilocks Consensus임을 강조한다.

III. 일본의 국가 전략

1. 요시다 독트린과 그 제도화의 영향

전후 일본의 국가 전략 흐름은 세 시기로 나누어 볼 수 있다. 첫째, 요시다 독트린과 그 제도화 시기를 거쳐 1980년대 이후 나카소네 수상의 '전후 정치의 총결산'과 국제화 모색 시기, 둘째, 2000년대 국가 전략 모색 시기, 셋째, 아베 수상의 '전후체제로부터의 탈각'과 적극적 평화주의 전략의 시기다. 첫 번째 시기가 바로 두 번째와 세 번째 시기가 이전 시기를 일컫는 소위 '전후'에 해당된다. 이는 패전의 상처에서 일어나 경제성장을 이룩하고, 경제대국으로 발전하는 시기였다. 그러한 성과는 안보 분야를 미국에 의존하여 가능했다. 일본은 미국의 기지국가(남기정 2000) 역할에 충실하면서 그 대가로 안전 보장을 확보하고, 방위 분야에 투자를 최소화함으로써 그 여력을 경제 발전에 집중해 왔다. 그 성과로 나타난 국내정치, 경제 상황들이 바로 일본의 '전후'(커키▶ 외, 2004)에 해당한다.

나카소네 내각은 서구에 캐치업catch-up이 끝났을 무렵 '전후 정치의 총결산'을 제창한다. 그것은 이제 일본이 대국이 되었다는 인식, 그리고 그에 맞는 행동을 하지 않으면 안 된다는 인식에서 출발한다. 1980년대는 신냉전 시대로, 미국의 레이건 대통령은 강한 달러 정책을 추진하면서 소련과 대치한다. 그 영향으로 일본과 독일은 무역 호황을 누릴 수 있었으며 경제대국의 위치에 오르게 된다. 1985년 플라자 합의에 의해 엔고가 실현되자 이번에는 일본이 엔화의 힘을 바탕으로 동아시아 시장에서 큰손으로 활동하게 되었다. 다케시타 수상 때 동남아에 대한 전략적 ODA 정책이 가능했던 이유다.

그 시기에 나카소네는 '국제국가 일본'을 주창하였는데, 이는 일본이 국제정치 문제에 관여하고, 세계정치에 리더십을 적극 발휘해야 한다는 것이었다. 실제로 나카소네는 적극적인 정상외교를 전개하여 미일 동맹을 강화하고, G7 정상회담에서는 대국으로 행세하였다. 그는 일본이 안보 분야에서 요시다 노선을 벗어나야 한다고 촉구했다.[4] 또한 일본이 신냉전에 대응하는 미군을 지원하기 위해 일본 열도가 적극적인 역할을 수행할 것을 이미지화해서 '불침항모'론을 주장하였다. 그는 무기 수출 3원칙을 제한적이나마 수정하였으며, 방위 예산에 GNP의 1퍼센트를 넘어서는 예산을 책정해 1퍼센트 규정을 파기했다. 그러나 요시다 독트린을 수정하는 모양새만 갖추었을 뿐 벗어나는 정책은 실시하지 못하였다.[5] 그 결과 구호와는 달리 요시다 독트린을 지탱해 온 정치 시스템과 제도에는 거의 손을 대지 못하였다(Samuels 2007).

안보정책의 변화, 통상 산업 자유화, 농업 분야 시장자유화 등은 국내 반대에 부딪혀 어느 것 하나 제대로 진행되는 것이 없었다. 이에 비해 플라자 합의와 같은 통화, 금융 분야의 정책 실행이 가능했던 것은 그것이 일본의 국내 조건에 크게 제약받지 않는 분야였기 때문이다. 1980년대부터 1990년대까지 통상 분야는 무역 마찰로 인해 미일관계에 심각한 갈등을 유발하였으나, 방위정책과 통화·금융정책은 미일 동맹의 안정추 같은 역할을 하였다. 그 덕에 일본은 세계정치 무대에서 경제대국으로 행동할 수 있었다(白石隆 2016, 252). 당시 수많은 분야에서 국내정치 조정이 어려운 상황이었음에도, 나카소네가 금융 분야에서 미국의 기대에 재빠르게 대응할 수 있었던 것은 국제금융 분야가 국내 반대로부터 상대적으로 자유로웠기 때문이었다.

1980년대 말 경제대국 일본이 1990년대 초 벌어진 걸프전쟁에서 아무런 역할을 수행하지 못했다는 국제사회의 비난은 이후 일본 사회에 트라우마로 남았다. 이러한 상황에서 나온 것이 오자와(小沢一朗 1993)의 보통국가론이다. 이는 요시다 독트린의 대안으로 처음으로 제시된 국가 전략이라 할 수 있다. 그는 《일본 개조 계획》에서 일본이 여느 나라와 같이 군대를 가질 수 있고 전쟁도 할 수 있는 '보통국가'가 될 것을 주장하였다. 그러나 군대와 군사력으로 일본이 추구하는 일본의 국가상은 미일동맹에 대한 기여보다는 유엔의 일원으로서 국제 공헌에 앞장서는 국가를 그리고 있다. 당시로서는 군사적 현실주의자들의 주장을 넘어서는 우익적인 발상으로 이해되었다. 그러나 요시다 독트린을 대체할 국가 전략에 대한 논의가 진행되면서 보통국가가 추구하는 일본의 국가상에 대한 이견들이 제시되기 시작했다.

2. 2000년대 국가 전략의 모색:
나카소네의 《21세기 일본의 국가 전략》

2000년 나카소네 전 수상은 《21세기 일본의 국가 전략》을 출간한다. 그의 전략 구상은 나중에 볼 아베의 국가 전략과 비교해 볼 필요가 있으므로 상세하게 소개한다. 나카소네(2000)는 전후 일본 정치의 문제점들에 대한 해답을 찾을 수 있는 두 가지 핵심 분야로 방위와 교육을 들었다. 그는 다음과 같이 쓰고 있다.

필자는 올 5월 중의원 헌법조사회에서 다음과 같이 주장했다. 일본에 독자적인 국가 전략이 부족하고 정치인 중에 인물이 없다고 비판받는 이유 중 하나는 현재의 일본 헌법이 점령 미군에 의해 만들어져 일본의 발언권이 거의 없는 상태에서 제정되어 일본의 자주독립정신과 민족적 자존심을 잃었기 때문이다… 힘 앞에 굴복한다는 공리주의적 풍조가 정치에 영향을 주어… 따라서 21세기를 맞아 이같이 추락한 정신과 풍조와 결별하기 위해서라도 21세기에 헌법 개정과 교육 기본법 제정이라는 순서를 밟아 자주적인 국민헌법과 교육 기본법을 제정해야만 한다.(나카소네 2001, 15)

안보 분야에서는 헌법 개정이 이루어지기까지 국가안전보장 기본법을 제정할 것과 미일 안보조약을 재확인할 것을 강조하고, 교육 분야에서는 교육 기본법 개정을 통해 국가와 향토에 대한 애착과 사랑, 그리고 역사 인식의 전환 등을 촉구했다. 현행 헌법 9조는 애매하기 그지없고, 해석이 들쭉날쭉하여, 그 애매함이 다시 화근이 될지도 모른다는 인식이다. 그러므로 안보정책의 근본적인 변화를 이룰 개헌이 불가능하다면 1차적으로 국가안전보장 기본법을 제정할 것을 제안했다.

집단적 자위권을 인정한다 해도, 그 행사 방법은 국민 합의에 의해 규제할 필요가 있다. 실제로 그 행사는 국가안전보장 기본법이라는 법률을 만들어 문민 통제를 확실히 하고 자위권 행사를 국회 또는 정부가 통제하도록 해야 한다.(나카소네 2001, 72)

미일동맹에 대해서는 새로운 확인을 통한 공고화가 일본 국가 전략의 필수 요건임을 주장했다. 전쟁에 패배한 이후 일본은 처음부터 비핵과 경무장정책을 스스로의 선택에 의해 확립하고 유지해 왔다. 일본이 비핵 3원칙을 견지하는 이상 미일동맹은 지켜 나가지 않으면 안 된다. 그로 인해 일본은 독립의식이 흐려진 것도 사실이지만 미일 안보조약은 세계를 위해서도 아시아를 위해서도 필요한 것이다. 안보조약의 약화나 변경은 지역 및 국내 안정을 해치는 일로 일본 스스로 택해서는 안 되는 일이라고 강조한다.

헌법 개정, 미일동맹 재확인과 아울러 나카소네가 강조하는 기본 문제 중 하나는 도쿄재판 사관에 대한 연구이다. 그는 도쿄재판이 대동아 전쟁을 서구 제국에 대한 보통의 전쟁으로, 하지만 아시아 각국에 대해서는 침략전쟁이었다고 본다는 점을 지적한다. 또한 그는 스스로 '대동아 전쟁은 잘못된 전쟁이었고 해서는 안 되는 전쟁이었다'라고 말한 적이 있음을 분명히 한다. 그러면서도 대동아 신생 이후 독립국이 많이 늘어났다는 점을 들어, 민족운동을 고양시켜 독립국을 많이 늘려 놓은 순기능도 있었던 만큼 각 국가별로 어떠한 영향을 받았는지 냉정한 학문적 분석이 필요하다고 주장했다(나카소네 2001, 74). 나카소네의 표현은 주변국에 대한 침략성과 잘못을 인정하는 듯하나 그 논리는 결국 식민지 근대화론으로 결말지어진다.

3. 국가 전략의 구성 요소

다카하타(高畑昭男, 2008)는 '제2차 세계대전 이후 일본에는 국가 전략이라는 것을 세우고 그에 따라 개개의 정책을 수립한다고 하는 공적 작업이 전혀 존재하지 않았다(167)'고 주장한다. 여기서 국가 전략 수립이란 정부나 정부 지도자가 공식 선언이나 문서 같은 형태로 국가의 정기적인 목표, 방향, 이념을 명문화해서, 국회의 논의와 국민여론의 검증을 거쳐 적절한 지지를 얻는 프로세스를 말한다. 여기에는 외교 목표와 국익에 대한 정의 작업이 포함된다. 따라서 일본은 아시아 · 태평양 지역과 세계의 추세, 그리고 미국의 미래 전략을 검토하면서, 일본 자신의 주체적인 목적의식을 만들어 내고, 미래를 예측하는 작업에서 시작해야 한다. 미래의 초점(타겟 연도)을 상정하여 예측 보고서를 작성하고, 그에 기초하여 중층적 · 다각적 국가 목표를 그려 나가야 한다. 국익을 정의하는 작업은 필수적이며 사활적 국가 이익, 극히 중요한 국익, 중요한 국익, 2차적 국익 등 국익의 계층화 작업을 통해 정책의 우선순위를 결정해야 한다.

그의 주장은 1998년부터 2005년에 미국의 5개 조직과 그룹에서 나온 국가 전략 보고서들을 살펴보고 미국의 국가 전략 구축 과정을 분석한 결과다. 그 보고서들은 공통적으로 10년~20년 단위로 세계 질서의 변화와 그 변화를 가져온 요인을 예측 · 분석하고, 그러한 조건들에 능동적으로 대처하면서 미국이 주체적으로 국제사회의 질서를 이끌기 위한 국가 전략을 구축하려는 노력을 공통분모로 하고 있다.

어느 나라의 국가 전략이든 위협 요인과 그에 대처하는 것에 대한 제약과 가용 자원의 평가, 그리고 위협을 극복한 다음의 목표는 최소한의 요소로 제시된다. 각 국가는 자신의 문화적 특성에 바탕을 둔 이상적 목표를 추구하지만 이는 생존이 확보된 이후 그리고 제약보다는 자원과 기회가 많은 사회에서나 가능한 일이다. 자원의 제한 속에서 목표를 달성하려면 수단들 사이의 대체나 포기는 발생할 수밖에 없다. 그러므로 목표의 우선순위 선정이 바로 전략의 성패를 좌우한다.

이러한 전략의 구성 요소를 보다 엄밀하게 나누어 보자. 옥스퍼드 사전은 전략strategy를 '상대방의 움직임에 대해 상호 의존성과 합리성에 기초하여 성공적인 행위를 하기 위해 세우는 계획'이라고 정의한다. 여기에는 다음의 5가지 요소가 담겨 있다. ① 이익의 명시와 달성 계획 및 로드맵, ② 행동 계획: 의지와 의도를 담은 계획, ③ 성공적인 행동 계획: 목표 달성을 위해 논리적으로 필요한 행동, ④ 다른 행위자들의 움직임 고려, ⑤ 어떻게 달성할 것인지에 대한 비전 제시 등이다(Soeya et al. 2011).

아래에서는 아베 내각의 국가 전략을 살펴보고 2013년 12월에 각의 결정된 국가안전보장을 위에서 제시한 국가 선략의 구멍 요소들에 맞추어 분석해 본다. 그리고 지금까지 아베 내각이 진행해 온 정책 변화들을 기준으로 아베 총리가 주장한 '전후체제로부터의 탈각'을 어느 정도 달성했는지 평가할 수 있을 것이다.

IV. 아베 내각의 국가 전략과 국가안전보장전략

1. 아베 내각의 국가 전략

아베는 제1차 내각을 구성한 2006년 취임 때부터 '전후체제로부터의 탈각'을 정권 목표로 제시하였다. 그는 1년 남짓한 임기 동안 자민당과 자신의 숙원이었던 중요한 사안들을 성사시켰다. 우선 방위청을 방위성으로 승격시키는 작업을 마무리 지었으며, 교육 기본법은 국회에서 강행 통과시켰고, 개헌을 위한 준비 작업으로 국민투표법을 마련하였다. 6년 후인 2012년 12월 자민당 총재로 복귀한 아베 신조는 '일본을 되찾자'는 총선 메니페스토에서 4가지 개혁 아젠다를 제시하였다. 경제재생, 교육재생, 외교재생, 삶재생이 그것들이다. 이들 중 교육재생과 외교재생이 아베가 구상하는 일본의 국가 전략 양대 목표에 해당한다. 외교재생은 미일관계 복원과 집단적 자위권 행사 허용을 목표로 하고 있으며, 궁극적으로는 개헌과 맞닿아 있다. 교육재생은 우익교과서와 역사수정주의 확산을 통해 역사와 향토, 국가에 대한 자부심강화를 목표로 한다. 이는 우익사상의 핵심 사안이다. 헌법 개정이 하드웨어 변경이라면 교육재생은 그것을 지탱하는 소프트웨어 확충이라할 수 있다.

아베 총리의 국정 최종 목표는 개헌이다. 이는 자신의 정치적 임무이자 목표라고 수차례에 걸쳐 언급해 왔으며, 저서에 다음과 같이 이야기하고 있다.

결성 당시 자민당의 목표는 일본이 독립을 되찾는 것… 나라의 골격은 일본국민의 손으로 백지에서부터 만들어가지 않으면 안 된다. 그래야만 처음으로 진정한 독립이 회복될 수 있다(安倍晋三. 2006, 29).

그러나 아베 총리가 헌법에서 바꾸고자 하는 것은 다름 아닌 제9조인 전쟁 포기와 군대 불보유 선언이다. 헌법 9조 개정은 아베 총리뿐아니라 일본 보수 세력의 염원이라고 할 수 있다. 그러므로 아베 내각의 국가 전략은 많은 부분이 안보 전략이라 할 수 있다.

아베는 정치 초년생 시절인 1997년 2월 이미 '일본의 앞날과 역사교육을 생각하는 젊은 의원들 모임'(교과서의련)을 결성하였으며, 초대 사무국장을 맡아 역사교과서 개정 운동을 주도했다. 제1차 내각이 조기 종료한 이후에도 일본회의에서 이사 혹은 고문 등 중요 직책을 담당함으로써 '새로운 역사교과서를 만드는 모임'(새역모) 활동을 지원해 왔다. 2006년부터는 다른 우익 정치인들과 함께 새역모에서 분리되어 나온 '일본교육재생기구'(재생기구)와도 긴밀한 협조관계를 유지해 오면서 우익 교과서 채택률 향상에 앞장서 왔다. 또한 제1차 내각이 퇴진한 후에도 이쿠호샤(育鵬社)를 설립하는 데 산파 역할을 하였으며, 2011년 2월에는 2009년 이후 휴면 상태에 있던 교과서 의련 활동에 재시동을 걸고 재생기구와 협력 전선을 강화해 나갔다(敎育再生編輯部 2011, 10~11).

아베가 진행하는 국가 전략의 두 개 축인 개헌과 역사수정주의는 나카소네(2001)가 일본의 국가 전략으로 제안한 헌법 개정과 교육 개혁의 동일선상에 있음을 알 수 있다. 이는 1990년대 후반부터 일본 사회를 지배하기 시작한 보수주의 경향과 자유주의 사관이 국가 전략에 반영된 것이다. 1990년대 초 오자와가 제시한 '보통국가'의 내용이 유엔 중심주의에서 미일관계 중심으로 변화해 온 과정이기도 하다.

아베 내각이 수립한 국가안전보장전략은 개헌으로 나아가는 직접적인 교량 역할을 한다. 그 '전략'은 집단적 자위권 행사 허용을 염두에 두고 만들어졌으며, 그 허용은 헌법 개정이 지향하는 바의 중간 단계인만큼 국민들이 느낄 충격을 완화해 줄 수 있는 핵심 기제이기도 하다. 또한 전후체제로부터의 탈각을 국가 전략이라는 측면에서 가시적으로 평가할 수 있는 분야 또한 안보 전략이다. 역사관과 교육 분야에서는 고노 담화 검증이나 종전 70주년 담화, '역사를 배우고 미래를 생각하는 본부' 설치 등 중요한 시도들은 있었으나 전략 차원으로 평가할 만한 공식문서는 없다. 단지 적극적인 외교정책의 한 부분으로 역사 해석에 대한 일본의 입장을 전파하겠다는 계획이 정부정책의 곳곳에 담겨 있을 뿐이다.

아래에서는 아베 내각이 2016년까지 달성한 안보 전략의 틀을 분석함으로써 전후체제로부터 얼마나 떨어져 나왔는지 가늠해 본다.

2. 아베 내각의 국가안전보장전략에 대한 평가

1) 국가안전보장전략의 이념과 목표

2013년 12월 17일에는 국가안전보장전략과 방위대강이 동시에 각의 결정되었다(국가안전보장전략 2013). 국가안전보장전략은 1957년에 나온 '국방의 기본 방침'을 대체하는 것으로 최상위 안보 관련 국가 전략이라 할 수 있다. 이 문서는 12월 4일에 설립된 국가안전보장회의NSC에 전략 수립과 추진의 사령탑 역할을 부여하고 있다. NSC로 하여금 정기적으로 체계적인 평가를 수행하고 필요한 경우 수정을 하도록 하고 있으며, 정기적 수정이라고는 하나 '대략 10년'의 기간을 염두에 두는 것으로 명시하고 있다.

이 문서의 취지는 '국익을 장기적 시점에서 확정하고 국제사회 속에서 나아가야 할 길을 정하고, 국가안전보장을 위한 방책에 정부 전체가 힘쓸 필요가 있다'고 씀으로써 전략 문서임을 명백히 하였다. 또한 향후 일본의 국가 이념을 '국제협조주의에 기초한 적극적 평화주의'로 삼는 것을 밝히고 있다. 일본에 대해, 강한 경제력과 높은 기술력을 가진 경제대국이며, '열려 있고 안정된 해양'을 추구하는 해양 국가라고 규정하고, 전후 일관되게 평화 국가의 길을 걸었으며, 전수방위를 견지하고, 군사대국이 되지 않으며, 비핵 3원칙 준수 등을 기본 방침으로 삼아 왔음을 강조한다. 이와 같이 일본이 지금까지 유지해 온 기본 방침 위에 앞으로 국제사회가 요구하는 보다 적극적인 역할에 대한 수행 계획을 더한 것이 바로 적극적 평화주의이다.

2) 국익의 정의

국가안전보장전략은 일본의 국가 이익을 정의하고 그것을 지키는 국가안전보장의 목표를 제시한다. 국가의 주권과 독립 그리고 영토 보전, 국민들의 생명과 재산 보호, 전통문화와 자유민주주의를 기초로 한 평화와 안전을 지키는 것, 거기에다 해양 국가로서 경제 발전을 가능하게 하는 자유무역체제 강화, 그리고 위의 것들을 가능하게 하는 데 필요한 자유, 민주주의, 인권 존중, 법 지배 등 보편적 가치에 기초한 국제질서 유지 등이 일본의 국익에 해당한다. 이러한 국익을 지키기 위해서 다음의 3가지 목표를 설정한다. 첫째, 필요한 억지력 강화를 통해 위협을 방지하고, 만약 위협이 다가올 경우 그것을 배제하거나 피해를 최소화 할 것. 둘째, 미일동맹뿐 아니라 파트너 국가들과 협력을 강화하여 위협을 감소 혹은 예방할 것. 셋째, 외교와 인적 공헌을 통해 보편적 가치와 룰에 기초한 국제질서를 강화하고, 분쟁 해결에 주도적인 역할을 수행할 것으로 정하고 있다.

3) 안보 환경과 위협 요인

이러한 목표를 달성하기 위한 구체적인 안보 환경과 위협 요인은 2가지 수준, 즉 범지구적 수준과 아시아·태평양 지역의 수준으로 분리하여 제시한다. 글로벌 수준에서는 미국과 중국을 중심으로 한 파워 밸런스의 변화와 그에 따른 강력한 지도력 상실, 그리고 기술혁신의 급속한 진전에 따른 비국가 행위자들의 등장, 대량살상무기 확산, 국제테러 확산과 다양화, 해양과 우주의 국제공공재에 대한 리스크 증가, 그리고 인간 안보의 위협 등이다. 다음으로 아시아·태평양이라는 지역 수준에서는 대서양에서 아시아·태평양 지역으로 힘과 영향력의 이동과 대규모 군사력 보유국들이 집중되어 있는 상황, 북한의 핵·미사일 위협 증가와 군사적 도발 행위, 그리고 중국의 급속한 성장과 다양한 진출 행위들로 나누어 제시한다.

4) 목표 달성을 위한 행동 계획

이 문서는 일본의 안전보장이라는 목표 달성을 위한 전략적 접근법으로 6가지를 제시한다. ① 일본 자체 방위력의 증강, ② 미일동맹과 주변국들과의 안보 협력 강화, ③ 국제사회 파트너들과 외교 안보 협력, ④ 국제사회의 평화 유지 노력에 적극 기여, ⑤ 비전통 안보 분야에서 국제협력 강화, ⑥ 국내 기반 강화와 국내외 이해 촉구 등이다. 이들 중 ①~③은 안보 분야의 전통적인 접근법으로, 먼저 자신의 능력 향상을 도모하고, 혼자서는 안보가 확보되지 않을 때 동맹국을 만들고, 평소 주변국들과 안보협력을 강화하는 방법에 해당한다. 위의 위협 분석 부분에서 상대적으로 부각되지 않았던 중국의 위협에 대한 인식과 대응은 이 행동 계획에서 드러나고 있다. ④와 ⑤는 직접적으로 일본의 안전에 영향을 미치는 문제라기보다는 국제사회에서 일본의 이미지와 영향력을 제고함으로써 간접적으로 일본의 안전을 도모하는 정책들이라 할 수 있다. 그리고 ⑥은 국내 기반 강화와 일본의 소프트웨어 확산을 통한 지지 세력 확보를 목표로 한다.

①에서는 위의 위협 인식들에 대해 일본이 취할 수 있는 대응책들을 10개 분야로 나누어 제시하고 있다. 우선 안정된 국제 환경 창출을 위한 외교활동을 강화할 것을 지적한다. 개별 국가들을 상대로 한 외교적 창조력과 교섭력 향상 이외에도 유엔이나 국제기구에서 일본인 직원 증원 등을 통해 일본 지지 세력을 확보하도록 한다. 두 번째는 종합적 방위체제 구축으로, 방위력 향상이 주목적이다. 이에 대한 구체적인 논의는 방위대강과 중기방위력정비계획에서 이루어진다. 이 두 문서는 안전보장전략과 같은 날 각의를 통과하였다. 방위대강은 향후 10년을 염두에 둔 일본의 방위 태세를 계획한 것이지만, 미일 가이드라인 개정에 따른 방위 협력을 염두에 두고 작성되었다. 셋째, 해양 감시 능력 강화를 위해서는 법집행기관 기능 강화와 관련된 성청 간의 협력 강화가 필요하다. 넷째, 해양 안전 보장 확보를 위해 중동에서 일본에 이르는 불안정한 호弧 지역에서 해양운송로 보호와 감시 능력 향상이 필수적이다. 이를 위해서는 파트너 국가들과의 협력, 그들 국가들의 능력 향상을 위한 적극적 지원이 필요하다. 이들 이외에도 사이버 안보, 국제테러 대책, 정보 능력 향상, 방위 장비와 기술 협력, 우주 이용과 안보

에 활용, 산관학産官學 협력을 통한 기술력 강화 등을 통한 첨단 방위력 분야의 군사 대응 강화 방안을 제시한다.

②에서는 미일동맹 강화를 통한 억지력 향상을 제시한다. 이 분야에서는 TPP 가입을 통한 양국의 협력이 아태 지역에서 경제적 협력을 넘어 동맹 강화로 이르는 중요한 부분임을 강조한다. 양국의 역할과 임무, 그리고 능력RMC에 대한 논의를 통해 미일 안보 가이드라인을 개정하고, 공동 훈련, 공동 정보수집 · 경계감시 · 정찰활동, 시설과 구역 공동 사용 이외에도 운용상 협력과 정책 조정을 위한 협의를 강화한다. 그리고 미국의 부담 경감을 위한 오키나와 미군기지 이전 문제 해결, 안정적인 미군 주둔 기반 마련을 위한 방위 협력 강화를 강조한다. 이 분야에서 전략 수립은 미일 안보 가이드라인 개정이 중심축이다. 본 전략은 수립 후 1년 4개월이 지난 2015년 4월에 미일 안보 가이드라인이 개정되었다. 아베 총리는 집단적 자위권 행사 허용을 위한 안보법제 개정을 발의해 둔 상태에서 미국을 방문하여 가이드라인 개정에 서명하였다. 그러므로 본 전략은 수립 당시 이미 집단적 자위권 행사를 통한 미일 안보협력 강화를 계획해 두고 있었던 것이다.

③에서는 한국, 호주, ASEAN 국가들과 인도 등을 일본과 보편적 가치 및 전략적 이익을 공유하는 국가들로 인식하고 이들과 협력을 강화하는 것을 강조한다. 이는 미국의 양자주의 동맹정책을 기반으로 동맹의 네트워크화를 추진함을 의미한다.

국제협조주의에 기초하여 일본의 평화주의 이미지를 제고하기 위한 ④와 ⑤에 대한 논의는 생략하고, ⑥에 대해 설명하고자 한다. 안전보장에서 정보 발신과 사회 기반 강화를 핵심으로 하는 이 접근법은 일본의 안전보장 정책에 대한 국제적 이해와 국내 인식 변화를 도모하는 데 목적이 있다. 정보 발신은 '관저를 사령탑으로, 정부가 일체가 되어 통일적이면서도 전략적인 정보 발신을 수행하고… 외국에 의한 발신을 강화한다… 객관적 사실을 중심으로 관련 정보를 정확하면서도 효과적으로 발신함으로써 세계 여론의 정확한 이해를 구하고 국제사회의 안정에 기여한다(저자 강조)'고 적고 있다. 이는 일본의 군사적 역할 확대에 대해 태평양전쟁의 피해국들의 이해를 구하고, 과거 전쟁에서 일본군의 행위들로 인한 불신감을 불식시키고, 세계평화에 기여하는 일본의 국가 이미지를 홍보함으로써 전략의 효율적 이행을 모색한다는 것이다. 여기서 우리는 아베 내각과 일본 우익세력이 일본 국가 전략의 두 번째 기둥으로 여기는 역사수정주의와의 연결고리를 볼 수 있다.

3. 미일관계와 전후체제로부터의 탈각?

1) 국가안전보장전략의 제도적 위치

이상의 논의로부터 우리는 국가안전보장전략이 전략으로서 갖추어야 할 많은 요소들을 갖추고 있음을 살펴보았다. 빠진 요소가 있다면 다카하다(高畑昭男, 2008)가 말하는 국익의 계층화 작업에 의한 정책 우선순위 결정이라 할 수 있다. 이는 국가안전보장전략이 국가의 거대 전략에는 이르지 못하고 안전보장 분야에 국한된 전략이기 때문으로 이해할 수 있다. 냉전 종식 직후부터 '적극적 평화주의'를 주장해 온 많은 이들 중 한 명인 카미야(Kamiya 2014)는 고령사회와 출산율 저하로 인한 경제력 축소를 이 전략의 사회적 배경이자 정책에 대한 제약으로 인식하였다. 그는 2008년에 출간된 마에카와 리포트를 인용하여 일본의 GDP가 1994년에는 17.9퍼센트였으나 2020년경에는 6~7퍼센트에 불과할 것임을 지적하고, 전략으로서 포괄적 고려가 있었음을 말해 준다. 또한 교육과 역사수정주의 목표와도 연결고리를 두고 있다는 점에서 부분 전략으로서 한계를 인식하고 있음을 알 수 있다.

그럼에도 불구하고 국가안전보장전략의 작성을 둘러싼 법적 정비와 절차를 살펴보면 그 전략만큼이나 치밀하게 계획되고 구성되어 있음을 알 수 있다. 아베 제2차 내각 출범 직후인 2013년 1월 25일 일본은 '2013년도 방위력 정비 등에 대해'라는 문서를 각의 결정한다. 이는 두 달 뒤 시작되는 회계연도에 맞추어 2013년 방위예산을 수정할 것과 2010년에 수립된 방위대강을 불과 3년 만에 폐기하고 새로운 방위대강을 수립하겠다는 계획을 분명히 한 것이다. 민주당 정권의 정책을 계승하지 않겠다는 의지의 표현이라 할 수 있다. 그리고 그해 말인 12월 4일에는 국가안전보장회의법이 개정되어 일본판 NSC가 발족되었다.

그리고 며칠 뒤인 2013년 12월 17일에는 '국가안전보장전략'과 '2014년 이후 방위계획 대강(이하 방위대강)'이 같은 날 각의 결정된다. 방위대강의 서두에 "'2013년도 방위력 정비'(2013년 1월 25일 각의 결정)에 기초하여 '국가안전보장전략'(2013년 12월 17일 국가안전보장회의 및 각의 결정)을 거쳐 '2014년 이후 방위계획 대강'으로서 새로운 지침을 제시한다"라고 쓰여 있다. 방위계획의 대강에 기초하여 5년간 방위장비 획득 계획을 밝힌 중기방위력증강계획도 포함되어 있다. 그리고 이들 세 개의 문서는 2013년 12월 4일에 발족한 새로운 NSC 심의를 거친 후 각의 결정되었다. 그리고 2014년 4월 1일 아베 정권은 무기 수출 3원칙을 근본적으로 대체하는 방위장비 이전 3원칙을 각의 결정하였다. 이는 남중국해 영유권 분쟁과 관련하여 파트너 국가들인 베트남, 필리핀 등 동남아 국가들의 능력 향상을 위한 안보협력 강화를 위한 무기와 장비 지원 및 이전을 명분으로 한 것이었다.

다음 해인 2014년 7월 1일에는 내각법제처의 헌법 해석을 통해 집단적 자위권 행사 허용을 각의 결정한다. 해석 개헌을 한 것이다. 각의 결정은 자위대를 비롯한 해당 부처에 보내져 법안 준비 단계에 들어갔으며, 마무리되자 국회로 보내져 안보법제 받이가 이루어졌다. 2015년 5월로 예정된 안보법제 국회 심의 일정을 앞두고 4월 말 아베 총리는 미국에서 새로운 미일 안보 가이드라인에 서명하였다. 불과 석 달 뒤인 7월부터 강행해서라도 중·참의원을 통과하게 될 안보법제를 염두에 둔 협약이었다. 실제로 국민들의 반대 시위와 야당의 반대 속에서 강행처리되어 예정대로 9월 중순 안보법제가 성립되었다. 이로써 집단적 자위권 행사 허용과 그에 기초한 새로운 안보정책과 방위정책 체제가 완성되었다.

2) 미일관계의 변화

그렇다면 아베 내각이 수립한 국가안전보장전략은 전후체제를 대표해 온 요시다 독트린의 핵심 요소인 안보의 대미 의존에서 벗어난 것인가?

일본의 적극적 방위력 구축과 적극적인 군사·외교정책들은 두 가지 목적으로 평가할 수 있다. 첫째, 중국에 대한 대응과 동시에 미국의 요구를 받아들임으로써 미일관계를 강화하기 위한 것이다. 2008년 리먼 사태 이후 미국의 영향력 쇠퇴가 명확해지자 중국은 대외정책 기조를 도광양회에서 유소작위로 전환하면서 동중국해와 남중국해에서 중국의 권익을 '핵심적 이익'으로 공표하였다. 2010년 이후 일본에 중국의 위협은 명백해졌다. 일본은 어선 충돌 사건에서 처음으로 외교적 굴욕을 감수해야 했으며 마침 2010년은 GDP 규모에서 처음으로 중국에 추월당한 해였다. 이후 일본에서는 중국이 현실적 위협으로 인식되기 시작했으며 많은 강경책들이 국내적으로 수용될 수 있게 되었다.

둘째, 미일관계 복원과 강화다. 2010년부터 미국은 '아시아로 회귀'와 재균형 정책을 추진해 왔다. 리먼 사태 이후 미국 국방부는 의회의 예산 삭감 요구를 받아들일 수밖에 없었다. 그러한 상황에서 재균형 정책과 그에 대한 일본의 미일동맹 강화란 바로 미국의 새로운 동아시아 정책의 호응과 지원 그리고 안보 역할 확대를 의미한다. 미국은 일본에 미군에 대한 군사적 지원 확대와 군비 증강, 그리고 TPP 협정 체결, 오키나와 기지 이전 문제의 진전, ASEAN 국가들에 대한 경제적·군사적 지원 등을 기대해 왔다. 일본은 이들 중 오키나와 문제를 제외하고는 많은 부분을 적극 수용하였으며, 국가안전보장전략에도 잘 나타나 있다. 특히 일본이 안보법제를 통해 수용한 미국의 요구들은 아미티지-나이 리포트(Armitage & Nye, 2012, 2007, 2000)의 요구 사항들과 비교해 볼 때 잘 나타나 있다. 〈표 1〉이 그것을 잘 보여 준다. 비록 제한적이기는 하지만 지금까지 불가능했던 활동들이 대부분 가능하게 되었음을 알 수 있다.

여기서 아베 내각의 방위정책들이 미일동맹에 대해 갖는 의미에 대

<표 1> 아미티지-나이 리포트의 요구 사항과 일본의 안전보장법제 비교[8]

아미티지-나이 리포트	안전보장법제에서 가능한 사항
집단적 자위권	
집단적 자위권 금지는 동맹의 장애다. 미일은 평시, 긴장, 위기, 전시를 불문하고 전면적으로 협력할 수 있도록 권한을 주어야 한다.	미국을 공격해 온 제3국에 반격한다.
지리적 범위	
일본의 이해 지역은 먼 남쪽까지, 더욱이 중동까지 확대하여, 미일 협력은 보다 넓은 지리적 범위를 포함해야 한다.	일본 주변뿐 아니라 세계 어디라도 미군과 다른 나라 군대에 급유, 수송 등 후방 지원이 가능하다.
페르시아만, 남중국해에서의 활동	
호르무즈 해협에서 미기 제거 남중국해에서 공동 감시.	호르무즈 해협에서 기뢰 제거, 중동에서부터 남중국해를 통과하는 시-레인(해상교통로) 방위 강화.

해서는 설명이 필요하다. 일본의 방위력 증강과 역할 확대가 미국과 대등한 관계를 추구해 온 우익정책의 실현이라고 보는 해석에는 무리가 있다. 미국은 지난 70년 동안 외교·안보 분야에서 일본의 주도권을 그다지 허용하지 않았다. 마고사키 우케루(2012)는 미국이 주일미군 기지 문제와 미중관계에 있어서 일본의 자주외교에 대해 제동을 걸어 왔음을 지적한다. 미국의 이익과 관련된 분야에서는 사실상 일본의 자율성이 제한되었음을 의미한다. 1971년의 닉슨 쇼크, 1988년부터 10년간 지속된 일본의 차세대 전투기FSX 사업, 2002년 고이즈미 총리의 평양 선언 직후 발생한 제2차 북핵 위기, 2010년 하토야마 총리의 단명 등에서도 볼 수 있다.[6] 특히 안보 분야에서는 일본의 역할이 제한되어 있었으므로 일본이 미국과 협상할 여지가 없었다. 그런 면에서 본다면 최근 아베 정권의 미일동맹 강화정책들이 실현된다면 일본의 대미 협상력이나 외교 분야의 자율성이 어느 정도 제고될 수는

있을 것이다.

그럼에도 불구하고 그 자율성 확대 또한 미국의 정책에서 크게 벗어나지 않는 일정 범위 내에 머물 것이며, 대부분 미국의 정책과 관련이 많지 않은 제3국과의 외교에서 자율성과 영향력 확대로 나타날 가능성이 크다. 패전과 70여 년의 동맹관계를 통해 일본의 안전보장 체계는 상당 부분 미국 체제에 통합되어 있다. 특히 2004년 미군 재배치 과정에서 시작된 주일미군과 자위대의 공동 훈련, 시설의 공동 사용은 이제 작전의 공동 수립과 공동 운용까지 확대되고 있다. 안보 가이드라인은 집단적 자위권 행사에 해당하는 분야까지 주일미군과 자위대의 일체화를 요구하고 있다.

2006년 아베 총리의 제1차 내각을 경험한 새뮤얼스(Samuels 2006)는 당시 일본의 국가 전략 모색을 메이지 유신 이후 네 번째 합의의 모색 과정이라 부르면서 다음과 같이 말했다.

일본의 전략가들은 집요하게 그리고 교묘하게 전후 시기에 생겨난 요시다 독트린의 평화주의를 상당 부분 잘라내는 데 성공했다. 최근 네 번째 합의를 향해 나아가고 있는데, 성공한다면 미국에 너무 의존적이지도 않으면서 동시에 중국에 너무 취약하지도 않은 안전보장을 확보하게 될 것이다.(9)

V. 결론

아베 총리는 2006년 제1차 내각 출범 때부터 '전후체제로부터의 탈각'을 정권의 목표로 삼아 왔으며, 2012년 12월 제2차 내각을 구성했을 때도 동일한 목표를 설정하였다. 본 연구는 그 정권의 목표를 국가 전략이라는 틀에 비추어 미일관계와 안보전략 분야에서 아베 내각 4년의 성과를 평가하고자 하였다. 국가 전략 분야에서 전후체제란 요시다 독트린과 그 제도화를 말하며, 일본은 경제 번영이라는 전략 목표를 달성한 바 있다. 그러나 바로 그 전후체제에 매몰됨으로써 방위 분야에서 대미 의존을 지속해 왔고, 그 결과 자주적인 국가 전략 수립이 불가능하게 되었다는 것이 일본 보수우익 세력의 판단이다. 그렇기 때문에 아베 총리는 자신의 정책 목표를 개헌과 역사수정주의 확산에 두었고, 목표 달성을 위한 첫 번째 단계로 안보 분야에서 국가안전보장전략을 수립하고, 그 속에서 집단적 자위권 행사 허용을 통해 미일관계를 복원함으로써 개헌에 한 발짝 다가서게 되었다.

'전후체제로부터의 탈각'에 가장 중요한 요소는 바로 안전보장전략의 독자적 수립이다. 위의 분석에 따르면 국가안전보장전략은 국가 전략이 갖추어야 할 요소들의 상당 부분을 갖추고 있다. '국제협조주의에 기초한 적극적 평화주의'라는 전략 이념을 갖추었으며, 그 이념에 기초한 국가상을 전략 목표로 제시하고 있다. 지금까지 유지해 온 해양 국가, 평화 국가, 전수방위, 비핵 3원칙에 보태어 적극적으로 국제 평화에 기여하는 국가를 일본이 추구하는 이미지로 제시한다. 그리고 일본의 국가 이익이 무엇인지를 제시하고, 그 국익 달성에 대한 위협 요인을 세계질서와 아태 지역의 안보 상황으로 나누어 적시한다. 그러한 환경 속에서 위의 국가 목표 달성을 위한 행동 계획을 6개 분야로 나누어 구체적으로 제시한다. 그럼에도 불구하고 추구해야 할 국익들 사이의 우선순위나 개별 국익들의 달성을 위한 정책들 사이의 우선순위는 제시되지 않고 있다. 그것은 국가안전보장전략이 포괄적 국가 전략 혹은 거대 전략이 아니라는 데 그 원인이 있는 것으로 여겨진다. 전후체제로부터 '탈각'을 위해서는 안전보장 분야가 다른 어느 분야보다 중요한 만큼, 국가 전략의 대상이 되고 있다는 것 자체가 우선순위의 표현이라 할 수 있다. 또한 한 분야 내에서 국익과 정책의 우선순위를 정하기는 적절하지 않다고 판단하였을 것이다.

그렇다면 아베 내각은 전후체제로부터의 탈각을 어느 정도 달성하였을까? 전후체제로부터의 탈각이라면 두 가지를 떠올릴 수 있다. 첫째는 일본인의 손으로 헌법을 개정하는 것이며, 둘째는 요시다 독트린의 토대 역할을 한 안보 분야의 대미 의존을 벗어나는 것이다. 아베 총리는 미일동맹으로부터 이탈하는 것은 가능하지도 않을 뿐 아니라 바람직하지도 않다는 판단이다. 2016년 3월 국회 답변 과정에서 아베 총리는 "국내정치에 관해 말한 것이며, 전후체제에 도전하는 부류의 것이 아니다"라고 답하였다. 그러므로 어디까지나 미일관계 속에서 헌법 개정을 통해 최대한 자율성을 확보하는 것이 목표인 것이다. 이에 대해 엔도 세이지(遠藤誠治 2016)는 다음과 같이 말한다.

앞으로 계속되는 정권은 개정된 헌법 해석과 집단적 자위권 행사 용인 등을 시작으로, 아베 정권의 입장을 출발점으로 하지 않을 수 없게 되었다. 그런 의미에서 아베 정권하에서 전후 일본의 국가상은 이미 변용되고 있어서, '전후 레짐으로부터 탈각'은 부분적으로는 실현되었다고 할 수 있다.(117)[7]

2016년 11월 현재 아베 총리는 헌법 개정을 위한 많은 준비를 끝내 놓고 있다. 그리고 미일동맹 운영에 가장 큰 제약으로 작용한 평화헌법의 집단적 자위권 허용 여부가 해석으로, 즉 해석 개헌으로 이루어지며 그 행사 허용은 상당 부분 개헌에 가까이 다가선 것으로 볼 수 있다. 뿐만 아니라 안보법제는 치밀하게 계획된 일련의 법제도와 국가 전략 속에서 이루어진 만큼 쉽게 되돌릴 수도 없게 되었다. 미일동맹은 계속되지만 이제 전후체제의 제약으로부터는 상당 부분 벗어난 셈이다.

1) 2015년 11월 20일 자민당은 도쿄재판 및 점령시 헌법 제정 과정 등 과거 역사를 검증할 목적으로 이 본부를 설치하기로 결정하였다.
2) 本田 優, 《日本に国家戦略はあるのか》東京 : 朝日新書, 2007. 혼다 마사루(本田 優)는 〈아사히신문〉의 편집위원. 〈요미우리신문〉 정치부 지음 / 김연빈 옮김. 《검증; 국가 전략 없는 일본》. 한국해양전략연구소 2007.
3) 새뮤얼스는 이 질문에 답할 때 쿠로사와 아키라 감독의 영화〈라쇼몽〉을 보고 있는 듯한 느낌(Rashomon-like feel)을 갖게 된다고 한다. 이는 보는 입장에 따라 서로 다른 주장을 함으로써 어떤 것이 진실인지 알 수 없게 된다는 의미이다.
4) 1980년대 일본에서 논의된 안보정책에 대해 모치즈키(Mochizuki 1984)는 ① 비무장 중립주의, ② 정치적 현실주의, ③ 군사적 현실주의, ④ 일본 우익으로 분류하였다. 이 분류에 따르면 총리 시절 나카소네는 군사적 현실주의로 분류된다.
5) 예산에서도 1987년에만 1%로부터 겨우 0.0009% 초과했을 뿐 실제 방위비 지출액은 이전과 마찬가지로 1% 이하인 0.9924%에 머물렀다(Choi 1997).
6) 닉슨 쇼크란 일본이 중국과 수교를 진행하고 있을 때 미국은 냉전을 이유로 만류하였으나 얼마 지나지 않아 닉슨 대통령의 중국 방문 계획을 발표함으로써 일본을 놀라게 만든 사건이다. 또, 일본은 1988년 당시 차세대 전투기를 독자 개발하는 방침을 정했으나 미국 의회와 정부의 압력으로 인해 1995년이 되어서야 공동 개발 방침이 결정되었다. 하토야마 총리의 '반미적'인 정책들에 대해 지일파 지식인들과 미국 고위 관료들이 일본 국내정치에 영향을 미침으로써 총리의 단명에 중요한 역할을 하였다.
7) 遠藤誠治(2016)는 '전후체제로부터의 탈각'에 대한 평가를 목표로 하지 않은 만큼 그 평가 근거를 제시하고 있지는 않다.
8) 〈朝日新聞〉, '安保法制, 米提言に沿う : 知日派作成首相答弁にも反映', 2015. 3. 30.

✚ 참고문헌 ✚

- 나카소네 야스히로 저. 박철희 · 오영환 공역. 2001.《21세기 일본의 국가 전략》. 서울: 시 공사.
- 남기정. 2000.〈한국전쟁과 일본: '기지국가'의 전쟁과 평화〉.《평화연구》. 9권. 167~188.
- 마고사키 우케루. 2012.《미국은 동아시아를 어떻게 지배했나: 일본의 사례, 1945~2012 년》. 서울: 메디치.
- 배정호. 2006.《일본의 국가 전략과 안보전략》. 나남출판.
- 손기섭. 2012.〈일본 자민당의 전후 국가 전략〉.《국제관계연구》제17권 제2호(통권 제33 호). 2012. 10., 143~168(26 pages)
- 송주명. 2009.《탈냉전기 일본의 국가 전략: 안보내셔널리즘과 새로운 아시아주의 병화연 구》. 서울: 창비.
- 요미우리신문 정치부 지음/김연빈 옮김. 2007.《검증 국가 전략 없는 일본》. 한국해양전략 연구소.
- 히라노 히로시 외 저. 이성환 역. 2004.《일본 정치의 이해》. 푸른.

- 安倍晋三. 2006.《美しい国へ》. 東京: 文春新書.
- 遠藤誠治. 2016.〈外交: '積極的平和主義'を批判的に検証する〉. 中野晃一 . 2016.《徹底検 証安倍政治》. 東京: 岩波書店.
- 遠藤誠治 · 遠藤乾. 2014.《シリーズ日本の安全保障1: 安全保障とは何か》. 東京: 岩波書店.
- 読売新聞政治部. 2009.《検証 国家戦略なき日本》. 東京: 新潮文庫.
- 国家安全保障会議. 2014.〈国家安全保障戦略について〉.
- 教育再生編集部 2011.〈再スタートした'教科書議連'〉.《教育再生》. (3月) 10~11.
- 白石隆. 2016.《海洋アジアvs大陸アジア: 日本の?家?略を考える》. 京都: ミネルヴァ書房.
- 杉山徹宗. 2015.《米中同盟時代と日本の国家戦略》. 東京:祥伝社.
- 高畑昭男. 2008.《日本の國家戰略:アメリカの21世紀國家戰略をめぐって》. 東京: 駿河臺出 版社.
- 朝日新聞.〈安保法制, 米提言に沿う: 知日派作成首相答弁にも反映〉. 2015. 3. 30.
- 内閣官房 国家安全保障会議設置準備室. 2013.〈'国家安全保障会議'について(説明資料)〉.
- http://www.kantei.go.jp/jp/singi/anzenhosyoukaigi/kaisai.html.
- 本田 優. 2007.《日本に国家戦略はあるのか》. 東京: 朝日新書.
- 防衛省. 2014.〈日本の平和と安全, 地域 · 世界の安定のために: 防衛計画の大綱, 中期防衛 力整備計画〉.

• 防衛省. 2015. 〈日米防衛協力のための指針〉.

• Armitage, Richard L. and Joseph S. Nye. 2012. The U. S.-Japan Alliance: Anchoring Stability in Asia. A report for the Center for Strategic & International Studies.
• Armitage, Richard L. and Joseph S. Nye. 2007. The U. S.-Japan Alliance: Getting Asia Right through 2020, A report for the Center for Strategic & International Studies.
• Armitage, Richard L. and Joseph S. Nye. 2000. The United States and Japan: Advancing Toward a Mature Partnership. A special report for Institute for National Security Studies.
• Choi, Woondo. 1997. *The Political Economy of Japanese Military Expenditure*. Ph. D Diss. University of Colorado.
• Jain, Purendra, and Takashi Inoguchi. 1996. *Japanese Politics Today*. London: St. Martin's.
• Katzenstein, Peter J. 1996. *Cultural norms and national security: Police and Military in Postwar Japan*. Ithaca: Cornell University Press.
• Kamiya, Matake. 2014. 〈Preface: A Nation of Proactive Pacifism: National Strategy for Twenty-first-Century Japan〉. *Discuss Japan: Japan Foreign Policy Forum*. No. 18. http://www.japanpolicyforum.jp/archives/diplomacy/pt2014012012 3844.html(검색일: 2016. 8. 19.)
• Mochizuki, Mike M. 1995. *Japan: Domestic Change and Foreign Policy*. Santa Monica: RAND.
• Pyle, Kenneth B. 2007. *Japan Rising : The Resurgence of Japanese Power and Purpose*. New York : Public Affairs.
• Samuels, Richard J. 2007. *Securing Japan: Tokyo's Grand Strategy and the Future of East Asia*. Ithaca: Cornell University Press.
• Soeya, Yoshihide, Masayuki Tadokoro, and David A. Welch. 2011. 〈Introduction: What is a 'Normal Country'?〉. in Yoshihide Soeya, David A. Welch, Masayaki Tadokoro, eds. *Japan as a 'Normal Country'?: A Nation in Search of Its Place in the World*. Toronto: University of Toronto Press. 16~37.
• Tanter, Richard. 2005. 〈Anxious Nation: Japanese Perspective on National Strategy〉. in Richard Tanter and Honda Masaru. *Does Japan Have a National Strategy? The Asia-Pacific Journal*. 3 No. 5. 1~8.
• Tanter, Richard and Honda Masaru. *Does Japan Have a National Strategy? The Asia-Pacific Journal*. 3 No. 5.

협력과 충돌의 대외전략:
일본의 아시아 외교를 중심으로

| 이기태(통일연구원) |

* 이 장은 필자의 논문 〈협력과 충돌의 대외전략: 일본의 아시아 외교를 중심으로〉,《일본연구논총》제44호(2016)를 수정 · 보완한 것이다.

I. 들어가며

본 연구는 일본의 대외전략을 '협력'과 '충돌'로 규정하고, 먼저 전후 戰後 '요시다 독트린' 및 '전방위 외교'라는 실용주의 대외전략이 아시아 외교에서 '협력' 형태로 나타났음을 밝힌다. 그리고 2010년대 이후 일본 외교, 특히 아베 신조安倍晋三 정부의 대외전략을 대아시아 외교를 중심으로 분석하면서 '협력'과 '충돌'[1]이 공존하는 형태로 전후 패러다임의 변화가 나타났음을 밝힌다.[2]

1945년 패전 이후 일본의 대외전략은 경무장, 경제우선주의를 내세우는 '요시다 독트린'을 바탕으로 전개되었다. 냉전 기간 동안 일본은 'UN 중심주의', '아시아 일원으로서 입장 견지(대아시아 외교)', '자유주의 제국과 협조(미일 협력 관계)'라는 3가지 이념에 따른 대외전략을 전개했다(外務省 1957). 이 중에서 '미일 협력 관계(대미 협력외교)'와 '대아시아 외교'는 각 정권에 따라 비중을 달리하며 전개되었다. 그렇지만 전반적으로 후쿠다 다케오福田赳夫 정부의 '전방위 외교'로 대표되듯이 미국과 협력을 중시하면서도 모든 국가와 충돌 없이 외교관계를 형성하는 '협력' 외교로 점철되었다. 이것은 '일본 외교의 지평 확장'이라는 전후 일본의 외교 목표를 실현하기 위한 가장 현실적이고 실용적인 방법이었다.

하지만 1990년대 냉전 종결 이후 걸프전이 발생하면서 일본 외교는 다시 한번 방향성을 모색하게 되었다. 게다가 2000년대 이후 중국의 부상에 따른 국력 증대와 이에 따른 동아시아 질서에 대한 도전에 대해 일본 외교는 새로운 과제를 안게 되었다. 이 와중에 2012년 12월에 발족한 아베 정부는 '미일관계 강화'와 '가치관 외교'를 내세우면서 중국을 견제하는 정책을 추진하고 있다.

이와 같은 일본의 국내외적 상황 변화를 인식하면서 본 연구는 아베 정부로 대표되는 일본의 새로운 대외전략이, 특히 아시아 외교를 중심으로 '협력'과 '충돌'로 나타나고 있다고 주장한다. 여기에는 무엇보다 아베 정부가 일본의 현실적 위협으로 등장하고 있는 '부상하는 중국'을 견제하기 위해 민주주의, 인권, 법 지배와 같은 '가치관'[3]을 내세우면서 '중국'과 '반중국'이라는 대결 구도를 기본적으로 구상하고 있음을 가정할 수 있다. 이러한 대결 구도 속에 과거 '협력'의 대외전략이 '협력'과 '충돌'이 공존하는 대외전략으로 변화하였다고 예상한다. 물론 '전방위 외교'에서 지향한 일본 외교 목표, 즉 '일본 외교의 지평 확장'은 '가치관 외교'에서도 지속적으로 유지되고 있다. 이러한 '협력'과 '충돌'의 대외전략은 중국의 부상에 따른 동아시아 질서 변동을 둘러싼 미중관계, 민주주의 및 법질서를 바탕으로 하는 중일관계, 그리고 한일관계 등을 복잡하게 만들고 있다.

이 중에서 '협력'의 대외전략은 기본적으로 미국 오바마Barack Obama 행정부의 '아시아 회귀pivot to Asia' 및 '재균형rebalancing 정책'에 대한 일본의 미일동맹 강화 전략이 바탕에 깔려 있다. 아베 정부는 미일 양자 간 협력뿐만 아니라 한일 협력에 따른 한미일 협력 관계, 그리고 중국의 진출에 두려움을 가지고 있는 아세안 국가들과 협력하여 다층적인 안보 협력 네트워크를 구축하려고 한다.

반면 '충돌'의 대외전략은 일본과 중국의 대립관계를 상정할 수 있다. 특히 해양 영토 문제를 중심으로 중일 간 충돌 가능성이 있는 동중국해(센카쿠 제도·댜오위다오) 문제뿐만 아니라 최근 미국과 중국 사이에 충돌 가능성이 높아지고 있고, 중국과 아세안 국가들 간의 영토 및 영해 소유권을 둘러싼 남중국해 문제는 미일동맹을 기반으로 하는 일본에 중국과의 충돌 가능성을 높이고 있다. 또한 아베 정부 출범 이후 계속된 북한의 핵실험 및 탄도 미사일 발사와 같은 도발은 국제사회와의 공조 및 독자적인 대북제재를 이끌어 냈고, 북일 간에 국교정상화 논의가 중단되는 등 갈등 및 충돌 양상을 보이고 있다.

이처럼 일본 외교는 전후 '전방위 외교'로 대표되는 '협력'의 대외전략에서 아베 정부로 대표되는 민주주의와 법질서를 강조하는 '가치관 외교' 및 미일동맹 강화 전략과 함께 대아시아 외교에서 '협력'과 '충돌'의 대외전략으로 변화했다고 평가할 수 있다. 물론 아베의 대아시아 외교는 중일관계를 안정화시키려는 '관리' 노력과 북한과 '스톡홀름 합의' 같은 갈등 상황을 극복하려는 노력도 있었기 때문에 일방적인 '충돌'이라기보다는 '일본 외교의 지평 확장'이라는 측면에서 해석할 수 있다.

이러한 논리 구조를 가지고 본 논문은 다음과 같이 구성된다. 먼저 제2장에서는 전후부터 2010년대 이전까지 '협력'의 대외전략을 살펴본다. 먼저 1957년 발표된 '일본 외교 3원칙'이 '협력'의 기본 원칙임을 밝히고, 이에 따른 '요시다 독트린'이 대미·대한 협력의 대외전략으로 나타났고, '전방위 외교' 이념에 따라 냉전 시기에 아세안 국가들과 공산주의 국가였던 중국, 북한에 대한 협력의 대외전략으로 나타났음을 밝힌다.

제3장에서는 2012년 12월 제2차 아베 정부 출범 이후 중국의 부상

에 따른 동아시아 질서 변동 상황에서 아베 정부의 아시아 외교가 '협력'과 '충돌'의 대외전략으로 나타나고 있음을 설명한다. 즉 '협력'을 한미일 안보 협력과 아세안 협력외교에서 찾고, '충돌'은 대중정책과 대북정책에서 나타나고 있다고 설명한다. 단, 아베 정부의 '충돌'의 대외전략에도 불구하고 갈등 관리와 같은 '협력'의 모색도 함께 나타나고 있음을 지적한다.

Ⅱ. 전후 일본의 '협력'의 대외전략

1. 일본 외교 3원칙과 '협력'의 대외전략

1) 일본 외교 3원칙과 요시다 독트린

1957년 9월, 일본에서 최초로 〈우리 외교의 근황〉(지금의 '외교청서')이 간행되었다. 이 책에 전후 일본의 기본 외교 방침이라고 할 수 있는 '일본 외교 3원칙'이 발표되었는데, 'UN 중심주의', '아시아 일원으로서 입장 견지', '자유주의 제국과 협조'가 바로 그것이었다.[4]

사실 전후 일본의 외교는 미국을 중심으로 전개되었다. 안보 개정, 오키나와沖縄 반환, 무역 마찰 등 언제나 주요 과제는 대미관계였고, 최대 기반도 미일동맹이었다. 그것이 미국이 아닌 '자유주의 제국'이라는 단어에 포함되었고, '협조'라는 약한 단어로 일컬어졌다. 또한 실제로는 일본 외교에서 중시되었다고 말하기 어려운 UN이 'UN 중심주의'라는 강력한 단어로 맨 앞에 위치하게 되었다. 한편, 왜 일본이 아시아 일원이라는 입장을 외교의 주요 기둥으로 삼았는가도 대미관계의 중요성을 생각해 보면 의문이 든다(北岡 2011, 8).

하지만 일본이 대미관계를 가장 중요시 여기고 외교정책을 전개했다고 하더라도 냉전 기간 중에 보여 준 일본 외교는 항상 대미관계 일변도는 아니었다. 일본 외교 3원칙에서도 나타나듯이 일본은 대미 협력을 통한 외교와 함께 대아시아 협력외교를 전후 외교의 기본 방침으로 삼았다. 물론 냉전 구도 아래에서 중국, 북한 등을 포함한 공산주의 세력에 대한 협력외교는 쉽지 않았다. 하지만 1970년대 데탕트 시대를 맞이하면서 일본 외교 지평의 확대를 모색하게 되는 상황 속에서 중국과 국교정상화를 이루었고, 북한에 접근을 시도하며 탈냉전 이후인 1990년대와 2000년대를 거치며 대북 접근 및 북일 정상회담 실현으로 이어지게 된다.

사실 전후 일본은 미국이 주도하는 동아시아 질서에 적극 참여함으로써 냉전 기간 동안 공산주의 세력 확대를 저지하려는 미국의 봉쇄정책에 협력하였다. 제2차 세계대전에서 패배한 일본은 전쟁으로 피폐해진 경제 재건을 가장 시급한 국가 과제로 설정했고, 이를 주도했던 요시다 시게루吉田茂 수상은 경무장, 경제우선주의를 내세웠다. 미국에 의존하면서 방위 예산을 절약하고 경제 발전에 전념한다는 대미 협력의 대외전략, 즉 '요시다 노선'을 주창하였다. 이것이 후에 '요시다 독트린'으로 발전하였고, 전후 일본의 주요 대외전략으로 기능하게 된다.

2) 대미 협력외교와 대한국 협력

당시 냉전 구도 속에서 대미 협력외교는 한반도 문제와도 밀접한 관련이 있었다. 대표적인 사례가 1969년 미일 공동성명에서 나온 '한국 조항'이다. 미국은 베트남전에서 해결의 실마리를 찾지 못한 가운데 1969년 '명예로운 철수'를 내세운 닉슨Richard M. Nixon이 대통령으로 당선되었다. 닉슨은 1969년 7월 '괌 독트린(Guam Doctrine, 후에 닉슨 독트린으로 명명)'을 발표하고, 아시아로부터 미국의 점진적 철수를 공언하였다. 닉슨 독트린은 아시아로부터 미국의 철수와 동시에 아시아에서 일본의 경제적·군사적 역할 증대를 기대하였다. 그리고 한반도에 대한 일본의 관심 표명과 역할 증대 형태로 나타난 것이 바로 '한국 조항'이었다 (이기태 2016a, 106).

1969년 11월 닉슨-사토佐藤榮作 두 정상은 공동성명을 통해 미국은 전후 미국의 점령 상태에 있던 오키나와를 일본에 반환하는 한편, '한국의 안전은 일본의 안전에 있어 긴요하다'라는 '한국 조항'을 삽입하였다. 사토 수상은 일본이 한반도 유사시에 지체 없이 미국을 지원할 것이라고 약속하였다. 이처럼 일본은 미국으로부터 오키나와를 반환받는 조건으로 한반도 문제를 포함한 미국의 동아시아 정책에 '협력'을 표했다.

1979년 12월 소련이 아프가니스탄을 침공하면서 1980년대에는 '신냉전'이 도래했다. 미국은 소련 팽창에 대한 억제 및 베트남 공산화 재현을 억제한다는 측면에서 한국의 전략적 가치를 인정하고 있었다(이기태 2016b, 145). 당시 나카소네中曽根康弘 수상은 1983년 1월 한일 정상회담을 갖고 한국의 방위 노력을 평가하고 '한일 운명공동체'를 확인하였으며, 한미일 정상 간의 연속적인 정상회담이 개최되며 한미일 안보체제가 구축되었다. 이러한 사실을 분명하게 보여 주는 것이 일본의 한국에 대한 40억 달러 군사원조였다. 전두환 정부는 1981년 8월에 열린 한일 외무장관 회담에서 일본에 100억 달러(정부차관 60억 달러, 민간차관 40억 달러)에 달하는 막대한 대한 경제협력을 요구하였다. 그 근거로 소련과 북한의 위협에 대항하여 한국의 군사력 증강을 위해 일본의 협력이 필요하고, 공산화의 방파제 역할을 수행하는 한국의 존재를 생각할 때 일본의 안보 분담은 당연하다는 것이었다.

결국 한일 간 교섭에 따라 나카소네 방한 시에 차관 18.5억 달러, 수출입은행 융자 21.5억 달러, 합계 40억 달러를 1982년부터 7년 동안 제공하기로 합의하였다. 일본 외무성은 대한 경제협력이 '민생 안정을 위함'이라고 강조하였지만 실제로는 전두환 정권의 안정 및 군사안보 성격의 원조였다.

2. 전방위 외교와 일본의 외교적 지평 확대 시도

1) 전방위 외교와 동남아시아 협력외교

후쿠다 수상은 카터Jimmy Carter 행정부의 '아시아 이탈'을 보완하기 위한 형태로 '전방위 외교'를 추구하였다. 베트남전이 끝나고 1977년 대통령에 취임한 카터는 바로 주한미군 지상군 철수를 발표하고 '아시아 이탈' 외교 방침을 밝혔다. 이에 대해 후쿠다 수상은 미국을 방문해 미일 협조를 확인하고, 아세안 5개국을 방문하여 '아세안 공업 프로젝트'

에 10억 달러 거출 및 정부개발원조(ODA, Official Development Assistance) 지출액 확대를 약속하였다.

사실 1974년 1월 다나카 가쿠에이田中角栄 수상이 동남아시아 국가들을 방문했을 때 방콕과 자카르타에서 발생한 대규모 반일 폭동은 일본의 침략 역사에 의한 상처가 매우 깊다는 점을 다시 한번 일본 정부에 확인시켰다. 이에 큰 충격을 받은 일본 정부는 외무성을 중심으로 동남아시아 정책의 재검토에 들어갔다.

1977년 8월 18일, 아세안 5개국 방문 중 최후의 방문지인 마닐라에서 후쿠다 수상은 일본의 새로운 동남아시아 정책, 이른바 '후쿠다 녹트린'을 발표했다. 후쿠다 독트린은, 일본은 군사대국이 되지 않고, 광범위한 분야에서 '마음과 마음이 서로 통하는 상호 신뢰관계'를 구축하고, '대등한 협력자' 입장에서 아세안 국가들과 협력하고, 인도차이나 국가들과 관계 조성을 추진하여 '동남아시아 전역의 평화와 번영 구축에 기여한다'라는 내용이다. 여기에는 아세안 국가들과 인도차이나 국가들 간의 가교 역할을 하고, 동남아시아 전체 지역 통합 추진에 공헌하고자 하는 지역 전략의 의미가 있었다.

후쿠다 독트린은 '미국의 존재감 상실로 생긴 아시아의 힘의 공백을 일본의 경제력을 구심력으로 아세안 국가들과 정치 및 경제 연대를 강화하며 메꿔 나간다'는 외교 방침의 선언이었고, 베트남 문제와 중소 대립의 파급 등 국제 환경의 갈등 상황을 미연에 방지하는 일본의 역할을 국제사회에 제시한 것이다. 이와 같이 후쿠다 수상은 미국과 경제 마찰, 소련·중국과 관계 등을 정리하며 당시 일본의 외교적 지평을 확대하는 '전방위 (평화) 외교'를 주창하였다(加藤 2002, 88).

이러한 '전방위 외교'는 후쿠다 개인에 의해 완성되었지만 사실 일본 외교 3원칙에서 비롯된 전후 일본의 기본적인 외교 방침의 하나였다. 이것이 데탕트, 신냉전 같은 국제 정세 변화를 거치며 일본의 실리주의 외교에 바탕을 둔 전방위 외교가 하나의 외교 방침으로 확립된 것이다.

2) 대중 · 대북 협력외교 모색

일본은 중국에 대해서도 '협력'외교를 전개하였다. 대표적으로 'LT무역'과 '중일 국교정상화'를 들 수 있다.[5] 'LT무역'은 1962년에 일본과 중국 간에 교환된 '일중 장기 종합무역에 관한 각서(통칭 LT협정)'에 따라 양국 간에 정식적인 국교는 없지만, 상호 연락사무소를 설치하고 정부 보증의 융자를 이용해서 진행된 반민반관 형태의 무역이다. 중일 간에 'LT무역'이 가장 활발했을 때는 중일 무역 총액의 약 절반을 차지하였고, 중일 국교정상화 후인 1973년까지 계속되었다.[6]

중일 국교정상화 이후인 1974년 1월 5일 베이징에서 '중일무역협정'이 체결되었다. 이에 따라 정식 국교에 근거한 무역체제가 형성되었다. 이후 1978년부터 시작된 개혁 · 개방 노선을 거쳐 중일 간의 무역액은 계속해서 확대되었고, 2006년에는 수출입 총액이 미국을 제치면서 일본의 최대 무역상대국이 되었다.

1971년 미중 접근을 상징하는 '닉슨 쇼크(닉슨 방중 계획 발표)'가 발생하면서 사토 수상과 후쿠다 외상은 중국 · 타이완과 모두 국교를 맺어야 한다는 UN의 알바니아 결의에 반대하며 '이중대표제결의안'과 '중요문제결의안'을 미국 등과 공동 제안하였다. 이 시기 타이완의 국제적 고립은 더욱 심해졌고, 일본 국내에서도 타이완과 단교, 중일 국교정상화를 기대하는 목소리가 높아졌다.

1972년 자민당 총재 선거에서 다나카는 중일 국교정상화를 조건으로 오히라 마사요시大平正芳, 미키 다케오三木武夫의 지지를 얻어 후쿠다를 꺾으며 총재가 되었고, 7월 7일 수상으로 취임하였다. 수상 취임 직후인 9월 다나카 수상과 오히라 외상은 중국을 방문하여 중일 공동성명을 발표했고, 중국 건국 이후 처음으로 중일 간에 정식 국교가 맺어졌다.[7]

북일관계 또한 냉전 기간 중에 일본이 보인 '협력'외교의 대표적인 사례이다. 다나카 정부의 기무라木村俊夫 외상은 국회에서 '북한에 의한 위협 부재' 및 '한국 조항'의 의미를 '애매화'하는 발언으로 한국 정부의 반감을 샀다(대한민국 외교사료관 외교문서 1972). 한국 정부는 일본 정부가 남북한에 '등거리 외교'로 외교 방침을 전환하고, 북한과 협력 관계를 모색하는 것에 우려를 표명하였다. 그렇지만 일본은 경제 지원을 비롯한 한국에 대한 안보협력을 유지하고 있었다. 당시 일본은 '한반도 안정화'를 추구하고 있었고, 따라서 북한과 관계 개선을 통한 외교적 지평 확대에 전념하고 있었다.

냉전 기간 동안 북일 간의 공식 대화는 열리지 않았다. 단지 사회당 같은 야당 의원들과 자민당 내 일부 친북 의원들의 방북을 통한 비공식 메시지 전달 정도에 그쳤다. 냉전 종식과 함께 여당인 자민당 차원에서 1990년 가네마루 신金丸信이 이끄는 방북단의 북한 방문이 있었고, 2000년대 들어서는 고이즈미 준이치로小泉純一郎 수상이 북한을 방문해서 북일 정상회담이 열렸다.

1990년 9월 24일부터 28일까지 자민당의 가네마루 전 부총리는 사회당과 합동으로 방북단을 결성하였다. 일본의 북한 방문은 사회당과 북한의 연결을 통해 실현되었다. 방북단은 자민당 13명, 사회당 9명, 외무성·통산성·운수성·우정성에서 각각 5명 등 총 89명에 달했다. 가네마루는 김일성과 회담을 가졌고, 자민당-사회당-조선노동당 3당 대표는 '3당 합의문서'를 작성해서 '일본의 전후 보상'과 '국교정상화'를 약속하였다.

하지만 일본 정부와 사전 합의가 안 된 상태에서 가네마루가 김일성에게 80억이라는 배상금액을 언급했기 때문에 귀국 후 분란이 발생하였다. 게다가 당시 북한의 핵개발 문제가 대두된 상황에서 미국과 한국에 사전 통보하지 않은 일본의 독자 외교에 대한 비판으로 가네마루의 방북은 커다란 성과를 이루지 못했다.[8]

냉전과 탈냉전을 거치면서 북일 간 접촉은 북한에 대해 일본의 야당 (사회당), 여당(자민당)의 개별 의원, 여당이라는 행위자로 점차 접촉 대상이 변화하였고, 2002년에는 고이즈미 방북이라는 정부 차원의 접촉이 이루어졌다. 2002년 9월 17일 고이즈미 수상은 김정일 국방위원장과 회담을 갖고 '북일 평양선언' 서명과 함께 국교정상화 교섭을 10월에 재개하기로 합의하였다. 이 자리에서 김정일은 '특수기관 일부가 망동주의·영웅주의에 빠져' 일본인을 납치한 사실을 인정하고 사죄하였다. 하지만 일본에서는 김정일의 일본인 납치 사실 인정이 역풍을 일으켜 일본인 납치 문제 해결 없이 북일 국교정상화는 어렵다는 여론이 지배적이었다. 고이즈미 수상은 2004년 5월 22일 다시 평양을 방문해서 김정일과 회담하였다. 결국 일본인 가족 5명의 귀국을 성사시켰지만, 더 이상 북일 간에 국교정상화를 위한 움직임은 나타나지 않았다.

이와 같이 일본은 냉전과 탈냉전을 거치면서 중국과 국교가 없는 가운데서도 '정경분리' 원칙에 따라 'LT무역'과 같은 실리외교를 추진하였고, 데탕트 시대에는 중일 국교정상화를 이루는 등 대중국 '협력'외교를 전개하였다. 또한 일본 외교의 지평 확대라는 측면에서 북한과 대화를 통한 '협력'외교를 추진하였다. 초기에는 북한과 연결고리가 있는 사회당 및 자민당 내 일부 친북 의원들이 주축이었다면, 탈냉전을 거치면서 자민당의 실력자 및 정부 차원에서 북한과 접촉하는 대상이 확대 및 발전하였다.

Ⅲ. 아베 정부의 '협력'과 '충돌'의 대외전략

1. '협력'의 대외전략: 한미일 안보협력 강화, 대아세안 외교

1) 가치관 외교의 강화

2012년 12월 26일에 출범한 제2차 아베 정부는 '전후체제로부터의 탈피'와 '전략적 외교 추진'이라는 기치 아래 전후 일본의 억제적인 안보정책으로 상징되는 평화헌법을 비롯한 각종 제도적 장치를 수정하려는 정책을 강화하고 있다. 과거 일본 수상들의 발언들과 비교했을 때, 아베 수상은 민주주의적 규범과 가치에 대해 명확히 언급하고 있다 (ニルソン-ライト · 藤原, 2015, 7). 즉 아베 외교의 핵심을 '가치관'이라고 표

명하고, 자유, 민주주의, 기본적 인권 등의 가치관을 공유하는 국가들과 관계를 강화하고 외교를 통해 가치를 넓혀가려고 한다. 특히 제2차 아베 정부는 아베 수상과 아소 다로麻生太郎 부수상뿐만 아니라 '자유와 번영의 호Arc of Freedom and Prosperity'[9]의 기획·입안자로 알려진 야치 쇼타로谷内正太郎 전 외무차관도 내각관방으로 참여하면서 다시 한번 '자유와 번영의 호', '가치관 외교'는 일본 외교의 기본 방침이 되었다.

제1차 아베 정부 당시 '자유와 번영의 호'를 기축으로 한 외교는 가치관이 다른 중국과 러시아에 대한 포위망으로 이해되었고, 이들 국가들이 일본에 대한 의심과 경계심을 증폭시킨다는 비판도 있었다. 하지만 일본의 국제적 존재감 저하, 센카쿠 문제로 상징되는 중일 간의 관계 변화라는 새로운 국제 정세 아래 중국과 정면충돌을 회피하면서 아시아의 파워 밸런스를 적절히 유지하고, 아시아 및 세계의 안정과 발전에 기여하는 외교정책이라는 재평가도 가능하다.

아베의 가치관 외교는 자유와 민주주의, 인권을 중시하는 국가와 외교관계를 강화함으로써 중국을 견제하겠다는 의도로 해석되었다(《読売新聞》 2012. 12. 29., 2). 한편 아베는 '가치관 외교'로 일본의 외교 기반을 강화하고 중국과는 공존·공영할 수 있는 '전략적 호혜관계'를 통해 중일관계 개선을 도모할 것이라는 점도 강조했다(安倍 2013, 131).[10]

기본적으로 아베의 대외전략의 기본 이념은 2가지라고 볼 수 있다. 첫째는 '현실주의 외교'이다. 동아시아에서 중국의 부상에 따른 지역질서 변화를 인식하고 중국에 대한 견제 및 중국 포위망을 구상하고 있다. 즉, 미일동맹 강화와 자유국가 연대를 통해 중국의 부상을 견제하는 것이다. 둘째로는 '자기정체성 외교'이다. 아베 정부 제1기(2006~2007

년)에 발간한 《아름다운 국가》를 살펴보면 일본 민족의 자존심 및 긍지 고양이 주된 내용으로 나타나고 있다(安倍 2006). 특히 민주당 정부에서 중국에 외교적 패배를 당했다는 굴욕감을 만회하는 것이 아베의 자기 정체성 외교가 당면한 제1차 과제였다.

부상하는 중국에 대한 아베의 대응을 구체적으로 나타낸 구상이 논문 형태로 존재한다. '다이아몬드 안보 구상Asia's Democratic Security Diamond'은 아베 수상이 2012년 12월 27일, 국제 NPO 프로젝트 신디케이트Project Syndicate에 기고한 논문에서 잘 나타나고 있다(Abe 2012). 즉, 다이아몬드는 일본 등 4개국을 선으로 연결하면 떠오르는 다이아몬드 형태를 비유한 표현이다. 사각형 해역에서 '항해의 자유'를 미국, 일본, 인도, 호주 등 4개국이 협력하는 방어전략이라고 할 수 있다. 특히 최근 중국과 분쟁이 발생하고 있는 센카쿠 제도와 남중국해도 해당 구역에 포함되어 있다. 즉 아베 수상은 중국의 해양 진출을 봉쇄하기 위해 일본, 인도, 호주, 미국(하와이)을 축으로 하는 '다이아몬드 안보 구상'을 제시하였다.

논문에는 이 해역에 군사 진출을 도모하고 있는 중국에 대한 아베의 강한 경계감이 담겨 있다. 중국은 남중국해 스프래틀리 군도(Spratly Islands, 남사군도)의 영유권을 둘러싸고 필리핀, 베트남 등과 대립하고 있는데, 아베 수상은 남중국해가 '북경의 호수'가 될 것으로 보인다는 등 상당히 자극적인 표현을 사용하였다. 또한 '일본이 동중국해에서 중국에 굴복해서는 안 된다'고 강조하면서 센카쿠 제도 영유권 문제에 대한 일본 입장의 정당성을 호소하고 있다.

'다이아몬드 안보 구상'은 자유, 민주주의, 기본적 인권과 가치관을 공유하는 국가와 관계를 심화하는 가치관 외교를 기반으로 하고 있다. 일본은 미국, 인도, 호주와 민주주의 가치를 공유하고 있다. 중국에 주저하지 않는 민주주의 국가를 연결하고 태평양에서 자기주장을 강화하고 있는 중국에 대해 현재의 해양 질서를 지키려는 것이 목적이다. 즉, 중국 견제가 최대 목적인 것이다. 특히 민주주의 가치관을 공유하지 않는다고 말하는 것은 중국의 입장에서 보면 기분 좋은 표현이 아니다. 게다가 아베 수상은 다이아몬드 안보 구상 방침을 중국에 보여 주고, 중국을 압박해서 자유주의 국가가 해양 질서를 유지하는 틀에 중국이 참여하지 않을 수 없게 하는 전략을 펴고 있다. 그렇게 되면 중국은 센카쿠 제도를 둘러싼 행동에 제한을 받게 된다.

아베 수상의 가치관 외교는 민주주의, 인권, 법 지배와 같은 가치관을 강조하면서 중국을 견제하는 측면이 있지만, 달리 말하면 일본과 같은 가치관을 공유할 수 있는 국가라면 어느 국가라도 협력의 대상이 될 수 있음을 나타낸다. 이에 따라 최근 아베 정부는 한일관계 개선, 대아세안 외교 확대, 러일관계 개선, 태평양 도서 국가 및 아프리카 국가들과 관계 확대를 추구하면서 '일본 외교의 지평 확장'을 모색하고 있다. 따라서 일본 외교가 아베 정부에 들어와서 '가치관 외교'를 강화하는 것은 기본이며, 전후 일본 외교의 목표였던 '일본 외교의 지평 확장'을 지속적으로 추구한다는 아베 정부의 전략적 외교의 일면을 볼 수 있다. 이러한 전략적 대외 목표를 가지고 가치관을 공유할 수 있는 국가와는 '협력'을, 가치관을 공유하기 어려운 국가에 대해서는 '견제'를 하면서도 항시적으로 '대화 및 협력' 가능성을 열어 두고 있겠다는 것을 의미한다.

2) 한미일 안보협력 강화

2012년 12월에 있었던 중의원 선거에서 자민당은 정책 공약을 통해 '한국과 관계 개선' 방침을 밝혔다. 아베 수상은 정권 출범 초기에 한국에 우호적인 자세를 취하면서 2013년 1월 4일에는 박근혜 대통령 당선인에게 당선 축하 특사를 파견하였다.

하지만 아베 수상의 '침략의 정의는 정해져 있지 않다(2013년 4월 국회 발언)'와 같은 역사수정주의 발언 및 취임 1주년에 이루어진 야스쿠니 신사 참배(2013년 12월)는 한일관계를 악화의 길로 이끌었다. 아베 정부 출범 이후 급속하게 진행되고 있는 일본의 보수우경화 움직임과 아베 정부의 역사수정주의 발언 및 인식을 접한 한국 정부는 일본과 협력을 위한 전제 조건으로 '역사 문제에 대한 올바른 인식'을 내걸었다. 하지만 아베 수상의 정치적 배경 및 국내 지지 기반을 고려했을 때 일본 정부가 쉽게 받아들일 수 있는 사안이 아니었다.

한편 아베 정부는 미국의 아시아·태평양 전략에 대한 대응 차원에서도 한일협력을 추진하고자 했다. 즉, 아시아 회귀pivot to Asia와 재균형 rebalancing 전략을 추진하고 있는 미국의 대중국 견제 및 동아시아 지역에서의 영향력 유지에 적극 협력한다는 관점에서 한국과 안보협력 관계 구축에 긍정적인 입장을 취하고 있었다.

아베 정부는 2013년에 발표한 방위계획대강에서 한국과는 군사정보보호협정GSOMIA 및 군수지원협정ACSA 체결 등을 통해 향후 협력 기반을 확립해 나간다는 방침을 밝혔다. 이러한 양자 간 협력 관계를 전제로 한미일 3국간 체제를 구축하고 강화해 나간다는 것이다(防衛省 2013).

이런 와중에 북한의 3~6차(2013~2017년)에 걸친 핵실험을 둘러싼 한반도 정세의 변화는 미국이 주도하는 한미일 안보협력의 필요성을 증가시켰다. 그리고 그 전제 조건으로 한일관계 개선이 제기되면서 미국의 동아시아 전략에 한일협력이 필요하다는 인식에 양국은 공감하였다. 이후 아베 정부는 한일관계 개선 및 한미일 안보협력 관계 구축을 위해 적극적인 행보를 보였다. 2015년 11월 한일 정상은 취임 후 처음으로 단독 정상회담을 가졌고, 12월 일본군 '위안부' 문제 해결에 합의하면서 향후 한일관계 개선과 양국 간 안보협력을 논의할 수 있는 기반을 마련하였다. 2016년 1월 북한의 제4차 핵실험 및 장거리 미사일 발사 시험 이후 아베 수상은 2월 10일 박근혜 대통령과 전화 정상회담을 통해 대북공조 체제의 중요성을 확인하였다. 3월 31일 워싱턴에서 개최된 핵안보 정상회의 당시 개최된 한미일 정상회담에서는 북핵 문제 해결을 위한 한미일 3국의 공동 대처 방침이 재확인되었다.

아베 정부는 2016년 7월 8일 한미 양국의 사드(고고도 미사일방어 체계, THAAD, Terminal High Altitude Area Defense) 배치 결정에 대해 '한미협력의 진전이 지역의 평화와 안정에 기여하는 것으로 일본 정부는 이를 지지한다'고 밝혔다(《讀売新聞》 2016. 7. 8., 3). 아베 정부는 그동안 한국이 중국에 치우친 정책을 추진하고 있다는 '중국경사론'을 매우 경계하였는데 사드 배치 결정을 통해 한미일 안보협력 체제 구축 가능성이 가시화될 수 있다고 판단하였다.[11]

3) 대아세안 '협력'외교

제2차 아베 정부의 '가치관 외교'는 중국과 인도 사이에서 지정학적 우위성을 가지면서 경제와 안보의 중요성이 높아지고 있는 '동남아시아'를 중시한다는 특징이 있다. 특히 남중국해에서 중국과 베트남, 필리핀 등 지역 국가들 간에 영토 분쟁이 지속되고 있는 상황은 해양 안보를 중시하는 아베 정부 입장에서도 결코 좌시할 수 없는 과제라고 할 수 있다.

아베 수상은 취임 후 첫 순방지로 베트남, 타이, 인도네시아를 방문 (2013년 1월 16~18일)하였다. 그리고 취임 이후 11개월 만에 아세안 10개국을 모두 방문하였다. 이처럼 아세안을 중시하는 이유는 무엇보다 아세안 국가와 관계 강화를 통해 '대중국 포위망'을 구축하기 위함이다. 또한 아시아·태평양 지역의 평화는 일본과 아세안 지역의 협력을 통해 얻을 수 있고, 그것이 결국 국익이 된다고 인식하기 때문이다. 아베 수상은 아시아·태평양 지역의 평화와 번영을 확보하기 위해 첫 아세안 순방에서 아세안의 대등한 파트너로 함께 나아가자는 메시지를 각국 정상에게 전달하며 '대ASEAN 외교 5원칙(이하 아베 독트린)'을 발표하였다(外務省 2013).

첫째, 자유, 민주주의, 기본적 인권 등 보편적 가치의 정착 및 확대를 위해 아세안 국가들과 함께 노력한다. 둘째, '힘'이 아닌 '법'이 지배하는, 자유롭고 개방된 해양은 '공공재'이며, 해양 공공재 보호를 위한 공동 노력을 추진한다. (이를 위한) 미국의 아시아 중시 정책을 환영한다. 셋째, 다양한 경제 연계 네트워크를 통해 물건, 돈, 사람, 서비스 등 무역 및 투자를 더욱 촉진해서 일본 경제의 회생과 아세안 국가들의 번영을 도모한다. 넷째, 아시아의 다양한 문화, 전통을 함께 보호하고 육성해 나간다. 다섯째, 미래를 짊어질 젊은 세대의 교류를 더욱 활발히 진행하고, 상호 이해를 촉진한다.

2015년 4월 22일, 아베 수상은 인도네시아에서 개최된 반둥회의 연설에서 '침략 또는 침략의 위협, 무력행사로 타국의 영토 보전과 정치적 독립을 침범하지 않는다'라는 반둥회의의 원칙을 지키기 위해 노력해 나가겠다는 입장을 표명하였다. 그리고 아시아, 아프리카는 일본의 '원조 대상이 아닌 성장 파트너'라는 점을 강조하면서 아세안 국가들과 협력을 강화하겠다는 방침을 내세웠다(外務省 2015).

이러한 아베 독트린 및 반둥회의 연설을 바탕으로 아베 정부는 '협력'의 대외전략으로서 아세안 국가와 안보협력을 구체화하고 있다. 구체적으로는 중국과 해양 영토 문제로 갈등을 겪고 있는 필리핀과 베트남에 대한 군사적 능력 구축을 지원하고 있다. 2015년 6월 4일 아베 수상은 필리핀의 베니그노 아키노Benigno Aquino III 대통령과 정상회담을 갖고 일본-필리핀 간 안보 대화 강화, 방위장비 및 기술 이전 협정 체결 추진, 필리핀 해안경비대 역량 강화 지원 등에 합의하였다. 한편, 베트남에 대해서도 2014년 8월 이후 중고 연안경비정 6척을 제공한 후 2017년 5월까지 총 13척의 연안경비정을 제공하였다.[12] 또한 2016년 5월에는 필리핀과 첫 번째 합동훈련을 실시했고, 베트남과는 2015년 11월 합동해군훈련에 합의하였다(Auslin 2016, 132).

일본의 또 다른 '협력'의 대외전략은 비전통적 안보 영역에서 구체적인 협력 성과를 쌓는 것이다. 일본은 미국 이외의 국가들과 다자 및 양자 교류를 통해 다층적인 국제안보 환경을 형성해 나가려고 한다. 특히 동남아시아 국가들에게 일본의 높은 기술력과 노하우를 바탕으로 능력 구축 지원capacity building 사업 실시와 정부 차원의 ODA를 공여하고 있다. 구체적으로는 필리핀과 베트남에 인도 지원 및 재해 구조 분야에서 능력 구축 지원을 통한 인재 육성을 실시하고 있고, 필리핀, 베트남의 해상경찰 능력 강화를 위해 순시선의 ODA 공여 등을 약속하였다. 이와 같이 일본은 ODA와 같은 하드hard적인 협력과 능력 구축 지원과 같은 소프트soft적 협력을 조합시켜 끊임없는 원조로 지원하고 있다(産経新聞 2014. 10. 7., 1).

이와 같이 일본은 동남아 국가들에 대한 비전통적 안보 영역의 협력을 통해 개발도상국 정부 및 군의 1차적 대처 능력을 향상시키고, 남중국해를 둘러싼 중국의 해양 진출을 견제하는 효과를 기대하고 있다. 다시 말하면 아세안 국가에 대한 ODA 제공, 능력 구축 지원, 방위장비 제공 등 일련의 정책은 아베 정부가 대중국 견제 전략의 한 축을 아세안 국가들과 안보 협력을 통해 이룬다는 전략적 맥락에서 추진되고 있는 것이다.

2. '충돌'과 '협력'의 대외전략: 대중관계, 대북관계

1) 대중 '충돌'과 '협력'의 외교: 동중국해, 남중국해 문제

일본 민주당 정부 시절인 2010년 9월 7일, 센카쿠 제도 부근에서 불법 조업 중이던 중국 어선이 일본 해상보안청 순시선에 충돌하였고 중국인 선장이 체포, 구금되었다. 이에 대해 중국 정부는 강력한 항의와 함께 다양한 보복 조치를 실시하였고, 결국 일본 정부는 중일관계를 고려해서 9월 25일에 선장을 석방하였다. 이후 일본 정부는 2012년 9월 센카쿠 제도 국유화 조치를 취했지만 중국의 강력한 반발에 직면하였다. 이 두 사건에서 중국의 강압적인 대일 압박정책을 경험한 일본 국민들은 자존심에 큰 상처를 입었고, 민주당 정부의 지지율 하락과 함께 2012년 말 자민당으로 정권교체가 발생하는 한 원인이 되었다.

정권을 잡은 아베 수상은 대중국 관련 충돌 과정을 거치면서 '북한 위협'보다는 '중국 위협'이 일본 안보에 직접적인 위협이 될 수 있다고 인식하였다. 이후 대중국 견제에 중점을 둔 안보정책을 전개하여 '주권 및 영토·영해 수호, 방위 예산 증액, 영해 경비 강화, 해상보안청 기능 강화' 등을 통해 영토·영해 문제에 강경하게 대응해 나가겠다는 방침을 표명하였다.

한편 중국은 센카쿠 제도 주변에서 해·공군 군사 활동을 강화하고 있다. 이에 따라 일본은 중국의 급속한 군사력 증강을 심각한 안보 위협으로 인식하기 시작하였다. 실제로 중국은 센카쿠 제도 주변 영해에 함선을 반복적으로 진입시키고 있고, 2013년 11월에는 동중국해 상공에 방공식별구역을 설정하여 공포하였다. 2014년 5월과 6월에는 동중국해 상공에서 중국군 전투기가 항공자위대 소속 항공기에 초근접 비행을 시도하는 등 양국 간 우발적인 군사 충돌 가능성을 배제할 수 없는 상황이 지속되고 있다. 이에 대해 아베 정부는 센카쿠 제도를 포함한 남서지역의 방위 태세 강화, 미일 가이드라인 2015 책정, 중국과 영유권 분쟁을 계속하고 있는 아세안 국가와 안보협력 강화 등 대중 견제 정책을 적극적으로 추진하고 있다.

아베 정부의 대중 위협 인식은 주로 센카쿠 제도를 포함한 동중국해에서 나타난 중국의 공세적인 군사 행태에 기인하는 측면이 강했다. 하지만 최근에는 남중국해에서도 중국의 군사 행동이 활발해지면서 남중국해 문제도 안보 위협으로 인식하기 시작하였다. 즉, 중국이 남중국해에서 주변국 간 이해관계가 상충하는 해양 문제에 대해 힘에 의한 현상 변경을 시도하면서 군사적 차원의 고압적인 대처를 주저하지 않고 있다고 파악하는 것이다. 특히 중국이 남중국해에서 일방적인 영유권을 주장하면서 이 지역의 암초에 군사기지 건설을 추진하고, 이에 미국 및 베트남, 필리핀 등 주변국이 강하게 반발하면서 심각한 영유권 분쟁이 발생하고 있다. 이와 같은 남중국해에 대한 중국의 현상 변경 시도에 대해 아베 정부는 강한 경계감을 표시하고 있으며, 미국의 '항행의 자유' 작전 수행 및 남사군도에 대한 중국의 영토주권을 인정할 수 없다고 판단한 유엔해양법협약 산하 상설중재재판소(Permanent Court of Arbitration, PCA) 결정에 대한 적극적인 지지 입장을 표명하였다.

2010년 센카쿠 제도 사태 이후 중국에 대해 강경한 대외정책을 추진한 아베 정부는 최근 들어 중국과 관계를 개선하는 '관리' 정책을 전개하고 있다. 아베 수상은 2014년 11월 시진핑習近平 국가주석과 정상회담을 통해 양국 간 전략적 호혜관계를 발전시켜 나가기로 합의하고, 안보 및 군사 분야의 긴장 완화를 위해 '해공연락 메커니즘'을 설치하기 위한 협상을 시작하였다. 하지만 중일관계의 악화와 함께 실무 레벨에서 메커니즘의 대상 범위에 영해 및 영공을 포함시키려는 중국과 이를 반대하는 일본의 의견 대립으로 협상은 진전되지 못했다.[13] 그러다가 아베 수상과 시진핑 국가주석은 2016년 9월 5일 항저우杭州에서 정상회담을 갖고 협의를 계속 진행하기로 합의하며, 9월 14일, 해양 문제에 관한 고위급사무레벨협의를 히로시마広島에서 가졌다. 협의에서 일본은 우발적인 충돌을 방지하기 위한 '해공연락 메커니즘'의 조기 운용 개시를 주장하였다.

이와 같이 일본은 동중국해 및 남중국해 문제를 둘러싸고 중국을 군사적으로 견제하는 대중국 '충돌' 외교를 전개하고 있지만, 우발적인 충돌을 방지하기 위한 '해공연락 메커니즘' 협상 등 '갈등 관리' 및 '협력' 외교도 동시에 전개하고 있다.

2) 대북 '충돌'과 '협력'의 외교: 북핵 문제와 일본인 납치 문제

일본에서는 북한이 자행한 일본인 납치 문제는 주권 침해와 국민의 생명과 안전에 대한 중대한 위협을 가져오는 테러리즘과 같다고 규정한다. 북한은 오랫동안 일본인 납치 사건에 대한 관여를 부정해 왔지만 2002년 북일 정상회담에서 김정일 국방위원장이 일본인 납치를 인정하고 사죄하면서 재발 방지를 약속하였다. 하지만 이에 대한 배상 등은 아직 진행되지 않고 있다.

일본 정부는 대북정책에서 '대화와 압력'이라는 자세를 유지하며, '납치 문제 해결 없이 국교정상화는 있을 수 없다'는 입장을 밝히고 있다. 일본 정부는 공식적인 납치 피해자가 17명이라고 보고 있지만, 북한 정부는 13명에 대해서만 공식적으로 인정하고 있다. 이들 중 5명이 귀국했지만 남은 12명에 대해서는 '8명 사망, 4명은 북한 입국 거부'라고 주장하고 있다. 이에 대해 일본 정부는 '전원이 생존해 있다는 전제로 대처한다'라는 입장을 표했다.

2013년 5월 14일, 이지마 이사오飯島勲 내각참여가 아베 정부 요인으로는 처음으로 평양을 방문하였다. 스가 요시히데菅義偉 관방장관은 관저가 주도한 것임을 인정하였다. 이지마 방북은 북일 대화 재개 및 납

치 문제 해결의 실마리를 찾기 위한 목적이라고 알려져 있다.[14]

아베 수상은 10월 22일, 중의원 예산위원회에서 북한에 의한 납치 문제에 대해 '아베 정부 동안에 해결하고 싶다'고 다시 한번 강한 결의를 표시하고, '이 문제는 압력에 중점을 둔 대화와 압력으로 해결한다'라고 언급하였다.

2014년 3월, 납치 피해자인 요코타 메구미橫田めぐみ의 부모가 몽골에서 손녀와 만났다. 5월 스웨덴 스톡홀름에서 개최된 북일 협상에서 북한이 납치 피해자와 특정 실종자를 포함한 일본인 재조사를 개시하기로 약속하고, 일본이 대북제재 일부를 해제하기로 합의하였다. 이에 북한은 7월에 특별조사위원회를 설치하고 납치 피해자, 행방불명자, 일본인 유골 문제, 잔류 일본인·일본인 배우자 문제를 담당하는 4개 분과회를 설치하였다. 이에 대해 일본은 독자 제재의 일부 해제 방침을 발표하였다. 10월에는 일본 정부 대표단이 평양에서 특별조사위원회 간부와 면담하고 조기 보고를 요청했지만, 북한은 피해자 귀국은커녕 재조사 결과 보고조차 하지 않았다. 결국 2015년 7월에 북한은 일본에 보고 연기를 통고하였다.

그러다가 2016년 1월 6일, 북한이 제4차 핵실험을 실시하고, 2월 7일에는 장거리 미사일을 발사하였다. 북한 핵실험에 대해 아베 수상은 '일본의 안전에 대한 중대한 위협이며… (중략) …결코 용인할 수 없다'라며 강력히 비난하였다. 또한 장거리 미사일 발사에 대해서도 유엔 안보리 결의 위반이며 용인할 수 없다는 입장을 밝혔다(首相官邸 2016a; 首相官邸 2016b).

일본은 북한의 군사적 도발을 일본에 대한 직접적인 안보 위협으로 인식하고, 즉각 대북제재 발동을 검토하였다. 그리고 2월 10일 독자적인 제재 조치를 발표하였다. 그러자 북한은 2월 12일 북일 합의에 근거한 일본인에 관한 포괄적인 조사를 전면적으로 중지하고 '특별조사위원회'를 해체한다고 선언하였다.

아베 수상은 3월 3일 UN안보리 대북제재 결의안 2270호가 채택되자 지지 입장을 표명하면서 일본의 착실한 이행 방침과 일본 정부의 강력한 독자 제재 방침을 재확인하였다. 그러면서도 일본인 납치자 문제 해결을 위해 '대화와 압력, 행동 vs 행동' 원칙에 따라 대화와 협상을 지속해 나가겠다는 입장을 표명하였다(首相官邸 2016c).

현재 아베 정부는 북한의 4~6차 핵실험, 탄도 미사일 발사 등 도발에 대해 '대화'보다는 '압력'을 통해 북한을 대화의 장으로 이끌어 낼 필요가 있다고 판단하고 강력한 대북제재 조치를 취하고 있다. 하지만 '행동 vs 행동'의 원칙을 밝히면서 대화 및 협상 가능성을 열어 두고 있다. 이러한 아베 정부의 '대화와 압력', '행동 vs 행동'이라는 외교 원칙은 북한의 핵 도발과 같은 국제질서를 뒤흔드는 행동에 대해서는 단호히 대처하지만, '일본 외교의 지평 확장'이라는 외교 원칙에 따라서는 언제든지 대화를 통한 '협력'을 모색하는 '투트랙two track' 외교전략을 나타내고 있다.

다시 말하면 아베 정부는 대북 외교에서 북핵 및 장거리 미사일 문제를 가지고 UN 대북제재 결의 이행뿐만 아니라 독자적인 대북제재 강화를 통해 '충돌'외교를 전개하고 있다. 하지만 아베 정부의 최대 현안 중 하나인 일본인 납치 피해자 문제 해결을 위해 항상 '대화' 가능성을 열어 놓으면서 '협력'외교도 동시에 모색하고 있다.

Ⅳ. 나가며

본 연구에서는 전후 일본의 대외전략을 '협력'과 '충돌'로 구분하였다. 전후 일본의 아시아 외교는 '전방위 외교'라는 실용주의적 대외전략에 따라 '충돌'을 가능한 한 회피하면서 일본 외교의 지평 확장을 위한 '협력' 형태로 나타났다. 하지만 아베 정부의 대외전략은 민주주의와 법질서를 강조하는 '가치관 외교'를 보다 중시하면서 아시아 외교에서 '협력'과 '충돌'이 공존하는 형태로 패러다임의 변화가 나타났다.

전후 일본은 1957년에 발표한 'UN 중심주의', '아시아 일원으로서 입장 견지', '자유주의 제국과 협조'라는 '일본 외교의 3원칙'에 따른 대외전략을 전개하였다. 이에 따라 냉전 및 탈냉전 기간 동안 '전방위 외교'를 내세우며 미국과 협력을 중시하면서도 모든 국가와 충돌을 피하는 '협력'외교를 지향하였다.

하지만 2000년대 이후 중국이 부상하며 아베 수상 같은 보수적 가치관을 중시하는 정치인이 주요 세력으로 등장하였다. 특히 2012년 제2차 아베 내각을 구성한 아베 수상의 아시아 외교는 '협력'과 '충돌'의 대외전략으로 나타나고 있다. 이 시기 '협력'의 대외전략은 일본의 미일동맹 강화를 바탕으로 한미일 안보협력과 중국의 진출을 우려하는 아세안 국가들과의 협력외교로 나타나고 있다.

반면 '충돌'의 대외전략은 해양 영토 문제 같은 대중정책과 일본인 납치 문제 같은 대북정책에서 나타나고 있다. 그렇지만 아베 정부는 중국과 해상에서 우발적인 충돌을 방지하기 위해 '해공연락 메커니즘' 협상을 진행하고 있고, 북한과도 계속해서 대화를 모색하는 등 '충돌'의 대외전략을 전개하면서도 '협력'의 방안도 모색하고 있다. 이것은 아베 정부가 '가치관 외교'를 추구하면서도 전후 이어져 온 '전방위 외교'에서 추구한 정신, 즉 '일본 외교의 지평 확장'이라는 일본 외교의 기본 이념을 버리지 않았음을 나타낸다.

이와 같이 전후 일본의 외교정책은 모든 국가와 충돌 없이 '협력' 외교를 지향하는 '전방위 외교'를 전개했다고 평가할 수 있다. 그러다가 2000년대 이후 중국의 부상에 따른 동아시아 국제질서의 변동에 대처하기 위해 아베 정부는 민주주의, 인권, 법의 지배와 같은 가치관을 중시하는 '가치관 외교'를 전개하고 있다. 이에 따라 중국을 견제하기 위해 미일동맹을 강화하고, 같은 가치관을 공유하고 있는 한국에도 안보 측면에서 '협력'을 요청하고 있다. 특히 남중국해 문제에서 한국 외교는 '가치관 외교'를 강조하는 미일과 한중관계 유지를 주장하는 중국 사이에서 난처한 입장에 처해 있다.

이러한 상황에서 한국은 다음과 같은 논리로 대응할 필요가 있다. 즉 '가치관 외교'를 주장하며 동참을 요구하는 아베 정부에 대해 한반도 통일이라는 한국만의 국가 목표를 가지고 있고, 남북관계 및 북한 문제 해결을 위해서는 중국의 협력이 필수적이라는 입장을 설명해야 한다. 그러기 위해서는 주변국과 '협력'하는 '가치관 외교'에 공감하면서도 과거 일본이 추구한 '전방위 외교' 전략을 전개할 수밖에 없다는 점을 일본과 미국에 지속적으로 강조하고 설득해 나가야 한다.

✚ 주석 ✚

1) 본 논문에서는 아베 정부의 등장을 '전후체제 탈피'라는 '전후 패러다임의 변화'로 파악하면서 '협력'과 '충돌'의 외교를 상정한다. 이러한 '전후 패러다임의 변화' 시기에서 '협력'은 두 국가 간에 조약, 공동성명 같은 구체적 합의 사항부터 갈등 해결을 위한 대화 시도까지 그 의미를 포괄적으로 해석하며, '충돌'은 두 국가 간에 군사 충돌을 유발할 수도 있는 위협적인 행동 및 메시지 전달 등으로 인해 양국의 외교관계가 '갈등' 상황에 놓인 것을 의미한다.

2) '가치관 외교'를 주창한 아베 정부는 제1차(2006~2007), 제2차 이후(2012~2017년 현재)로 나눌 수 있는데, 제1차 아베 정부는 단기간에 끝난 단명 정권이었기 때문에 본격적으로 '가치관 외교'를 전개할 수 없었다. 따라서 본격적으로 '가치관 외교'를 실천하고 있는 제2차 아베 정부 이후를 기준으로 전후 일본의 '협력'과 '충돌'의 대외전략에 대한 시기를 구분하고자 한다.

3) 이 외에도 국내정치적으로는 아베와 같은 보수적 가치관을 가진 정치인들이 2000년대 이후 주류 세력으로 등장한 점을 한 요인으로 들 수 있다.

4) 기타오카 신이치(北岡伸一)에 의하면 일본은 유엔 가입 당시 소련의 반대를 몇 번 겪었기 때문에 유엔은 이상화되었고, 따라서 순서는 부여되지 않았지만 유엔이 맨 앞에 나올 정도로 중시되었다고 지적한다(기타오카 2009, 72).

5) 'LT무역'은 각서에 서명한 중국 대표인 랴오청즈(廖承志, Liào Chéngzhì)와 일본 대표인 다카사키 다쓰노스케(高崎達之助)의 알파벳 첫 글자인 'L'과 'T'를 따서 LT협정 혹은 LT각서라고 불렸고, 각서에 따라 진행된 무역을 'LT무역'이라고 말한다.

6) LT무역의 성립 과정에 대해서는 소에야(添谷 1997, 149~183) 연구를 참조.

7) 중일 국교정상화를 도모할 수 있는 수상 관저의 주요 정책 결정 라인은 다나카 수상과 오히라 외상이었고, 미키는 3자 정책연합에도 불구하고 정책 결정자 그룹에 들어가지 못하고 따돌림을 받았다(손기섭 2012, 42).

8) 가네마루 방북 이후 일본 국내 및 미국, 한국의 반응은 신정화(신정화 2004, 229~233)의 연구를 참조.

9) 일본은 2006년 인도, 호주, 뉴질랜드를 잇는 '자유와 번영의 호'를 제창하였다. 이는 아시아 지역의 개발도상국에 민주주의, 시장경제, 인권 등 보편적 가치 확산을 목표로 하였다.

10) 진창수는 아베 정부가 중국을 견제하기 위해 가치관 외교를 하면서도, 중국과 타협을 모색하는 외교의 다면성을 가지고 있다고 강조한다(진창수 2013, 51).

11) 일본은 한국이 현 상황뿐만 아니라 통일된 이후에도 자유, 시장경제, 법 지배 등 보편적 가치를 공유하기를 원하며, 친중국으로 기울 경우 동아시아 지역의 세력 균형에 상당한

전략적 영향을 줄 수 있다고 우려하고 있다(배정호 외 2015, 168).

12) 일본은 남중국해 주변국에 순시선(연안경비정)을 제공하는 '순시선 외교'를 추진하고 있다. 2017년 5월 현재 일본은 베트남에 13척, 말레이시아에 2척, 인도네시아에 3척, 필리핀에 12척 등의 순시선을 제공하였다(〈朝日新聞〉 2017. 5. 14., 1).

13) 일본 정부는 해공연락 메커니즘 협상에서 '영해·영공을 적용 범위에 넣으면 중국 군함 및 항공기가 센카쿠 제도 등에 침입해도 일본에 연락만하면 된다'라는 잘못된 메시지를 중국에 줄 위험성이 있다고 판단한다.

14) 박정진은 이지마 방북과 이후의 북일 간 비밀협의 및 비공식 접촉의 핵심의제가 요코타의 부모와 요코타의 딸 김은경의 면담 성사와 관련된 것이었다고 분석한다(박정진 2016, 107).

✚ 참고문헌 ✚

- 기타오카 신이치 지음, 조진구 옮김. 2009.《유엔과 일본 외교》. 전략과 문화.
- 대한민국외교사료관 외교문서.〈기무라 외상의 참의원 외무위에서 답변〉. 1972년 8월 30일《일본 및 미국의 대한국 안보정책(1973~1974)》MF, 롤번호 G-0035, 파일번호 01.
- 박정진. 2016.〈북일 스톡홀름 합의 재론: 한국의 대북정책에 대한 함의〉.《일본공간》, vol. 19, 102~135.
- 배정호 외. 2015.《한반도 통일과 동아시아 평화 · 번영》. 형설출판사.
- 손기섭. 2012.《현대 일본 외교와 중국》. 부산외국어대학교 출판부.
- 신정화. 2004.《일본의 대북정책: 1945~1992년》. 오름.
- 이기태a. 2016.〈냉전기 한미일 안보협력과 한일관계〉. 한국일본학회 편.《경쟁과 협력의 한일관계》, 99~123. 논형.
- 이기태b. 2016.〈미국과 일본의 안보협력과 한국의 안보전략〉. 박철희 엮음.《일본의 집단적 자위권 도입과 한반도》, 139~177. 서울대학교출판문화원.
- 진창수. 2013.〈아베 총리 정권의 외교정책 특징과 한계〉.《수은북한경제》여름호, 49~68.

- Abe, Shinzo.〈Asia's Democratic Security Diamond〉. *Project Syndicate*, 27 December 2012.
- Auslin, Michael.〈Japan's New Realism: Abe Gets Tough〉. *Foreign Affairs*, Vol. 95 No. 2(March/April), 125~134.

- 安倍晋三. 2006.《美しい国へ》. 文藝春秋.
- ──────. 2013.〈美しい国へ〉.《文芸春秋》, 第91券　第1号, 124~133.
- 外務省. 1957.《わが外交の近況》. 外務省.
- 加藤淳平. 2002.〈戦後日本の首脳外交: 特立回復後, 森首相退陣まで〉.《外務省調査月報》, No. 1, 77~104.
- 北岡伸一. 2011.〈日本外交の座標軸: 外交三原則再考〉.《外交》, vol. 6, 8~15.
- ジョン・ニルソン-ライト, 藤原帰一. 2015.〈安部内閣: 実際主義と過激思想の舵取り〉. チャタムハウス《アジア・プログラム　研究報告》, 1~18.
- 添谷芳秀. 1997.《日本外交と中国　1945~1972》. 慶應義塾大学出版会.

- 外務省. 2013.〈開かれた, 海の恵み: 日本外交の新たな5原則(2013. 1. 18.)〉(http://www.kantei.go.jp/jp/96_abe/statement/2013/20130118speech.html 검색일: 2017. 7. 23.).
- 外務省. 2015.〈アジア・アフリカ会議(バンドン会議)60周年記念首脳会議における安倍

総理大臣スピーチ: 'Unity in diversity': 共に平和と繁栄を築く(2015. 4. 22.)〉(http://www.mofa.go.jp/mofaj/a_o/rp/page3_001191.html 검색일: 2017. 7. 23.).

- 首相官邸. 2016a. 〈内閣総理大臣声明〉(http://www.kantei.go.jp/jp/97_abe/discourse/20160106seimei.html 검색일: 2017. 7. 23.).
- 首相官邸. 2016b. 〈安倍総理会見〉(〈http://www.kantei.go.jp/jp/headline/northkorea201602/kaiken.html 검색일: 2017. 7. 23.).
- 首相官邸. 2016c. 〈内閣総理大臣コメント: 北朝鮮による核実験及び弾道ミサイル発射に関する国連安保理決議の採択について(2016. 3. 3.)〉(http://www.kantei.go.jp/jp/97_abe/discource/20160303comment.html 검색일: 2017. 7. 23.).
- 防衛省. 2013. 〈平成26年度以降に係る防衛計画の大綱について(平成25年12月17日)〉(http://www.mod.go.jp/j/approach/agenda/guideline/2014/pdf/20131217.pdf 검색일: 2017. 7. 23).

- 2012. 〈日米軸に'価値観外交'首相本紙と会見 アジア連携国益重視〉. 〈読売新聞〉 12. 29., 2.
- 2014. 〈軍育成支援を比などへ拡大 ＡＳＥＡＮ対象'中国牽制〉. 〈産経新聞〉 10. 7., 1.
- 宮崎健雄. 2016. 〈韓国'米と連携選択 対北朝鮮 中国 影響力に陰り〉. 〈読売新聞〉 7. 8. 夕刊, 3.
- 伊藤嘉孝. 2017. 〈海保, 比・ベトナムと訓練〉. 〈朝日新聞〉 5. 14., 1.

동북아역사재단 연구총서77

전후 일본 패러다임의 연속과 단절

전진호 편

초판 1쇄 인쇄 · 2017. 12. 20.
초판 1쇄 발행 · 2017. 12. 29.

발행인 · 이상용 이성훈
발행처 · 청아출판사
출판등록 · 1979. 11. 13. 제9-84호
주소 · 경기도 파주시 회동길 363-15
대표전화 · 031-955-6031
팩시밀리 · 031-955-6036
E-mail · chungabook@naver.com

ISBN 978-89-368-1120-4 93900

* 값은 뒤표지에 있습니다.
* 잘못된 책은 구입한 서점에서 바꾸어 드립니다.
* 본 도서에 대한 문의사항은 이메일을 통해 주십시오.

이 도서의 국립중앙도서관 출판예정도서목록(CIP)은 서지정보유통지원시스템 홈페이지(http://seoji.nl.go.kr)와 국가자료공동
목록시스템(http://www.nl.go.kr/kolisnet)에서 이용하실 수 있습니다.(CIP제어번호: CIP2017035008)

* 이 책은 동북아역사재단 연구과제 결과물을 재단의 지원을 받아 간행한 것입니다.